Justice has a Protean face, capable of change, readily assuming different shapes, and endowed with highly variable features. When we look deeply into this face, trying to unravel the secrets hidden behind its outward appearance, bewilderment is apt to befall us.

——Edgar Bodenheimer

正义有着一张普罗透斯似的脸，变幻无常，随时可呈现不同形状并具有极不相同的特征。当我们仔细查看这张脸并试图揭开藏在背后的秘密时，往往会深感迷惑。

——〔美〕埃德加·博登海默

内幕交易的多副面孔

——中国的监管标准与执法实践

宁　荣　著

中国财经出版传媒集团

经济科学出版社

Economic Science Press

图书在版编目（CIP）数据

内幕交易的多副面孔：中国的监管标准与执法实践/
宁荣著 . —北京：经济科学出版社，2019.10
ISBN 978 - 7 - 5218 - 0777 - 6

Ⅰ. ①内… Ⅱ. ①宁… Ⅲ. ①证券交易 - 金融监管 -
研究 - 中国②证券交易 - 金融监管 - 金融法 - 研究 - 中国
Ⅳ. ①F832. 51②D922. 280. 4

中国版本图书馆 CIP 数据核字（2019）第 182009 号

责任编辑：程辛宁
责任校对：蒋子明
责任印制：邱　天

内幕交易的多副面孔
——中国的监管标准与执法实践
宁　荣　著
经济科学出版社出版、发行　新华书店经销
社址：北京市海淀区阜成路甲 28 号　邮编：100142
总编部电话：010 - 88191217　发行部电话：010 - 88191522
网址：www. esp. com. cn
电子邮件：esp@ esp. com. cn
天猫网店：经济科学出版社旗舰店
网址：http://jjkxcbs. tmall. com
北京季蜂印刷有限公司印装
710×1000　16 开　20. 75 印张　330000 字
2019 年 11 月第 1 版　2019 年 11 月第 1 次印刷
ISBN 978 - 7 - 5218 - 0777 - 6　定价：78. 00 元
（图书出现印装问题，本社负责调换。电话：010 - 88191510）
（版权所有　侵权必究　打击盗版　举报热线：010 - 88191661
QQ：2242791300　营销中心电话：010 - 88191537
电子邮箱：dbts@ esp. com. cn）

前　言

　　资本市场参与主体众多、交易模式复杂、财富效应明显、牵涉利益重大，历来是各界关注的热点。作为中外资本市场的顽疾，内幕交易案件情节曲折、形态多样，天然具有戏剧性。可以说，内幕交易是一个有着多副面孔、多种形态的复合体，其中每一副面孔、每一种形态，均是探究监管规律的一个入口，展现执法原则的一个侧面。不同的面孔或者串联着推定、共同违法、单位违法等精深的法律专业问题，或者折射出不断演化的资本运作模式和资产管理业态，且不同面孔、不同形态之间相互交织，共同构成一个专业、复杂甚至略带神秘的多面体。

　　在从事相关执法工作的过程中，笔者被内幕交易案件的专业性和复杂性所吸引，也发现很多人希望有人能将此类案件的认定和量罚问题讲全、讲透。撰写本书，正是希望通过"以案说法"的形式，为广大市场参与者、相关执法和司法人员以及研究人士提供参考。本着这一宗旨，笔者搜集了1994年以来公开的内幕交易处罚案例和司法判例，在此基础上管窥监管演变、梳理执法逻辑、采撷权威论断，并围绕相关理论争点和实践难点展开探讨。

　　全书共分为八章。第一章着重探讨了内幕交易的危害性和可责性，介绍了学术界和实务界对内幕交易的不同认识，阐释了监管部门的态度。第二章主要介绍内幕信息及其敏感期的认定，并对相关理论和实践问题进行了探讨。第三章围绕内幕交易违法的主体和主观要件展开，着重介绍了如何判断涉案人员是否知悉内幕信息、是否存在内幕交易的主观故意。第四章至第七章介绍了内幕交易一是内幕人独自内幕交易，二是内幕人与他人"合伙"实施内幕交易，三是内幕人向他人泄露信息或建议他人交易，四是单位内幕交易、资管产品内幕交易，逐一分析了不同情形下行为违法与否的具体判定原则。第八章聚焦内幕交易的违法责任，着重对哪些收益属于违法所得、量罚应当考量哪些因素、何种情况可能被重罚甚至采取市场禁入措施等市场普遍关心的问题进行了探讨。

　　本书得以写就，离不开执法和司法系统众多前辈和同仁多年的实践探索，也受益于关心关注资本市场改革发展的广大理论界人士长期的研究积累。写作过程中，还得到许多领导、同事、师友的关心和帮助，在此一并致谢。

　　最后，水平所限，不足和疏漏之处难免，恳请诸位指正。

宁　荣

2019 年 5 月 12 日

目　录

第一章

内幕交易的是非之辨

第一节　对内幕交易的道德"审判"

所谓内幕交易，通俗地说，就是掌握内部消息的人借助这种消息先于普通投资者进行交易。在我国证券市场，内幕交易被一些人视为赚钱的法宝，想方设法打听消息借以牟利，但这种行为也广受批判，并为监管部门所不容，其危害之大已为广大市场参与者所共知。

一、内幕交易的社会危害：微观层面

（一）对投资者权利的侵害

1. 侵害投资者知情权

发生内幕交易时，势必相应地有其他投资者进行与内幕交易者的交易方向相反的交易，而那些处于信息劣势的交易者不仅不了解内幕信息，也不知道与他人正在利用某种信息优势使其"上当受骗"。从而，在出现内幕交易的情况下，投资者的知情权在两个层面上受到侵害：首先，对那些进行了交易的普通投资者而言，由于其在进行交易时不了解有人正在进行内幕交易，

其对于交易相关情况的知情权受到了侵害。其次，作为一个整体，所有内幕人之外的市场参与者的知情权都未能获得平等保护。

2. 侵害投资者经济利益

有观点认为，证券交易在某种意义上是"零和游戏"，一定量的证券卖出价值必然与相应证券的买入价值相等，因此，内幕交易行为的实质是通过他人的损失获利，或者将自身的损失转嫁于他人。无论如何，内幕交易行为都可能侵害其他投资者的利益。[①] 进一步具体分析，同样可以从两个层面理解内幕交易对普通投资者经济利益的侵害。

首先，从进行了交易的普通投资者的角度看，若能公平地获悉内幕信息，其可能不会做出与内幕人的交易方向相反的交易。正是由于内幕人利用了信息优势，导致其他普通投资者遭受了损失。即便最终由于多种因素导致股价并未如内幕交易者预期，但在内幕交易行为发生时，普通投资者面临损失的可能性是客观存在的。

其次，从包括潜在投资者在内的所有投资者的角度看，内幕人抢先交易可能导致证券价格异常波动。若因此导致证券价格非正常上涨，则潜在购买者的购入成本将增加；若因此导致证券价格非正常下跌，则已经持有相关证券的投资者可能受损。在存在相关其他证券衍生产品的情况下，内幕交易导致的价格异常波动的影响也将被放大。

（二）对上市公司的侵害

对上市公司而言，内幕交易的危害主要表现在三个方面：一是生产经营风险加大。如果放任公司内部人员实施内幕交易，则其在开展经营管理活动时，可能会更加注重制造内幕信息并进行内幕交易牟利，对公司经营管理风险的重视程度相对减弱，甚至可能选择一些成本和风险较大但股价影响也更大的项目，以便借此牟利。如此一来，公司管理者将难以恪守"善良管理人"的本分和职责，使公司生产经营和发展风险增

---

① 参见张小宁：《证券内幕交易罪研究》，中国人民公安大学出版社 2011 年版，第 65 页。

多。[1] 在一些情况下，若发生内幕交易，上市公司并购重组、投融资等事件的顺利推进可能受到影响，损害上市公司整体利益。例如，根据中国证券监督管理委员会（以下简称证监会）出台的政策，若上市公司筹划重大资产重组期间，相关主体涉嫌利用重组信息进行内幕交易被监管机构立案调查或被司法机关立案侦查，尚未受理的许可申请将不予受理，已经受理的将被暂停审核。若因上市公司控股股东或实际控制人存在内幕交易，相关许可申请被证监会终止审核的，上市公司应当同时承诺至少 12 个月内不再筹划重大资产重组。[2]

二是经营管理效率降低。若允许内部人员进行内幕交易，内部人员的私利动机将使其对公司的尽责程度降低，道德风险升高。一方面，从公司内部高级别管理人员的角度看，在内幕交易不受广泛打击和严厉威慑的环境下，这些高级别人员可能将更多时间精力转移到制造和获取内幕信息并进行交易上来，尽责程度和对公司的贡献将显著降低。另一方面，从公司内部中低级别管理人员的角度看，由于其有时能较早了解到公司生产经营中的一些新情况、新问题，当出现重大事件和重要信息时，为抢先买入等待上涨或尽早卖出规避损失，这些中低层人员可能延缓上报重要信息，从而使公司的运行效率受损，甚至在一些极端情况下由于反应不及时而导致严重后果。[3]

三是整体价值受损、经营成本增加。若公司股票被内幕交易且情况较为复杂恶劣，公司的商业形象和信用可能遭受破坏，从而导致各界对公司的评价大打折扣。公司股价可能因此下跌，从而导致公司信誉受损、市值降低，对外融资、开展商业合作等方面的成本将上升，从而降低公司盈利能力和市

---

[1] 参见张小宁：《证券内幕交易罪研究》，中国人民公安大学出版社 2011 年版，第 68 页。

[2] 《关于加强与上市公司重大资产重组相关股票异常交易监管的暂行规定》（证监会公告〔2016〕16 号），详见证监会网站。

[3] 参见 William K. S. Wang & Marc I. Steinberg, *Insider Trading*, pp. 34 – 38（1996）. Donald C. Langevoort, *Insider Trading：Regulation, Enforcement, and Prevention*, pp. 11 – 12（1999）. 转引自杨亮：《内幕交易论》，北京大学出版社 2001 年版，第 12 页。

场竞争力。①

（三）对行为人所在单位和所属群体的影响

实践中，审计机构、评估机构、保荐机构、律师事务所等证券服务机构的从业人员利用其在提供服务过程中获悉的内幕信息进行内幕交易的案件较为常见。一项以证监会1994～2016年间的内幕交易行政处罚为基础样本的统计数据显示，1994～2016年间，有350个不同单位和个人因内幕交易被处罚，其中4人系评估机构工作人员，2人系律师及其近亲属，6人系保荐机构工作人员，2人系会计师事务所工作人员。② 服务机构人员进行内幕交易，不仅其个人失信于上市公司，更会影响其所在机构的声誉和形象，使单位蒙受直接和间接损失。

此外，监管机构工作人员、国有企业或其他政府部门工作人员从事内幕交易的案例也时有发生。前述统计研究同样显示，1994～2016年间，有1名证券交易所工作人员、12名政府工作人员或其亲属因内幕交易被处罚。③ 在这些案件中，由于行为人身份和职务的特殊性，其内幕交易行为被市场各方和舆论界高度关注，甚至使相关监管机构或政府部门的权威性、廉洁性以及国有企业的管理和运营效率遭到质疑。

二、内幕交易的社会危害：宏观层面

（一）对资本市场根基的破坏

1. 损害资本市场定价功能和投资者对市场的信心

证券市场的重要功能之一在于提供合理的定价、便利投融资，而合理的价格往往由供需双方充分博弈形成。因而，定价机制的有效性极大程度上有

---

① 参见杨亮：《内幕交易论》，北京大学出版社2001年版，第13页；张小宁：《证券内幕交易罪研究》，中国人民公安大学出版社2011年版，第67页。

②③ 参见吕成龙：《谁在偷偷地看牌？——中国证监会内幕交易执法的窘境与规范检讨》，载《清华法学》2017年第4期。

赖于市场信息的对称性。在信息不对称的情况下，若拥有信息优势的一方滥用这种优势牟利，证券价格及其形成机制将被扭曲。若滥用行为盛行，将侵蚀资本市场定价功能，减损市场对投融资者的吸引力。同时，由于投资者的信心对于证券市场具有重要意义，如果投资者认为其不能在该市场平等地获知信息并免受他人滥用信息优势进行交易的损害，对市场的不信任感将导致市场无法顺畅运作。[①]

2. 降低市场效率和流动性

之所以说内幕交易会降低市场效率，一方面是因为一些处于重要位置、掌握重要信息的主体会为了抢占先机进行交易而延迟信息披露，而不及时不充分的信息披露将降低市场的透明度，进而增加交易成本，降低市场效率。[②]另一方面，一旦投资者对市场丧失信心，将难免对交易持犹豫和观望态度，甚至退出市场，市场的流动性也将随之降低。如果内幕交易成为一种普遍现象，普通投资者将对证券市场望而却步，市场整体的效率和流动性将成为无源之水。也正因此，美国证券交易委员会曾指出："除操纵市场外，没有其他事件比选择性的信息公开和滥用内幕信息更损害投资大众对公司制度和证券市场的信心。"[③]

（二）对宏观经济的干扰

证券市场特别是股票市场通常被认为是一国经济状况的晴雨表，是反映和预测国家经济发展水平的重要指标，也是政府部门制定宏观经济政策的重要依据。证券价格是否客观、真实地反映经济金融面貌，对宏观经济的稳定和发展而言至关重要。如果内幕交易横行，将导致证券价格和指数失去时效性和真实性，不能客观反映一国经济信息，从而对宏观经济决策产生负面影响，使政策执行和真实信息的积累变得更难、更贵，甚至不可能，从而对宏

---

① 参见张小宁：《证券内幕交易罪研究》，中国人民公安大学出版社 2011 年版，第 66 页。
② 参见张小宁：《证券内幕交易罪研究》，中国人民公安大学出版社 2011 年版，第 70 页。
③ 参见 William K. S. Wang & Marc I. Steinberg, *Insider Trading*, p. 30（1996）. 转引自杨亮：《内幕交易论》，北京大学出版社 2001 年版，第 15 页。

观经济秩序构成危害。①

第二节 对内幕交易的"辩护"与"反击"

虽然主流理论观点及主要国家和地区的执法实践均认为应当防范和打击内幕交易行为，但并未全面达成一致意见，反对禁止内幕交易者提出了诸多辩护理由，一些认为内幕交易行为本身不具备充分的可责性；另一些则认为，即便内幕交易行为具备可责性，但基于多方面考虑，并无严厉打击的必要。实践中，为内幕交易辩护的主张各式各样、丰富有趣，大量涉案人员的申辩与执法机关的回应共同写就了证券监管的故事性、专业性和复杂性。具体内容将在本书后面六章中展现，本节先从理论层面简要介绍几种常见的用于为内幕交易进行辩护的理论主张及对这些主张的反驳。

一、主张允许内幕交易的观点

（一）激励和报酬说

这种观点认为，内幕交易的获利是对企业家和公司中其他重要内部人员的合理报酬，具体理由有二：首先，能够掌握公司重要信息的，往往是企业家和公司中的其他重要内部人员，而正常薪酬不足以酬劳这些人对公司做出的重要贡献，内幕交易是对这些人的适当奖励，有助于刺激他们充分发挥聪明才智，主动承担责任、积极适应挑战并勇于冒险，推动公司更好地经营发展，实现股东利益长远最大化，那些长期持有公司股票的投资者也不会因为

---

① 参见理查德·亚历山大（Richard Alexander）：《内幕交易与洗钱：欧盟的法律与实践》，范明志、孙芳龙等译，法律出版社 2011 年版，第 11 页；白建军：《证券欺诈与对策》，中国法制出版社 1996 年版，第 16～17 页。

这种内幕交易受损。[①] 其次，即便公司愿意向那些做出突出贡献的内部人员提供激励，以默许其进行内幕交易的形式实施激励也不失为一种经济实惠之选。反之，如果这些重要人员在每次对公司做出新贡献时都要与公司谈判索要额外报酬，势必增加成本，而允许这些人进行内幕交易，既能使其获得补偿，又避免了谈判成本。[②]

（二）市场效率说

该观点认为，在重要信息披露前，证券的市场价格与其真实价格之间存在脱节，如果允许内幕交易，将推动价格逐步趋向真实价值。否则，在公司内部人员获得有关公司的不利信息后，若立即披露，股价将大幅跳水，如果内幕人利用这些信息先行卖出，则股价在信息公开前就会下跌，那些在内幕信息形成后、公开前买入的投资者就能避免在股价完全没开始下跌的情况下高位接盘，所受损失也较小。[③]

与此相似，有观点认为，内幕交易将促使证券市场分析人员和专家对内部人的交易进行"解密"，发现背后隐含的信息，并驱使股价反映这种信息，从而推动股价回到真实价值，达到与披露这些信息同样的效果。换句话说，内幕交易将带动更多投资者去发现、消化重大信息，提高证券市场的定价效率。[④]

（三）私合同说

该学说认为，公司与其内部人员的关系建立在意思自治的合同基础上，

---

① 参见胡光志：《内幕交易及其法律控制研究》，法律出版社 2002 年版，第 173～175 页；杨亮：《内幕交易论》，北京大学出版社 2001 年版，第 16～17 页；张小宁：《证券内幕交易罪研究》，中国人民公安大学出版社 2011 年版，第 70 页；姜华东：《证券市场内幕交易监管的经济学分析》，安徽大学出版社 2010 年版，第 14～15 页。

② 参见杨亮：《内幕交易论》，北京大学出版社 2001 年版，第 16～17 页；姜华东：《证券市场内幕交易监管的经济学分析》，安徽大学出版社 2010 年版，第 14～15 页。

③ 参见 Henry Manne, *Insider Trading and the Stock Markers*, pp. 77 – 110（1966）. 转引自杨亮：《内幕交易论》，北京大学出版社 2001 年版，第 19 页。

④ 参见胡光志：《内幕交易及其法律控制研究》，法律出版社 2002 年版，第 177～178 页；杨亮：《内幕交易论》，北京大学出版社 2001 年版，第 20～21 页；姜华东：《证券市场内幕交易监管的经济学分析》，安徽大学出版社 2010 年版，第 20 页。

如果公司不希望内部人员实施内幕交易，可以通过合同来个别地禁止。政府不应干涉属于意思自治领域的私人合同，国家无须通过立法来普遍禁止内幕交易。这类观点的理论依据主要在于：根据科斯的观点，若不存在交易成本，契约各方可以达到财产权的帕累托最优，从而实现财产权的最优配置。持该观点者认为科斯的这一理论对于内幕交易的两难情况特别有效。[1]

（四）执法成本说

有观点认为，由于内幕交易的高度隐蔽性，对此类行为进行监管的调查取证工作十分困难，尤其在司法诉讼中，关于内幕交易的主观要件的证明更是极其困难。因此，对内幕交易行为进行规制势必消耗大量执法资源却收效甚微，不如放任自由减少干预，依靠证券市场的自我运转以实现对价格的调节。[2]

（五）市场自我矫正说

实践中，有观点认为，由于证券价格受到多重因素影响，内幕信息的存在未必能够对证券价格走势起到决定性作用，在其他影响因素影响力明显大于内幕信息的影响力且对价格的影响方向明显相反的情况下，即便掌握内幕信息并据以进行交易，也难免事与愿违。退一步说，即使其他因素的影响相对较弱甚至可以忽略不计，由于内幕信息所涉事项自身的不确定性，证券价格也相应地存在不确定性，内幕交易者面临较大的损失风险。特别是在重大事项最终不能顺利推进的情况下，内幕交易者往往偷鸡不成蚀把米。这种不确定性风险决定了市场自身具有一定的预防和惩罚功能，能够自我矫正。

二、主张禁止内幕交易的理由

（一）对激励和报酬说的反击

反对者认为，通过默许内部人进行内幕交易的方式实现激励，事实上并

---

① 参见张小宁：《证券内幕交易罪研究》，中国人民公安大学出版社 2011 年版，第 61 页；杨亮：《内幕交易论》，北京大学出版社 2001 年版，第 23 页。

② 参见胡光志：《内幕交易及其法律控制研究》，法律出版社 2002 年版，第 187～188 页；张小宁：《证券内幕交易罪研究》，中国人民公安大学出版社 2011 年版，第 61 页。

不能降低代理成本，具体理由主要为：第一，由于参与公司重大事项的人员众多，实施内幕交易的内部人员不一定是那些真正为公司创造了积极价值的人。① 此外，实际操作起来，激励和补偿的人员范围和补偿幅度的控制非常困难，甚至可能反而增加公司的成本。②

第二，即便是那些真正为公司创造了价值的人进行内幕交易，由于内幕交易自身的风险性，该等人员获得的报酬未必与其贡献对等。即便内幕交易能够确定地获利，由于获利情况与投入资金紧密相关，也就是说，内部人员获得的报酬与其自身经济实力和投资风格相关，这就容易导致对公司做出相似贡献的人可能仅因自身经济实力或投资风格而得到完全不同的报酬，而这并不具备充分的合理性和科学性，甚至不利于激励那些经济实力较弱或厌恶风险的内部人积极为公司做贡献。③

第三，如果允许内幕交易，一些处于重要职位的内部人员可能为了自身利益而尝试一些高风险或对风险与收益不匹配的经营活动，增加公司经营风险。④

第四，过多的内幕交易将导致二级市场投资者所获回报降低甚至遭受严重损失，进而，普通投资者可能对公司股票望而却步，减少对公司的投资，最终，公司的价值也会因此降低。⑤

事实上，即便这种主张具备一定合理性，也应严格将其适用范围限制在内部人员利用利好信息进行内幕交易的情况，而不应允许内部人利用利空信息抢先交易避损。原因在于，即便允许激励企业家和内部人员，也仅得在其对公司具有积极价值和贡献的情况下才提供激励。而在通过内幕交易避损的情形中，内幕信息的利空性质一定程度上反映了内部人员并未对公司做出卓有成效的积极贡献，甚至在很多情况下，利空事件的出现正是由于内部人员的失职怠惰甚至损公肥私，因此，无论如何也不应允许其通过内幕交易规避由此导致的损失。

---

① ③ 参见张小宁：《证券内幕交易罪研究》，中国人民公安大学出版社 2011 年版，第 63 页。
② ④ 参见姜华东：《证券市场内幕交易监管的经济学分析》，安徽大学出版社 2010 年版，第 16 页。
⑤ 参见姜华东：《证券市场内幕交易监管的经济学分析》，安徽大学出版社 2010 年版，第 17 页。

（二）对市场效率说的反击

1. 该观点隐含逻辑悖论

笔者认为，主张内幕交易能够提高市场效率的观点存在一个逻辑缺陷和悖论：之所以需要分析人员和专家去对内部人员的交易行为进行"解密"，挖掘隐含的内幕信息并推动股票价格反映这种信息，其根源在于内部人利用内幕信息进行了交易、影响了股票价格。如果根本不存在内幕交易，就不存在通过"解密"挖掘内幕信息，从而推动股价充分体现相关信息的必要性。这种观点事实上是在用纠正错误的方式去论证错误存在的合理性，而毫无疑问的是，仅仅因为一个错误能够得到弥补，远不足以论证错误本身的正当性。

其次，即使分析人员能够充分解密内幕信息，也不等于他们将公开该等信息，若分析人员利用发现的内幕信息进行交易或将该等信息泄露给少数人员供其进行交易，则其他不了解内幕信息的投资者遭受损失的可能性将会更大。

2. 内幕交易不具备有效调整证券价格、提高市场效率的现实可能性

即便不考虑上述逻辑悖论，仅就内幕交易是否能够达预期效果而言，这种观点也是站不住脚的：首先，认为内幕交易能够调整证券价这一理论的成立，高度依赖于这样一个假设前提：内部人员的交易行为会导致证券价格向合理价位波动。而要达到这样的效果，就要求内部人员的交易价格和交易量足够大。事实上，在绝大多数内幕交易案件中，相对于一只股票的市场成交量而言，内幕交易者的交易量仅占很小一部分，除非更多投资者也获悉内幕信息并交易，否则，仅凭内部人员的购买力，很难将价格推向合理区间。①

其次，即便内幕交易足以对证券价格产生影响，这种影响也未必能使价格趋向合理。事实上，已经有大量分析有力地指出，内幕交易将加剧证券价格波动，甚至导致证券价格明显异常波动。② 观察证监会处罚的一些内幕交易案件所涉股票的段价走势也不难发现，在一只股票被大量内幕交易的情况

---

① 参见张小宁：《证券内幕交易罪研究》，中国人民公安大学出版社 2011 年版，第 62 页。
② 参见姜华东：《证券市场内幕交易监管的经济学分析》，安徽大学出版社 2010 年版，第 21 页。

下，其价格通常也会出现剧烈波动。

至于市场效率，事实上，内幕交易可能极大地损害市场效率而不是相反。正如第一节的分析所述，如果允许内幕交易，将刺激公司内部人员故意推迟披露重大信息以便利用最佳交易机会抢先交易，影响公司经营管理并在极端情况下使公司贻误处理重大风险和事故的时机；同时，不及时的信息披露将导致证券价格不能及时反映业已存在的重要信息、降低定价机制的效率、增加投资者的交易成本、损害证券市场的效率。①

（三）对私合同说的反击

反对该观点者认为，该学说仅关注到公司及其内部人员这两类主体，而未全面客观地认识上市公司的特征，特别是忽略了公开发行证券的公司明显区别其他公司的特殊性，对公开发行证券公司较强的公众性未予以充分关注，从而导致其只重视保障公司及其内部人的意思自治，没有充分顾及公司相关多方利益的平衡和协调，事实上剥夺了其他投资者公平交易的机会。② 退一步说，即便不考虑内幕交易行为对其他投资者作为一个整体的影响，仅对内幕交易直接相关各方而言，内幕人要实现交易，无疑需要有其他投资者进行与其方向相反的交易，而其他投资者在做出交易决策时并未占有对等的信息，这无疑也违背了私法意思自治的精神内核。

（四）对执法成本说的质疑

一般认为，信息披露违法、内幕交易和操纵市场是证券市场最常见最多发的违法行为类型。在多年来的监管实践中，我国监管机构也将这三类案件的查处作为稽查执法的三个主战场，例如，证监会近年来的年报在列示证监会处罚的案件类型时，往往划分为"信息披露违法案件""内幕交易案件""操纵市场案件"和"其他案件"四大类③，可见这三类案件在监管实践中

---

① 参见胡光志：《内幕交易及其法律控制研究》，法律出版社 2002 年版，第 179～180 页；姜华东：《证券市场内幕交易监管的经济学分析》，安徽大学出版社 2010 年版，第 21 页。

② 参见张小宁：《证券内幕交易罪研究》，中国人民公安大学出版社 2011 年版，第 63 页。

③ 中国证监会年报，详见证监会网站"证监会年报"专栏。

的重要地位。而在这三类案件中，信息披露违法案件往往涉及大量财务数据、财务凭证和商业合同的调查、核实，且涉及人员众多，调查取证工作量可能极为庞大。操纵市场案件则往往涉及为数众多的证券账户和资金账户，仅仅查清账户控制关系和资金往来就可能意味着大量艰苦卓绝的调查工作，特别是近年来，操纵市场类案件的作案手法也呈现出账户关联隐蔽化、操纵手法多样化等特征，这类案件的查处难度越来越大。① 相对而言，内幕交易案件一般涉及账户较少，资金关系也相对简单，不存在大量财务数据、凭证或商业合同的调取及分析，因此，应当说内幕交易案件的调查取证相对容易。

证监会近年来查办案件的情况也有力印证了上述结论：自 2013～2018 年，证监会处罚的各类案件中，内幕交易案件数量连续多年位列榜首，且在办案总数中占比较高。其中，2013～2016 年间，内幕交易类案件量连续多年稳居第一。② 在 2017 年，证监会处罚最多的违法行为类型即为信息披露违法和内幕交易，两类案件分别处罚 60 起，而操纵市场类案件仅 21 起。③ 2018 年，证监会作出行政处罚决定 310 件，其中，信息披露违法类案件 56 起、操纵市场类案件 38 起、内幕交易类案件则多达 87 起。④

综上，实践已经有力地证明，内幕交易案件的查办并非不可克服的难题。相反，应该说，经过多年的执法实战，监管机构已经积累了非常丰富的内幕交易办案经验。

（五）对市场自我矫正说的质疑

1. 市场未必能有效预防和惩罚内幕交易

虽然内幕交易者目的落空甚至巨额亏损的例子并不鲜见，但是，比起那些无法获悉内幕信息的投资者而言，内幕人得天独厚的信息优势使其能够对

---

① 中国证监会 2014 年 8 月 22 日消息：《证监会通报近年来市场操纵案件的执法工作情况》，详见证监会网站。
② 中国证监会 2016 年和 2013 年年报，详见证监会网站"证监会年报"专栏。
③ 中国证监会 2017 年 12 月 27 日消息：《2017 年证监会行政处罚情况综述》，详见证监会网站。
④ 中国证监会 2019 年 1 月 4 日消息：《2018 年证监会行政处罚情况综述》，详见证监会网站。

交易有更大把握，其遭受损失的概率总体来说并不会明显大于普通投资者，而获利的概率往往较普通投资者要大，两类投资者面临的风险/收益曲线并不相同，市场机制对内幕交易的预防和惩罚功能较为有限。

2. 内幕交易隐含的不公平将侵蚀市场根基

相对于普通投资者而言，内幕人能够轻易获取其他投资者难以获得的信息并据以获利，内幕人的这种优势是建立在普通投资者的信息劣势上的，内幕交易背后的不公平也显而易见。而公平素来被认为是证券监管的首要目标之一[1]，禁止内幕交易不仅符合证券监管的目标，也是维护公众对证券市场的信任和信心的重要方式。[2] 否则，普通投资者的信息劣势往往意味着其将遭受直接的经济损失，即便内幕交易者偶尔"失算"，普通投资者的公平交易权也已经受到侵害。无论是否受到直接损失，普通投资者对市场的信心都将受到一定减损。而正如理查德·亚历山大（Richard Alexander）所言："毕竟证券市场是靠公众投资来维持的。"[3] 若内幕交易盛行，则证券市场的根基难免受到侵蚀。

（六）支持禁止内幕交易的其他理由

1. 内幕交易侵犯公司财产权益

这种学说认为，内幕信息之所以形成，往往是公司投入了人力物力等资源，因此，可以将这种信息视为公司的商业财产，信息的所有权应该属于公司而不是内部人员。在公司有权机关尚未表决放弃这种信息专属权利的情况下，即使是董事、经理等内部人员，也不得泄露或利用该等信息，否则即构成对信息的盗用。在公司以外，对那些为公司提供服务的机构及其人员而言，其在工作中获得的内幕信息同样属于相关的上市公司而不是服务机构及其人员。如果服务机构及其人员为自身利益而利用该等信息，同样构成对客户财产权利的侵犯。对于新闻媒体及其从业人员、证券投资咨询机构及其人员而言，

---

① 无论是国际证监会组织制定的《证券监管的目标与原则》，还是我国《证券法》，都将公平作为一项重要的监管目标。参见杨亮：《内幕交易论》，北京大学出版社 2001 年版，第 25 ~ 26 页。

② 参见杨亮：《内幕交易论》，北京大学出版社 2001 年版，第 25 ~ 26 页。

③ 参见理查德·亚历山大（Richard Alexander）：《内幕交易与洗钱：欧盟的法律与实践》，范明志、孙芳龙等译，法律出版社 2011 年版，第 13 页。

虽然其与公司之间未必存在雇佣或委托关系，但亦不得利用属于公司财产的内幕信息牟利，否则即构成外部人盗用公司财产权利。①

2. 内幕交易违背信义义务

反对放任内幕交易的一种观点认为，允许内部人员进行内幕交易，不仅不能形成有效的正向激励，反而会增加代理成本、降低公司价值。更重要的是，如果内部人员进行内幕交易，则其将至少在两个层面上违反信义义务：其一，内幕交易本质上是内部人员利用所任公司职务的便利为自身牟利，甚至不惜损害委托人的利益，而这恰恰是对信义义务的根本性违反。② 其二，内部人员原本有义务在交易前进行信息披露，而其未出于对委托人利益负责的需要而及时披露信息，同样构成对信义义务的违反。③

在美国，1934 年《证券交易法》实施后，公司内部人的信义义务得到了逐步扩展，不再局限于对公司负有信义义务，也不仅仅在代表公司或与公司进行证券交易时才对股东负有信义义务，而是认为内部人员在与股东进行交易时也负有诚信义务，应该向股东披露所有重要信息。④ 这一种观点不断得到支持和认可，并逐步发展出了"公开或戒绝规则"（disclosure or abstain rule），要求公司内部人员在获得未公开的重要信息时，要么公开该信息，然后进行交易，要么完全放弃交易相关股票。⑤

三、我国监管机构和司法机关的态度

我国证券监管实践中，监管机构始终对内幕交易持严厉禁止和积极打击的态度。证监会认为：证券交易对信息具有高度依赖性，保障众多市场参与者依法公平地获取和使用信息、公平交易，是实现上市公司规范运作、证券交易平稳运行的基本要求，也是维护证券市场公信力与竞争力、增强投资者

---

① 参见杨亮：《内幕交易论》，北京大学出版社 2001 年版，第 31~32 页；姜华东：《证券市场内幕交易监管的经济学分析》，安徽大学出版社 2010 年版，第 25~26 页。

② 参见张小宁：《证券内幕交易罪研究》，中国人民公安大学出版社 2011 年版，第 70 页。

③ 参见姜华东：《证券市场内幕交易监管的经济学分析》，安徽大学出版社 2010 年版，第 50 页。

④ 参见姜华东：《证券市场内幕交易监管的经济学分析》，安徽大学出版社 2010 年版，第 58 页。

⑤ 参见姜华东：《证券市场内幕交易监管的经济学分析》，安徽大学出版社 2010 年版，第 57~61 页。

信心的重要环节。如果享有信息优势的人员在了解到内幕信息后抢先交易相关股票，不仅践踏了证券市场的公平原则，扰乱了证券交易的正常秩序，还可能严重挫伤社会公众的投资意愿和市场信心。若上市公司内部人员或其他相关人员实施内幕交易，则还会同时违背对公司和股东所承担的信义义务，贬损公司形象。[①] 近年来，随着内幕交易监管执法不断迈上新台阶，证监会对内幕交易的严重危害有了进一步的认识，认为内幕交易是证券市场的严重欺诈行为，严重破坏市场交易秩序，严重损害投资者特别是广大中小投资者的合法权益，严重影响市场参与者的投资信心，严重侵蚀资本市场公开、公平、公正的原则，严重损害资本市场功能作用发挥。[②] 也正因此，证监会始终将内幕交易作为稽查执法打击重点，对内幕交易的高压态也有增无减。

在司法领域，法院系统广泛认为监管机构的理念，认为打击内幕交易是保障市场参与者公平交易权利、增强投资者信心、维护我国证券市场公信力与竞争力的重要环节。[③]

---

① 中国证监会行政处罚决定书〔2009〕17 号、26 号，详见证监会网站。
② 中国证监会 2017 年 7 月 7 日和 2017 年 9 月 29 日要闻：《证监会部署专项执法行动第三批案件集中查处内幕交易行为》和《证监会严厉打击各种形式的内幕交易》，详见证监会网站。
③ 北京市第一中级人民法院行政判决书〔2016〕京 01 行初 521 号，详见中国裁判文书网。

第二章

内幕交易的事实前提

——内幕信息

内幕信息是内幕交易的基础和前提，认定内幕交易案件，首先要判断是否存在内幕信息。[①] 在我国资本市场历史上，"内幕信息"的定义经历了一些变化。《股票发行与交易管理暂行条例》第八十一条第十五项指出，内幕信息是指有关发行人、证券经营机构、有收购意图的法人、证券监督管理机构、证券业自律性管理组织以及与其有密切联系的人员所知悉的尚未公开的可能影响股票市场价格的重大信息。《禁止证券欺诈行为暂行办法》第五条第一款规定：内幕信息是指为内幕人员所知悉的、尚未公开的和可能影响证券市场价格的重大信息。同时，该条第二款列举了 26 种重大信息，第三款则强调指出，内幕信息不包括运用公开信息和资料对证券市场作出的预测和分析。现行《中华人民共和国证券法》[②]（以下简称《证券法》）第七十五条第一款规定：证券交易活动中，涉及公司的经营、财务或者对该公司证券价格有重

---

① 若无特别说明，本书所称"内幕信息"指的是证券交易内幕信息，不包括期货或其他领域的内幕信息。

② 1998 年第九届全国人民代表大会常务委员会第六次会议通过，根据 2004 年 8 月 28 日第十届全国人民代表大会常务委员会第十一次会议《关于修改〈中华人民共和国证券法〉的决定》第一次修正，2005 年 10 月 27 日第十届全国人民代表大会常务委员会第十八次会议修订，根据 2013 年 6 月 29 日第十二届全国人民代表大会常务委员会第三次会议《关于修改〈中华人民共和国文物保护法〉第十二部法律的决定》第二次修正，根据 2014 年 8 月 31 日第十二届全国人民代表大会常务委员会第十次会议《关于修改〈中华人民共和国保险法〉等五部法律的决定》第三次修正。

大影响的尚未公开的信息，为内幕信息。在此基础上，证监会 2011 年公布的《关于上市公司建立内幕信息知情人登记管理制度的规定》将对公司证券及其衍生品种交易价格有重大影响的尚未公开的信息也明确定性为内幕信息。①

在境外，美国联邦证券诸法和证券交易委员会（SEC）规则中均未对"内幕信息"给出明确定义，我国所谓"内幕信息"通常对应美国的 material non-public information（实质性未公开信息）或 confidential information（秘密信息），而美国制度中所谓实质性或秘密性，意指某一信息可能对某一证券的价格产生实质性影响。② 欧盟将内幕信息称为 inside information，1989 年的《禁止内幕交易指令》规定：内幕信息是指非公开的、涉及一名或一些可转让证券的发行人或涉及一种或一些可转让证券的，具有准确性的信息；此种信息一旦公开，将很可能给所涉证券的市场价格或交易行情带来影响。2003 年的《反市场滥用指令》对内幕信息的概念进行了微调，认为内幕信息是"与一个或多个金融产品的发行人或一个或多个金融产品有直接或间接联系的，非公开的准确信息。并且，如果该信息被公开披露，将对相关金融产品的价格和相关的衍生性金融产品的价格产生重大影响"。不难发现，2003 年的《反市场滥用指令》在对内幕信息进行定性时增加了"重大"这一限定词。③ 此后的欧盟《市场滥用监管条例》（*Market Abuse Regulation*，*MAR*）对内幕消息的定义总体没变。④ 我国香港地区的《证券及期货条例》规定，内幕消息是指关于一个法团、其股东或高级人员、其上市证券的或该等证券的衍生工具的，并非普遍为惯常（或相当可能会）进行该法团上市证券交易的人所知的，但如普遍为他们所知则相当可能会对该等证券的价格造成重大影

---

① 《关于上市公司建立内幕信息知情人登记管理制度的规定》第三条：本规定所称内幕信息，是指根据《证券法》第七十五条规定，涉及上市公司的经营、财务或者对公司证券及其衍生品种交易价格有重大影响的尚未公开的信息。参见《关于上市公司建立内幕信息知情人登记管理制度的规定》（证监会公告〔2011〕30 号）。

② 参见 SEC（美国证券交易委员会）网站关于内幕交易的介绍，https://www.investor.gov/additional-resources/general-resources/glossary/insider-trading，最后访问日期：2019 年 1 月 13 日；另见张小宁：《证券内幕交易罪研究》，中国人民公安大学出版社 2011 年版，第 155 页。

③ 盛学军：《欧盟证券法研究》，法律出版社 2005 年版，第 203 页。

④ 参见金融行为监管局网站关于 *Market Abuse Regulation* 的说明，详见 https://www.fca.org.uk/markets/market-abuse/regulation，最后访问日期：2019 年 1 月 10 日。

响的具体消息或资料。①

　　总结境内外立法和监管实践不难发现，"重大性"和"未公开性"是内幕信息不可或缺的特性。② 监管实践中，认定某一信息是否属于内幕信息，主要考察其是否具备前述特性。本章将结合我国监管机构公开的内幕交易处罚案例，探讨内幕信息的认定。

第一节　重大性的含义及其判断

一、对"重大性"的客观分析

　　通常认为，内幕信息要么可能对公司股价产生重大影响，要么可能对公司经营、财务产生重大影响。若要建立一套客观指标体系来衡量某一事项或信息是否属于内幕信息，可以从两方面着手：一是以股价变动衡量信息的股价影响力；二是以事项所涉金额与公司某一财务数据的相对比例来衡量事项对公司经营和财务的影响力。

（一）结合股价波动情况判断信息是否"重大"

　　作为信息对股价影响力最直观的体现，股价变动始终被认为是衡量信息是否重大的重要指标。从公开的处罚案例看，证监会始终十分重视股价波动对于判断信息"重大性"的意义。实际操作中，具体又存在考察个股本身股价变动情况、个股相对于大盘或相关板块指数的偏离情况等做法。

---

　　① 我国香港地区《证券及期货条例》第 XIV 部第 1 分部第 285 条第（2）款，详见香港证监会网站：https：//www. elegislation. gov. hk/index/chapternumber？QS_CAP_NO＝571&p0＝1&TYPE＝1&TYPE＝2&TYPE＝3&LANGUAGE＝C&SHOW_RTF_DOWNLOAD＝N#tag571，最后访问日期：2019 年 5 月 13 日。

　　② 在一些情况下，这两种特性也会分别被称为"重要性"和"未公开性"，本书不作特别区分。另外，一些观点还认为信息应同时具备"确定性"和"真实性"方可构成内幕信息，待后文详述。

1. 结合个股股价波动情况判断信息是否"重大"

对于个股股价波动，我国立法和执法中均未明确将某一特定幅度确定为衡量信息是否重大的指标。但部分国家和地区规定了一些客观指标，例如，瑞典明确规定了 10% 的股价变动幅度标准，丹麦在实践中也掌握 10% 的标准；德国股票交易所则给出了 5% 的参考标准。[①] 但问题在于，众所周知，证券的市场价格同时受多种因素影响，要分辨出其中某一项因素对价格变动的具体"贡献"，在实践中尚存在困难。

实践中，执法机关通常会结合案件所涉信息和股价变动情况综合判断。例如，在"天音控股"内幕交易案中，证监会强调：在天音通信收到相关协议书当日，"天音控股"股价一度触及涨停并最终收涨 8.76%，证监会认定重大销售协议构成内幕信息。[②] 在"春晖股份"内幕交易案中，春晖股份筹划重大资产重组期间，股价出现异常波动（停牌前一交易日涨停、此前一日上涨 3.71%），证监会着重考察了该股在停牌前股价变化情况，并认定相关重组信息为内幕信息。[③]

2. 结合个股偏离大盘和板块的情况判断信息是否"重大"

在证券市场，受一些共性因素影响，不同股票股价的变动在一定程度上趋同。因此，要考察特定信息对某一股票价格的影响，一个重要的角度是看该股股价相对于其他股票的变动情况，而这种比较最好的参照物即为大盘指数和板块指数。实践中，执法机关时常采取这一方式衡量信息的股价影响力。常见的有三种比较方式：考察信息公开当日或后一交易日的单日偏离值、考察信息公开后一段时间的累计偏离值或考察信息公开前一段时间累计偏离值。同时，不同案件选择的参照指标也不同，一些案件着重比较个股偏离于大盘的情况，一些案件着重比较个股偏离于板块的情况，部分案件则同时从多个维度分析。相对于单独考察个股自身变动情况或单独考察个股偏离板块或大盘的情况，更科学全面的做法是同时从多个角度进行对比分析。以下分别列

---

① 参见理查德·亚历山大（Richard Alexander）：《内幕交易与洗钱：欧盟的法律与实践》，范明志、孙芳龙等译，法律出版社 2011 年版，第 85 页。

② 中国证监会行政处罚决定书〔2014〕1 号，详见证监会网站。

③ 中国证监会行政处罚决定书〔2013〕58 号，详见证监会网站。

举代表性案例释明证监会在考察偏离值方面的不同做法。

在"深天健"内幕交易案中，证监会着重考察了信息公开当日股价变动及其偏离于深成指的情况。该案中，深天健曾披露 2007 年业绩预告，称预计当年业绩增幅为 50% ~ 100%。后 2008 年 1 月 16 日，深天健披露 2007 年度业绩快报，显示增幅仅为 54.61%，处于此前预计范围的较低水平。在该业绩快报发布前，知悉相关情况的公司时任董事、总经理姜某贵于 2008 年 1 月 14 日卖出所持有的部分"深天健"股票，规避损失。处罚决定书指出：该股在深天健披露 2007 年度业绩快报当日高开低收，当日跌幅达 6.10%、与深证成分股指数偏离值为 -2.52%。最终，证监会认定业绩快报信息具备重大性，在公开前属于内幕信息。①

在"上海建工"内幕交易案中，证监会考察了信息公开当日及其后一段时间个股股价自身变动幅度及其偏离于上证综指的情况。该案中，上海建工 2011 年度利润分配方案的内幕信息 2012 年 3 月 19 日形成、27 日公开。证监会在处罚决定书中强调：信息公开当日，上海建工股票高开 6.26%，收盘上涨 5.17%，而当日上证综指涨幅为 -0.15%；自信息公开至 2012 年 5 月 7 日，上海建工股票累计涨幅为 64.34%，而同期上证综指累计涨幅为 4.31%。最终，证监会认定相关分红事宜具备重大性，在公开前属于内幕信息。②

在"三爱富"内幕交易案中，证监会着重考察了停牌前最后一个交易日和信息公开并复牌后第一个交易日的股价波动及其偏离于上证综指的情况。该案中，因筹划重大资产重组，三爱富于 2008 年 6 月 4 日 ~ 7 月 2 日停牌。停牌前一日，该股收盘涨幅为 9.82%，而当日上证综指收盘涨幅为 -0.65%。该股停牌期间，上证综指涨幅为 -21.33%。"三爱富"复牌后第一个交易日，该股收盘涨幅为 5.43%，而当日上证综指收盘涨幅为 1.95%。证监会认定重组事宜具备重大性，在公开前属于内幕信息。③

在"中航重机"内幕交易案中，证监会考察了停牌前一段时间及信息公开并复牌后三个交易日的累计偏离值，且同时从大盘指数和行业板块两个维

---

① 中国证监会行政处罚决定书〔2010〕23 号，详见证监会网站。
② 中国证监会行政处罚决定书〔2013〕66 号，详见证监会网站。
③ 中国证监会行政处罚决定书〔2011〕57 号，详见证监会网站。

度考察了偏离情况。该案中，2010 年 9 月 13 日，中航重机公告称公司正在筹划重大资产重组事项并停牌，2010 年 10 月 29 日公告重组方案并复牌。处罚决定书中强调：该股自复牌日起连续三个交易日收盘价格涨幅偏离值累计达到 20% 以上，从一个更长的期间看，自 2010 年 8 月 26 日至 11 月 2 日，上证综指累计上涨 16.98%、航天军工指数累计上涨 35.39%，而"中航重机"上涨 70.29%，偏离同期上证综指 53.31 个百分点，偏离同期航天军工同类板块 34.9 个百分点。证监会认为相关重组事宜具备重大性，在公开前属于内幕信息。①

在"金自天正"内幕交易案中，证监会考察了停牌前一段时间和公开后第一个交易日涉案个股股价自身变动幅度及其偏离情况。该案中，金自天正 2011 年度利润分配及转增股本方案的信息于 2012 年 3 月 15 日公开，2012 年 2 月 1 日至 3 月 15 日，该股累计上涨 23.53%，同期上证指数上涨 4.66%。其中，2012 年 2 月 27 日至 3 月 15 日，该股累计上涨 9.52%，而同期上证指数下跌 3%。3 月 15 日公告当日，上证指数下跌 0.73%，而金自天正股价上涨 4.5%。证监会认为分红事宜具备重大性，在公开前属于内幕信息。②

在另一些案件中，执法机关更加重视考察信息公开前一段时间的股价波动及其偏离情况。例如，在"宏达新材"内幕交易案中，科创控股拟借壳上市，与宏达新材签订了《重大资产重组合作框架协议》。2013 年 6 月 3 日，宏达新材发布停牌公告。当年 11 月 12 日，宏达新材公告称终止相关合作。由于相关事项终止，股票复牌后的走势无法合理反映借壳事项的股价影响力，证监会着重分析了停牌前一段时间的股价变化情况，指出：停牌前 20 个交易日该股累计上涨 21.12%，而同期中小板综指累计上涨 12.44%，该股偏离 8.68 个百分点；停牌前 4 个交易日，该股累计上涨 7.87%，同期中小板综指累计下跌 0.74%，偏离 8.61 个百分点。证监会认为相关信息具备重大性，构成内幕信息。③

需要特别强调的是，虽然内幕信息是指那些公开后可能对股价产生重大

---

① 中国证监会行政处罚决定书〔2013〕63 号，详见证监会网站。
② 中国证监会行政处罚决定书〔2013〕65 号，详见证监会网站。
③ 中国证监会行政处罚决定书〔2014〕90 号，详见证监会网站。

影响的信息，但这并不意味着股价只在信息公开后才受其影响，事实上，"公开后可能影响股价"的真正含义在于知道信息的人可能会据以交易从而影响股价，但这种交易未必发生在信息公开后，因此，相应的股价变动也未必出现在信息公开后。事实上，在证券市场，大量存在内幕信息的公司的股价均会在信息公开前发生显著变化。也正是基于这样的客观实际，执法实践中，证监会并不会机械地仅仅以内幕信息公开后的股价变动情况作为考量信息的股价影响力的唯一股价指标，而是结合案件情况综合使用内幕信息公开前和公开后的股价波动情况来衡量信息的股价影响力。

此外，由于内幕信息所涉事项可能最终未实现、无法作为确定的信息予以公开，公开或复牌后的股价往往无法有效反映原信息的股价影响力，在此情况下，信息公开前的股价变化情况对判断信息是否"重大"具有重要意义。总之，必须认识到，股价变动情况只是判断某项信息是否"重大"的参考因素之一，而不是决定因素，不能仅因信息公开后股价无波动反推信息不重大。有执法者认为，在一些情况下，若信息公开后股价无明显波动，可能反而说明存在内幕交易。[1]

（二）基于财务指标判断信息是否"重大"

某种程度上讲，股价是对公司经营和财务状况的反映，某一事项或信息若对公司经营或财务具有重大影响，往往也会对股价产生重大影响。因此，要衡量某一信息或事项是否可能对股价产生重大影响，一个重要方法是考察其对公司经营或财务是否有重大影响，而对经营和财务的影响往往可以通过一定的财务数据来衡量。在这方面，《证券法》和证监会出台的《上市公司重大资产重组管理办法》《上市公司信息披露管理办法》以及交易所制定的各类股票上市交易规则等共同组成了一套较为完备的判断指标体系，常见的如资产总额测试、营业收入测试、净利润测试、成交金额测试、交易产生利润测试等。实践中，可能对上市公司生产经营、财务产生影响的信息和事件

---

[1] 中国证监会行政处罚委员会：《证券行政处罚案例判解（第1辑）》，法律出版社2009年版，第29页。

不胜枚举，运用财务指标去衡量"重大性"的情况亦不一而足，以下着重结合既有案例就如何判断并购重组、对外投资、日常经营合同等事项是否"重大"展开分析。①

1. 财务指标在并购重组事项"重大性"认定中的适用

实践中，相当一部分内幕交易发生于上市公司筹划并购重组期间。② 对这类案件，首先要判断相关并购重组业务是否"重大"。从以往案件看，执法机关通常会参考重大资产重组的判断标准，其中，营业收入、总资产、净资产、净利润等的占比是最常用的指标。具体分析上，主要是参照证监会出台的《上市公司重大资产重组管理办法》及交易所出台的股票上市交易规则等监管制度中的指标进行相应测试。③

"上风高科"内幕交易案即为基于营业收入测试认定信息具备"重大性"的案例。该案中，为做大做强既有电磁线业务，上风高科筹划收购主营业务为电磁线生产和销售的东港公司85%的股权。④ 由于东港公司2009年度的营业收入已超过上风高科同期经审计收入的50%，根据《上市公司重大资产重组管理办法》第十一条第一款第二项规定，证监会认定：相关收购属于《证券法》第六十七第二款第二项所述上市公司重大资产购买事件，在公开前属于内幕信息。⑤

"赤峰黄金"内幕交易案中，证监会主要基于资产总额测试认定信息具备"重大性"。该案中，赤峰黄金拟支付现金购买威海怡和100%股权事项，因威海怡和的资产总额占赤峰黄金2014年经审计的合并财务会计报告期末资产总额的比例达到50%以上，构成重大资产重组，在公开前内幕信息。⑥ 类似地，在"凯盛科技"内幕交易案中，凯盛科技拟收购浚鑫科技，浚鑫科技

① 除了本书的分析，对于各类事件和信息"重大性"的具体判断，还可参见交易所发布的相关规则及学术和实务界有关研究。

② 以2017年为例，根据证监会的统计数据，当年处罚的60起内幕交易案件中，有44起案件的内幕信息涉及并购重组事项，占比73.33%。参见证监会网站2017年12月27日消息：《2017年证监会行政处罚情况综述》。

③ 如《上市公司重大资产重组管理办法》第十二条、第十三条等。

④ 参见上风高科公布的《重大资产购买报告书摘要》，详见巨潮资讯网。

⑤ 中国证监会行政处罚决定书〔2011〕28号，详见证监会网站。

⑥ 中国证监会行政处罚决定书〔2018〕20号，详见证监会网站。

总资产占凯盛科技同期总资产的比例约为116.66%，该收购构成重大资产重组，在公开前属于内幕信息。①

"三爱富"内幕交易案则是以资产净占比为依据认定信息具备"重大性"的典型案例。该案中，三爱富的控股股东华谊集团决定启动将集团核心业务整体上市的事项，最终确定首先将集团旗下企业上海焦化注入三爱富，由三爱富采取非公开发行股份方式购买华谊集团等持有的上海焦化股权，标的资产经评估的价值为637 299.99万元，超过三爱富经审计净资产额的50%，且超过5 000万元。证监会认为该交易具备重大性。②

"洪城水业"内幕交易案也是以标的资产占上市公司最近一期经审计净资产的比重为依据认定"重大性"的案例。该案中，洪城水业拟购买南昌公用新能源有限责任公司等三家公司的股权，交易的标的资产评估值占洪城水业最近一期经审计净资产的31.15%，四川证监局认为相关交易在公开前属于内幕信息。③

在"华升股份"内幕交易案中，证监会在判断"重大性"时同时参考了净资产和净利润占比。该案所涉事项为上海大智慧向湘财证券股东发行股份及支付现金购买其所持湘财证券100%股份，由于华升股份时为湘财证券的股东之一，该交易同时意味着大智慧以发行股份方式购买华升股份持有的湘财证券股份，相应成交金额占华升股份最近一期经审计净资产的比例为27.93%，股权交易增加公司的净利润占华升股份最近一个会计年度经审计净利润的比例为206.27%。证监会认为该交易构成涉及华升股份的内幕信息。④

由于《证券法》和证监会出台的规定难以全面明确不同情况下判断"重大"的指标，在一些案件中，执法机关还会以交易所规定为参照，常用指标主要见于《上海证券交易所股票上市规则》《深圳证券交易所股票上市规则》以及《深圳证券交易所创业板股票上市规则》等。⑤ 例如，在"宝莫股份"

① 中国证监会行政处罚决定书〔2018〕38号，详见证监会网站。
② 中国证监会行政处罚决定书〔2011〕57号，详见证监会网站。
③ 四川证监局行政处罚决定书〔2015〕4号，详见四川证监局网站。
④ 中国证监会行政处罚决定书〔2016〕85号，详见证监会网站。
⑤ 这些规则较为详尽地列举了可能构成重大交易的具体交易活动类型、判断是否构成重大事件的具体指标及计算方法等，详见上海证券交易所和深圳证券交易所网站。

内幕交易系列案件中，证监会和山东证监局均明确以交易所规则为认定依据，相关处罚决定书指出：根据《上市公司信息披露管理办法》第三十条第二款第二项和《深圳证券交易所股票上市规则》第九章9.2（一）的规定，宝莫股份本次对外投资收购资产的信息属于"重大事件"，相关信息在公告前属于内幕信息。① 湖北证监局在查处"新华都"内幕交易案时亦明确以《深圳证券交易所股票上市规则（2012年修订）》规定的指标为判断"重大性"直接依据。② 在"三五互联"内幕交易案中，证监会明确以《深圳证券交易所创业板股票上市规则（2012年修订）》规定的指标为判断依据。③ 类似地，在"万家文化"内幕交易案中，内幕信息所涉事项为万家文化拟收购上海快屏100%股权，证监会在处罚决定书中指出：参照《上海证券交易所股票上市规则》第9.2条第二项规定，"交易的成交金额（包括承担的债务和费用）占上市公司最近一期经审计净资产的10%以上的，且绝对金额超过1 000万元"的，属于"应当披露的交易"，因此，相关收购属于"应当披露的交易"，具有重大性，属于《证券法》第六十七条第二款第二项规定的重大事件，公开披露前属于《证券法》第七十五条第二款第一项所规定的内幕信息。④

2. 财务指标在对外投资事项"重大性"认定中的适用

与并购重组事项的认定类似，在认定上市公司对外投资事项是否"重大"时，执法机关也很重视财务指标的意义。例如，在"平潭发展"内幕交易案中，平潭发展拟投资10亿元创办福建严复纪念医院，投资额占平潭发展2013年底经审计净资产的74.2%；拟投资20亿元开展旅游综合开发项目，投资额占平潭发展2013年底经审计净资产的148.4%，证监会认为相关投资属于平潭发展的重大投资，对公司经营业绩和股价会产生重大影响，可以认定为内幕信息。⑤ 再如，在"芭田股份"内幕交易案中，芭田股份拟投资贵州瓮安聚磷酸等高新磷复肥及配套磷化工项目，约定总投资额为68亿元，是

---

① 中国证监会行政处罚决定书〔2016〕95号、山东证监局行政处罚决定书〔2017〕1号，详见证监会和山东证监局网站。

② 湖北证监局行政处罚决定书〔2014〕2号，详见湖北证监局网站。

③ 中国证监会行政处罚决定书〔2014〕74号，详见证监会网站。

④ 中国证监会行政处罚决定书〔2019〕31号，详见证监会网站。

⑤ 中国证监会行政处罚决定书〔2016〕48号，详见证监会网站。

芭田股份 2011 年 12 月 31 日资产总额的 6.13 倍。深圳证监局认为该投资事宜属重大投资。①

3. 财务指标在日常经营合同"重大性"认定中的适用

除了并购重组、重大投资，上市公司经常会签订其他一些对公司经营和财务具有重大影响的日常经营协议，而在此类协议筹划和谈判过程中，内幕交易时有发生。从以往案例看，在判断日常经营合同和协议是否构成"重大"时，执法机关往往以交易所规定的重大合同标准为参照，如深圳证券交易所《主板信息披露业务备忘录第 13 号：日常经营重大合同》（2018 年 3 月 27 日）第二条、《创业板信息披露业务备忘录第 7 号：日常经营重大合同》（2017 年 6 月）第一条等。②

这方面最为典型的案例为"英唐智控"内幕交易案。该案中，2012 年 10 月，英唐智控控股的英唐（香港）有限公司与泰国英泰公司签署《"泰国教育平板"合作协议》，约定向英泰公司提供两种平板电脑共 75 万台，相关产品总价值按当时汇率折合人民币约 4.2 亿元，占英唐智控上一年度经审计营业总收入的 89.06%；该协议可能给英唐智控带来的净收益为其上一年度经审计净利润的 1.03 倍。深圳证监局指出：依据深圳证券交易所《创业板信息披露业务备忘录第 7 号：日常经营重大合同》（2011 年 8 月 9 日）第一条，③ 相关协议属于英唐智控应披露的重大合同，在公开前属于内幕信息。④

4. 分步交易模式下判断指标的选择

实践中，上市公司可能会将一项大的交易拆分为多项较小交易分别或分步进行，在这种情况下，判断交易是否达到"重大"的标准，首先需要解决应当将哪些交易对应的额度纳入计算的问题。针对这种情况，有观点认为，大的交易项下那些尚未开展的交易对应的额度不应被纳入，换句话说，若首

---

① 深圳证监局行政处罚决定书〔2014〕2 号，详见深圳证监局网站。

② 详见深圳证券交易所网站。

③ 该条具体内容为："一、上市公司一次性签署与日常经营活动相关的销售产品或者商品、提供劳务、承包工程等重大合同，达到下列标准之一的，应当及时报告本所并披露：（一）合同金额占公司最近一个会计年度经审计营业总收入 50% 以上，且绝对金额在 1 亿元人民币以上的；（二）本所认为可能对公司财务状况、经营成果和盈利前景产生较大影响的合同。"

④ 深圳证监局行政处罚决定书〔2013〕2 号，详见深圳证监局网站。

期或已实际开展的各期交易金额之和不足以构成"重大",则交易不符合"重大"的标准。但从已处罚的案例看,在已经作出明确的整体安排的情况下,在判断是否"重大"时也会将交易整体纳入考量。

例如,在中植投资内幕交易"勤上股份"案中,涉案内幕信息之一为勤上股份整体收购凹凸教育,双方签订了《增资/收购备忘录》,对凹凸教育的投前估值为 2.6 亿元,约定首期交易标的为凹凸教育 10% 股权,对应金额为 2 600 万元。证监会认定该项收购构成重大事项。中植投资申辩认为,《增资/收购备忘录》仅仅是收购意向,且约定首期交易价格仅为 2 600 万元,未达到勤上股份最近一期公告的净资产 22.6 亿元的 10%,不构成重大投资。中植投资同时提出,若认定交易金额为收购总价 2.6 亿元,则此金额应当认定为交易涉及的资产总额,进而,在计算交易占比时,应当与勤上股份最近一期总资产进行对比,而 2.6 亿元并未达到勤上股份最近一期公告的总资产 33.8 亿元的 10%,同样不构成重大投资。此外,中植投资还提出,2.6 亿元仅仅是投前估值,尚未经审计与评估,不应作为判断标准。对此,证监会认为,勤上股份与凹凸教育签署《增资/收购备忘录》时,已对整体收购达成共识并作了交易安排,分步推进相关工作不影响整体成交额度的认定。勤上股份整体收购凹凸教育事项金额占勤上股份 2015 年度经审计净资产的 11.50%,属于重大事件。①

当然,若首期交易足以达到"重大"的标准,则如何计量影响不大。例如,在"长盈精密"案中,长盈精密拟与三环集团合作成立合资公司,合计投资金额为 87 亿元,长盈精密的首期投资金额预计超过公司最近一期经审计净资产的 10%,证监会认定该事项构成重大投资。②

（三）其他客观指标在"重大性"认定中的适用

1. 重大人事变动

《证券法》第六十七条第二款第七项明确规定:公司的董事、三分之一

---

① 中国证监会行政处罚决定书〔2018〕72 号,详见证监会网站。
② 中国证监会行政处罚决定书〔2018〕84 号,详见证监会网站。

以上监事或者经理发生变动的，属于重大事项。也就是说，但凡上市公司有一名董事发生变动、监事或经理变动人数达到总数的三分之一的，在公开前均属于内幕信息。"海翔药业"案即为一例，该案中，时任海翔药业董事长、总经理、法定代表人李某金于2014年年底向海翔药业实际控制人王某富提出，希望公司再配一个总经理以减轻自己的工作压力，王某富遂开始考虑海翔药业的总经理人选，并拟选定由杨某卫担任。2015年1月20日，海翔药业董事会讨论通过了更换法定代表人、总经理等议案，并于次日公告公司总经理和法定代表人变更。证监会认定海翔药业总经理变更信息属于《证券法》第六十七条第二款第七项规定的重大事件，在公告前属于内幕信息。①

2. 持股情况、控制情况、股权结构等发生重大变动

《证券法》第六十七条第二款第八项和第七十五条第二款第三项规定，大股东或实际控制人持股或控制公司的情况发生"较大变化"和股权结构发生"重大变化"的，相关信息在公开前属于内幕信息。其中，实际控制人变化通常相对容易判断，在此不赘。持股情况、控制情况、股权结构变化等是否构成"重大"，则需要具体的判断指标。结合《证券法》第八十六条、《上市公司收购管理办法》《公开发行证券的公司信息披露内容与格式准则第15号——权益变动报告书》及交易所相关规则，一般来说，持股达到5%、持股情况变化超过5%或虽未超过5%但导致大股东或实际控制人发生变化的，相关变化情况可能构成内幕信息。

例如，在"亿阳信通"内幕交易案中，亿阳信通的控股股东亿阳集团筹划通过非公开发行等方式将对亿阳信通的持股比例由23.16%提高到30.15%。证监会认定该事项符合《证券法》第六十七条第二款第八项所述"持有公司百分之五以上股份的股东或者实际控制人，其持有股份或者控制公司的情况发生较大变化"的重大事件，同时属于公司股权结构的重大变化，在公开前构成内幕信息。②

---

① 中国证监会行政处罚决定书〔2018〕16号，详见证监会网站。
② 中国证监会行政处罚决定书〔2017〕26号，详见证监会网站。

减持股份达到一定比例的，也可能构成"重大"。如"新太科技"内幕交易案中，新太科技第二大股东辽宁省大连海洋渔业集团公司拟对外转让所持新太科技股份 55 814 306 股，占新太科技已发行股份的 26.81%。证监会认为，该转让将导致新太科技股权结构发生重大变化，在公开前属于内幕信息。[1]

上市公司董监高增减持公司股票达到一定比例的，也可能构成内幕信息。在"特锐德"案内幕交易中，因外资股东减持，2013 年 4 月，特锐德股价大幅下跌。为稳定股价，2013 年 4 月 18 日，特锐德实际控制人兼董事长于某翔、总经理屈某明、董事会秘书刘某坤探讨了由于某翔和屈某明增持公司股票的可行性及资金来源问题，初步达成增持意向。5 月 2 日，特锐德公布增持计划，称董事长于某翔和总经理屈某明合计增持特锐德股票 1 002 万股，占公司总股本的 5%。重庆证监局认为该事项在公开前属于内幕信息。[2] 在"吉峰农机"内幕交易案中，吉峰农机的股东西藏山南神宇拟减持不超过 2 100 万股（不超过公司股份总数的 5.88%）吉峰农机股票，四川证监局认为该减持信息在公开前属于内幕信息。[3]

另外，上市公司增发股票也可能导致股权结构发生重大变化，构成内幕信息。例如，在"巨轮股份"内幕交易案中，巨轮股份拟非公开发行股票筹集资金进行对外投资，其中，拟非公开发行 15 300 万股，占其总股本的 32.13%。广东证监局认定此次非公开发行构成巨轮股份"股权结构的重大变化"。[4]

3. 主要资产发生重大变化

现行《证券法》对主要资产发生重大变化明确了认定标准，即第七十五条第二款第五项规定"公司营业用主要资产抵押、出售或者报废一次超过该资产的百分之三十的，属于内幕信息"。实践中，此类信息及因此发生的内幕交易相对少见，以下简要举例阐明其认定逻辑。

在"佛塑股份"内幕交易案中，其中一项内幕信息所涉事项为佛塑股份

---

① 中国证监会行政处罚决定书〔2010〕53 号，详见证监会网站。
② 重庆证监局行政处罚决定书〔2014〕1 号，详见重庆证监局网站。
③ 四川证监局行政处罚决定书〔2014〕2 号，详见四川证监局网站。
④ 广东证监局行政处罚决定书〔2015〕2 号，详见广东证监局网站。

拟公开出让总面积 117 783 平方米的三宗地块，相关地块截至 2009 年 9 月 30 日的账面净值为 4 060.48 万元，2009 年 10 月 13 日土地使用权评估值为 62 550 万元。2009 年 10 月 20 日，佛塑股份董事会审议通过了相关转让议案。公司指出：与转让前相比，转让后，公司产销量将减少约 6 000 吨/年，销售收入减少 5 000 万～6 000 万元/年，减亏增盈共约 5 000 万～7 000 万元/年，土地出让的净收益预计约为 0～2 000 万元。证监会认为，佛塑股份对外出售土地资产事项，属于《证券法》第七十五条第二款第五项规定的"公司营业用主要资产出售一次超过该资产的百分之三十"的事项，构成内幕信息。[1]

"西藏珠峰"内幕交易案也是上市公司出售主要资产过程中发生的内幕交易案件。该案中，西藏珠峰拟对外出售所持青海珠峰锌业有限公司 100% 股权与青海西部铟业有限责任公司 51% 股权。根据西藏珠峰发布的公告，相关资产总额占西藏珠峰最近一个会计年度经审计资产总额的 73.89%，净资产额占西藏珠峰最近一个会计年度经审计资产净额的 185.28%，相关比例均远超 30%。[2] 西藏证监局认定交易属于《证券法》第七十五条第二款第五项规定的内幕信息。[3]

值得注意的是，对于出售资产的情况，法律并不要求以经审计的资产额为参照。实践中，执法机关可能以未经审计的金额为参照。例如，在"中海海盛"内幕交易中，中海海盛原主营业务为国际国内船舶运输、国际国内船舶管理、船务代理等，涉案事项为中海海盛拟出让承接其全部航运业务及资产的子公司 100% 股权，标的资产总额合计（未经审计）为 451 526.08 万元，占中海海盛 2015 年末总资产的 81.85%。深圳证监局认为相关交易构成《证券法》第六十七条第二款第一项和第五项规定的"公司的经营方针和经营范围的重大变化"和"公司营业用主要资产的抵押、出售或者报废一次超过该资产的百分之三十"的重大事项。[4]

---

[1] 中国证监会行政处罚决定书〔2011〕41 号，详见证监会网站。
[2] 西藏珠峰发布的《重大资产出售报告书摘要》，详见巨潮资讯网。
[3] 西藏证监局行政处罚决定书〔2016〕1 号，详见西藏证监局网站。
[4] 深圳证监局行政处罚决定书〔2017〕6 号，详见深圳证监局网站。

二、对"重大性"的主观判断

在一些情况下，个别事件对公司的影响可能是全方位、长远的，因此，判断信息是否"重大"，不能仅局限于客观指标，而应综合考虑分析其对上市公司的影响。在追热点、炒题材的投资氛围中，上市公告开展一些与热点题材概念相关的经营活动，即便客观指标不算"重大"，但对股价的实际影响却十分明显。同样，在盛行"炒壳"的市场环境下，即便一个上市公司自身生产经营不好，但潜在的卖"壳"预期往往也会推动股价发生重大变化。因此，判断一项信息是否"重大"，不仅要考虑客观指标，还必须充分考虑其他相关因素。只有通过尽可能全面、综合的分析，才能有效评估一项信息对股价的影响，判断其是否具备"重大性"。

从已有处罚决定看，执法机关通常秉持综合分析的认定思路，既考虑法律和规章制度规定的判断标准，也注重结合资本市场实际情况分析事件的现实影响。以下结合实际案例阐释一些常见的考虑因素及分析思路。

（一）结合市场普遍认知认定内幕信息

证券市场对某类信息或事件的认知和理解，一定程度上会决定特定事件对个股价格的影响大小。因此，执法机关在考量某一信息或事件是否重大时，往往会考虑市场对该信息或事件的惯常认知和常见反应。例如，在"齐星铁塔"内幕交易案中，齐星铁塔原本主营以输电塔和通信塔为主的各类铁塔产品研发、设计、生产和销售，后拟非公开发行股票募集资金用于购买南非金矿项目、金矿扩产建设以及补充流动资金，增发募集资金总额占公司 2012 年经审计净资产的 354.46%。除了从法律规定的角度分析该事项构成何种重大事件外，证监会特别指出：从该事项启动当时的证券市场环境与我国上市公司近年的实践看，这一事项往往对上市股票的交易价格与投资者判断产生重大影响。最终，证监会认定相关事件在公开前属于内幕信息。[1] 类似地，在

---

[1] 中国证监会行政处罚决定书〔2015〕29 号，详见证监会网站。

"威华股份"内幕交易系列案件中，威华股份公司筹划重大资产重组，并先后考虑了三种方案。证监会认为：考虑到我国证券市场现实状况下类似事项对上市公司股票交易价格的影响，结合内幕信息公开后"威华股份"股票价格的实际走向看，涉案事项具备重要性从而构成内幕信息。后续诉讼中，法院支持证监会关于相关事项构成内幕信息的认定，在分析时，法院特别关注到了威华股份生产经营实际，并指出"这一信息如果公开，对一直陷入经营困境的威华股份来说，是一个重大利好消息，足以影响投资者作出投资决策，对威华股份的股票价格产生重大影响。"①

在光大"816"案中，光大证券因程序错误以 234 亿元的巨量资金申购 180ETF 成分股，实际成交 72.7 亿元。证监会认为该情况"可能影响投资者判断，对沪深 300 指数、180ETF、50ETF 和股指期货合约价格均可能产生重大影响"，并因此认定该信息在公开前属于内幕信息。②

同样，在"粤富华"内幕交易案中，证监会在认定涉案事项的重大性时着重考虑了相关信息对投资者判断的影响。该案中，粤富华间接持有珠海发电厂约 10% 的股权，因珠海发电厂分配 2006 年度利润，导致粤富华 2007 年上半年业绩预增 650% ~ 700%。证监会认为：根据内幕信息的"重要性"原则，上市公司未公开的对外股权投资分红方案是否属于内幕信息，应根据该项股权投资在上市公司整体资产、营业收入、利润构成中所占的比重、投资者对该分红方案的预期以及该分红方案与上市公司股票价格变动的相关程度等因素综合判断。本案中，无论从以往年度客观记录看，还是从粤富华管理层、外界投资者主观认知上看，电厂分红在粤富华业绩构成中均占有相当大的比重。而且，由于粤富华此前发布的关于投资珠海发电厂 5、6 号机组的公告给投资者带来粤富华在未来年度从发电厂获得的分红收益将有较大比例减少的预期，此后珠海发电厂分配利润导致粤富华业绩预增，对投资者判断的影响就更为重大。因此，对粤富华而言，珠海发电厂的分红方案符合内幕信

---

① 中国证监会行政处罚决定书〔2016〕53 ~ 56 号、北京市高级人民法院行政判决书〔2018〕京行终 445 号、北京市第一中级人民法院行政判决书〔2017〕京 01 行初 570 号，详见证监会网站和北京法院审判信息网。

② 中国证监会行政处罚决定书〔2013〕59 号，详见证监会网站。

息的"重要性"标准。尽管根据粤富华 2006 年 12 月 22 日发布的公司股权分置改革实施公告,珠海市国资委对包括珠海发电厂资产在内的功控集团的盈利能力做出了业绩补偿承诺,但由于承诺内容并未指明珠海发电厂的分红事项且针对的是全年业绩,因此,此公告不能消除珠海发电厂分红方案对粤富华半年度业绩和短期股价表现的"重要性"程度。最终,证监会依据《证券法》第七十五条第二款第八项认定该信息属于内幕信息。①

(二)结合市场投资热点和偏好认定内幕信息

在"东风股份"内幕交易案中,主营包装印刷的东风股份欲将印刷业务接入互联网,向"云印刷"转型,并为此筹划收购香港 EPRINT 集团部分股权并与 EPRINT 共同推进云印刷战略合作。由于交易尚不构成重大资产重组,涉案人员主张相关信息不构成内幕信息。证监会认为,虽然收购交易本身不构成重大资产重组,但结合当时市场投资热点和概念题材,涉案事项仍具备重大性。证监会具体指出:"云"概念是当时证券市场广为推崇的投资热点,而收购 EPRINT 集团部分股权这一行为客观上将东风股份向"云印刷"转型的战略推进到具体实施阶段,结合当时证券市场投资环境和趋势热点,并考虑到东风股份股价波动情况,可以合理地认为相关事项具备"重大性",构成东风股份经营方针和经营范围的重大变化。② 相关分析论证凸显了投资热点和题材概念在认定事件的股价影响力和"重大性"方面的重要意义。

(三)结合上市公司生产经营情况认定内幕信息

如前所述,个别事件对公司的影响可能是全方位、长远的,判断其是否"重大",有必要考虑这种影响。前述"威华股份"案即为一例。此外,在"浙江东方"内幕交易案中,内幕信息所涉事项为浙江东方拟参股破产重整后的金信信托。在认定内信息"重大性"时,证监会特别指出:从本案实际情况看,由于浙江东方的第一大股参与金信信托的重整,完成了金信信托的

---

① 中国证监会行政处罚决定书〔2010〕29 号,详见证监会网站。
② 中国证监会行政处罚决定书〔2018〕52 号,详见证监会网站。

原有债务清偿、老股东清退、业务和资产清理、职工安置等工作，并引入了中国国际金融有限公司作为金信信托第二大股东参与战略投资，因此，浙江东方如能参股重整后的金信信托，无疑对其公司经营与业绩有着重大影响。[①]

在"ST当代"内幕交易案中，证监会也充分考虑了内幕信息所涉事件在当时的情景下对上市公司的深远影响。该案涉案事项为山西当代在当代集团与大同市政府部门安排下进行债务重组、剥离历史遗留债务。证监会认为：无论从使山西当代得以摆脱历史包袱、为公司进一步资产重组打下基础的角度看，还是从交易涉及金额与公司2010年度经审计总资产和净资产的对比看，该事项无疑对山西当代的财务、经营和证券市场投资者判断具有重大影响。[②]

第二节　内幕信息形成时间认定

一、内幕信息形成时间认定的难点

内幕交易发生的前提是内幕信息已经形成，故内幕信息形成时间的确定，是内幕交易执法的重要部分。一定程度上讲，判断内幕信息何时形成，就是判断信息何时具备"重大性"。对此，《证券法》并未专门给出答案，行政执法领域也尚无具体规定或指引。刑事司法领域率先进行了探索，《最高人民法院、最高人民检察院关于办理内幕交易、泄露内幕信息刑事案件具体应用法律若干问题的解释》（以下简称《内幕交易司法解释》）[③] 第五条第二款规定：《证券法》第六十七条第二款所列"重大事件"的发生时间，第七十五条规定的"计划""方案"等的形成时间，应当认定为内幕信息的形成之时；

---

① 中国证监会行政处罚决定书〔2011〕32号，详见证监会网站。
② 中国证监会行政处罚决定书〔2014〕44号，详见证监会网站。
③ 参见最高人民法院网站"审判业务"专栏2012年9月29日发布信息，详见 http://www.court.gov.cn/shenpan-xiangqing-4550.html。

该条第三款规定："影响内幕信息形成的动议、筹划、决策或者执行人员，其动议、筹划、决策或者执行初始时间，应当认定为内幕信息的形成之时"。在内幕交易行政执法领域，执法机关通常参照《内幕交易司法解释》相关规定，将影响内幕信息形成的动议、筹划、决策或者执行人员动议、筹划、决策或者执行的初始时间认定为内幕信息的形成之时，主要理由在于：举重以明轻，刑事案件都可将动议、筹划之时认定为内幕信息的形成之时，行政案件照此认定更无不当。①

虽然《内幕交易司法解释》给出了判断标准，但具体案件中，由于商业实践的复杂性和不同企业治理情况的差异性，同类事项在不同情境下的进展和演变可能并不相同。例如，在一些公司中，董事长具有较大影响力甚至决定权，能够实质性地影响公司的经营决策；在另一些公司中，董事长可能仅负责执行和落实控股股东、实际控制人的指示，无权对涉及公司的一些重大事件产生实质影响。进而，不同公司的董事长的相似行为或活动，对内幕信息的影响力也不可一概而论。再如，同样是在并购重组中签署保密协议，一些项目中，有关各方可能在进行实质性接触前签署保密协议，另一些情况下则可能在达成初步意向后、全面开展各项具体工作前才签，个别甚至待到各项工作基本完成、交易方案基本确定后才签署。因此，签署保密协议是否意味着内幕信息形成，同样不能一概而论。

由于商业实践中的复杂性，可以说，内幕信息形成时间的认定既有章可循又无一定之规。所谓有章可循，就是在认定内幕信息是否形成、何时形成时，必须紧紧围绕内幕信息本质特征进行分析，特别是要把握住内幕信息"重大性"的内涵和外延，既要避免把一些尚不足以对股价产生重大影响的"构想""蓝图""规划"等认定为内幕信息，也要避免把一些确能产生重大影响的"提议""初步共识""意向""框架"排除在外。所谓无一定之规，就是要具体案情具体分析，不可机械模仿同类案件。事实上，查阅证监会的处罚决定书不难发现，在很多类似的案件中，对内幕信息形成时间的认定并不同，特别是并购重组有关的内幕交易案件中，个案差异性较为明显，体现

①　参见中国证监会行政处罚决定书〔2018〕2号，详见证监会网站。

了在统一标准和原则的基础上具体案件具体分析的务实精神。

二、内幕信息形成时间认定的标准

笔者认为，本质上讲，认定内幕信息形成时间，就是在信息在"质"和"量"上满足"重大"的指标和门槛的基础上，进一步寻找事件发展过程中一个标志性的事件或时间节点，这种事件或节点的出现，足以使普通投资者①（假使其充分了解这一节点上的具体情况）据此作出其在不了解相应信息的情况下不会作出的投资决策，或者对证券价格进行重估。② 至于某一事件或时间节点是否足以意味着内幕信息形成，可以从多个角度分析多重要素，其中很重要的一方面是看什么人员在这一节点上实施了什么行为。换句话说，认定内幕信息形成，首先是要识别出那些能够影响内幕信息形成的人员，然后从这些人员所从事的相关行为中，识别出那些能够表明重大事项已经进入实质操作阶段并具有很大的实现可能性③、在普通投资者看来可能对股价产生重大影响的行为，然后锁定该等行为发生的时间。

（一）影响内幕信息形成的动议、筹划、决策或者执行人员范围

需要说明的是，在不同情况下，所谓"影响内幕信息形成的动议、筹划、决策或者执行人员"范围应有所不同。例如，在上市公司开展并购重组、与他人签订重大合同等情况下，由于相关事项须经双方协商一致方可实

---

① 之所以从普通投资者的视角出发，是因为：理论上讲，一项信息若要对证券价格产生重大或显著影响，首先需要能够激发足够的供给或需求，这就离不开足够多投资者的参与。特别是在机构投资者占比不高的市场中，普通投资者的参与显得尤为重要，普通投资者对一项信息的认知往往能够影响甚至决定证券价格走向。也只有在普通投资者有较大可能会基于某一信息作出其在不了解这一信息的情况下不会作出的投资决策的情况下，一项信息才可能最终真正对股价产生影响，内幕信息才可能产生。

② 有观点认为，内幕信息"重大性"的本质和核心并不在于促使投资者改变投资决策，而是影响投资者对证券的估价。参见谢杰：《内幕信息形成时间司法认定问题研究——以法释〔2012〕6 号司法解释第 5 条为中心的刑法解析》，载《中国刑事法杂志》2013 年第 5 期。

③ 参见苏某鸿诉证监会案一审判决书中关于内幕信息形成时间的分析，载北京市第一中级人民法院行政判决书〔2017〕京 01 行初 570 号，详见中国裁判文书网。

现，"影响内幕信息形成的动议、筹划、决策或者执行人员"一般应该包括双方人员，且这些人员通常是对所代表的一方的事务（至少是构成内幕信息的事件所涉事务）具有一定话语权的人员。"动议、筹划、决策或者执行"通常也指的是双方而非单方行为，"一厢情愿"的动议、筹划通常并不足以使具体事项构成内幕信息。例如，在徐某坤内幕交易"中牧股份"案处罚决定书中，证监会在认定分析中充分体现了这一理念，证监会称：依据《内幕交易司法解释》第五条第三款的规定，杨某系广西扬翔实际控制人，胡某毅系中牧股份董事长，二人均属于影响内幕信息形成的动议、筹划、决策人员，其二人的动议、筹划初始时间即可认定为内幕信息形成之时。①

当然，这并不意味着上市公司单方面的动议、筹划等一律不构成内幕信息，而应结合实际情况具体分析。若单方面的动议和筹划确实足以对公司证券价格产生重大影响，具体采用何种方案、与哪一对象开展合作等可能并不会实质性地改变信息的"重大性"，对股价的影响力不存在实质差异，则可认定单方面动议、筹划的事项构成内幕信息，其内幕信息自单方动议、筹划之时形成。例如，在"益盛药业"内幕交易系列案件中，证监会认定益盛药业内部议定收购标的企业之日为内幕信息形成之日。涉案收购的筹划过程大致为：2013 年 10 月底，抚松长白山人参市场投资发展有限公司（简称"人参市场"）实际控制人等拜访益盛药业，经沟通，益盛药业董事长张某胜表示可以考虑收购人参市场 100% 股权。11 月 20 日，张某胜召集公司董事会秘书李某军等人开会商议与人参市场合作事宜，议定通过发行股份收购人参市场 100% 股权，价格待调查评估后定。11 月 22 日，杨某宇等与张某胜、李某军及中介机构人员开会，进一步洽谈合作事宜。11 月 23 ~ 26 日，李某军带领中介机构人员前往人参市场进行初步尽职调查。2014 年 3 月 30 日，双方签订了合作意向书。证监会认定内幕信息形成于 2013 年 11 月 20 日。② 乍一看，该认定似乎仅考虑了上市公司方面的动议和筹划，但应当注意到，相关收购系由被收购方主动寻求并发起，在益盛药业作出收购决议前，人参市场

---

① 中国证监会行政处罚决定书〔2018〕2 号，详见证监会网站。
② 中国证监会行政处罚决定书〔2017〕15 号、16 号、17 号，详见证监会网站。

已主动上门沟通。因此也就不难理解该案以益盛药业单方面作出决议之日为内幕信息形成时间的合理性。

(二) 启动实质操作且有很大的实现可能性

对于内幕信息形成时间的认定,有观点认为,不宜机械套用《内幕交易司法解释》,将虽已启动一定的动议和筹划但尚处于高度不确定状态的信息认定为内幕信息,这是因为,若信息处于前期高度不确定状态,就意味着基于此类信息所从事的交易同样蕴含高风险。真正应当禁止的是利用理性投资者认为会影响证券价格的未公开信息从事交易的行为,因为这种交易风险极低且只有内幕人才有机会。[①] 因此,形成时间的认定,应体现出"相关重大事项已经进入实质操作阶段并具有很大的实现可能性",只有这样的信息才会对证券价格产生重大影响,才能据此认定内幕信息形成。[②]

司法实践中,官判机关也秉持这一理念。例如,在"宝莫股份"内幕交易案行政诉讼中,法院判决指出:当某事实的发生能够表明相关重大事项已经进入实质操作阶段并具有很大的实现可能性时,该事项的发生时点亦为内幕信息的形成时点。本案中,2013 年 9 月底 10 月初,宝莫股份的总经理刘某与康贝石油的董事长满善平已经初步达成口头意向,认定内幕信息敏感期从 2013 年 10 月 1 日起并无不当。[③] 类似地,在"利欧股份"案中,法院认为:并购重组型内幕信息从形成到公开,是一个动态、连续、有机关联的发展过程。当某事实的发生能够表明相关重大事项已经进入实质操作阶段并具有很大的实现可能性时,该事实的发生时点即为内幕信息的形成时点。本案中,2013 年 9 月下旬,利欧股份董事长王某荣、董事会秘书张某波与上海漫酷实际控制人郑某东会面,双方就收购事宜初步表达了合作意愿,并决定继续推进该事项后续工作。王某荣及郑某东分别为利欧股份及上海漫酷重要决

---

① 谢杰:《内幕信息形成时间司法认定问题研究——以法释〔2012〕6 号司法解释第 5 条为中心的刑法解析》,载《中国刑事法杂志》2013 年第 5 期。

② 杨赞:《内幕交易、泄露内幕信息行为疑难认定》,载《人民检察》第 8 期及《检察日报》2017 年 5 月 4 日刊,详见最高人民检察院网站。

③ 北京市高级人民法院行政判决书〔2017〕京行终 4023 号,详见中国裁判文书网。

策人员，上述事实表明利欧股份收购上海漫酷这一事项已经初步进入实质操作阶段并且具有较大的实现可能性，该时点属于影响内幕信息形成的动议、筹划的初始时间。①

三、内幕信息形成时间认定实践

实践中，上市公司实施的并购重组等重大事件往往要经历单方筹划动议、初步了解情况、各方工作层面初步接触并表达合作意向、初步尽职调查、签署保密承诺、初步谈判并组织起草框架协议或概括性方案、组织正式尽职调查、双高层领导会谈、反复修改相关文件和条款、就合作的关键问题和核心条款达成一致、对更多具体问题达成共识、各方履行相应的内部审批和决策程序、签署合作协议、停牌、复牌、依法报告和公告相关情况等多个环节和程序，其中究竟哪一个环节意味着相关事项"启动实质操作并具有很大的实现可能性"，是执法机关必须判断的问题，而这往往需要具体情况具体分析。以下以并购重组过程中发生的内幕交易案件为例，阐释执法实践中不同情况下内幕信息形成时间的认定，以管窥内幕信息形成时间认定的奥妙。

（一）以单方面开始研究方案或寻找标的为内幕信息形成的标志

在一些案件中，重大资产重组事项主要由上市公司实际控制人、控股股东等筹划和操作，上市公司参与得相对较少，相应的形成时间认定往往也会更关注实际控制人、控股股东动议和筹划的情况。例如，在"同达创业"内幕交易案中，2016 年 10 月 9 日，信达投资董事长李某燃在召集副董事长（兼同达创业董事长）周某武等人开会，李某燃在会上提出重启同达创业重组，指派相关人员研究思路及相关程序。10 月 21 日，李某燃、周某武等人听取了关于同达创业重组思路的汇报，提出了定向增发、借壳、股份转让三种方式。会议倾向股份转让方式，并决定向信达投资母公司信达资产汇报有关情况。10 月 24 日，李某燃、周某武等赴信达资产汇报有关情况，信达资

---

① 北京市高级人民法院行政判决书〔2017〕京行终 4554 号，详见中国裁判文书网。

产董事长、总裁、总裁助理等人参会。会议倾向股份转让方式，同意信达投资继续研究论证该方式。后信达投资相关人员与信达资产相关人员共同研究论证股份转让方案，并组织起草可行性研究报告、工作时间表等。10月31日，信达投资党委会审议同意启动同达创业股份转让事宜。2017年1月12日，同达创业公告信达投资决定终止转让所持有同达创业股份。黑龙江证监局认定该案内幕信息形成时间不晚于2016年10月24日，即信达资产同意信达投资继续研究论证涉案股份转让事项之日。①

如前所述，在一些案件中，结合案件事实，执法机关可能认定上市公司单方面动议的时间为内幕信息形成时间。例如，在"成城股份"内幕交易案中，2012年9月18日，成城股份的实际控制人成某某明确指定主要助手蒋某某负责公司增发融资收购煤矿的项目，并指示蒋某某直接联系相关中介机构参与该项目。2012年10月30日，项目组与标的企业的实际控制人接触，并于次日开始商谈。商谈后，项目组先后对标的企业进行摸底调查和尽职调查。2013年2月2日，成城股份发布相关非公开发行预案。江西证监局认定该案内幕信息形成于2012年9月18日。② 类似地，"东华实业"案内幕信息所涉事项为上市公司向关联方购买资产，广东证监局以东华实业实际控制人确定交易标的范围、估值、支付方式之时为内幕信息形成时间。③

个别情况下，即便并购重组标的并未确定，甚至上市公司实际控制人、大股东等尚未作出具体指示，结合上市公司实际管理和涉案事项具体运作情况，执法机关也可能综合分析认定内幕信息已经形成。例如，在"秀强股份"内幕交易案中，2014年9月6日，秀强股份公告引入了蝶彩资产。蝶彩资产研究总监李某宇负责秀强股份市值管理项目，蝶彩资产实际控制人谢某华在9月8日的例会上安排陈某林协助李某宇寻找标的公司。9月17日，李某宇经谢某华同意，确定向秀强股份推荐联创电子等企业。9月19日，李某宇、律师徐某一与秀强股份实际控制人卢某强、董事会秘书张某先会面，正式推荐了联创电子等三家企业。9月24日，李某宇、徐某一、卢某强、

---

① 黑龙江证监局行政处罚决定书〔2017〕1号，详见黑龙江证监局网站。
② 江西证监局行政处罚决定书〔2014〕1号，详见江西证监局网站。
③ 广东证监局行政处罚决定书〔2014〕3号，详见广东证监局网站。

张某先一行四人到联创电子考察。10 月 11 日，秀强股份与联创电子签订框架协议并决定停牌。证监会内幕信息形成于 2014 年 9 月 8 日。[①]

（二）以双方初步表达合作意向为内幕信息形成的标志

在"凯撒文化"内幕交易案中，凯撒文化自 2014 年开始寻求向互联网行业转型，公司总经理吴某敏了解到，杭州某互联网科技企业一直在寻求并购机会，且该公司符合凯撒文化的并购条件。吴某敏曾向凯撒文化董事长郑合某介绍过该科技公司，郑合某表示对该公司有收购意向，认为价格范围可以接受，并安排吴某敏与其股东进行商谈。2015 年 4 月 13 日，吴某敏等人与该科技公司董事长李某、董事兼总经理郑某（同时为公司股东）及另一股东沈某见面，吴某敏表达了收购意向，李某、郑某当场表示有兴趣。4 月 23 日，凯撒文化停牌。4 月 26 日，双方签订《投资意向协议》。广东证监局认定内幕信息形成于 2015 年 4 月 13 日。[②]

在"新华龙"内幕交易案中，2015 年底前，新华龙时任董事长郭某华一直有资产重组意向；安信证券投行部有远程视界的储备项目。2016 年 1 月 19 日，安信证券范某远向郭某华推荐了远程视界作为重组对象。同日，范某远陪同郭某华与远程视界项目中间人潘某岭面谈，双方表达了互相进一步了解的意向。1 月 23 日，潘某岭赴新华龙实地考察，与郭某华商议股票停牌及下一步重大资产重组的操作事宜。后新华龙于 1 月 25 日紧急停牌并于次日发布《重大资产重组停牌公告》。辽宁证监局认为内幕信息形成不晚于 2016 年 1 月 19 日。[③]

（三）以着手起草合作方案为内幕信息形成的标志

"江泉实业"内幕交易案中，内幕信息所涉事项为江泉实业与唯美度科

---

① 中国证监会行政处罚决定书〔2018〕106 号，详见证监会网站。
② 广东证监局行政处罚决定书〔2016〕9 号，详见广东证监局网站。
③ 辽宁证监局行政处罚决定书〔2017〕2 号，详见辽宁证监局网站。该案并未认定双方高层而是上市公司与对方中间人达成合作初步意向时为内幕信息形成时间，认定逻辑似乎在于：虽然潘某岭仅为远程视界项目中间人而非远程视界决策层，但从其与新龙华董事长郭某华商议股票停牌及下一步重组操作事宜等情况可以看出，潘某岭事实上能够影响内幕信息的形成。

技进行重大资产重组。2014 年 4 月 10 日，江泉实业委托的保荐代表人叶某与唯美度科技委托的中间人张某业等会面，交流了双方公司的基本情况。4月 15 日，唯美度科技的股东的合伙人吕某委托保荐代表人任某升起草重组方案，任某升开始草拟。4 月 29 日，任某升将起草的《重组简要方案概述》发给相关人员。5 月 13 日，双方相关人员面谈重组事宜。次日，双方共赴江泉实业考察，并就重组达成初步一致意见。① 在该案行政诉讼中，法院认可证监会关于内幕信息形成于 2014 年 4 月 15 日即开始起草合作方案之日的主张。②

类似地，在"南风股份"内幕交易案中，南风股份筹划通过发行股份收购中窑窑业 51% 股权，内蒙古证监局认定内幕信息敏感期始于双方草拟《战略联合协议书》的 2013 年 3 月 19 日。③

（四）以启动尽职调查为内幕信息形成的标志

在"恒泰艾普"内幕交易案中，北京证监局认定内幕信息形成于上市公司组织对标的企业进行初步尽职调查时。该案处罚决定书显示，2014 年 1 月 10 日，恒泰艾普董事会秘书杨某全和证券事务代表章某娟与新疆新生代石油技术有限公司（简称新疆新生代）董事长朱某俭、总经理刘某振初次会面，双方各自介绍了公司基本情况。同日，杨某全和恒泰艾普投资专员张某与阿派斯油藏技术（北京）有限公司（简称阿派斯油藏）和美国阿派斯公司董事长杜某初次会面，杜某介绍了阿派斯油藏和美国阿派斯基本情况。3 月 12 ~ 14 日，恒泰艾普组织中介机构对新疆新生代进行尽职调查。3 月 18 日，恒泰艾普组织中介机构对阿派斯油藏、美国阿派斯进行初步财务尽职调查。5 月 16 ~ 19 日，恒泰艾普对新疆新生代再次进行财务尽职调查。6 月 9 日，双方就交易条款进一步磋商。7 月 6 日，恒泰艾普张某与阿派斯油藏、美国阿派斯董事长杜某进行电话沟通，进行商议筹划。7 月 10 日，恒泰艾普停牌。7月 11 日，恒泰艾普组织对阿派斯油藏、美国阿派斯进行财务尽职调查。7

---

① 中国证监会行政处罚决定书〔2016〕101 号，详见证监会网站。
② 北京市高级人民法院行政判决书〔2017〕京行终 2804 号，详见北京法院审判信息网。
③ 内蒙古证监局行政处罚决定书〔2014〕1 号，详见内蒙古证监局网站。

16 日，恒泰艾普与新疆新生代、阿派斯油藏和美国阿派斯决定签署意向性协议，恒泰艾普拟收购后者三家公司 100% 股权。北京证监局认为，恒泰艾普拟购买新疆新生代股权事项内幕信息形成于 2014 年 3 月 12 日，拟购买阿派斯油藏和美国阿派斯股权事项内幕信息形成于 2014 年 3 月 18 日。① 也就是说，该案认定内幕信息形成于上市公司启动尽职调查之日。

（五）以双方高层达成初步合作意愿为内幕信息形成的标志

"中牧股份"内幕交易案即为认定双方高层达成初步合作意愿之时为内幕信息形成之时的典型案例。该案中，2015 年初，广西扬翔实际控制人杨某开始考虑向上市公司出售股权，并委托公司股东的母公司大陆资本的董事总经理徐某坤帮助寻找合适的上市公司。2015 年 4～5 月间，徐某坤向中牧股份董事长胡某毅提到广西扬翔拟对其养猪、饲料板块进行拆分，有并购机会，胡某毅表示可以考虑。2015 年 5 月中旬，徐某坤与胡某毅等人讨论按照徐某坤指示起草的合作方案，胡某毅认为可以推进，并提出与广西扬翔的实际控制人杨某见面。6 月 4 日，胡某毅等人与广西扬翔实际控制人杨某、董事会秘书杨某武会面交流收购事宜，双方合作意愿一致，并同意即刻启动保密协议的签署。双方于 2015 年 6 月 18 日签署了保密协议，后又就收购事宜进行进一步交流并修改合作条款。后重大资产重组因故终止。证监会认为该案内幕信息形成时间不晚于 2015 年 6 月 4 日。涉案人员及其代理人则主张内幕信息形成于签署保密协议时。对此，证监会认为：杨某系广西扬翔实际控制人，胡某毅系中牧股份董事长，二人均属于影响内幕信息形成的动议、筹划、决策人员，其二人的动议、筹划初始时间即可认定为内幕信息形成之时。2015年 6 月 4 日，双方就合作意愿达成一致，决定启动后续工作并同意即刻启动保密协议的签署，意味着内幕信息形成。②

事实上，在相当一部分案件中，证监会都秉持了这一认定思路。例如，在"宝莫股份"内幕交易系列案件中，证监会认定内幕信息不晚于宝莫股份

---

① 北京证监局行政处罚决定书〔2017〕1 号，详见北京证监局网站。
② 中国证监会行政处罚决定书〔2018〕2 号，详见证监会网站。

总经理与合作方董事长达成口头合作意向的次日形成。① 在"南风股份"案中，证监会认定南风股份董事长、实际控制人杨某善与收购标的企业的董事长见面且二人均对合作表达了强烈兴趣之日为内幕信息形成之日。② 在"ST宝龙"案中，证监会认定内幕信息形成于宝龙公司董事长与借壳企业的董事长面谈并就借壳重组达成意向之日为内幕信息形成之日。③ 在"蓝色光标"案中，证监会认定蓝色光标董事长赵某某与重组标的公司的实际控制人洪某并表达合作重组意向之日为内幕信息形成之日。④

（六）以双方就主要事项或关键内容达成一致为内幕信息形成的标志

在"珠江啤酒"内幕交易案中，珠江啤酒与广州市政府有关部门就珠江啤酒总部土地处置达成一致意见，将珠江啤酒总部地块纳入政府储备，广州市政府给予其补贴 22.98 亿元（占珠江啤酒最近一期经审计的财务报告总资产的 40%）。证监会认为，珠江啤酒将获得的补偿款将对公司的资产状况、经营成果产生重要影响，相关事项属于"公司订立重要合同，可能对公司的资产、负债、权益及经营成果产生重大影响"的情形，在公开前属于内幕信息。涉案人员申辩认为：涉案内幕信息早已存在，并已在网络上有报道，并非内幕信息。证监会回应称：珠江啤酒搬迁在网络上有讨论和报道，但具体赔偿金额这一核心关键因素在 11 月 12 日才确定，相关内幕信息于该日形成。⑤

在"信维通信"内幕交易案中，2011 年 6～7 月间，信维通信曾就收购英资莱尔德无线通信技术（北京）有限公司［简称莱尔德（北京）］与莱尔德进行沟通，后莱尔德停止了与信维通信的谈判。2011 年 11 月 4 日，信维通信董事长彭某再次向莱尔德（北京）移动天线系统事业部总经理曾某某表达了收购意向，双方重启收购谈判。2011 年 11～12 月期间，双方多次就收

---

① 中国证监会行政处罚决定书〔2016〕95 号，详见证监会网站。
② 中国证监会行政处罚决定书〔2015〕60 号，详见证监会网站。
③ 中国证监会行政处罚决定书〔2014〕37 号，详见证监会网站。
④ 中国证监会行政处罚决定书〔2013〕79 号，详见证监会网站。
⑤ 四川证监局行政处罚决定书〔2015〕86 号，详见四川证监局网站。

购方案进行沟通。12 月 13 日，信维通信提出 1.98 亿元人民币的收购报价。莱尔德同意信维通信的报价，并由曾某某于 12 月 22 日、28 日分别将英文版和中文版股权转让协议通过电子邮件发送给信维通信彭某等人。双方就收购价格这一关键问题达成共识，基本确定了收购意向。后双方于 2012 年 3 月 7 日签署了《股权转让协议》。深圳证监局认为，内幕信息形成于 2011 年 12 月 22 日。[①]

在"宜华木业"内幕交易案中，2014 年 6 月 21 日，宜华木业董事长刘某某指派公司总经理刘某青与恒安兴公司陈某豪董事长就宜华木业与并购重组事项进行了初步接洽，并表达了合作意向。随后，刘某青向刘某某汇报沟通情况，刘某某同意进一步推进并购重组合作。6 月 25 日，宜华木业的刘某青、副总经理刘某宏与恒安兴的陈某豪、副总经理陈某霞进行商谈，并就交易价格、业绩承诺、收购方式等主要条款达成一致。当天，刘某青和刘某宏向刘某某汇报了商谈情况，刘某某对交易价格等条款表示认同，并指示刘某青、刘某宏抓紧落实。广东证监局认为，内幕信息价格敏感期始于 2014 年 6 月 25 日。[②]

（七）以签署保密协议或进行内幕信息知情人登记为内幕信息形成的标志

为确保内幕信息得到合理保密，《上市公司重大资产重组管理办法》第十四条规定："上市公司与交易对方就重大资产重组事宜进行初步磋商时，应当立即采取必要且充分的保密措施，制定严格有效的保密制度，限定相关敏感信息的知悉范围。上市公司及交易对方聘请证券服务机构的，应当立即与所聘请的证券服务机构签署保密协议。"由于保密协议的特殊性，内幕交易案件认定中，通常十分重视保密协议签署情况，特别是重视考察其是否可以作为认定内幕信息形成时间的重要标志和节点。

例如，在"高鸿股份"内幕交易案中，2012 年 12 月，高鸿股份员工李某及其朋友姚某、高阳捷迅公司员工任某某会面，李某与任某某分别介绍了

---

① 深圳证监局行政处罚决定书〔2012〕7 号，详见深圳证监局网站。
② 广东证监局行政处罚决定书〔2015〕8 号，详见广东证监局网站。

公司业务和收购意向，李某让任某某与高鸿股份总工程师办公室负责人赵某某联系。2013 年 1 月 14 日，高阳捷迅董事长曾某某与姚某签订《并购居间合同》，约定由姚某为高阳捷迅出售股权事项提供居间服务。经过前期赵某某与任某某的接触沟通，1 月 17 日，高鸿股份董事长付某某与曾某某见面洽谈。1 月 28 日，双方签订《保密协议》，约定对高阳捷迅及其关联公司开展尽职调查。5 月 8 日，双方就收购价格、业绩承诺、支付时间、停牌安排等主要条款达成一致。5 月 31 日，双方正式签订《股权投资条款初步清单》。福建证监局认为该内幕信息不晚于 2013 年 1 月 28 日形成。① 隋某峰主张，内幕信息应形成于双方签订《投资条款初步清单》而非签订保密协议时。理由在于，签订保密协议时，收购是否成功、收购股权百分比、交易金额是否构成重大事项均不确定。对此，福建证监局认为，2013 年 1 月 28 日签署《保密协议》，表明相关人员已就收购事项进行动议，并开始筹划前期尽职调查工作和收购细节的谈判工作。参照《内幕交易司法解释》第五条，应当认定签署《保密协议》时为内幕信息的形成时间。法院认为，证监局的认定并无不当。②

但是，实践中，相关方签署保密协议的时间有所不同，一些上市公司倾向于在接初步接洽并互相表达一定意向后即签署，另一些则待到洽谈进一步深入并达成初步共识后才签，因此，并非所有保密协议都意味着内幕信息形成。例如，在"冠豪高新"内幕交易案中，证监会并未认定内幕信息形成于签署保密协议之日。该案中，2012 年初，冠豪高新总经理黄某某与伊诺尔公司实际控制人李某某等就股权收购进行了初步沟通。2012 年 5 月底或 6 月初，冠豪高新董事长童某某、黄某某等与李某某就收购事宜进行商谈，涉及了收购价格等细节问题，双方表示要向前推进重组事项。6 月 13 日，双方签订了《保密协议》。6 月 17～26 日，工作组前往伊诺尔尽职调查。7 月 9 日，双方签订《合作意向书》，伊诺尔拟转让其 5 家主要子公司各 51% 股权给冠豪高新。证监会认定该内幕信息的形成时间不晚于 2012 年 5 月底或 6 月初，

---

① 福建证监局行政处罚决定书〔2015〕2 号，详见福建证监局网站。
② 福建省福州市中级人民法院行政判决书〔2016〕闽 01 行终 153 号，详见中国裁判文书网。

并未认定为 6 月 13 日。①

（八）以控股股东或有关部门批准或同意为内幕信息形成的标志

实践中，一些上市公司的重大事项可能需要控股股东（特别是国资委）或其他政府部门等批准或同意方可实施，执法通常会重点关注国资委、控股股东等在内幕信息形成过程中的角色。具体来说，这类事件主要存在"自上而下"和"自下而上"两种推动模式，相应的内幕信息形成时间认定略有不同。

"ST 中钨"案是并购重组事项"自上而下"推动的典型案例。该案中，2009 年 8 月 21 日，湖南建工集团在《关于湖南建工集团借壳上市进而实现整体上市的可行性研究方案》中提出：以 ST 金果、银河动力、ST 中钨为重组对象，其中 ST 中钨为最优方案。建工集团总经济师刘某从湖南省国资委获知，ST 金果和银河动力已被其他企业选为重组对象，只剩下 ST 中钨作为壳资源。2009 年 9 月，建工集团向湖南省国资委申请以 ST 中钨作为重组对象。2009 年 9 月 29 日，湖南省国资委表示同意。同日，ST 中钨第一大股东湖南有色金属股份有限公司董事长何某春及 ST 中钨董事长杨伯某均表示同意。2009 年 10 月 20 日，ST 中钨发布《重大事项停牌公告》称，湖南有色筹划 ST 中钨重大重组事项，公司股票自 2009 年 10 月 20 日开市起停牌。证监会认为，2009 年 9 月 29 日湖南省国资委、湖南有色、ST 中钨同意重组事项为内幕信息形成日。② 与此相似，在"天威视讯"案中，涉案事项为天威视讯拟通过向控股股东深圳广电集团等特定对象发行股份购买深圳天宝、深圳天隆两公司，筹划过程中，深圳广电集团于 2011 年 10 月 18 日向深圳市委领导上报了《关于加快推进全市有线广电网络改革重组工作有关问题的请示》及方案，获深圳市委领导圈阅。证监会认为：该文件是深圳有线广电网络改革重组工作加速并重新启动的标志，内幕信息敏感期始于 2011 年 10 月 18 日。③

① 中国证监会行政处罚决定书〔2014〕100 号，详见证监会网站。
② 中国证监会行政处罚决定书〔2011〕24 号，详见证监会网站。
③ 中国证监会行政处罚决定书〔2014〕11 号，详见证监会网站。

"特力 A"内幕交易案则是"自下而上"推动并购重组的案件，该案内幕信息所涉事项系特力公司动议并报请控股股东特发集团批准的。其中，2005 年 11 月 25 日，特力公司与吉盟公司签订合同，拟对特力公司的两个厂房进行合作改造开发，合同所涉事项构成《证券法》第六十七条规定的重大事件。2007 年 3 月起，特力公司先后向特发集团呈报实施方案、可行性分析报告等。2007 年 10 月 12 日，特发集团领导班子开会决定同意特力公司继续履行与吉盟公司签订的协议。10 月 22 日，特发集团向其控股股东深圳市投资控股有限公司（以下简称深投控）报告相关事项，认为该事项具备可行性。10 月 25 日，特力公司决定将合作项目报控股股东特发集团审批。11 月 12 日，深投控批复同意特发集团在充分研究论证的基础上决策相关事项。11 月 20 日，特发集团批复同意特力公司立项；12 月 7 日，特发集团批复同意特力公司成立深圳特力吉盟投资有限公司。12 月 11 日，特力公司与吉盟公司正式签订合作协议。在该案处罚决定中，证监会并未明确认定内幕信息的形成时间，而是认定"瞿某（时为特发集团总经理办公室副主任）在 2007 年 10 月 12 日列席特发集团领导班子会议时，初步知道了有关内幕信息，在 2007 年 12 月 7 日核批有关文件时进一步知悉了内幕信息的具体内容"。① 证监会公开出版的案例判解指出：严格说，这一内幕信息，在 2005 年 11 月 25 日的合同签订时就已经开始形成了。如果考虑到特力公司无权自己决定、须待特发集团审批，可以将内幕信息开始形成的日期适当向后推迟，但最迟不能晚于 2007 年 10 月 12 日特发集团领导班子开会决定同意特力公司继续履行协议这一时点。②

四、内幕信息形成时间的精确度问题

在多数案件中，执法机关通常认定内幕信息形成于某一特定日期，但在部分案件中，认定的内幕信息形成时间是月底、中旬、上旬等时间段概

---

① 中国证监会行政处罚决定书〔2008〕49 号，详见证监会网站。
② 中国证监会行政处罚委员会：《证券行政处罚案例判解（第 1 辑）》，法律出版社 2009 年版，第 4~7 页。

念。例如，在"宏达新材"案中，证监会认定内幕信息敏感期为2014年8月底至2014年11月20日。① 在"东华能源"案中，广东证监局认定内幕信息敏感期为2014年11月底至2015年4月23日。② 在"捷成股份"案中，证监会认定内幕信息"最迟不晚于2011年5月中旬形成"。③ 在"国旅联合"案中，青岛证监局认为内幕信息敏感期为2016年1月中旬至2016年4月4日。④

在另一些案件中，执法机关认定的形成时间则精确到一天中的上午、中午、晚上甚至具体时间点。例如，在"国农科技"案中，证监会认定该信息不晚于2014年9月28日22时35分形成。⑤ 在"风范股份"案中，证监会认定两项内幕信息分别形成于2013年1月11日下午4点和2013年1月16日中午12时30分。⑥ 在"围海股份"案中，宁波证监局认定内幕信息形成时间为不晚于2015年4月30日13时。⑦

从区分交易行为合法与违法角度看，形成时间的精确程度，涉及内幕人在某一特定时段内的交易是否属于内幕交易的问题。例如，若认定内幕信息形成于某月底，则内幕交易行为只可能发生于下月1日及以后；若认定内幕信息形成于某日中午，则内幕交易行为只可能发生于当日午盘及以后。在交易行为有一定连续性且跨越内幕信息形成前后较长一段时间的情况下，对涉案人员而言，形成时间的认定直接关系到行为性质及违法所得的认定。因此，在证据允许的情况下，形成时点应尽可能具体、精确。

---

① 中国证监会行政处罚决定书〔2016〕33号，详见证监会网站。
② 广东证监局行政处罚决定书〔2016〕13号，详见广东证监局网站。
③ 中国证监会行政处罚决定书〔2013〕74号，详见证监会网站。
④ 青岛证监局行政处罚决定书〔2017〕1号，详见青岛证监局网站。
⑤ 中国证监会行政处罚决定书〔2017〕92号，详见证监会网站。
⑥ 中国证监会行政处罚决定书〔2014〕38号，详见证监会网站。
⑦ 宁波证监局行政处罚决定书〔2016〕1号，详见宁波证监局网站。

第三节　未公开性的含义及其判断

一、公开的主体及渠道适格性问题

（一）关于内幕信息"公开"标准的理论争议

根据《证券法》第七十五条的规定，内幕信息应该是"尚未公开的信息"。该条还规定，依法必须披露的信息，应当在国务院证券监督管理机构指定的媒体发布，同时将其置备于公司住所、证券交易所，供公众查阅。从第七十条看，很容易理解为，信息披露的主体应为上市公司及其他相关信息披露义务主体，披露的渠道为证监会指定媒体。在内幕交易刑事司法领域，这种理解已"入法"：《内幕交易司法解释》第五条第四款明确规定，内幕信息的公开，是指内幕信息在国务院证券期货监督管理机构指定的报刊、网站等媒体披露。进而，在内幕交易行政执法方面，容易出现这样的疑惑：一是内幕信息应由谁发布，即谁对内幕信息的发布能够构成内幕信息的公开？二是重大信息是否只有通过指定媒体对外发布才算"公开"？实践中，一些信息在依法公开前已为市场广泛知悉的，是否会因为信息尚未经法定披露义务主体通过指定信息披露媒体发布而仍为内幕信息？前者即公开主体问题，后者即公开渠道问题。

对于内幕信息是否必须通过指定报刊、媒体发布才算"公开"，存在不同认识。一种观点认为，内幕信息是否公开是以市场是否消化内幕信息作为认定标准的，不以在国务院证券监管机构指定的报刊、媒体发布为要件，在非指定报刊、媒体上发布也应视为内幕信息的公开，即所谓"实质标准"。另一种观点则认为，内幕信息必须通过指定报刊、媒体公开，即所谓"形式标准"。该观点的一个重要理由在于，一般来说，投资者对于通过非指定报刊、媒体获取的信息的信赖程度远低于通过指定报刊、媒体获取的信息，通过前一方式获悉信息并据以从事交易，具有很大的博弈成分，博弈成分越大对市场的整体影响越小，其危害性和可责性也相对较小。此外，持该观点者认为，为使广大投资者保持对内幕信息发布的信赖程度，内幕信息应当通过指定报刊、媒体发布。[①]

（二）行政执法领域的认识与实践

在执法实践中，"实质标准"一度被青睐。有观点认为，若内幕信息在证监会指定的报刊、网站等媒体披露，或者被一般投资者能够接触到的全国性报刊、网站等媒体披露，或者被一般投资者广泛知悉或理解，则丧失非公开性。[②] 事实上，这正是证监会 2007 年制定的《证券市场内幕交易行为认定指引（试行）》（以下简称《内幕交易认定指引》）[③] 所采取的标准，该指引第十一条规定：内幕信息公开，是指内幕信息在中国证监会指定的报刊、网站等媒体披露，或者被一般投资者能够接触到的全国性报刊、网站等媒体揭露，或者被一般投资者广泛知悉和理解。

但是，从既往案件看，执法过程中，执法机关总体上倾向于采用"形式标准"。如在"唐山港"内幕交易案中，涉案人员辩称市场上早已有关于唐

[①] 裴显鼎、逄锦温、刘晓虎：《证券犯罪若干疑难问题之研讨——证券行政执法与刑事审判衔接座谈会综述》，载《人民法院报》2012 年 3 月 28 日，第 6 版。持"形式标准"者进一步认为，虽然非指定报刊、媒体的发布不等于内幕信息的公开，但若交易者通过此种途径获悉内幕信息并据以从事交易，可以作为内幕交易的抗辩事由。但若交易者在交易前从知情人处获取了内幕信息，即使其获取信息时该信息已被非指定报刊、媒体发布，也不可作为抗辩事由，因为促使交易决策最主要的原因在于交易者对内幕信息知情人员身份的信赖。

[②] 广东证监局网站 2013 年 7 月 10 日发布的：《〈证券法〉关于内幕交易认定的法条解读》。

[③] 该指引未正式发布实施，但能够通过互联网等公开渠道查询到，详见如"北大法宝"网：http：//shlx. pkulaw. cn/fulltext_form. aspx？Gid = 144622；"股东网"：http：//gudong. pro/page/atricle？aid = 549，最后访问日期：2018 年 8 月 16 日。监管实践中，该指引曾被适用，如证监会官方网站 2012 年 4 月 28 日发布的投资者风险提示与防范类文章《把握三个要素 识别内幕交易》，在阐述内幕信息和"内幕人"认定的依据时，明确引用了该指引，详见 http：//www. csrc. gov. cn/pub/newsite/tzzbh1/tbtzzjy/tbfxff/201310/t20131017_236523. html；再如，广东证监局网站 2013 年 7 月 10 日发布的《〈证券法〉关于内幕交易认定的法条解读》同样将该指引作为认定内幕交易的依据之一，详见广东证监局网站。在有关诉讼中，执法机关主张该指引不具备法律效力，不应适用于具体案件。审判机关认为，该指引能通过互联网等公开渠道查询到，在没有证据表明其已被明确废止的情况下，即使其不具有法律效力，在一定程度上也是评价行政处罚是否合法公正的重要标准。

山港将重组的公开信息，因而涉案重组事项不构成内幕信息。对此，证监会认为：内幕信息的公开应该在指定平台上，发布主体应该是上市公司，媒体宣传、专家荐股、政策文件等外部信息的传播不属于法定的内幕信息公开方式，不等同于内幕信息的公开。① 在"东方电缆"内幕交易案中，涉案人员主张：相关传闻已在当地较大范围的人群中传播，"内幕"性质已完全淡化，涉案人员是在得知社会传闻并深入分析该公司各项数据指标后进行交易，不属于内幕交易。证监会则认为：内幕信息在国务院证券期货监督管理机构指定的报刊、网站等媒体披露前，具有未公开性，对广大市场投资者而言当属一项内幕信息。本案中，当地虽有传闻，但上市公司并未公开披露，所涉信息仍属内幕信息。② 在"三元股份"内幕交易案中，涉案人员主张，在其交易之前，相关利好消息已见诸新闻报道，各大股票投资论坛上的投资利好推测层出不穷，涉案重组信息并非内幕，依靠一般的投资技术和经验就可判断。证监会认为：当时，内幕信息尚未以法定方式公开，仍具备未公开性。③

针对实践中采取的"形式标准"，有执法人员认为，这样操作有如下好处：一是标准明确清晰，便于市场参与者有所循、市场监管者有所依；二是督促上市公司在发现媒体有关于本公司的报道后及时以公告方式予以澄清，防止或尽快消除股价异动；三是维护现行信息披露制度的有效性，督促上市公司严格遵守"公平披露"原则，防止选择性披露，争取杜绝以新闻发布、记者采访等代替在指定媒体公告；四是防止诡猾之徒与媒体勾结打时间差，先由媒体报道，然后自己买卖股票，再公告，事发后以媒体已发布为由进行抗辩。④

（三）刑事司法领域的认识与实践

近几年的司法审查实践中，司法机关总体倾向于坚持《内幕交易司法解释》的理念，认为内幕信息公开是指内幕信息在国务院证券、期货监督管理

---

① 中国证监会行政处罚决定书〔2017〕5 号，详见证监会网站。
② 中国证监会行政处罚决定书〔2017〕82 号，详见证监会网站。
③ 中国证监会行政处罚决定书〔2015〕44 号，详见证监会网站。
④ 中国证监会行政处罚委员会：《证券期货行政处罚案例解析（第一辑）》，法律出版社 2017 年版，第 47 页。

机构指定的报刊、网站等媒体披露,即"形式标准"。例如,在马某峰内幕交易"宝莫股份"案行政诉讼中,马某峰主张证监会认定的内幕信息敏感期错误,法院在分析时强调:内幕信息敏感期是指内幕信息自形成至公开的期间,而内幕信息的公开,是指内幕信息在国务院证券、期货监督管理机构指定的报刊、网站等媒体披露。① 类似地,在"利欧股份"案中,法院也认为:内幕信息在国务院证券、期货监督管理机构指定的报刊、网站等媒体披露的时点,为内幕信息的公开时点。②

但是,在杨某波因光大"816"事件诉证监会案中,法院对内幕信息公开问题的认识似乎有所不同,提出了"内幕信息以媒体揭露的方式公开"的概念。2013 年 8 月 16 日 11 时 05 分,光大证券在进行交易型开放式指数基金(简称 ETF)申赎套利交易时,因程序错误,其所使用的策略交易系统以 234 亿元的巨量资金申购 180ETF 成分股,实际成交 72.7 亿元。此事旋即引起市场各方和新闻媒体广泛关注,并有媒体进行了揣测和报道。当日 13 时开市后,光大证券进行了卖出避损交易。当日 14 时 22 分,光大证券发布公告称"公司策略投资部自营业务在使用其独立套利系统时出现问题"。证监会认定光大证券构成内幕交易并对包括杨某波在内的责任人员予以处罚。杨某波不服并起诉,其中一项主张即为错单交易的内幕信息在光大证券当日下午对冲交易开始前已经公开,并列举了 21 世纪网的报道及其他媒体对该报道的转载作为证据。对此,证监会认为:依法披露信息应于指定媒体发布,同时置于公司住所、证券交易所以供查阅,以媒体和记者的报道认定内幕信息已"公开",不符合相关法律规范的要求。

本案两审判决均未提及是否只有在指定媒体上的披露才构成公开,而是着重论证了相关媒体报道是否足以构成内幕信息的公开。其中,一审判决指出,内幕信息以媒体揭露的方式公开应至少满足三个要件:一是相关媒体报道能够为市场主体所广泛周知;二是媒体所揭露的信息具有完整性,即已经包含内幕信息的主要内容,从而使理性的市场主体能够就其可能产生的市场

---

① 北京市高级人民法院行政判决书〔2017〕京行终 4023 号,详见中国裁判文书网。
② 北京市高级人民法院行政判决书〔2017〕京行终 4554 号,详见中国裁判文书网。

影响进行综合判断；三是理性的市场主体能够相信相关媒体揭露的信息具有可靠性。本案中，相关网络媒体关于错单交易信息的报道对市场主体来说不能满足可靠性的要求，一是 21 世纪网的报道中并未准确指明其报道的信息来源，市场主体无法确信该报道来自可靠的信息源；二是其他网站对于错单交易信息的报道均是对 21 世纪网报道的转载，并非基于各自独立调查而进行的报道，不能形成相互佐证的关系从而使市场主体相信其内容真实可靠；三是在光大证券于当日下午发布公告之前，相关媒体对当日上午大盘指数大幅上涨的原因还有诸多其他推测和报道，市场主体无法仅仅基于 21 世纪网的报道而相信其内容真实可靠。①

二审法院认可一审法院的观点，并特别强调了"准确性"和"可靠性"是判断媒体报道是否足以说明信息已经公开的重要前提。判决指出：在光大证券发布公告之前，相关媒体报道并未准确指明报道的信息来源且还存在诸多传闻和推测，市场主体据此尚无法确信相关内容的准确性和可靠性，因此，对杨某波关于信息已经公开的主张不予支持。②

不难看出，对于内幕信息"公开"的标准问题，监管机构与司法机关的判断方法不尽相同。证监会更加注重功能考察信息披露义务主体是否依相关法律规定披露信息，司法机关则侧重强调相关信息是否能为理性的市场主体所知悉并信赖。有观点认为，这正反映出执法机关和司法机关各司其职：证监会依法、依规监管，重点考虑相关市场行为的合法合规性；法院在行政诉讼中充分考虑涉案人员行为的实质意义和后果。两者的关注方式和重点虽不尽一致，但在目的实现上是一致的，即均要求市场参与主体归位尽责共同维护市场秩序。③

（四）关于"公开"标准的浅见

笔者认为，判断内幕信息是否"公开"时，有必要区分信息披露监管标

---

① 北京市第一中级人民法院行政判决书〔2014〕一中行初字第 2438 号，详见北京法院审判信息网。
② 北京市高级人民法院行政判决书〔2015〕高行终字第 943 号，详见中国裁判文书网。
③ 中国证监会行政处罚委员会：《证券期货行政处罚案例解析（第一辑）》，法律出版社 2017 年版，第 30 ~ 31 页。

准和内幕交易执法标准，不宜仅以"形式标准"为唯一标准。主要理由有二：第一，从法律关于内幕信息的规定看，《证券法》并未规定只有通过监管机构指定的媒体发布才算内幕信息"公开"。事实上，从关于内幕交易的除外规定看，内幕交易相关制度对内幕信息的"公开"更重视实质而不是形式，如《内幕交易司法解释》第四条指出，"依据已被他人披露的信息而交易的"，可以作为内幕交易的阻却事由。因此，在理解和适用法律时不宜对内幕信息的"公开"增设隐性构成要件。若将该问题与未经许可经营证券业务的问题类比，就不难理解这种观点的合理性：根据规定，从事证券业务应经证券监管机构批准，但实践中，一些主体未经许可擅自从事证券业务。对此，显而易见的是：不能仅因这些主体从事业务的前置程序不当，就否认其事实上经营了证券业务。基于同样的逻辑，即便监管制度中对上市公司的信息披露主体和渠道有所限制，也并不意味着未按规定公布的信息一定不构成公开信息。

第二，从实践情况看，虽然媒体报道难免捕风捉影甚至歪曲事实，但不可否认的是，个别情况下，虽然上市公司并未公开发布信息，但相关信息被主管部门、权威媒体等如实向公众发布的，事实上能够达到"公开"的客观效果，在这种情况下，不应机械地认为相关信息仍为未公开信息。例如，2018年4月17日晚间，中央电视台财经频道《经济半小时》栏目播出《污染大户身边的"黑保护"》节目，曝光上市公司山西三维违规倾倒工业废渣、排放工业废水等问题，引起社会广泛关注。[①] 次日，山西三维公告称，关于媒体信息是否属实的问题，公司已组织排查核实，并称公司一直以来重视环保问题，积极支持生态文明建设，坚持绿色发展……但公司并未就央视报道的真实性明确表态，更未如实披露相关情况。4月19日，山西证监局公告称已下发监管关注函，并对山西三维涉嫌信披违法事项立案调查。[②] 4月20日，山西三维公告了证监局、交易所关注公司环保问题的情况，

---

① 参见央视网《经济半小时》栏目：20180417 污染大户身边的"黑保护"，详见 http：//tv.cntv.cn/video/C10329/892df01a1107428db50637487aaaab58。

② 山西证监局公告：《山西证监局依法对山西三维集团股份有限公司立案调查》，详见 http：//www.csrc.gov.cn/pub/zjhpublicofsx/tzgg/201804/t20180419_337005.htm。

但仍未实质性披露公司环境污染相关信息。6 月 22 日，山西证监局对山西三维未如实披露多次受到环保部门行政处罚的事实及其日常生产经营中排污超标情况的违法行为给予了顶格处罚。① 自 4 月 18 日起，"山西三维"连续 5 个交易日跌停，远超大盘和板块同期跌幅。毫无疑问，央视的报道对山西三维的生产经营和股票价格都具备重大影响，在前述节目播出前，相关信息不能为公众所知悉，但在节目播出后，该信息广受关注，事实上能够为不特定多数投资者所知悉，因此，即便相关信息并非由山西三维发布，亦非经证监会指定的信息披露媒体发布，仍应以实际情况为准，认为信息已经具备公开性。② 否则将背离立法本意。

当然，必须注意到，并非任何形式的媒体报道都能构成内幕信息的公开，只有那些在"质"和"量"上都达到"公开"披露效果的报道，即所作报道必须真实、准确、能够为不特定多数主体所知悉，才可认定为内幕信息的公开。事实上，一些新闻报道、朋友圈等自媒体的传播、座谈会交流、社会传闻、上市公司网站公告等之所以不构成内幕信息的公开，其中固然有发布主体或渠道不适格的原因，但更重要的原因在于其信息不够客观、真实、准确、完整，或者不能为不特定多数投资者获悉，从而达不到真正意义上的公开。

综上，无论从"公开"的特征及其内在"质""量"要求看，还是从防范信息优势者利用内幕信息从事交易损害其他投资者利益的角度看，判断内幕信息是否已公开，应该侧重于考察相关信息是否已能够为不特定多数投资者获悉，而不单纯追究是谁通过何种渠道将信息置于该等状况。但这并不意味着将泄露内幕信息的行为合法化。泄露者并不能因其行为客观上使内幕信息达到"公开"状态而免受制裁，这是因为：首先，擅自披露重要信息的行

---

① 山西证监局行政处罚决定书〔2018〕3 号，详见山西证监局网站。

② 对于此类现象，中国证监会行政处罚委员会编写的《证券期货行政处罚案例解析（第一辑）》提出了一种折衷的观点：一方面，内幕信息是否公开的判断应该严格遵循信息披露监管的标准，但另一方面，在内幕信息尚未依法披露而被媒体率先报道的情况下，如果一般投资者通过阅读媒体报道并依据相关报道从事交易，不构成内幕交易。因为对于普通投资者来说，并非通过特定人对特定人的"泄露"而获知信息，而且媒体率先报道内容的真实性和有效性常有偏差、有待考证，因此，媒体率先报道仅构成"市场传闻"，普通投资者据此交易并不违法。但媒体率先报道并不免除知情人在信息依法公开前戒绝交易的义务。参见中国证监会行政处罚委员会：《证券期货行政处罚案例解析（第一辑）》，法律出版社 2017 年版，第 46 ~ 47 页。

为侵犯了上市公司或其他信息披露义务主体的权益，扰乱了市场主体的生产经营秩序；若其擅自披露的信息为重大政策性信息等政府部门或其他有权机构制定或掌握的重要信息，则其行为会扰乱社会管理秩序。其次，无论被泄露的是何种重要信息，泄露行为都可能扰乱证券市场秩序，若泄露导致信息被小范围散播，则泄露行为还会对处于信息劣势的投资者的权益造成直接损害。因此，对于擅自披露重要信息的行为，有必要予以惩处。

与此相关的另一个问题是，在他人泄露内幕信息的情况下，因泄露而获悉内幕信息者若利用相关信息进行交易，是否构成内幕交易，此种情况下交易行为合法与违法的界线何在？笔者认为，若泄露者仅在有限范围内散布信息，则接收信息并据以交易的投资者不能援引"公开信息"抗辩。若泄露行为客观上导致信息达到公开状态，则不存在信息优势者侵害信息劣势者的问题，也就不宜认定那些真正通过公开渠道获悉重大信息并进行交易的投资者构成违法。如在前述央视曝光山西三维事件中，若有投资者在看到相关报道后、山西三维正式披露相关信息前卖出该股，不应被认定为内幕交易。此处之所以强调"真正通过公开渠道获悉"重要信息的投资者可免受追责，是为了排除那些事实上通过内幕信息知情人获悉信息但辩称通过公开渠道获悉信息，或者虽然同时通过公开渠道和知情人获悉信息但主要依据更早从知情人处获取的更准确、更具体、更丰富、更重大的信息进行交易的情形。

二、分阶段披露模式下"公开"的认定

企业经营实践中，很多重大事件从筹划、论证、着手实施到最终完成往往要经历较长期间。2018年以前，根据《上市公司信息披露管理办法》和交易所相关规则，上市公司对重大事件基本遵循"或保密或披露"、分阶段披露的原则。实践中，为避免信息泄露引起股价波动，上市公司股票在公司筹划重大事件的过程中长期停牌的情况时有发生。为避免此类现象，2018年证监会出台了《关于完善上市公司股票停复牌制度的指导意见》，明确以不停牌为原则、停牌为例外，要求上市公司在发生重大事项时，应当按照及时披露的原则，分阶段披露有关事项的具体情况，不得以相关事项不确定为由随

意停牌。① 在分阶段披露制度的基础上，若发现正在筹划重大事项的上市公司股票疑似被内幕交易，执法机关首先需要考虑相关事项是否属于尚未公开的信息。对此，从以往处罚的案件看，执法机关通常认为，一些笼统的、概括性的、框架性的信息已经被公开，并不影响在此基础上的具体事件、关键活动、实质进展、重大变化所涉信息的"非公开性"。

（一）行政执法领域的认识及实践

针对此类问题，证监会在"兰生股份"内幕交易案中阐释的观点极具代表性。该案中，兰生股份并购重组的有关意向曾在兰生集团年度大会上被提及，其框架性内容也已被媒体透露并引起投资者猜测评论。证监会认为：从市场一般实践看，上市公司并购重组事项，从动议、论证、谈判、议定到最终实施完成，相关方案要经历一个从笼统到具体、从不确定到确定的过程，相关信息也呈现出从模糊到清晰的特征。有关上市公司并购重组的意向性方案或框架性内容已经公开披露或通过其他方式广为人知，并不妨碍此后论证、谈判、议定、实施过程中的关键活动、关键事件具有"非公开性"和"重要性"的特征。本案中，即使兰生股份并购重组的有关意向曾在兰生集团年度大会上提及，其框架性内容也已经为媒体透露和投资者在互联网上猜测评论，但并购重组进展情况的信息并不被外界所知悉，而是并购重组参与主体要刻意保密的信息。从相关信息的具体程度、准确程度及其对上市公司与投资者判断的影响程度等方面观察，也非此前公开的信息所能涵盖。因此，认定相关信息仍构成内幕信息，是准确贯彻了立法和证券监管防范与打击内幕交易的精神实质。②

在"科学城"内幕交易案中，证监会认为，上市公司已经公开特定发展方向或其他生产经营意向的，不影响在该等框架下实施的具体活动构成内幕信息。科学城拟设立银泰盛达并借以进入矿产开发行业，证监会认定相关事件将导致科学城的经营方针和经营范围发生重大变化，为内幕信息。涉案人

---

① 中国证监会：《关于完善上市公司股票停复牌制度的指导意见》，详见证监会网站。
② 中国证监会行政处罚决定书〔2011〕16 号，详见证监会网站。

员认为，科学城曾公告过开始进入矿产开发行业，拟设立银盛泰达只是这一方针的具体实施，不能认定为内幕信息。证监会认为：虽然科学城公告过开始进入矿产开发行业，但科学城拟设立银盛泰达却是这一方针的具体实施，为科学城经营方针和经营范围发生重大变化增加了确定性，因此属于内幕信息。①

在"巨龙管业"内幕交易案中，证监会认为，已披露的重大事件出现的可能对上市公司证券交易价格产生较大影响的进展构成重大事件，在公开前属于内幕信息。该案中，因筹划收购杭州搜影和北京拇指玩两家公司 100% 股权，巨龙管业曾于 2016 年 11 月 3 日发布重大资产重组公告，后于 2016 年 12 月 21 日公告重组草案。证监会认为：2016 年 12 月 21 日公告的重组草案是 2016 年 11 月 3 日披露的重大事件的进展，且该进展可能对上市公司股价产生较大影响，根据《上市公司信息披露管理办法》第三十二条的规定，该进展构成《证券法》第六十七条第二款第十二项规定应及时披露的重大事件，该信息公开前属于《证券法》第七十五条第二款第一项规定的内幕信息。② 类似地，在"博云新材"内幕交易案中，博云新材曾于 2010 年 7 月公告称拟与霍尼韦尔（中国）有限公司成立合资公司承担中国商飞 C919 大型客机机轮、轮胎和刹车系统项目。2012 年 2 月 2～16 日，有关各方就合资事项进行第十轮谈判，2 月 16 日，各方对合资合同内容达成一致。2 月 17 日，博云新材停牌；18 日，博云新材公告拟参与合资公司承担中国商飞 C919 大型客机机轮、轮胎和刹车系统项目，合资公司注册资本拟为 8 000 万美元。证监会认为，博云新材拟与相关方签署合资合同的事项在未公开之前为内幕信息，内幕信息敏感期为 2012 年 2 月 1～20 日。③ 也就是说，即便博云新材曾公告

---

① 中国证监会行政处罚决定书〔2013〕2 号，详见证监会网站。针对此类情况，有观点认为，在信息分阶段披露的案件中，可以区分"一级敏感期"（主敏感期）和"二级敏感期"（子敏感期）的概念。其中，"一级敏感期"是指从内幕信息形成至公开的全部时间，涉及内幕信息的全部内容及其期间；"二级敏感期"指内幕信息作为一个信息整体已经（概括性地）公开，但其中部分重要内容仍处于未公开状态的期间。参见中国证监会行政处罚委员会：《证券行政处罚案例判解（第 1 辑）》，法律出版社 2009 年版，第 18 页。

② 中国证监会行政处罚决定书〔2019〕30 号，详见证监会网站。

③ 中国证监会行政处罚决定书〔2013〕51 号，详见证监会网站。

拟与其他公司成立合资公司承担中国商飞 C919 大型客机机轮、轮胎和刹车系统项目，但在具体谈判过程中，相关合作事宜将取得实质性进展的信息仍为内幕信息。

在"大唐电信"内幕交易案中，2007 年 4 月 5 日，大唐电信发布 2006 年度业绩预告更正公告，称公司由预盈转预亏，但未披露预计亏损的具体数额。2007 年 4 月 18 日，大唐电信发布业绩快报称公司 2006 年净亏损 719 016 700.00 元。2007 年 4 月 27 日，大唐电信发布 2006 年年度财务报告，显示公司 2006 年净亏损 718 862 000.00 元。证监会认定："大唐电信 2006 年将巨额亏损的信息"为内幕信息。[①] 也就是说，虽然大唐电信曾于 2007 年 4 月 5 日公告称预计"亏损"，但并不影响此进一步明确的"巨额亏损"信息构成内幕信息。

在"新潮实业"内幕交易案中，证监会认定已公开事项的最终确定信息构成内幕信息。该案中，因有关机构筹划收购新潮实业，新潮实业于 2010 年 5 月 15 日公告称其第一大股东东润公司的股东拟转让其持有东润公司的部分股权，若交易完成，则新潮实业实际控制人将发生变更。5 月 17 日，交易双方谈判确定股权转让价格；27 日，新潮实业公告收购的框架协议确认其控制权将发生变化。证监会认为该案存在两个阶段的内幕信息，其中第一阶段的内幕信息于 2010 年 3 月 22 日形成、5 月 15 日公告，第二阶段的内幕信息 5 月 17 日形成、5 月 27 日公告。[②] 也就是说，即便 5 月 15 日已经公告实际控制人可能变更，并不影响后续因协议签订而导致实际控制人确定即将发生变更的信息具备重大性和未公开性。

（二）刑事司法领域的认识及实践

针对前述情形，在内幕交易刑事司法领域，司法机关秉持类似的理念。例如，在"杭萧钢构"内幕交易案中，涉案内幕信息为杭萧钢构与中基公司签订 300 亿元人民币的安哥拉公房项目合同的信息。辩方主张，杭萧钢构董

---

① 中国证监会行政处罚决定书〔2008〕12 号，详见证监会网站。
② 中国证监会行政处罚决定书〔2011〕26 号，详见证监会网站。

事长单某木曾在公司职工表彰大会上宣布过有关安哥拉合同项目的信息，相关信息已公开，此后任何根据该信息进行的股票交易都不属于内幕交易。法院认为，杭萧钢构与中基公司谈判金额达 300 多亿元人民币的项目，双方于 2007 年 2 月 8 日就该项目的价格、数量、工期和付款方式等合同主要内容达成一致。该消息一旦公开，会对"杭萧钢构"股价产生重大的实质性影响。同时，法院核实了单某木在表彰大会上的讲话内容，其中提道："2007 年对杭萧来说是一个新的起点，如国外的大项目正式启动，2008 年股份公司争取达到 120 亿元，集团目标为 150 亿元……"，但并未提到项目名称、标的等确定或实质内容。因而法院认为，在内部会议上透露的模糊信息不符合《证券法》规定的"内幕信息须具备对证券市场价格产生重大的实质性影响"，不构成内幕信息；且单某木在内部会议上仅笼统提到该信息，不能视为已将相关信息公开。[①]

在黄某福内幕交易"川投能源"案刑事诉讼中，黄某福时为川投集团董事长，同时也是川投能源和新光硅业公司两家子公司的董事长，对于将川投新光硅业公司 1 000 吨多晶硅项目注入川投能源事宜有很大的话语权。2006 年 5～6 月，川投能源进行股权分置改革时，因股东强烈要求，黄某福向股东公开承诺，在条件成熟时将新光硅业股权注入川投能源。2007 年 2 月，黄某福决定尽快启动相关工作，在尚未实施的情况下，其将这一消息告诉家人并安排购买川投能源股票。诉讼中，辩护人提出：川投集团拟将持有的新光硅业公司 38.9% 的股权注入川投能源的信息已向社会公布，不属于内幕消息。法院认为，该信息虽曾向社会公开，但在什么条件下实现注入、何时实施注入等均有不确定性，该信息在公告前具有未公开性，故相关辩护意见不成立。[②]

---

① 于海涛：《"泄露内幕信息"第一案：杭萧钢构案件查处始末》，详见证监会网站"投资者保护"专栏。

② 四川省达州市中级人民法院刑事判决书〔2016〕川 17 刑初 14 号，详见中国裁判文书网。

三、公开时间及内幕信息敏感期终点的确定

（一）停牌时间、公告时间与公开时间及敏感期终点的关系

《内幕交易司法解释》第五条第一款指出，内幕信息敏感期是指内幕信息自形成至公开的期间，行政执法机关也经常使用"内幕信息敏感期""内幕信息价格敏感期""敏感期"等概念。从《内幕交易司法解释》规定原文看，敏感期的终点即为内幕信息公开的时点。换句话说，似乎应当以内幕信息公开之时为敏感期终点。但执法中对于"内幕信息敏感期终点"和"内幕信息公开时间"这两个概念的关系，还存在不同理解和做法：

一是明确区分"内幕信息敏感期终点"与"内幕信息公开时间"这两个概念，并分别认定各自对应的具体时间。如"永利带业"案中，2014年8月8日，"永利带业"因"拟披露重大事项"停牌。11月12日，永利带业公布《发行股份及支付现金购买资产并募集配套资金暨关联交易报告书（草案）》，相关交易构成重大资产重组。上海证监局认为：该案内幕交易敏感期为2014年6月11日~8月8日，内幕信息公开日期为2014年11月12日。[①]不难看出，该案中，上海证监局以停牌初始之日为敏感期终点，以上市公司公告重大事项详情之日为内幕信息公开之日。类似地，在"新赛股份"案中，新赛股份于2016年6月4日发布重大事项停牌公告，6月22日发布重大资产重组停牌公告，其中提及"公司拟进行发行股份及支付现金购买资产重大事项，该事项对公司构成了重大资产重组"。新疆证监局认为，该案内幕信息敏感期止于2016年6月4日，内幕信息于2016年6月22日正式公开。[②]

二是以内幕信息公开时间的时间为敏感期终点。具体存在两种做法，一种是以上市公司公告所筹划重大事项的具体内容时为内幕信息公开时点及敏感期终点。如在"*ST新材"案中，2014年4月28日，由于股价出现异

---

① 上海证监局行政处罚决定书〔2015〕9号，详见上海证监局网站。
② 新疆证监局行政处罚决定书〔2017〕5号，详见新疆证监局网站。

常，*ST 新材停牌。5 月 8 日，*ST 新材公告重大资产重组停牌。7 月 8 日，*ST 新材公告拟向控股股东蓝星集团发行股份购买其持有的蓝星安迪苏营养集团有关公司股权。9 月 29 日，*ST 新材发布重大资产置换及发行股份支付现金购买资产并募集配套资金暨关联交易预案，并于次日复牌。北京证监局认定内幕信息敏感期止于 2014 年 7 月 8 日。① 类似地，在"芭田股份"内幕交易案中，芭田股份于 2012 年 5 月 22 日因重大事项停牌；5 月 26 日公告关于签订《聚磷酸等高新磷复肥及配套磷化工项目投资协议书》的情况。深圳证监局认定该案内幕信息敏感期止于 2012 年 5 月 26 日。② 另一种是以上市公司公告所筹划重大事项的类型的时间为内幕信息公开时点及敏感期终点。如在"龙泉股份"内幕交易案中，龙泉股份于 2015 年 6 月 16 日发布"重大事项"停牌公告，7 月 2 日发布关于筹划发行股份购买资产的停牌公告，称"本次筹划事项为发行股份购买资产事宜"，但并未披露更多细节信息。9 月 30 日，龙泉股份发布《发行股份及支付现金购买资产并募集配套资金暨关联交易报告书（草案）》。山东证监局认定该内幕信息于 2015 年 7 月 2 日公开。③

三是以相关股票因"重大事项"停牌的时间为敏感期终点。如在"亨通光电"内幕交易案中，亨通光电于 2014 年 10 月 30 日发布重大事项停牌公告，11 月 13 日发布关于筹划发行股份及支付现金购买资产的重大事项停牌公告。江苏证监局认定内幕信息敏感期止于 2014 年 10 月 30 日。④ 在"凯美特气"内幕交易案中，凯美特气于 2015 年 4 月 1 日发布临时停牌公告，4 月 10 日发布"重大事项停牌"公告，9 月 2 日复牌，11 月 3 日发布关于终止重大资产购买暨关联交易的公告。新疆证监局认定内幕信息敏感期止于 2015 年 4 月 10 日。⑤ 在这些案件中，执法机关既未以临时停牌，也未以上市公司初步公告所筹划重大事项的类型或公告事项的具体内容为敏感期终点。

---

① 北京证监局行政处罚决定书〔2017〕5 号，详见北京证监局网站。
② 深圳证监局行政处罚决定书〔2014〕2 号，详见深圳证监局网站。
③ 山东证监局行政处罚决定书〔2017〕3 号，详见山东证监局网站。
④ 江苏证监局行政处罚决定书〔2016〕1 号，详见江苏证监局网站。
⑤ 新疆证监局行政处罚决定书〔2017〕2 号，详见新疆证监局网站。

（二）内幕人在信息公开后极短时间内进行交易是否违法

执法实践中，通常将内幕消息对外公开的时点认定为敏感期的终点，在该时点之后，理论上说，知情人进行交易不再构成内幕交易。但不可否认的是，由于市场对信息有一个传播和消化的过程，一项信息依法公开刊登后，公众投资者并不一定马上就知道该信息。即便在信息传播极快的今天，普通投资者要获悉重大信息并对其影响力有所认知，仍然需要一定时间，至于信息消化的时间长短，需要结合证券市场本身发展的程度和信息的特点等因素具体分析。这种情况下，若知情人在信息发布后极短的时间内、在普通投资者尚未普遍得知相关信息或未充分理解信息内容的情况下进行交易，是否合法？

在美国，上述情况曾被禁止。1968 年发生的美国德州海湾硫磺公司（Texas Gulf Sulphur）案中，作为内幕信息知情人之一的被告在公司向新闻界发布公司采矿成功的信息约 30 分钟后，在市场上买进公司的股票，该被告主张：当其买进相关股票时，公司已将相关信息对外公布，故其并未利用尚未公开的信息进行内幕交易。但法院并未采纳该理由，认为虽然公司在被告买进股票前约 30 分钟发布了信息，但在 30 分钟内并不是所有投资人都可以知道这些信息，因为在这 30 分钟内投资人还没有足够的时间来分析和消化这些信息。在不同案件中，确定市场消化信息所需时间长短，要看证券价格在信息公开之后花了多长时间才产生相应的调整。若内幕信息是信息公布后唯一引起股价变动的因素时，则从这项信息公布之时起算到市场消化、分析此项信息而引起股价变动之时止，为禁止知情人交易的期间。若股价变化是多种原因造成的，要分析这几种原因和股价变化的关系。若公布的信息是造成股价变化的主要原因，则股价变动停止前的一段时间，知情人还是不能进行证券交易。若公布的信息不是造成股价变化的主要原因，则知情人可以免受此限。若证券是在全国性的交易所上市，而且是通过全国性的新闻媒体公开发布信息，一般认为在信息发布 24 小时之后，就可以进行交易。①

---

① 中国证监会行政处罚委员会：《证券行政处罚案例判解（第 1 辑）》，法律出版社 2009 年版，第 26～27 页。

我国执法实务中并未采用此种做法，原因有三：一是按照我国现行法律法规，上市公司发布信息必须在证监会指定的全国性媒体上公告，这些媒体影响广泛，普通投资者都可以及时获取通过这些媒体发布的信息。二是若要求在公开之后还要根据市场情况另行确定禁止交易的时间终点，将使内幕消息敏感期的认定更为复杂，知情人难以确定自身不得交易的期间。三是若全国性媒体发布信息之后还要重新确定禁止交易的期间，执法活动也会更加复杂，甚至连执法机构也难以合理确定禁止交易的期间。① 此外，在上市公司监管实践中，上市公司临时公告一般是在下午收盘后发布，此后至下一交易日早间开盘，还有一定的时间供市场消化。因此，对于信息一经公开便不再禁止知情人交易的做法，市场并无太大抱怨。②

四、最终未公开是否影响内幕信息的认定

（一）对"内幕信息"特征的再理解

通常理解，内幕信息的"非公开性"似乎意味着内幕信息最终会被公开，进而，有观点认为，只有最终公开了的重大信息才构成内幕信息。"敏感期"作为一个有始有终的时间区间概念无形中加强了这一认知。笔者认为这种理解似有待商榷。

首先需要明确一点：判断一项信息能否对证券的市场价格产生显著影响，应该站在信息形成时及其后一段时间范围内的情境下，以普通投资者的立场去分析，而站在当时，不应该也难以考虑到该信息未来的实际结局，因为投资者往往只能站在当时的情境判断一项信息的价格影响力，至于该信息未来的实际走向，通常并不影响投资者在当时情境下做出的理解和判断。

商业实践中，一些信息在已具备"重大性"和"非公开性"特征后、最

---

① 中国证监会行政处罚委员会：《证券行政处罚案例判解（第1辑）》，法律出版社2009年版，第26~27页。

② 中国证监会行政处罚委员会：《证券期货行政处罚案例解析（第一辑）》，法律出版社2017年版，第47页。

终公开前，可能由于现实情况的发展变化而不再具备"重大性"。在此情况下，逻辑上讲，在其同时具备"重大性"和"非公开性"特征期间，该信息满足内幕信息的法定构成要件，构成内幕信息。至于此后的情况，应该只能影响该信息作为内幕信息的持续时长，但并不影响信息在彼时彼刻属于内幕信息的判断，若信息不再具备"重大性"，自然就不再构成内幕信息，也无须考察是否公开。若以最终不公开否认信息起初具备"重大性"和"非公开性"从而构成内幕信息，无疑是一种逻辑矛盾。

此外，至于说信息是否只有公开才能对股价产生影响，笔者认为也不尽然。理论上讲，一项信息是否能对股价产生影响，确实一定程度上取决于投资者对该信息的主观认知，某种程度上，知悉范围越广，信息对股价产生影响的可能性就越大。但不能简单地认为信息不公开就不能对股价产生影响。事实上，在一些情况下，股价在信息公开后的变化反而不如信息公开前大，往往是因为已经发生内幕交易，信息的影响力已经反映到股价上。通常所说的内幕信息"见光死"，就是这样的机理。

综上，不能仅因一项信息最终未被公开而否认其属于内幕信息，而应站在信息形成后的情景下去考察信息在当时是否同时具备"重大性"和"非公开性"两项特征。同样，在判断行为人是否构成泄露内幕信息违法时，对于因谈判失败等原因而最终未公开或故意违规不予披露的信息，只要所泄露的信息是真实的，就可以确认存在泄露"内幕信息"的事实。而泄露的信息是否真实，应当根据所泄露的信息与当时实际发生的事实是否基本一致进行评断。[1] 最终未达成或未披露并不是泄露内幕信息的违法阻却事由。

（二）执法和司法领域的认识与实践

针对信息所涉事项未最终实现的情况，无论在内幕交易行政执法还是刑事司法中，都秉持这样一种理念，即相关信息的后续情况并不影响信息在当时的情境下具有重要性，进而不影响认定其为内幕信息。

---

[1] 裴显鼎、逄锦温、刘晓虎：《证券犯罪若干疑难问题之研讨——证券行政执法与刑事审判衔接座谈会综述》，载《人民法院报》2012年3月28日，第6版。

在刑事司法中，典型的如"德赛电池"案，该案涉案内幕信息的内容之一是并购重组，但最终并未重组成功。涉案人员认为相关信息不构成内幕信息。对此，法院认为，相关事项是否最终成功并不影响该内幕信息的认定。[①]类似地，在顾某泄露内幕信息案中，内幕信息所涉重大合作事宜因故终止。刑事诉讼中，辩护人主张，由于事项并未最终实现，顾某向基金研究员提供的有关合作事宜的信息不属于内幕信息。对此，法院认为：顾某所知悉的信息属于内幕信息，该信息后虽经披露和修改，并不影响其当时属于内幕信息的法律性质。[②]

行政执法中，此类案例亦十分常见，如在"ST 当代"内幕交易案中，[③]证监会即坚持这一理念。该案中，2011 年 6 月起，山西当代根据大同市政府、大同市国资委就当代集团接手原大同水泥后对公司的安排，开始债权债务清理的准备工作。2011 年 9 月，大同市政府议定，由大同市国资委实际控制的大同明珠公司承接原大同水泥的债权、债务和资产。2011 年 11 月 11 日，评估机构出具的资产评估报告显示，截至 2011 年 9 月 30 日，山西当代委托评估资产账面原值 224 350 729.48 元，账面净值 3 557 848.91 元，评估价值 28 074 515.57 元，增值 24 516 666.66 元，增值率 689.09%。2011 年 11 月 28 日，山西当代发出董事会会议通知和会议材料，称定于 2011 年 12 月 2 日召开董事会会议审议公司资产剥离相关事项。相关议案认为：该次资产转让协议中涉及的流动资产评估增值 24 516 666.66 元，预计转让完成后将对山西当代当年度的净利润增加 24 360 244.50 元。2011 年 12 月 1 日上午，山西当代董事会和监事会审议通过上述议案。2011 年 12 月 2 日下午 1 点 48 分，山西当代董事会秘书陈某峰将董事会决议公告文件上传至深圳证券交易所信息披露系统，文件中称"本次资产转让协议中涉及的流动资产评估增值 24 516 666.66 元……预计本次资产转让完成后将对公司当年度的净利润增加 24 360 244.50 元……"当日下午 1 点左右，"ST 当代"触及涨停并自 1 点 25

---

① 上海市第一中级人民法院刑事判决书〔2013〕沪一中刑初字第 51 号；上海市高级人民法院刑事判决书〔2013〕沪高刑终字第 95 号，详见上海法院网。
② 广东省深圳市南山区人民法院刑事判决书〔2011〕深南法刑初字第 812 号，详见广东法院网。
③ 中国证监会行政处罚决定书〔2014〕44 号，详见证监会网站。

分至收盘保持涨停。2011 年 12 月 2 日下午收市后，深圳证券交易所要求公司就此项交易是否构成重大资产重组征求监管部门意见，公司股票先做重大事项停牌。2011 年 12 月 5 ~ 8 日，"ST 当代"停牌。2011 年 12 月 8 日下午，山西当代董事会秘书将董事会决议公告等文件上传至深圳证券交易所信息披露系统，称"预计本次资产转让完成后，将使公司的所有者权益（资本公积）增加 24 933 544.46 元，净利润减少 573 299.96 元。"2011 年 12 月 9 日，"ST 当代"复牌并称交易将使公司的所有者权益增加 2 493 万多元，净利润减少 57.3 万多元，当日该股跌停。

也就是说，山西当代于 2011 年 12 月 2 日下午上传至交易所信息披露系统的信息最终并未公布，而且最终公布的信息显示交易将导致公司净利润减少，与 12 月 2 日下午上传的信息存在实质性差异。即便如此，证监会依旧认定 2011 年 12 月 2 日下午上传至交易所信息披露系统的信息构成内幕信息，并在决定书中详细阐述了认定相关信息构成内幕信息的原因：山西当代在当代集团与大同市政府部门安排下，剥离原大同水泥遗留的历史债务，属于债务重组事项。该债务重组事项包括债务转承、相关资产转让以及抵押担保，无论从使山西当代得以摆脱历史包袱、为公司进一步资产重组打下基础的角度看，还是从交易涉及金额与公司 2010 年度经审计总资产和净资产的对比看，该事项无疑对山西当代的财务、经营和证券市场投资者判断具有重大影响。尽管当时证券市场对山西当代历史债务的剥离存在预期或传闻，但这并不影响该事项所涉的启动、进展时点与细节信息在正式公开前构成内幕信息。尽管山西当代接受了深圳证券交易所的意见，将债务重组收入列入资本公积而非此前筹划并经董事会通过、拟公开披露的非经常性损益，且信息公开当天其股价跌停，但并不影响与该债务重组事项有关的信息在当时的情境下具有重要性，2011 年 12 月 2 日下午"ST 当代"涨停也提供了相应佐证。

可见，在信息是否具备重大性判断方面，证监会亦认为应该站在当时的情境下进行判断，信息后续的实际演变不是判断其在当时是否具备重大性的考虑因素。对股价有重大影响的信息并不因最终未公开而不构成内幕信息，只要在当时的情境下能够对上市公司的财务、经营和证券市场投资者的判断产生重大影响，具备"重要性"和"非公开性"，就构成内幕信息。

"汉鼎宇佑"内幕交易案则是此类案件的新近代表案例。该案中，汉鼎宇佑原本计划收购宇佑传媒，有关各方开展了大量工作，后由于与宇佑传媒的全部股东之间就估值等条件无法达成一致，汉鼎宇佑决定不再将宇佑传媒作为标的资产。证监会认为，汉鼎宇佑拟收购宇佑传媒的行为构成"公司的重大投资行为和重大的购置财产的决定"，该信息公开前属于内幕信息。①

另外，在相关事项未能实现、其具体内容未被公开的情形下，可能存在内幕信息敏感期终点难以确定的问题。对此，笔者认为，未公开信息若不再具备"重大性"，自然也不再属于内幕信息，"敏感期"也相应终止，故其丧失"重大性"的时间即为"敏感期"的终点。具体操作上，类似于内幕信息形成时间的认定，"敏感期"终点的确认也是在寻找足以说明信息不再具备重大性的事件或时间节点。例如，在前述"汉鼎宇佑"案中，2016 年 10 月 19 日，汉鼎宇佑公告称公司于 10 月 18 日召开董事会，决定不再将宇佑传媒作为标的资产。证监会认定内幕信息终止于 2016 年 10 月 19 日。② 之所以认定敏感期止于 19 日（即公开日）而不是 18 日（即不再具备重大性之日），笔者认为，一方面是因为公司于 19 日发布了公告，公开了内幕信息所涉事项的最终结果，起到了将信息公之于众的客观效果；另一方面，内幕信息敏感期起始时间往往应认定在标志性事件发生当时或当日，而终止时间则应以认定在标志性事件发生的具体时点之后为宜，以便最大限度地禁止内幕交易。

第四节　内幕信息的确定性之争

无论理论研究还是监管实务中，关于内幕信息应该具备确定性的观点不时被提及。有观点认为，确定性是内幕信息的内在特性，尚未确定的信息不属于内幕信息。在此基础上，对于"确定性"的内涵，也存在不同理解，一是认为"确定性"指的是信息的真实性、可靠性，是区别于谣言、传闻等不真实、不可靠的信息而言的；二是认为"确定性"是指事件和信息最终确定

---

① ② 中国证监会行政处罚决定书〔2018〕55 号，详见证监会网站。

不变，是区别于尚未完全确定、存在变数的信息而言的。

一、执法实践中的认识和处理

归纳总结多年来公布的内幕交易处罚案例，笔者发现，我国监管领域对于内幕信息确定性问题的认识存在不断深化的过程，具体表现为三种理解：第一种观点认为内幕信息的确定性即信息所涉事项的相对确定性；第二种观点认为内幕信息的确定性是指信息内容而非信息所涉事项的确定性，内幕信息所涉事项的不确定性不影响内幕信息内容的确定性。第三种观点认为确定性并不是内幕信息的一项独立的法定特性或构成要件，而是隐含于内幕信息的"重大性"之中。从近期实践看，最后一种观点渐成主流。

在"ST 宜纸"内幕交易案中，执法机关认为，"确定性"是指信息所涉事项的相对确定性。该案中，2015 年 11 月 27 日，ST 宜纸公告称公司股东宜宾国资公司、五粮液集团拟将其持有的 ST 宜纸全部股份转让给中国环境出版集团全资子公司中环国投，涉及股份合计占 ST 宜纸股份总数的 53.83%。2016 年 6 月 16 日，环境出版集团董事长王某程明确要求中环国投终止股份转让事项，并安排时任中环国投总经理王某按程序启动解除协议相关事宜。2016 年 6 月 19 日，中环国投指派时任副总经理黄某涛赴宜宾与宜宾市国资委沟通终止转让事项。2016 年 6 月 29 日，ST 宜纸发布了《关于中环国投控股集团有限公司与公司第一大股东、第二大股东解除〈上市公司股权转让协议〉的公告》。四川证监局认为：中环国投拟协议受让 ST 宜纸股份的事宜将导致 ST 宜纸的股权结构发生重大变化，即使其后相关协议解除，导致预期的股权结构重大变化归于原状，同样属于 ST 宜纸股权结构的重大变化，因此，股份转让协议被解除这一事项在公开前属于内幕信息；2016 年 6 月 16 日，王某程明确要求中环国投终止股份转让事项，并安排启动解除协议，相关解除事项自此具有较强的确定性，此时点为内幕信息敏感期起点。①

有观点指出，之所以对内幕信息确定性问题争议不断，很大程度上是因

---

① 四川证监局行政处罚决定书〔2017〕3 号、4 号，详见四川证监局网站。

为论者混淆了内幕信息本身与内幕信息所涉具体事项。① 不可否认的是，内幕信息与内幕信息所涉事项是相互关联甚至相互依存的，后者侧重于作为前者的具体表现和客观形式，前者则主要是从对公司经营、发展和证券价格的影响等角度对后者性质和特征的一定程度的抽象和概括。但同时也应该重视两者的互相独立性，例如，在上市公司筹划进行重大资产重组的情况下，要认定存在重大资产重组的内幕信息，首先要求"上市公司筹划重大资产重组"这一信息是真实、可靠且基本确定的，但重组对象、交易方案等还在商谈甚至还会发生较大变化（即信息所涉事项尚未具体确定）并不影响"上市公司筹划重大资产重组"这一确定的信息构成内幕信息。在很多案件中，执法机关虽未明确提出，但事实上进行了这种区分。如在"中牧股份"案中，证监会认定中牧股份拟发行股份和支付现金购买广西扬翔公司饲料板块业务部分股权事项属于内幕信息，内幕信息形成于2015年6月4日中牧股份与广西扬翔达成合作意愿、决定启动后续相关工作并同意即刻启动保密协议签署之时。对此，徐某坤及其代理人申辩认为：内幕信息应具备重大性和非公开性，并且前提是具有确定性和具体性，由于信息在2015年6月18日之前尚不确定，故不构成内幕信息，内幕信息敏感期的起点应为2015年6月18日中牧股份与广西扬翔签署保密协议时。证监会指出，法律法规未对内幕信息的确定性作出明确要求，涉案人员提出的认定内幕信息重大性和非公开性的前提是该信息应具备确定性和具体性的观点没有法律依据。证监会认为：内幕信息的确定性是指信息内容的确定性，而不是涉案人员所称信息所涉事项的确定性。内幕信息所涉事项在推进过程中，会受到多方因素的影响，可能完成，也可能未完成，可能完全按照当初的计划或方案完成，也可能经调整后完成，但这是内幕信息所涉事项的不确定性，不影响内幕信息形成时其内容的确定性。该案认定的内幕信息，即中牧股份收购广西扬翔饲料板块股权的方案，有较详细的并购步骤及股权收购比例，该信息的内容具备确定性。②

① 裴显鼎、逢锦温、刘晓虎：《证券犯罪若干疑难问题之研讨——证券行政执法与刑事审判衔接座谈会综述》，载《人民法院报》2012年3月28日，第6版。
② 中国证监会行政处罚决定书〔2018〕2号，详见证监会网站。

当前执法实践中，一种广为接受的观点认为，根据《证券法》第七十五条的规定，"确定性"不是构成内幕信息的法定要件。同时，由于"确定性"的判断有较强主观性，实践中很难形成统一认识和结论。以"确定性"作为内幕信息构成要件，既不利于统一执法标准，也不利于打击内幕交易行为。[①]具体办案中，相对主流的做法是严格从法律的字面意思出发去理解内幕信息的内涵，着重论证内幕信息的"重大性"和"非公开性"。如在"兰生股份"案中，兰生股份的控股股东兰生集团拟订、酝酿、论证、安排将其资产以定向增发的方式置入兰生股份，逐步实现整体上市，证监会认为有关情况属于兰生股份"重大的购置财产的决定"和"增资的计划"，在公开前属于内幕信息。在涉案人员买入"兰生股份"前，兰生集团整体上市事项已经经历了动议、草拟与修改整体上市方案、集团召开专题会议决定对拟置入的 5 项资产进行摸底和测算并初步确定领导小组成员与工作人员、与海通证券就方案设计进行详细沟通、集团召开党政联席会议对定向增发一事进行通报并正式确定领导小组与工作小组名单、向国资委汇报、对拟注入公司的资产进行梳理、与相关中介机构接触等环节。证监会认为："综合衡量这些事项释放出来的信息对投资者决策与兰生股份股票交易价格产生的影响，认定在汤某华从事涉案交易行为之前，相关信息已经达到了'重要性'程度，内幕信息已经形成。"[②] 类似地，在"永生投资"内幕交易案中，永生投资的第一大股东神奇集团及其实际控制人筹划将其药业资产注入，实现药业资产整体上市。证监会认为：神奇集团整体上市无疑对永生投资的资产、经营与证券市场投资者交易决策具有重大影响。在神奇集团将其药业资产整体注入永生投资的主要障碍已经消除，神奇集团、永生投资共同的实际控制人基本确定了重组路径、决定启动重组之后，相关信息已经具有重要性。[③]

[①] 中国证监会行政处罚委员会：《证券期货行政处罚案例解析（第一辑）》，法律出版社 2017 年版，第 6 页。

[②] 中国证监会行政处罚决定书〔2011〕16 号，详见证监会网站。

[③] 中国证监会行政处罚决定书〔2014〕25 号，详见证监会网站。

二、司法实践中的认识和处理

在"利欧股份"内幕交易案中，利欧股份董事长王某荣、董事会秘书张某波与收购标的企业上海漫酷的负责人郑某东于 2013 年 9 月底会面并就收购事宜初步表达合作意愿、决定继续推进该事项后续工作。证监会认为内幕信息形成于 2013 年 9 月 30 日。涉案人员则认为，王某荣与郑某东的会面存在重大不确定性因素，此时内幕信息尚未形成，内幕信息的形成时点应为 2014 年 1 月中旬即上海漫酷外方股东初步同意股权出售之日。一审法院认为：并购重组类内幕信息的形成、发展是一个动态、连续的过程，此类内幕信息的形成并不需要该信息必须成熟为一个确定的或决定性的信息，只要具备一定程度的确定性，即可构成内幕信息。原因在于当某一信息具备了一定程度的确定性，在其未披露之前，存在影响证券交易价格的较大可能性。此亦符合《证券法》第七十五条规定的意旨。二审法院则明确指出：内幕信息形成时点的认定，并不必然要求该信息已达到基本确定的程度，影响内幕信息形成的动议、筹划本身即有可能对该公司证券的市场价格产生重大影响。[①]

三、对"确定性"问题的浅见

笔者认为，从证券市场实际看，知悉"内幕"的人往往会在相关事件和信息具有一定确定性的情况下才会利用该信息进行交易。也只有在具有一定确定性的情况下，一项事件或信息才可能对证券的市场价格产生重大影响。若将任何不具备一定实现可能或确定性的构想、远景、蓝图甚至传闻都作为内幕信息，不仅不必要，更可能无限扩大打击面，不利于资本市场健康发展。若要求最终确定的信息才能构成内幕信息，则意味着"内幕人"进行内幕交易的机会大大增加，背离了禁止内幕交易的立法目的。因此，有必要将一定程度的"确定性"（亦可理解为"较大的实现可能性"）作为认定"内幕信

---

① 北京市高级人民法院行政判决决书〔2017〕京行终 4554 号，详见中国裁判文书网。

息"的前提，但这并不意味着在"重大性"和"未公开性"之外给内幕信息
增加一项特性。相反，笔者认为，"重大性"要求已经天然地隐含了真实性
和一定程度的确定性要求，不具备一定确定性的信息，不可能构成重大信息。
但这种"确定性"未必是已经最终实现的绝对确定性，而是有较大可能实现
的相对确定性。从这两个层面理解，不难发现，"确定性"要求已经逻辑地
内置于法律规定。

从实际案例看，一定程度的确定性要求事实上已经具体落实到执法实践
中，执法机关在认定内幕信息时虽然通常不会明确使用"确定性"这一表
述，但往往以相关事项或信息具备一定程度确定性的时间为内幕信息形成时
间，在满足这种条件之前，执法机关通常并不认为内幕信息形成了。如在
"宝莫股份"案和"利欧股份"案的行政诉讼中，法院均判决指出：当某事
实的发生能够表明相关重大事项已经进入实质操作阶段并具有很大的实现可
能性时，该事实的发生时点亦为内幕信息的形成时点。[①]

之所以只要求"相对确定"或"较大的实现可能"而不是绝对确定，笔
者认为有两点非常重要的原因：第一，在证券市场，即便最终并未成为事实，
一些尚在筹划、动议过程中的重大信息和事项也会影响股价。若将内幕信息
仅理解为最终确定的信息，将实质性地缩小"内幕信息"的范围。第二，结
合信息披露监管制度来看，若要求事件绝对确定方可认定为内幕信息，则不
可避免地会出现这样的状况：只有那些应当立即披露的重大信息才可能构成
内幕信息，而重大信息一旦形成，理应及时披露，一般不得超过两个交易
日。[②] 进而，从信息形成到披露之间的时间间隔会非常短（除非上市公司不
及时披露），知悉相关信息的人员可能被认定构成违法的时间窗口也极其有
限，即便其事实上早已利用相关信息从事内幕交易，其被追究法律责任的可
能性也大为降低。即使被追究，被认定为违法的交易量及据此产生的违法
所得也将被不当地缩减。无论如何，都将从根本上背离禁止内幕交易的立
法目的。

---

① 北京市高级人民法院行政判决决书〔2017〕京行终 4023 号、4554 号，详见中国裁判文书网。
② 交易所上市规则中通常将信息披露要求中的"及时"解释为触及披露时点起两个交易日内。
参见上海、深证证券交易所股票上市规则。

第五节　内幕信息认定的其他重点与难点

内幕交易监管实践中，在认定内幕信息时，除了通过考察信息是否具备重大性、何时形成、何时公开来回答信息"是不是内幕信息""什么时间段内是内幕信息"的问题外，执法机关还需要对内幕信息进行定性和分类，回答"是什么内幕信息"的问题。《证券法》列举了多种内幕信息，并规定执法机关可以在所列举的类型之外将对证券交易价格有显著影响的其他重要信息认定为内幕信息。实务中一般将前者称为"法定内幕信息"，将后者称为"其他重要信息"。

从既往执法实践看，《证券法》列举的内幕信息类型能够涵盖绝大多数案件中的情况。但由于现行法律法规对一些信息和事件是否构成内幕信息缺少明确标准，加之经济生活和商业实践的复杂性，一些与法律列举的事件相关或相似的信息是否构成内幕信息，尚需执法机关进行分析判断。同时，随着经济社会发展和市场演变，超出法定类型且对股价具有显著影响的信息及伴生的不当交易行为时有发生，如何对这些信息进行认定，也是执法机关必须回答的问题。本节将介绍内幕信息定性中常见的疑难情况及其处理，并着重就执法机关认定的"其他重要信息"进行分析。

一、内幕信息是否必须与特定公司生产经营直接相关

在对内幕信息进行定性时，《证券法》第七十五条第一款规定"证券交易活动中，涉及公司的经营、财务或者对该公司证券的市场价格有重大影响的尚未公开的信息，为内幕信息"。乍一看，证券市场内幕信息一定是与特定上市公司生产经营直接相关的信息。实践中，一些未公开的信息可能未必与具体某个上市公司生产经营直接相关，但确实能对证券价格产生显著影响，是否认定其为内幕信息，需要执法机关进行充分论证。在这方面，光大"816"案极具代表性。

2013 年 8 月 16 日 11 时 05 分，光大证券在进行 ETF 申赎套利交易时，因程序错误，其所使用的策略交易系统以 234 亿元的巨量资金申购 180ETF 成分股，实际成交 72.7 亿元。证监会指出，经测算，180ETF 与沪深 300 指数在 2013 年 1 月 4 日 ~8 月 21 日期间的相关系数达 99.82%，即巨量申购和成交 180ETF 成分股对沪深 300 指数、180ETF、50ETF 和股指期货合约价格均产生重大影响。证监会认为，巨量申购和成交可能对投资者判断产生重大影响，从而对沪深 300 指数、180ETF、50ETF 和股指期货合约价格产生重大影响。故错单交易信息为内幕信息。但光大证券认为，本案系我国资本市场上首次发生的新型案件，事件发生时，理性的市场交易主体无法判断错单信息属于内幕信息，认定相关交易构成内幕交易法律依据不足。对此，证监会提出，虽然《证券法》和《期货交易管理条例》列举的内幕信息主要是与发行人自身相关的信息或与政策相关的信息，但同时规定证监会有权就具体信息是否属于内幕信息进行认定。本案中，光大证券因程序错误以 234 亿元的巨量资金申购 180ETF 成分股，实际成交 72.7 亿元，可能影响投资者判断，对沪深 300 指数、180ETF、50ETF 和股指期货合约价格均可能产生重大影响，同时这一信息在一段时间内处于未公布状态，符合内幕信息"重大性"和"未公开性"两项特征。最终，证监会对光大证券及包括杨某波在内的责任人员作出行政处罚。[1]

后杨某波不服处罚并提起诉讼，一审和二审法院均判决支持证监会的认定。其中，一审法院认为：虽然《证券法》明确列举的内幕信息主要是与发行人自身相关的信息，但该法第七十五条第二款第八项规定，内幕信息包括国务院证券监督管理机构认定的对证券交易价格有显著影响的其他重要信息。而根据该条第一款之规定，证券交易活动中，涉及公司的经营、财务或者对该公司证券的市场价格有重大影响的尚未公开的信息，为内幕信息。因此，内幕信息并不限于与发行人自身相关的信息，也应包括对公司证券的市场价格有重大影响的交易信息。进一步考虑到大盘指数与公司证券价格之间的紧密关联性，对大盘指数产生重大影响的交易信息亦应属于《证券法》所指对

---

[1] 中国证监会行政处罚决定书〔2013〕59 号，详见证监会网站。

公司证券的市场价格有重大影响的内幕信息范畴。① 二审法院认可一审法院的分析，并特别强调，从《证券法》第七十五条第二款关于"内幕信息还包括国务院证券监督管理机构认定的对证券交易价格有显著影响的其他重要信息"的规定可见，法律上并未明确将内幕信息限定于与发行人自身相关的信息。②

针对该案引出的问题，有执法人员认为，证券市场的内幕信息可以分为三种类型：一是公司"内部信息"，即直接与发行人或上市公司的财务现状和未来可能性相关的信息，主要见《证券法》第七十五条第二款列举的情形。二是并非来源于发行人或上市公司，但能够对一个或多个证券的市场价格产生重要影响的"市场交易信息"，如某公司股票被调入或调出重要基金的持仓，某公司股票被要约收购，甚至异常交易的发生等。三是虽不与发行人或上市公司直接相关，但因政府出台重大宏观政策或相关性较强的其他经济体的金融政策调整而对整个证券市场或相关板块产生影响的"外部信息"，如中央银行调整贴现率等影响利率升降的具体措施、政府发布的对某类产品进行补贴的政策、美联储的货币政策变化等。至于对《证券法》第七十五条所规定的"内幕信息"的理解和认定，执法人员指出：首先，不应认为内幕信息仅指公司的内部信息，还应当包括"交易信息"和"外部信息"。其次，所谓"公司"不应被限于单数，而可以是多个公司。之所以这样理解，是因为那些产生于发行人或上市公司外部但与多个公司甚至整个市场有关的信息也可能对多个公司及整个市场的证券价格产生重大影响，并且对这种信息的不当利用对证券市场的危害更大，对投资者利益的损害面也更广。因此，这样理解和适用《证券法》关于内幕信息的规定，具有合目的性。③

综上，只要信息具备重大性和未公开性，均可构成内幕信息。至于这种信息是发行人、上市公司内部产生还是源于外部，并不是认定内幕信息的考

---

① 北京市第一中级人民法院行政判决书〔2014〕一中行初字第 2438 号，详见北京法院审判信息网。

② 北京市高级人民法院行政判决书〔2015〕高行终字第 943 号，详见中国裁判文书网。

③ 中国证监会行政处罚委员会：《证券期货行政处罚案例解析（第一辑）》，法律出版社 2017 年版，第 20～21 页。

虑因素，更不是阻却事由。

二、内幕信息是否必须为真实信息

与"确定性"问题相似，内幕信息是否应当具备"真实性"，也是关于内幕信息认定中一个争议问题，特别是在行为人主张其获取或泄露的信息并非真实、与真正的内幕信息存在差异的情况下，对"真实性"问题的探讨尤为重要。对此，存在三种不同观点。[①]

肯定观点认为，内幕信息必须是真实、客观的，而判断信息是否真实、客观的一个重要参照物就是指定报刊、媒体上披露的相关信息。具体而言，若行为人所获取或泄露的信息与最终公布在指定报刊、媒体上的信息在内容上基本一致，就可以认为行为人获取或泄露的是内幕信息。至于在指定报刊、媒体上发布的信息内容是否真实、准确，在所不问。这是因为，基于广大投资者对指定报刊、媒体的信赖，即使信息本身有差误，只要在指定报刊、媒体公布，也会被认为是真实的，从而会对相关证券、期货的市场交易价格、交易量带来重大影响。因此，即便指定报刊、媒体所公开的信息不准确，甚至失实，但在尚未公开前，这些信息也不应被用以从事交易，因为利用这种信息所带来的社会危害未必小于客观真实的信息。

反对观点认为，内幕信息不以真实性为构成要件。因为实践中，哪怕是信息披露义务人按规定在指定报刊、媒体所披露的信息，也未必真实，在形式上合法真实但内容虚假的情况是完全可能的，而这些信息事实上确有可能对股价产生影响。因此，虚假信息若被公开后可能对证券、期货价格产生重大影响，则应当认为虚假信息在公开前也可能构成内幕信息。

折中观点认为，作为内幕信息本身而言，应当要求是相对真实的，即与指定报刊、媒体发布的消息基本一致，但不必要求严格与客观事实完全一致。

不可否认，无论真实信息还是虚假信息，都可能对股价产生影响。但

---

① 裴显鼎、逢锦温、刘晓虎：《证券犯罪若干疑难问题之研讨——证券行政执法与刑事审判衔接座谈会综述》，载《人民法院报》2012年3月28日，第6版。

是，从执法的角度看，若影响股价的信息是客观、真实的，则有必要考察信息是否重大、是否属于内幕信息、是否存在内幕交易违法。若对股价产生影响的信息并非客观事实，则应考虑是否存在编造、传播虚假信息等违法行为。[①] 真实性是区分内幕信息与虚假信息的重要标志，只有对于客观真实存在而非编造或臆想的信息，才有必要分析其是否具备重大性。至于如何判断行为人获取或泄露的信息是否真实，核心是要看该信息是否与实践中发生的事实基本一致。

同理，一般来说，市场传闻本身并不构成内幕信息，但一旦发生影响股价的市场传闻，根据信息披露相关规定，上市公司应当及时澄清。在上市公司澄清以前，"市场传闻是否真实"这一信息就构成一种内幕信息。[②]

三、最终未成功的方案可否构成内幕信息

（一）基于同一运作思路尝试但未成功的具体方案可否构成内幕信息

企业经营管理实践中，上市公司确定某种发展方向和战略后，往往会同时或先后接触多个潜在合作对象，择优实施。在这个过程中，上市公司终止部分或者全部已经启动筹划的重大事项的情况十分常见。在这种情况下，认定内幕信息就面临是将所有方案均认定为内幕信息，还是仅将最终实现的方案作为内幕信息的问题，而内幕信息的认定往往决定了内幕信息形成时间的认定，进而也决定了内幕人员在初始尝试但最终并未实现的项目启动后、最终实现的项目启动前从事的交易是否违法的问题。对此，从当前实践看，执法和司法机关均倾向于将过程中那些已经实际启动但以失败告终的项目认定为内幕信息或者内幕信息的一部分，通常的做法是概括性地将所有相关具体

---

① 如果泄露的信息根本不可能影响证券、期货交易价格，则属于绝对不能犯，不能构成违法。参见裴显鼎、逄锦温、刘晓虎：《证券犯罪若干疑难问题之研讨——证券行政执法与刑事审判衔接座谈会综述》，载《人民法院报》2012年3月28日，第6版。

② 中国证监会行政处罚委员会：《证券行政处罚案例判解（第1辑）》，法律出版社2009年版，第18页。

方案笼统地认定为一个内幕信息，并认定基于这一特定目的而概括性地动议、筹划或实质启动第一个具体事项的时间为内幕信息形成时间。这种认定契合内幕信息的内涵和外延，也普遍得到司法机关认可。

例如，在张某光内幕交易"任子行"案中，任子行公司欲通过并购重组促进自身发展，并首先与深圳天拓立方公司进行商谈，后天拓立方欲与其他公司合作而终止与任子行洽谈。后任子行与苏州唐人数码进行商谈并最终确定收购唐人数码。证监会认定"任子行进行并购重组的事项"属于内幕信息，内幕信息敏感期始于任子行董事长景晓军一行亲自考察天拓立方并与其执行董事黎某宇、史某珲进行沟通的 2014 年 1 月 15 日。[①] 诉讼中，张某光认为，任子行最终并购的是唐人数码而非天拓立方，故任子行并购天拓立方所形成的信息不应构成内幕信息，内幕信息敏感期也不应始于任子行与天拓立方沟通之日。一审法院认为，证监会认定的内幕信息为"任子行进行并购重组的事项"，并不限于并购重组的对象或方式。"任子行进行并购重组"这一信息的外延大于且包含任子行"拟通过现金及非公开发行股份相结合方式购买唐人数码 100% 股权"这一事后公开的信息。法院还特别强调：并购的对象、方式等具体信息均可能不断发生变化，而这些具体信息内容的变化，不影响对"任子行进行并购重组"构成内幕信息的认定。二审法院认可该观点并进一步指出："任子行进行并购重组的事项"本身构成内幕信息，并不限于并购重组的对象或者方式，乃至于与并购重组是否成功也并无直接关系。

至于此类情况下内幕信息的形成时间，法院认为，并购重组型内幕信息从形成到公开，是一个动态、连续、有机关联的发展过程，当某事实的发生能够表明相关重大事项已经进入实质操作阶段并具有很大的实现可能性时，即便该事项以失败告终，该事实的发生时点亦为内幕信息的形成时点。其后商谈对象、方式的变化以及商谈是否成功等都不会改变内幕信息已经形成的事实。2014 年 1 月 15 日，任子行主要决策人景晓军等与天拓立方主要决策人见面商谈，任子行与天拓立方进行的商谈已进入实质操作阶段并具有较大的实现可能性，认定该日为内幕信息敏感期起点具有合理性。此后，任子行

---

① 中国证监会行政处罚决定书〔2016〕8 号，详见证监会网站。

作为主动发起一方，基于相同的并购方向与天拓立方、唐人数码等多个对象进行多轮商谈的过程均可归入内幕信息敏感期。张某光还主张，即便认定先后筹划的事项均构成内幕信息，也应该将任子行与不同对象进行商谈期间的间隔期刨除在内幕信息敏感期之外，从而应该认定其在间隔期内的交易不构成内幕交易。法院认为，内幕信息自形成至公开，是一个动态、连续的期间。该案中，并购重组型内幕信息形成后，任子行并未改变其并购方向，亦未放弃并购计划，故任子行与不同对象进行商谈期间的间隔期亦可归入内幕信息敏感期。①

类似地，在"威华股份"系列案件中，2008年下半年以来，时任威华股份董事长、控股股东李某华及其配偶刘某一直在谋划如何使威华股份摆脱经营困境，思路包括同行业兼并收购、收购优质资产注入威华股份、产业转型以及控股股东退出等。2013年1月底，威华股份财务总监蔡某萍将殷某国引见给李某华，殷某国了解到李某华和刘某拟将其直接控股的威华铜箔公司及其控股子公司威利邦电子从事的铜箔、覆铜板制造和销售业务作为IT产业注入上市公司，2月23日上午，殷某国致电长江证券承销保荐有限公司（简称长江保荐）总裁王某平，提及威华股份拟谋划并购项目，邀请长江保荐与威华股份领导面谈并购事宜。当日下午，李某华、威华股份时任总经理李某明、蔡某萍、董事会办公室主任高某富、殷某国等与王某平和长江保荐项目经理王某初步探讨了将IT产业并购到威华股份的思路，并确定由王某尽快去IT产业所在地实地调研后再行讨论，会议强调了信息保密要求。随后，长江保荐参观了威利邦电子及威华铜箔的厂区并起草收购方案。3月10日，威华股份相关人员与中介机构人员会面商议相关情况，一致认为，考虑到威华铜箔及威利邦电子的规模和盈利能力偏弱，资产注入方案存在一定问题。为此，威华股份决定寻求上下游产业链或关联度高的产业一同注入，后威华股份管理层考察了云南丽江文通铜矿并将收购铜矿作为备选项目。此后3月底至4月中旬，李某华了解到赣州稀土公司拟借壳上市，遂筹划参与赣州稀土重组。4月16日，威华股份申请停牌。最终，威华股份确定了第三种方案，与赣州

① 北京市高级人民法院行政判决书〔2017〕京行终2185号，详见北京法院审判信息网。

稀土签署了发行股份购买资产相关协议。11月4日，威华股份正式对外披露与赣州稀土重组的相关文件并复牌。2013年12月19日，威华股份发布自查报告称，2013年4月16日发布停牌公告的原因是资产注入事项。针对上市公司先后尝试三种方案的情况，但证监会认为：无论最终确定何种方案，考虑到我国证券市场现实状况下类似事项对上市公司股票交易价格的影响，结合本案信息公开后"威华股份"股票价格的实际走向看，涉案事项具备重要性从而构成内幕信息。①

后苏某鸿不服处罚并起诉，主张IT资产注入和收购铜矿事项不构成内幕信息，让壳赣州稀土才可能构成内幕信息，因此也不应将筹划IT资产注入方案之时认定为内幕信息形成时间。证监会则主张IT资产注入事项属于内幕信息，主要原因有二：一是IT资产注入事项并非仅停留在想法层面，威华股份已采取与中介机构会商、委派中介机构考察标的并制作方案等实际行动，并因资产注入事项申请停牌，且曾为解决资产注入方案存在的问题而积极寻求收购铜矿等方案，以推进该项目。二是，无论从法律法规还是我国证券市场现实情况看，IT资产注入事项都属于影响威华股份股价的重大信息，且具备未公开性。虽然该方案在停牌后被让壳方案所替代，但这并不能否认其构成内幕信息。两级法院均认可了证监会对内幕信息的认定。但具体理由略有差异，其中，一审法院认为，资产注入属于法定内幕信息，而威华股份2013年4月16日已就IT资产注入及收购铜矿方案申请临时停牌，说明该事项的进展程度已经存在对股价造成影响的可能性，这一信息如果公开，对一直陷入经营困境的威化股份来说，是一个重大利好，足以影响投资者做出投资决策，对威化股份股价产生重大影响。虽然IT资产注入和收购铜矿方案最终被让壳方案替代，但这两个方案均是客观发生真实存在的，对市场而言都是重大利好消息，因而在公开前均属于内幕信息。② 二审法院认同一审判决结论，认为前两个方案最终被让壳方案替代对内幕信息的认定并不构成实质影响，"这是因为，威华股份注入IT资产及收购铜矿方案本身构成内幕信息，并不

---

① 中国证监会行政处罚决定书〔2016〕53号、54号、55号、56号，详见证监会网站。
② 北京市第一中级人民法院行政判决书〔2014〕一中行初字第2438号，详见北京法院审判信息网。

限于该方案的对象或者方式，乃至于与该方案是否最后成功完成也并无直接关系。公司重大决策及其讨论实施过程，可能是一个动态、连续、有机关联的过程，只要启动威华股份注入 IT 资产及收购铜矿方案本身符合内幕信息的认定标准，内幕信息即已形成，其后实施对象、方式的变化以及是否成功都不会实质性改变内幕信息已经形成的事实"。至于内幕信息形成时间，两级法院均认为：本案中，不晚于 2013 年 2 月 23 日，威华股份管理层已经实质启动 IT 资产注入及收购铜矿的筹划工作，因此证监会认定内幕信息至迟不晚于 2013 年 2 月 23 日形成，并无不当。①

类似地，在"益盛药业"内幕交易系列案件中，其中一项内幕信息所涉事项为益盛药业筹划收购其他企业。起初，益盛药业考虑收购人参市场公司，2013 年 11 月 20 日，董事长张某胜召集公司有关人员开会商议决定发行股份收购人参市场 100% 股权。此后直至 2014 年 3 月 30 日，双方签订了合作意向书，确定益盛药业向人参市场股东定向发行股份收购人参市场 100% 股权。4 月 1 日，益盛药业公告称正在筹划发行股份购买资产并于 2014 年 3 月 31 日开市起临时停牌。此后，合作因故终止，益盛药业未公告收购人参市场的具体情况。在考虑收购人参市场期间，张某胜曾与皇封参业公司洽谈收购，并提出了初步合作意向及收购方式。与人参市场终止合作后，益盛药业于 2014 年 5 月与皇封参业启动收购洽谈，并于 2014 年 6 月 27 日公告称拟发行股份及支付现金购买皇封参业 100% 股权。后因双方存在分歧，收购终止。2014 年 10 月 25 日，益盛药业公告终止发行股份及支付现金购买资产事项。证监会认为，益盛药业拟发行股份购买资产的事项在公告前属于内幕信息，内幕信息不晚于 2013 年 11 月 20 日形成。② 不难看出，证监会认为，该案内幕信息是益盛药业拟发行股份购买资产的信息，具体收购对象和方式的变化对信息的重大性并不产生实质影响。也正因如此，虽然 2013 年 11 月 20 日形成的内幕信息所涉具体事项为益盛药业筹划收购人参市场，而该项收购最终并未实际完成，但依旧可以认定该日为"益盛药业拟发行股份购买资产"这一内

---

① 北京市高级人民法院行政判决书〔2018〕京行终 445 号，详见北京法院审判信息网。
② 中国证监会行政处罚决定书〔2017〕15 号、16 号、17 号，详见证监会网站。

幕信息的形成时间。

在内幕交易刑事司法领域，对内幕信息及其形成时间的认定也遵循类似逻辑。如肖某庆内幕交易案中，法院认为，因获取借壳上市信息而指使他人购买让壳公司股票，后借壳公司改变的，不影响内幕信息的认定。① 而在"高淳陶瓷"系列内幕交易案件中，2009 年 3 月 6 日，中国电子科技集团公司第十四研究所（以下简称十四所）草拟的《合作框架》形成初稿，条款包括高淳县政府将所持的高淳陶瓷公司股权转让给十四所，使其成为该公司第一大股东、实际控制人等内容。后双方对合作框架多次进行磋商、修改，但十四所受让国有股、成为公司第一大股东和实际控制人等内容始终被保留。法院认为，2009 年 3 月 6 日的《合作框架》是内幕信息的第一次书面化，虽双方对重组方案有几易其稿、不断完善的过程，但十四所重组高淳陶瓷公司借壳上市的总思路从一开始即已确定，认定内幕信息形成于 2009 年 3 月 6 日有充分的事实证据和法律依据。②

（二）基于不同运作思路尝试但未成功的方案可否构成内幕信息

实践中，一些上市公司经营发展思路可能较为开阔、多元，为达特定目的，通常会尝试很多不同方案，这些方案在具体方式上可能并不属于同一类型，从法律法规上讲也不属于同一类重大事件或内幕信息。最终，上市公司往往仅实施了其中个别或部分方案。对于这种情况，从已有处罚案件看，执法机关倾向于将基于同一背景和目的而尝试的多种方案同时认定为内幕信息，并认定其中最初始的方案的形成时间或概括性动议、筹划的时间为内幕信息形成时间。

"博汇纸业"内幕交易案是此类情形中的代表性案例。该案中，博汇纸业公司曾因信息披露违法被立案调查，导致信用风险上升、融资环境恶化，公司实际控制人杨某良一直考虑采取再融资等措施改善公司融资环境，提升市场形象。2014 年 12 月底，博汇纸业收到信息披露违法的行政处罚事先告

---

① 刘晓虎：《肖某庆受贿、内幕交易案——因获取让壳信息而指使他人购买让壳公司股票，后借壳公司改变的，是否影响内幕信息的认定》，载《刑事审判参考》2012 年第 2 集，第 756 号案例。

② 江苏省南通市中级人民法院〔2010〕通中刑二初字第 0005 号判决书，详见南通法院网站。

知后，杨某良认为时机已成熟，便开始筹划推动改善公司融资环境。根据杨某良授意，2014 年 12 月 24 日晚，博汇纸业第一大股东山东博汇集团副总经理杨某召集申万宏源证券有限公司执行董事周某军、北京市君致律师事务所合伙人王某青、博汇纸业时任董事会秘书杨某栋一起讨论如何改善公司的融资环境，涉及引入优质项目实施定向增发、更换上市公司受到处罚的高管人员及高送转等事项。12 月 25 日，杨某等人将上述事项的初步讨论结果向杨某良汇报，讨论结果是准备尝试从外部寻找项目进行定向增发，并将"10 转10"的利润分配方案作为备选。其后，杨某良安排杨某找定向增发合作项目。2015 年 2 月 19 日（春节）过后，因条件不成熟，定向增发工作搁置。杨某良、杨某二人再次讨论博汇纸业"10 转 10"利润分配方案，并决定尽快实施。2015 年 3 月 2 日，杨某良通知杨某栋博汇集团拟提议实施"10 转10"利润分配，后经博汇集团、博汇纸业履行相关程序，博汇纸业于 3 月 4日公告了利润分配预案。山东证监局认定上述定向增发、利润分配事项属于"公司分配股利或者增资的计划"，在公开前属于内幕信息，内幕信息形成于2014 年 12 月 24 日。

涉案人员及其代理人认为定向增发事项不构成内幕信息，因为博汇纸业没有增发的事实，也不存在增发事项公开的事实，只有高送转利润分配属于内幕信息。至于内幕信息形成时间，涉案人员及其代理人认为，2014年 12 月 24 日的讨论仅是简单交流，不是正式征求意见，没有得出任何正式结论或制定出具体方案，且参与讨论的人员对博汇纸业有关事项不具备提起动议的身份和权力，因此，高送转利润分配内幕信息形成于 2015 年 2月 19 日之后，而不是 2014 年 12 月 24 日。山东证监局认为：虽然博汇纸业实际仅实施并公开了高送转利润分配方案，但博汇纸业定向增发和利润分配事项实施目的一致，具有补充关系，故两项信息均为内幕信息。2014年 12 月 24 日进行的讨论是为解决对博汇纸业面临的实际问题而在公司实际控制人授意下进行的，其目的是扭转信息披露违法事件对公司的不利影响、以利好消息提振股价，讨论在性质上属于对相关事项的筹划。因此，应当认定该日内幕信息已形成。① 在总结 2017 年全系统的行政处罚工作时，证监会将该案视为认定"一揽子内幕信息"的开创性案例。② 可见证监会对于此种认定思路的认可。

四、行政许可审核安排及结果可否构成内幕信息

当前，上市公司筹划重大资产重组、增资等事项的，须经监管机构审批。根据信息披露相关规定，上市公司通常会在作出相关决议后公布拟筹划重大事项的信息，并在监管机构接收相关申请材料后披露申请受理情况。受理申请后，证监会将按相关工作程序进行审核并作出是否准予的决定。在审核过程中，申请项目被安排提交并购重组委员会（简称重组委）或发行审核委员会（简称发审委）审核，重组委或发审委召开会议进行审核等通常是项目取得进展的关键节点，相应审核结果则是重大事项的重要实质性进展和结果。实践中，从项目即将上会审核到审核结果确定并依法公布期间，知情人员利用申请事项将上会审核的程序信息和审核结果信息抢先交易上市公司股票的行为时有发生。从既往案例看，执法机关会将审核信息认定为内幕信息，并对相关内幕交易行为进行处罚。

如在"普邦园林"案中，2014 年 3 月 28 日，普邦园林公告《非公开发行股票预案》，并称此次非公开发行尚需经证监会核准，能否取得批准或核准、取得相关主管部门核准的时间都存在不确定性。2014 年 5 月 9 日，普邦园林公告称，证监会对公司提交的申请材料进行了审查并决定予以受理。2014 年 7 ~ 9 月，普邦园林先后两次就证监会提出的反馈意见进行回复，对涉及募投项目测算、关联交易合理性等反馈意见作了解释说明，通过审核的实质性障碍基本解决。普邦园林对上述两次收到的反馈意见及相关回复事项均未披露。2014 年 10 月 8 日上午，证监会通知有关人员，称定于 10 月 10 日上午召开发审会审核普邦园林非公开发行申请。10 月 10 日中午 12 点多，发审委审核

---

① 山东证监局行政处罚决定书〔2017〕4 号，详见山东证监局网站。
② 证监会《2017 年证监会派出机构行政处罚情况综述》，详见证监会网站。

通过此次非公开发行项目。10 月 11 日,普邦园林公告非公开发行申请获得证监会审核通过。广东证监局认为:普邦园林非公开发行股票事项,属于"公司分配股利或者增资的计划",该事项获得证监会审核通过,属于对公司证券的市场价格有重大影响的信息,在尚未公开前构成内幕信息。内幕信息敏感期为 2014 年 10 月 8 ~ 11 日。[①] 也就是说,广东证监局认定的内幕信息敏感期起始于 2014 年 10 月 8 日,即证监会向相关人员通知发审会时间之日。

类似地,在"渝三峡 A"案中,重庆三峡油漆股份有限公司(简称渝三峡)自 2011 年 4 月启动非公开发行股票事项,该事项于 2013 年 1 月 25 日上午提交发审委审核。当日 12 点 30 分左右,发审委宣布渝三峡 A 非公开发行股票申请未获通过。1 月 26 日,渝三峡 A 披露了上述情况。证监会认为,渝三峡 A 所筹划非公开发行股票事项,属于"公司分配股利或者增资的计划",该事项未获证监会审核通过,属于对公司证券的市场价格有重大影响的信息,在公开前构成内幕信息。[②]

五、经营方针和经营范围发生变化是否构成内幕信息

(一) 认定经营方针和经营范围发生重大变化的实践及困难

据笔者统计,截至 2019 年一季度末,证监会作出了 285 份内幕交易案件行政处罚决定书,但仅在其中 10 起案件中明确认定涉案信息为上市公司经营方针和经营范围发生重大变化的信息。除了前文提及的"齐星铁塔"案[③]、"平潭发展"案[④],还有"佛山照明"[⑤]、"科学城"[⑥]、"ST 宝龙"[⑦]、"胜利精

---

① 广东证监局行政处罚决定书〔2016〕1 号,详见广东证监局网站。
② 中国证监会行政处罚决定书〔2015〕87 号,详见证监会网站。
③ 中国证监会行政处罚决定书〔2015〕29 号,详见证监会网站。
④ 中国证监会行政处罚决定书〔2016〕47 号、48 号、49 号、50 号,详见证监会网站。
⑤ 中国证监会行政处罚决定书〔2012〕37 号,详见证监会网站。
⑥ 中国证监会行政处罚决定书〔2013〕2 号,详见证监会网站。
⑦ 中国证监会行政处罚决定书〔2014〕37 号,详见证监会网站。

密"①、"吉林森工"案②、"东风股份"③、"世纪鼎利"④、"新日恒力"⑤ 等案件。这些案件为此类内幕信息的认定提供了有益借鉴，以下简要举例说明：

在"科学城"案中，科学城时为一家主营酒店业的上市公司，2011 年，科学城与海南信得、首一创业合资成立矿业投资公司银泰盛达，新成立的公司注册资本 1 亿元，科学城持股 51%，该投资构成科学城的重大投资项目。三方还议定，矿业投资公司主要从事矿业企业及矿业资产的前期工作，待其符合上市公司要求时以出让股权或出售资产的方式装入科学城。2011 年 9 月 20 日，科学城刊登了相应的重大对外投资公告，并在公告中称此举有利于充分整合利用三方的资源优势，在矿产资源领域寻找合适的投资项目，为科学城增加新的利润增长点，并为其可持续发展创造有利条件。证监会认为此举是科学城实现从酒店业向能源开发行业延伸的重大事项，属于"公司的经营方针和经营范围的重大变化"。⑥

在"ST 宝龙"案中，宝龙公司原主营业务为防弹运钞车等专用车辆的制造销售、租赁、商品贸易等，为摆脱经营困境，宝龙公司筹划发行股份购买吉隆矿业公司 100% 的股权，交易构成重大资产重组。⑦ 证监会认为，向吉隆矿业发行股份购买全部资产，将使宝龙公司的经营方针和经营范围发生重大变化。⑧

在"胜利精密"案中，胜利精密原主营笔记本电脑、平板电脑电视、智能终端等产品，后决定进军移动通信领域，向手机、移动通信大部件方向发展，并决定通过收购相关企业的方式实现这一战略。在公告拟实施重大资产重组的同时，胜利精密公告对公司章程进行了修订，经营范围增加了"通信产品、计算机软硬件、计算系统集成产品、数码产品"的描述。证监会认为前述信息属于"公司的经营方针和经营范围的重大变化"和"公司的重大投

---

① 中国证监会行政处罚决定书〔2016〕66 号，详见证监会网站。
② 中国证监会行政处罚决定书〔2017〕104 号，详见证监会网站。
③ 中国证监会行政处罚决定书〔2018〕52 号，详见证监会网站。
④ 中国证监会行政处罚决定书〔2017〕28 号，详见证监会网站。
⑤ 中国证监会行政处罚决定书〔2019〕8 号，详见证监会网站。
⑥ 中国证监会行政处罚决定书〔2013〕2 号，详见证监会网站。
⑦ 参见宝龙股份 2012 年 3 月 20 日公布的：《收购报告书摘要》，详见巨潮资讯网。
⑧ 中国证监会行政处罚决定书〔2014〕37 号，详见证监会网站。

资行为和重大的购置财产的决定"。①

基于此类信息发生的内幕交易处罚案件之所以较为鲜见，一方面源于此类信息的认定本身存在难度。一般而言，"经营方针"较为宏观和抽象，经营方针本身及其变化都难以客观量化，而"经营范围"的变化既涉及经营范围变化的客观事实本身，又涉及工商登记变更和公司章程修改的问题，在考察上市公司的经营范围是否发生重大变化时，难免面临是以客观基础事实为依据还是以工商登记和公司章程为前提的难题。因此，此类案件并不多见也属常理之中。

另一方面，此类信息往往与其他重大事件相伴，而后者更容易量化和认定。实践中，公司推动实现经营方针和经营范围变化，往往伴随着进行重大资产重组、签订重大合同或者谋划其他重大事件。事实上，很多市场运作背后的指导思想和战略正是调整上市公司的经营方针和经营范围。但由于重大资产重组等具体事件比经营方针和范围的变化更客观、更容易量化，很多案件中便侧重于认定相关的并购重组、重大合同等具体重大事件为内幕信息，而并不同时认定上市公司的经营方针和经营范围发生重大变化。

（二）认定经营方针和经营范围发生重大变化需要刺破的假象

1. 变更工商登记、修改公司章程不应成为认定经营范围发生重大变化的前提和依据

如前所述，公司经营范围变化往往涉及变更工商登记、修改公司章程的问题，有观点认为，只有在工商登记或章程中所载经营范围发生变化时，才能认为公司的经营范围发生了变化。结合证券市场运行及监管实际，笔者认为，认定经营方针和经营范围是否发生重大变化，应当以实际经营情况为依据综合分析判断，可以参考工商登记和公司章程，但变更登记和修改章程不应成为认定的必备前提或决定性依据。逻辑上讲，在筹划改变经营范围的情况下，变更工商登记和修改公司章程发生在筹划改变经营范围之后。实践中，

① 中国证监会行政处罚决定书〔2016〕66号，详见证监会网站。

出于各种考虑，在公司经营范围实际发生变化时，一些公司未必及时变更工商登记、修改公司章程，甚至长期不申请变更、不修改章程。若刻板地以变更工商登记和修改公司章程为认定经营范围变化的前提，不仅会犯逻辑错误，还会由于忽略了实际情况而导致对法律的理解和适用脱离实际，甚至最终背离立法目的。

从前述相关案例看，仅在一起案件中，执法机关查明上市公司对章程进行了修改，其余案件中，执法机关在认定和论证中并未重点关注工商登记是否变更、公司章程是否修改。可见，执法机关亦不以变更登记和修改章程为认定经营范围发生重大变化的前提和证据。

2. 不能简单以基础事件不具备重大性否认经营方针和经营范围发生重大变化的事实

有观点认为，公司若欲调整经营方针和经营范围，往往借助于重大的并购重组或者重大合作项目来实现，因此，在不存在重大资产重组等重大事项的情况下，不宜孤立地认定公司的经营方针和经营范围发生了重大变化。对此，笔者认为，虽然经营方针和经营范围发生变化通常离不开具体项目作为支撑和落实，但也要看到，经营方针和经营范围的变化往往是一系列项目和事件共同推动实现的，单个事项不"重大"，绝不意味着经营方针和经营范围的变化不"重大"。

执法实践中，证监会也秉持这样的理念。如"佛山照明"案中，涉案具体事项为佛山照明与其他公司共同投资设立青海佛照锂能源开发有限公司，其中，佛山照明出资人民币2 923万元，占青海佛照公司总股本的38%。经查，在2009年9月11日发布的《关于合资成立青海佛照锂能源开发有限公司的公告》中，佛山照明指出"本次对外投资事项……不属于关联交易"，公告中也未见"重大（投资）"等字样。但公告在关于该投资的目的和对公司的影响部分指出："（公司）将由传统的制造型的生产性企业，延伸至新能源资源开发行业，合理调整公司的资金布局和产业结构，争取未来形成从碳酸锂提取，到锂电池材料和锂电池的生产，逐步形成新能源纯电动车的产业链。……通过本次共同投资设立青海佛照锂能源开发有限公司，使公司进入新能源领域，为公司发展新能源产品和科技进步创造更好的条件……"① 在发布前述公告之日，公司股价收涨7.30%，同期深证成分指数涨幅为1.04%。证监会认定：佛山照明动议、筹划、调研、决策与其他公司一起组建新能源项目合资企业，并以此为契机，实现从制造型生产企业向新能源开发行业延伸等情况属于"公司的经营方针和经营范围的重大变化"，构成内幕信息。② 可见，证监会认为该案内幕信息的核心在于佛山照明筹划通过对外投资实现从制造型生产企业向新能源开发行业延伸，而不局限于对外投资本身是否构成"重大"。

类似地，在"东风股份"内幕交易系列案件中，东风股份拟收购香港EPRINT集团不超16.5%的股份并将"云印刷"列为战略发展板块，收购交易本身并不构成重大资产重组，但证监会认定相关事项构成东风股份经营方针和经营范围的重大变化。处罚决定书解释指出：首先，"云印刷"与东风股份原主营业务存在实质区别，且"云"概念是当时的投资热点，而收购行为客观上将东风股份向"云印刷"转型这一战略推进到具体实施阶段。其次，东风股份2014年年度报告中也提出："公司继续坚持并稳步推进以'包装印刷'为核心产业，'PET基膜与功能膜''云印刷''电子烟'等多元化产业共同发展的战略方针。……在云印刷领域，公司通过收购EPRINT集团股权，……迈出了云印刷业务的重要一步；……多元化的经营策略，使公司能够从容应对市场变化"。证监会认为该表述说明东风股份自身亦认为其经营方针和经营范围将因收购EPRINT集团股权而发生变化。最终证监会认为，即便收购交易本身并不构成重大资产重组，由于收购客观上将东风股份向"云印刷"转型的战略推进到具体实施阶段，仍然构成东风股份经营方针和经营范围的重大变化。③

但需要特别说明的是，主张"不构成重大的投资、购置财产的决定或重大合同的事项仍可能构成经营方针和经营范围的重大变化"，并不代表"经

---

① 参见佛山照明2009年9月11日发布的：《关于合资成立青海佛照锂能源开发有限公司的公告》，详见巨潮资讯网。
② 中国证监会行政处罚决定书〔2012〕37号，详见证监会网站。
③ 中国证监会行政处罚决定书〔2018〕52号，详见证监会网站。

营方针和经营范围的重大变化"是一个万能的箩筐，并非所有不构成重大交易的事项都能用"经营方针和经营范围的重大变化"来进行"兜底"认定。某一事项是否构成重大事件、是否属于内幕信息，应该结合具体案件情况综合分析。

3. 并非所有经营范围的变化均构成重大事件

认定一项信息属于内幕信息，首先要求信息具备"重大性"，认定公司的经营方针和经营范围发生变化的信息构成内幕信息，同样要求这种变化具备"重大性"。而变化是否重大，必须结合实际情况进行个案判断，不能一味地将所经营范围的所有调整和变化都认定为"重大变化"。执法实践中，有关案例也体现了这种具体问题具体分析的认定逻辑。

如"康盛股份"案中，主营家电配件生产的上市公司康盛股份拟投资矿业事项，并于2013年2月与浙江省第一地质大队签署了《潘家矿区合作意向书》和《沙木坞矿区合作意向书》，拟收购潘家矿区项目60%的股权和沙木坞矿区项目40%的股权。证监会在处罚决定书中指出："康盛股份与地质大队签署矿区合作意向书，投资矿业事项，使该公司从以传统家电配件生产为主的企业逐步向以家电为主、适度多元化的经营方向发展，属于《证券法》第六十七条第二款规定的'公司的重大投资行为和重大的购置财产的决定'，为内幕信息。"[1] 证监会似乎并不认为上市公司的经营范围因此发生了重大变化。

而在较为相似的"世纪鼎利"案中，证监会同时认定涉案并购重组事项涉及上市公司经营范围的重大变化、重大投资行为和重大购置财产等决定。该案中，原主营通信产业的世纪鼎利自2013年底开始与主营IT职业教育的上海智翔公司商谈并购重组，2014年7月30日，世纪鼎利公告拟通过非公开发行股份及支付现金的方式收购上海智翔100%股权。证监会在处罚决定书中指出："该并购重组事项涉及上市公司经营范围的重大变化、重大投资行为和重大购置财产决定，根据《证券法》第六十七条第二款第一项、第二

---

[1]　中国证监会行政处罚决定书〔2014〕80号，详见证监会网站。

项以及第七十五条第二款第一项的规定，构成内幕信息"。① 但决定书中并未具体阐述认定原因。经查阅相关公告文件，笔者发现，在本次交易的《发行股份及支付现金购买资产报告书》中，世纪鼎利称此次交易的首要目的在于"拓展新的业务领域、抵御现有业务领域的周期性"，并具体解释称："本次交易完成后，上市公司业务将得到进一步丰富和拓展，整体业务结构将更为多元化，实现通信产业与 IT 职业教育实训系统及服务的'双主营'……"②

对比上述两案可见，"康盛股份"案的并购交易推动上市公司从以传统家电配件生产为主的企业逐步向以家电为主、"适度多元化"的经营方向发展，而"世纪鼎利"案的并购交易则推动上市公司"实现通信产业与 IT 职业教育实训系统及服务的'双主营'"。一个是"以家电为主、适度多元化"，一个是"双主营"，可见两项并购交易对相应上市公司业务范围的影响存在明显差异，因此也就不难理解证监会的认定逻辑。总之，并非任何涉及经营范围调整的事项均属于重大事件，证监会在认定中较为科学地把握了内幕信息的"重大性"精髓。

六、监管机构认定"其他"内幕信息的实践

由于现行法律法规列举的内幕信息类型较少，实践中，既有类型之外的事件和信息对股价产生重大影响的情况时有发生。在一些案件中，执法机关曾分析认定一些法定类型之外的信息构成"其他重要信息"，以下简要介绍。

（一）业绩预测信息

通常来说，业绩预测信息具备较大的不确定性，且相关法律法规并未明确将其列举为内幕信息的一种，能否将此类信息认定为有重大影响的信息值得探讨。对此，有观点认为，首先，从这些信息的来源、可靠性、重要程度、与投资决策的相关性等因素看，这些信息无疑属于证券市场上一种重要的信

---

① 中国证监会行政处罚决定书〔2017〕28 号，详见证监会网站。
② 参见世纪鼎利2014 年 7 月 30 日相关公告信息，详见巨潮资讯网。

息。其次，从相关制度看，《上市公司信息披露管理办法》和交易所的股票上市规则等也将此类信息作为重要信息来管理。因此，将这类信息认定为内幕信息并无不妥。① 执法实践中，业绩预增或预减的信息对公司股价的影响较为直接、显著，此类信息通常会被认定为"其他重要信息"。

例如，在"粤富华"内幕交易案中，② 因间接持股公司分配 2006 年度利润，粤富华预计 2007 年上半年业绩将增长 650% ~ 700%。证监会认为，依据《证券法》第七十五条第二款第八项的规定，该信息属于内幕信息。可见证监会认定该信息属于"其他重要信息"。此后，在"舒泰神"③ "大商股份"④ "秦川机床"⑤ 等案件中，执法机关虽未具体指明上市公司业绩预增的信息属于"法定内幕信息"还是"其他重要信息"，但均认定相关信息属于内幕信息。

对于业绩预亏的情形，在内幕信息的分类和定性上主要存在两种处理方式：认定为"重大亏损"或"其他重要信息"。例如，在"蓝色光标"内幕交易案中，蓝色光标持有英国公司 HNT 约 19.85% 的股权，因 HNT 对其控制的两家子公司进行了商誉减值，造成 HNT 2014 年度亏损 5 617.2 万英镑，HNT 的亏损对蓝色光标 2015 年第一季度净利润产生约 12 764 万元人民币的影响，蓝色光标预计 2015 年第一季度业绩亏损，净利润比上年同期下降178% ~ 191%。天津证监局认定：HNT 商誉减值，致使蓝色光标发生重大亏损，相关情况属于《证券法》第六十七条规定的"可能对上市公司股票交易价格产生较大影响的重大事件"，在公开前属于"内幕信息"。⑥ 而在"向日葵"案中，向日葵公司曾在当年第一季度报告中称，预期上半年累计净利润可能比上年同期下降 50% 以上。也就是说，业绩虽不及上年同期但仍有盈利的可能。2012 年 7 月 14 日，向日葵发布 2012 年半年度业绩预告修正公告，

---

① 中国证监会行政处罚委员会：《证券行政处罚案例判解（第 1 辑）》，法律出版社 2009 年版，第 17 页。
② 中国证监会行政处罚决定书〔2010〕29 号，详见证监会网站。
③ 中国证监会行政处罚决定书〔2013〕1 号，详见证监会网站。
④ 中国证监会行政处罚决定书〔2014〕5 号，详见证监会网站。
⑤ 陕西证监局行政处罚决定书〔2017〕1 号，详见陕西证监局网站。
⑥ 天津证监局行政处罚决定书（赵文源），详见天津证监局网站。

称"修正后的预计业绩亏损……净利润预计为 − 12 000 万 ~ − 11 000 万元"。证监会认为:"向日葵 2012 年上半年净利润预计重大亏损的信息"属于《证券法》第七十五条第二款第八项规定的内幕信息,即"其他重要信息"而不是法定内幕信息。①

（二）增持信息

在"奋达科技"内幕交易案中,海南证监局认定,奋达科技董事长肖某提出的公司内部员工增持公司股票的倡议,是"国务院证券监督管理机构认定的对证券交易价格有显著影响的其他重要信息"。②

（三）股权激励信息

在"海翔药业"内幕交易案中,相关信息为海翔药业拟以 4.5 元每股的价格授予激励对象 3 859.5 万股限制性股票,占总股本的 5.34%。证监会认为:依据《证券法》第七十五条第二款第八项"国务院证券监督管理机构认定的对证券交易价格有显著影响的其他重要信息"的规定,海翔药业定向发行新股的股权激励计划属于内幕信息。③

（四）重要研发成果或技术突破

在"精工科技"内幕交易案中,精工科技控股子公司取得了太阳能多晶硅结晶炉的研制成功和推广应用,该项研究是浙江省"十一五"重大科技攻关项目之一,研究成果是一项高新技术产品,毛利率相对较高,能有效保障公司的盈利能力。证监会认为,相关信息是对其股票交易价格有显著影响的重要信息,属于《证券法》第七十五条第二款第八项规定的内幕信息。④

---

① 中国证监会行政处罚决定书〔2013〕71 号,详见证监会网站。
② 海南证监局行政处罚决定书〔2018〕1 号,详见海南证监局网站。
③ 中国证监会行政处罚决定书〔2019〕22 号,详见证监会网站。
④ 中国证监会行政处罚决定书〔2009〕26 号,详见证监会网站。

（五）开展战略合作

在"建研集团"内幕交易案中，其中一项内幕信息所涉事项为建研集团与浙江天堂硅谷资产管理集团有限公司（简称天堂硅谷）签订战略服务协议，约定由天堂硅谷为建研集团后续提供并购重组等战略咨询服务。广东证监局认为，建研集团与天堂硅谷战略合作事项属于《证券法》第七十五条第二款第八项规定的内幕信息。①

---

① 广东证监局行政处罚决定书〔2015〕13 号、14 号，详见广东证监局网站。

第三章

内幕交易的行为主体

——内幕人①

第一节　内幕人的范围

一、证券法律法规的规定

（一）1993 年《股票发行与交易管理暂行条例》等的规定

在我国证券监管史上，禁止内幕交易的最早规定见于 1993 年 4 月起实施的《股票发行与交易管理暂行条例》及当年 9 月施行的《禁止证券欺诈行为暂行办法》②。其中，《股票发行与交易管理暂行条例》第七十二条第一款规定：内幕人员和以不正当手段获取内幕信息的其他人员违反本条例规定，泄露内幕信息、根据内幕信息买卖股票或者向他人提出买卖股票建议的，根据不同情况，没收非法获取的股票和其他非法所得，并处以五万元以上五十万

---

① 如无特别说明，本书后文所称"内幕人"指的是内幕信息知情人和非法获取内幕信息的人。
② 证监会白皮书 1993 年第 1 期和第 2 期，详见证监会网站。

元以下的罚款；第八十一条第十四项对该条例所称"内幕人员"进行了解释，明确指出内幕人员是指任何由于持有发行人的股票，或者在发行人或者与发行人有密切联系的企业中担任董事、监事、高级管理人员，或者由于其会员地位、管理地位、监督地位和职业地位，或者作为雇员、专业顾问履行职务，能够接触或者获取内幕信息的人员。

《禁止证券欺诈行为暂行办法》第三条原则性地禁止任何单位或个人以获取利益或减少损失为目的，利用内幕信息进行证券发行、交易活动。第六条对《股票发行与交易管理暂行条例》所规定的"内幕人员"范围进行了进一步列举，包括："（一）发行人的董事、监事、高级管理人员、秘书、打字员，以及其他可以通过履行职务接触或者获得内幕信息的职员；（二）发行人聘请的律师、会计师、资产评估人员、投资顾问等专业人员，证券经营机构的管理人员、业务人员，以及其他因其业务可能接触或者获得内幕信息的人员；（三）根据法律、法规的规定对发行人可以行使一定管理权或者监督权的人员，包括证券监督部门和证券交易场所的工作人员，发行人的主管部门和审批机关的工作人员，以及工商、税务等有关经济管理机关的工作人员等；（四）由于本人的职业地位、与发行人的合同关系或者工作联系，有可能接触或者获得内幕信息的人员，包括新闻记者、报刊编辑、电台主持人以及编排印刷人员等；（五）其他可能通过合法途径接触到内幕信息的人员。"

综上，从主体范围看，内幕交易主体原则上包括任何"能够接触或者获取内幕信息"或"以不正当手段获取内幕信息"的单位和个人，其中，"能够接触或者获取内幕信息的人员"主要是指可能通过正当途径接触或获得内幕信息的人员，不论其是否为上市公司内部人员，亦不论其职位高低。从行为表现看，内幕交易行为主要包括根据内幕信息买卖股票、泄露内幕信息、建议他人买卖股票三类。

上述规定出台后一段时期，证监会查处了"攀板公司"①、"川长征"、②

---

① ② 证监会白皮书 1999 年第 6 期，详见证监会网站。

"延中实业"① 等一批在当时颇有影响力的案件。

（二）1999 年《证券法》的规定

1998 年 12 月 29 日，第九届全国人大常委会第六次会议审议通过《中华人民共和国证券法》（简称 1999 年《证券法》）。该法于 1999 年 7 月 1 日正式实施，我国证券法制化建设由此步入新阶段。在防范和打击内幕交易方面，该法第六十七条原则性地禁止证券交易内幕信息的知情人员利用内幕信息进行证券交易活动，第一百八十三条在规定罚则时还明确指出此类行为的违法主体包括非法获取证券交易内幕信息的人员。第六十八条列举了知悉证券交易内幕信息的知情人员，包括："（一）发行股票或者公司债券的公司董事、监事、经理、副经理及有关的高级管理人员；（二）持有公司百分之五以上股份的股东；（三）发行股票公司的控股公司的高级管理人员；（四）由于所任公司职务可以获取公司有关证券交易信息的人员；（五）证券监督管理机构工作人员以及由于法定的职责对证券交易进行管理的其他人员；（六）由于法定职责而参与证券交易的社会中介机构或者证券登记结算机构、证券交易服务机构的有关人员；（七）国务院证券监督管理机构规定的其他人员。"②

较之《股票发行与交易管理暂行条例》和《禁止证券欺诈行为暂行办法》，1999 年《证券法》对内幕交易主体的范围进行了实质性扩展，主要体现为：一是扩展了法定内幕信息知情人范围，特别是将持股百分之五以上的股东、控股股东的高级管理人员列为法定内幕信息知情人。二是强化了对证券监管和服务全行业全链条的内幕交易防范和规制，将明确防范的重点从监管机构和交易场所扩展到包括登记结算机构和其他交易服务机构在内的更多主体。三是从法律的高度明确赋予监管机构确定内幕信息知情人范围的职权，为监管机构结合市场实际有效防范和打击内幕交易违法行为预留了制度空间。此外，1999 年《证券法》以"证券交易内幕信息的知情人员"的概念取代了"能够接触或者获取内幕信息的人员"。仅从字面上看，"知情"比"能够

---

① 证监会白皮书 1998 年第 10 期，详见证监会网站。
② 证监会白皮书 1998 年第 1 期，详见证监会网站。

接触或者获取"更强调"知悉"的客观事实和状态，更加科学合理。

（三）2006年《证券法》的规定

2005年10月27日，第十届全国人民代表大会常务委员会第十八次会议审议通过修订后的《中华人民共和国证券法》，即现行《证券法》。[①] 该法第七十三条原则性地禁止证券交易内幕信息的知情人和非法获取内幕信息的人利用内幕信息从事证券交易活动。第七十四条列举了七类知情人，包括：（一）发行人的董事、监事、高级管理人员；（二）持有公司百分之五以上股份的股东及其董事、监事、高级管理人员，公司的实际控制人及其董事、监事、高级管理人员；（三）发行人控股的公司及其董事、监事、高级管理人员；（四）由于所任公司职务可以获取公司有关内幕信息的人员；（五）证券监督管理机构工作人员以及由于法定职责对证券的发行、交易进行管理的其他人员；（六）保荐人、承销的证券公司、证券交易所、证券登记结算机构、证券服务机构的有关人员；（七）国务院证券监督管理机构规定的其他人。实践中，一般将前述第（一）至（六）列举的主体称为"法定知情人"，将证监会依据第七项规定的主体称为"规定知情人"。

从条文内容不难看出，该法对内幕交易主体范围进行了大幅扩张。一是在第七十三条的原则性规定中以"内幕信息的知情人"和"非法获取内幕信息的人"的概念取代了"证券交易内幕信息的知情人员"和"非法获取证券交易内幕信息的人员"，将"人员"改为"人"。有观点认为，这事实上明确了单位可以作为知悉或非法获取内幕信息的主体，从而弥补了1999年《证券法》语境下内幕交易违法主体只能是自然人、难以对非自然人追究内幕交易违法责任的缺陷。[②] 二是将上市公司实际控制人、大股东、控股公司及这些公司的董事、监事、高级管理人员等一并纳入法定内幕信息知情人的范畴予以规范。考虑到实践中上市公司体系庞大、关联关系复杂、重大事项关联性强等现实情况，这种调整具有现实合理性。三是强化了对保荐和承销机构有

---

① 参见全国人大公报，详见中国人大网。
② 张子学：《浅析单位内幕交易违法的认定与处罚》，载《证券市场导报》2011年第7期，第22～26页、第34页。

关人员内幕交易的防范，回应了证券市场发展的现实需求。

针对前述规定，有以下几个问题值得关注：

首先，发行人、上市公司的控股股东、实际控制人控制的其他公司的董事、监事、高级管理人员并不是法定的内幕信息知情人。有观点认为，这些人员可以通过发行人、上市公司的内部传阅文件获悉内幕信息，应当将其明确为内幕信息的知情人员。但在《内幕交易司法解释》中，司法机关并未作此扩张，原因在于，发行人、上市公司的内部文件未必都传阅给其控股股东、实际控制人控制的其他公司的董事、监事、高级管理人员，而且这种可能性很大。①

其次，在内幕信息知情人为上市公司持股 5% 以下的股东、参股的公司、兄弟公司或交易对手方公司的董事、监事或高级管理人员的情况下，究竟是根据《证券法》第七十四条第四项的规定认定其为"由于所任公司职务可以获取公司有关内幕信息"的法定知情人，还是根据《关于规范上市公司信息披露及相关各方行为的通知》和《内幕交易认定指引》第六条第二项等的规定认定其为"规定知情人"？这一问题的处理，涉及对《证券法》第七十四条第四项中"由于所任公司职务……"之"公司"的理解，采取前一种做法意味着将此处的"公司"理解为包括内幕信息所涉上市公司之外的其他有关公司在内的任何公司，后一种做法则是将"公司"仅理解为内幕信息所涉及的上市公司。

实践中，两种处理方式均曾出现。如在"佛山照明"内幕交易案中，内幕信息所涉事项为佛山照明拟受让国轩高科公司 20% 的股权，方某时任国轩高科总经理，参与了收购事宜，证监会认定其属于《证券法》第七十四条第四项规定的知情人。②"佛塑股份"案亦有类似情况，该案中的一项为佛塑股份的控股子公司金辉高科拟增资扩建锂离子电池隔膜项目，金辉高科总经理廖某明和副总经理蔡某辉知悉内幕信息，证监会认定该二人属于《证券法》第七十四条第四项规定的知情人。③ 若由此观之，执法机关对于《证券法》

① 《〈关于办理内幕交易、泄露内幕信息刑事案件具体应用法律若干问题的解释〉的理解与适用》，详见最高人民法院网站。
② 中国证监会行政处罚决定书〔2011〕49 号，详见证监会网站。
③ 中国证监会行政处罚决定书〔2011〕41 号，详见证监会网站。

第七十四条第四项中"公司"的理解似乎较为宽泛，并不仅限于内幕信息所涉的上市公司。但近年执法实中，执法机关适用《证券法》第七十四条第四项认定知情人的情况主要发生于知情人系上市公司内部人员但不属于董事、监事或高级管理人员的情况，"浙江东方"案①、"ST华光"案②、"高鸿股份"案③、"秦川机床"案④等均为此类案件。而在行为人并非上市公司内部人员的情况下，若其确因所任职务知悉了内幕信息，执法机关通常会适用第七十四条第七项，认定其为"规定知情人"。例如，在"胜利精密"案中，内幕信息所涉事项为胜利精密拟购买苏州日亚公司等7名股东持有的智诚光学公司73.31%的股权，证监会根据《证券法》第七十四条第七项的规定认定苏州日亚负责人李某龙、智诚光学董事长王某仓为内幕信息知情人。⑤笔者认为，无论从文义解释还是体系解释的角度，将此处所谓"公司"理解为内幕信息所涉的上市公司为宜。

此外，关于上市公司自身是否属于内幕信息知情人的问题。有观点认为，虽然现行《证券法》并未将上市公司自身列为"法定知情人"，但内幕交易违法和犯罪主体中的"单位"应包括上市公司。由于我国《公司法》原则上禁止股份有限公司买卖自己发行的股份，只在例外情况下允许公司回购股份，特别是通过二级市场回购股份的情形受到严格限制，实践中，公司以自己名义利用内幕信息交易本公司股票的情况并不多见。有观点指出，从我国证券市场的现实情况看，少数上市公司单独或者与他人合谋，以名义账户，利用本公司内幕信息炒作本公司股票的情况不时见于媒体，有必要将上市公司当

---

① 该案中，证监会认定上市公司投资部经理杨某才属于《证券法》第七十四条第四项规定的知情人。参见中国证监会行政处罚决定书〔2011〕32号，详见证监会网站。

② 该案中，证监会认定上市公司财务经理崔某胜属于"由于所任公司职务可以获取公司有关内幕信息的人员"，参见中国证监会行政处罚决定书〔2012〕47号，详见证监会网站。

③ 该案中，福建证监局认定上市公司经营支撑部总经理章某属于证券法第七十四条第四项所规定的知情人。参见福建证监局行政处罚决定书，详见福建证监局网站。

④ 该案中，陕西证监局认定上市公司预算考核部返聘员工林某兰为《证券法》第七十四条第四项规定的内幕信息知情人。参见陕西证监局行政处罚决定书，详见陕西证监局网站。

⑤ 中国证监会行政处罚决定书〔2016〕64号，详见证监会网站。

然地理解为"法定知情人"。①

二、司法机关的规定

（一）最高人民法院《座谈会纪要》的规定

2011 年 7 月，最高人民法院印发了《关于审理证券行政处罚案件证据若干问题的座谈会纪要》（以下简称《座谈会纪要》）②，要求审判系统参照执行。《座谈会纪要》第五条指出，"监管机构提供的证据能够证明以下情形之一，且被处罚人不能作出合理说明或者提供证据排除其存在利用内幕信息从事相关证券交易活动的，人民法院可以确认被诉处罚决定认定的内幕交易行为成立：（一）证券法第七十四条规定的证券交易内幕信息知情人，进行了与该内幕信息有关的证券交易活动；（二）证券法第七十四条规定的内幕信息知情人的配偶、父母、子女以及其他有密切关系的人，其证券交易活动与该内幕信息基本吻合；（三）因履行工作职责知悉上述内幕信息并进行了与该信息有关的证券交易活动；（四）非法获取内幕信息，并进行了与该内幕信息有关的证券交易活动；（五）内幕信息公开前与内幕信息知情人或知晓该内幕信息的人联络、接触，其证券交易活动与内幕信息高度吻合。"

相对于以往的规定，《座谈会纪要》对内幕交易违法主体范围进行了一定扩充，并分类明确了证明标准。主体范围方面，《座谈会纪要》第五条第二项明确将内幕人扩展到知情人的配偶、父母、子女和其他有密切关系的人。第五项则更进一步规定，任何主体只要在内幕信息敏感期内与内幕信息知情人或知晓该内幕信息的人联络、接触，证券交易活动又与内幕信息高度吻合的，均可能被认定构成内幕交易。需要指出的是，对于"与内幕信息知情人有密切关系的人"的范围，实践中，曾有涉案人员主张，应理解为有血缘、

---

① 张子学：《浅析单位内幕交易违法的认定与处罚》，载《证券市场导报》2011 年第 7 期，第 22 ~ 26 页，第 34 页。

② 参见最高人民法院印发《关于审理证券行政处罚案件证据若干问题的座谈会纪要》的通知（法〔2011〕225 号），参见最高人民法院网站。

姻缘或抚养关系的近亲属，而不包括近亲属之外的其他人员，法院认为该理由缺乏法律依据，不予支持。① 某种程度上讲，《座谈会纪要》实质性地排除了认定任何主体构成内幕交易违法的身份限制。

证明标准方面，《座谈会纪要》针对不同身份的人员制定了有差异的"违法门槛"。例如，对于知情人本人，执法机关只需要证明其知悉内幕信息并进行了交易即可。对于知情人的配偶、父母、子女及其他有密切关系的人，执法机关的证明责任略高，除了身份和交易情况外，还要求交易活动与该内幕信息"基本吻合"。对于其他在敏感期内与知情人联络、接触并交易相关股票的人员，则要求执法机关能证明交易活动与内幕信息"高度吻合"方可认定其构成内幕交易。这种区别处理更符合社会生活实际。同时，《座谈会纪要》还明确了内幕交易行政处罚案件的举证责任分配，即在执法机关能够证明存在前述事实的情况下，《座谈会纪要》要求涉案人员对自身交易行为作出合理说明或者提供证据排除其存在利用内幕信息从事相关证券交易活动，否则应承担内幕交易违法责任。

但《座谈会纪要》并未解释何谓"基本吻合"、何谓"高度吻合"，也未列举分析"吻合"程度的维度和方向。有执法人员指出，一般认为，"高度吻合"是指涉案人员的行为伴随着内幕信息的形成过程，符合内幕交易行为的特征。具体而言，可以结合《内幕交易司法解释》列举的六个方面理解《座谈会纪要》中的"高度吻合"。②

自印发以来，《座谈会纪要》成为证券违法违规案件行政处罚和行政诉讼的重要参照，特别是其中关于内幕交易的部分，事实上已成为执法机关办理内幕交易案件的重要依据。例如，在王某内幕交易"合肥三洋"案中，王某不服处罚申请行政复议，证监会在复议决定书中指出：申请人在内幕信息公开前，与法定内幕信息知情人方某存在接触、联络，并在接触、联络后卖出其之前持有的所有股票，重仓买入合肥三洋股票，交易风格与其平时交易习惯明显不同，交易活动与内幕信息高度吻合，异常交易特征明显，根据最

---

① 北京市高级人民法院行政判决决书〔2017〕京行终 4554 号，详见北京法院审判信息网。
② 中国证券监督管理委员会稽查局：《证券期货稽查典型案例分析（2009 卷）》，科学出版社 2013 年版，第 108～110 页。

高人民法院《座谈会纪要》第五条第五项的规定，可以认定其利用内幕信息进行交易。[1] 再如，在张某松内幕交易"凯美特气"案中，涉案内幕信息所涉事项为凯美特气拟收购松特高新和习习网络两家公司，张某松为松特高新董事长的孪生弟弟且担任松特高新副总经理。新疆证监局认为，根据《座谈会纪要》第五项第二小项的规定，张某松属内幕信息知情人。[2]

（二）《内幕交易司法解释》的规定

在刑事领域，根据《刑法》第一百八十条的规定，内幕交易犯罪主体主要包括"证券、期货交易内幕信息的知情人员"和"非法获取证券、期货交易内幕信息的人员"两类。最高人民法院和最高人民检察院 2012 年出台的《内幕交易司法解释》[3] 指出，证券内幕信息的"知情人员"是指《证券法》第七十四条规定的人员；对于"非法获取证券、期货交易内幕信息的人员"，《内幕交易司法解释》从手段非法和交易异常两个维度进行了规定。从手段的角度看，凡利用窃取、骗取、套取、窃听、利诱、刺探或私下交易等手段获取内幕信息的，均为非法获取内幕信息的人员，通常将此类"非法获取"称为"非法手段型非法获取"。从交易活动异常性的角度看，具体又分为两类：一是内幕信息知情人员的近亲属或其他与内幕信息知情人员关系密切的人员，在内幕信息敏感期内自己交易或导致他人交易有关证券，相关交易行为明显异常且无正当理由或正当信息来源的，认定该近亲属或关系密切人为"非法获取内幕信息的人员"，通常将此类"非法获取"称为"特定身份型非法获取"。二是在内幕信息敏感期内，与知情人员联络、接触，自己交易或者导致他人交易有关证券，相关交易行为明显异常且无正当理由或者正当信息来源的，认定与知情人员联络、接触者为"非法获取内幕信息的人员"，通常将此类"非法获取"称为"联络接触型非法获取"。

总体来看，内幕交易刑事犯罪与行政违法主体大体相同，且《内幕交易

---

[1] 中国证监会行政复议决定书〔2016〕48 号，详见证监会网站。
[2] 新疆证监局行政处罚决定书〔2017〕2 号，详见新疆证监局网站。
[3] 参见最高人民法院网站"审判业务"专栏 2012 年 9 月 29 日发布信息，详见最高人民法院网站。

司法解释》通过联动规定非法获取内幕信息人员类型及其异常交易行为特征，解决了关于"非法获取内幕信息的人"的认定标准及其操作难题，即根据行为事实及其特征反推内幕信息知情人员的近亲属、其他关系密切人、联络接触人等非法获取内幕信息。①

需要说明的是，《内幕交易司法解释》明确将法定知情人的"近亲属"而不仅是"配偶、父母、子女"列为内幕人。这是因为，内幕信息知情人员的兄弟姐妹、（外）祖父母、（外）孙子女以及其他近亲属与内幕信息知情人员的配偶、父母、子女具有同等便利条件，如果仅将特定身份型非法获取内幕信息的人员范围限制为配偶、父母、子女，留给内幕交易犯罪分子规避法律的空间将会非常大，故将特定身份型非法获取内幕信息的人员范围扩展到内幕信息知情人员的所有近亲属。②

综观《内幕交易司法解释》和《座谈会纪要》，一个有意思的问题在于，刑事犯罪和行政违法领域对于"非法获取内幕信息的人"构成内幕交易的证明标准是否一致，若不一致，孰高孰低？对此，有观点认为，《内幕交易司法解释》的规定实质上使得内幕交易行政违法的门槛高于刑事犯罪。这是因为，对于内幕信息知情人的近亲属、其他关系密切人及其他在敏感期内与知情人联络、接触的人，《内幕交易司法解释》均要求"交易行为明显异常"，即从时间吻合度、交易背离程度、利益关联程度方面看，前述人员的交易活动在账户使用、资金配置、交易时间、交易习惯、产品基本面等综合要素上与内幕信息的形成、变化和公开"基本一致"。换句话说，只要达到"基本一致"就可能构成内幕交易犯罪。而《座谈会纪要》对于在敏感期内与知情人联络、接触的人规定了"交易活动与内幕信息高度吻合"的标准。仅从字面上看，对于敏感期内与内幕信息知情人联络、接触的人，若其交易行为与内幕信息基本一致，就可能构成内幕交易刑事犯罪，但构成行政违法却要达到"高度吻合"的程度。③

---

① ③ 参见谢杰：《最新内幕交易犯罪司法解释的缺陷与规则优化》，载《法学》2012 年第 10 期，第 136~145 页。

② 《〈关于办理内幕交易、泄露内幕信息刑事案件具体应用法律若干问题的解释〉的理解与适用》，详见最高人民法院网站。

要解决上述问题，首先要理清"吻合"标准与"异常"标准的关系，明确二者究竟是两套相互独立的评价体系，还是互为补充？抑或是各管一块，分别适用于内幕交易行政违法和刑事犯罪？一般认为，在刑事领域，适用"明显异常"标准即可。在行政领域，则以"高度吻合"为基本标准，但在具体分析吻合程度时，往往需要结合《内幕交易司法解释》规定的多个方面具体展开，而"高度吻合"的重要体现又在于行为与内幕信息形成发展过程以及行为人与知情人联络、接触的时间基本一致。[①]

笔者认为，对于《座谈会纪要》中的"吻合"，至少可以从两个维度去理解：一是时间上的吻合，即交易活动与内幕信息形成、变化、公开的时间以及知情人知悉的时间、行为人与知情人联络接触的时间等具有一定一致性。二是交易方向上的吻合，即交易方向与内幕信息指向基本一致，如行为人在利好信息公开前买入或虽有卖出但以买入为主、在利空信息公开前卖出或虽有买入但以卖出为主。应该说，这两个方向上的一致程度，是判断交易活动与内幕信息吻合程度的重要指标。因此，应当承认，刑事领域的"明显异常"标准对行政执法具有一定参考意义，从几个"基本一致"的维度去分析交易行为是否与内幕信息"高度吻合"，具有科学性。但在具体把握上，行政执法分析时可以更加侧重时间方面的吻合，而在刑事司法中，需要同时关注交易背离程度和利益关联程度，不能仅从某一个方面认定交易是否明显异常，而应综合多方面分析论证。总之，应当理解为，刑事领域的"明显异常"标准和行政领域的"高度吻合"标准既互相交叉又各有侧重，其中，刑事领域的标准更全面、更强调综合分析，加之刑事司法领域贯彻"排除合理怀疑"的证明标准，不宜仅因"基本一致"和"高度吻合"的字面差异而一味地认为刑事标准低于行政标准。

[①] 中国证券监督管理委员会稽查局：《证券期货稽查典型案例分析（2009 卷）》，科学出版社2013 年版，第 108~110 页。

三、证监会的规定

（一）《上市公司信息披露管理办法》

2007年1月，证监会公开发布了《上市公司信息披露管理办法》，其中第四条规定：在内幕信息依法披露前，任何知情人不得公开或者泄露该信息，不得利用该信息进行内幕交易。有观点指出：据此可以认为，国务院证券监督管理机构已经将《证券法》第七十四条第七项中"规定的其他人"扩展到"任何知情人"。① 执法实践中，不时有涉案人员辩称自己不属于《证券法》规定的内幕信息知情人，不应被认定构成内幕交易违法，这种主张通常得不到执法和司法机关认可。例如，在王某苹内幕交易"斯米克"案中，王某苹辩称自己不具有法定知情人身份，不应被认定构成内幕交易。对此，执法机关认为，王某苹因履行项目负责人的职责接触到内幕信息，完全符合有关法律法规对内幕信息知情人的身份定义范围，属于《证券法》第七十四条第一款第七项规定的内幕信息知情人。②

（二）《关于规范上市公司信息披露及相关各方行为的通知》

2007年8月，证监会发布了《关于规范上市公司信息披露及相关各方行为的通知》，③ 要求上市公司及相关信息披露义务人应当公平地向所有投资者披露可能对上市公司股价产生较大影响的重大事件，并明确禁止任何内幕信息知情人在上市公司股价敏感重大信息依法披露前利用该信息进行内幕交易。其中列举的内幕信息知情人包括：上市公司及其董事、监事、高级管理人员，交易对手方及其关联方及这些公司的董事、监事、高级管理人员（或主要负

---

① 中国证监会行政处罚委员会：《证券行政处罚案例判解（第1辑）》，法律出版社2009年版，第4页。

② 中国证监会行政处罚委员会：《证券期货行政处罚案例解析（第一辑）》，法律出版社2017年版，第41~42页。

③ 参见证监会2007年8月15日发布的《关于规范上市公司信息披露及相关各方行为的通知》（证监公司字〔2007〕128号），详见证监会网站。

责人），聘请的专业机构和经办人员，参与制定、论证、审批等相关环节的有关机构和人员，以及提供咨询服务、由于业务往来知悉或可能知悉该事项的相关机构和人员。至此，证监会对重大事件发展演变各环节中可能知悉内幕信息的主体进行了明确列举，较为详尽地规定了知情人范围，特别是增加规定上市公司交易对手方及其关联方和这些公司的董事、监事、高级管理人员（或主要负责人）为内幕信息知情人。通常将监管机构根据授权规定的内幕信息知情人称为"规定知情人"，以区别于法定知情人。

实践中，在知情人属于"规定知情人"时，执法机关通常参照该通知进行认定。[1] 在部分处罚决定书中，执法机关还直接将该通知作为认定内幕信息知情人的依据予以列明。如在许某霞内幕交易"神州数码"案中，内幕信息所涉事项为神州数码拟收购北京快友等公司100%股权，许某霞时任北京快友董事。证监会认定：许某霞系《关于规范上市公司信息披露及相关各方行为的通知》第三条规定的"交易对手方及其关联方和其董事、监事、高级管理人员"，属于《证券法》第七十四条第七项规定的"国务院证券监督管理机构规定的其他人"，是内幕信息知情人。[2] 类似地，在缪某漫内幕交易"汉鼎宇佑"案中，内幕信息所涉事项为汉鼎宇佑拟收购宇佑传媒，缪某漫系宇佑传媒的副总经理，且为宇佑传媒证券化工作小组成员。证监会认为：根据《证券法》第七十四条第一款第七项及《关于规范上市公司信息披露及相关各方行为的通知》第三条的规定，缪某漫是本案内幕信息知情人。

而在张某珍内幕交易"ST冠福"案，张某珍并非交易双方及其管理方相关人员，但确曾与上市公司相关人员就内幕信息所涉重组事项进行讨论，证监会认为：根据《证券法》第七十四条第七项及《关于规范上市公司信息披露及相关各方行为的通知》第三条的规定，张某珍是内幕信息知情人。[3] 类似地，在"深圳燃气"案中，张某时为深圳市国资委工作人员，因工作之便获悉涉案内幕信息。深圳证监局认为：依据《证券法》第七十四条以及《关

---

[1] 中国证监会行政处罚委员会：《证券行政处罚案例判解（第1辑）》，法律出版社2009年版，第4页。

[2] 中国证监会行政处罚决定书〔2018〕68号，详见证监会网站。

[3] 中国证监会行政处罚决定书〔2014〕43号，详见证监会网站。

于规范上市公司信息披露及相关各方行为的通知》的规定，张某为内幕信息知情人。①

（三）《证券市场内幕交易行为认定指引（试行)》

2007 年，证监会制定的《内幕交易认定指引》② 中专章规定了"内幕人的认定"，在第六条分类列举了内幕人的类型，具体为：（1）《证券法》第七十四条第一项到第六项规定的证券交易内幕信息的知情人。（2）证监会根据《证券法》第七十四条第七项授权而规定的其他证券交易内幕信息知情人，包括：①发行人、上市公司；②发行人、上市公司的控股股东、实际控制人控制的其他公司及其董事、监事、高级管理人员；③上市公司并购重组参与方及其有关人员；④因履行工作职责获取内幕信息的人；⑤本条第一项及本项所规定的自然人的配偶。（3）本条第一项、第二项所规定的自然人的父母、子女以及其他因亲属关系获取内幕信息的人。（4）利用骗取、套取、偷听、监听或者私下交易等非法手段获取内幕信息的人。（5）通过其他途径获取内幕信息的人。

较之于此前的规定，《内幕交易认定指引》对内幕交易主体进行了一定调整，首先是在以往"知情人"和"非法获取内幕信息的人"基础之上，提出了"内幕人"这一概念，在"内幕人"的分类上，淡化了"知情"和"非法获取"的概念，取而代之的是"直接或者间接获取"。其次是对"规定知情人"范围进行了拓展：一是在《关于规范上市公司信息披露及相关各方行为的通知》的基础上，增加了上市公司关联方及其董事、监事、高级管理人员；二是将所有法定知情人中的自然人以及上市公司体系内相关"规定知情人"中自然人的配偶规定为内幕人；三是将前述各类内幕人的父母、子女及其他可能获取内幕信息的亲属规定为内幕人。此外，虽然原则条款不再保留"非法获取内幕信息的人"这一概念，但在列举"直接或间接获取内幕信

---

① 深圳证监局行政处罚决定书〔2014〕8 号，详见深圳证监局网站。

② 该指引未正式发布实施，但能够通过互联网等公开渠道查询到，详见如"北大法宝"网：http：//shlx. pkulaw. cn/fulltext_form. aspx? Gid = 144622；"股东网"：http：//gudong. pro/page/atricle? aid =549，最后访问日期：2018 年 8 月 16 日。

息"的具体情形时，《内幕交易认定指引》列举了利用骗取、套取、偷听、监听或者私下交易等非法手段或通过其他途径获取内幕信息的人也构成内幕人。

实践中，偶有被处罚对象依据该指引相关内容进行申辩，证监会则以该指引为内部制定的指引性、参考性文件、不具有法律效力为由对涉案人员的申辩主张不予采纳。对此，审判机关并不完全认可，并曾在一份判决中提出，建议证监会结合市场实际适时修改《内幕交易认定指引》，使之成为监管执法的规范指引和市场主体的行为指引。①

（四）《关于上市公司建立内幕信息知情人登记管理制度的规定》

2011 年，证监会制定并发布了《关于上市公司建立内幕信息知情人登记管理制度的规定》，该规定第二条原则性地指出，本规定所称内幕信息知情人，是指《证券法》第七十四条规定的有关人员。第六条要求上市公司应当及时记录重大事项商议筹划、论证咨询、合同订立等阶段及报告、传递、编制、决议、披露等环节的内幕信息知情人名单。第八条要求上市公司的股东、实际控制人及其关联方、证券公司、证券服务机构、律师事务所等中介机构、收购人、重大资产重组交易对方以及涉及上市公司并对上市公司股价有重大影响事项的其他发起方等应当填写本单位内幕信息知情人档案。并要求这些

---

① 在苏某鸿等人涉嫌内幕交易"威华股份"案中，苏某鸿在行政复议中主张，证监会未按照《内幕交易认定指引》认定其获利情况。证监会在复议决定书中指出：《内幕交易认定指引》属于证监会内部制定的指引性、参考性文件，不具有法律效力，不能作为行政处罚的法律依据。该案二审诉讼过程中，证监会又提出，该指引制定于 2007 年，较为陈旧，执法中已不再参考相关内容。对此，法院认为，该指引能通过互联网等公开渠道查询到，在没有证据表明其已被明确废止的情况下，即使其不具有法律效力，对被处罚人而言，在一定程度上也是评价行政处罚是否合法公正的重要标准，因此，被处罚对象主张适用该指引具有一定合理性。法院建议证监会与时俱进地修改完善《内幕交易认定指引》，为执法提供规范指引，也给市场主体提供行为指引和法律预期，促进对内幕交易行为的规制效果。参见中国证监会行政复议决定书（苏某鸿）〔2017〕63 号，详见证监会网站；北京市高级人民法院行政判决书〔2018〕京行终 445 号，详见北京法院审判信息网。

此外，在李某与光大证券股份有限公司期货内幕交易责任纠纷、买卖合同纠纷案裁定书中，在论证光大期货公司 2013 年 8 月 16 日上午时段的交易行为不属于违法违规行为时，最高人民法院引用了《内幕交易认定指引》第二十条关于何种情况下的交易不构成内幕交易的规定。参见最高人民法院民事裁定书〔2017〕最高法民申 3327 号，详见中国裁判文书网。

主体根据事项进程将内幕信息知情人档案分阶段送达相关上市公司。第九条
规定了行政管理部门人员接触到上市公司内幕信息的，也应当按照相关行政
部门的要求做好登记工作。①

（五）并购重组相关规定及监管问答

2014年，证监会制定了《上市公司重大资产重组管理办法》②，其中提
出，禁止任何单位和个人利用重大资产重组信息从事内幕交易，并在第四
十一条明确规定了重大资产重组的知情人范围③，指出：上市公司及其董
事、监事、高级管理人员，重大资产重组的交易对方及其关联方，交易对
方及其关联方的董事、监事、高级管理人员或者主要负责人，交易各方聘
请的证券服务机构及其从业人员，参与重大资产重组筹划、论证、决策、
审批等环节的相关机构和人员，以及因直系亲属关系、提供服务和业务往
来等知悉或者可能知悉股价敏感信息的其他相关机构和人员，在重大资产
重组的股价敏感信息依法披露前负有保密义务，禁止利用该信息进行内幕
交易。

2019年2月11日，证监会公布了《关于强化上市公司并购重组内幕交
易防控相关问题与解答》，其中强调：上市公司及其股东、实际控制人，董
事、监事、高级管理人员和其他交易各方，以及提供服务的证券公司、证券
服务机构等相关主体，应当切实履行保密义务，做好重组信息管理和内幕信
息知情人登记工作。该监管问答以"股东"替代了"控股股东"或"持有公
司百分之五以上股份的股东"的概念，并强调"其他交易各方"均应做好内
幕信息保密和知情人登记工作，进一步扩大了监管关注范围。④

综上不难看出，在内幕信息知情人范围方面，监管机构倾向于认为：任
何知悉内幕信息的人员均属于内幕信息知情人。

---

① 参见《关于上市公司建立内幕信息知情人登记管理制度的规定》，详见证监会网站。
② 已于2016年9月修订，详见证监会网站。
③ 原为第四十条，2016年修订后为第四十一条。
④ 参见证监会2019年2月11日发布消息，详见证监会网站。

第二节 "知悉"的证明与抗辩

在禁止内幕交易的语境下，无论利用内幕信息进行交易，还是泄露内幕信息抑或是内幕人建议他人买卖，前提都是行为人知悉或非法获取了内幕信息。因此，只有在事实证据足以证明涉案人员知悉内幕信息的情况下，才可能进一步认定存在内幕交易违法行为。[①] 而要认定和证明涉案人员"知悉"，必须回答这样一些问题：对内幕信息何种程度的了解能够算得上"知悉"？如何证明行为人"知悉"内幕信息、需要何种法律依据和事实证据？在执法机关认定行为人知悉内幕信息的情况下，行为人能否抗辩、如何抗辩？

一、"知悉"在内幕交易构成要件中的地位与属性

分析内幕交易的构成要件，很容易产生这样的疑问："知悉"内幕信息是构成内幕交易违法犯罪的客观要件还是主观要件，抑或既非客观要件亦非主观要件？理论研究中，有观点认为，"知悉"是内幕交易的主观要件。[②] 这似乎有待商榷。在法律分析中，所谓"主观要件"，通常用于描述和分析行为主体对于违法行为及其后果的主观心理状态和内在动机，通常包括故意和过失两种情形。而对于内幕信息的知悉是行为人从事不法行为的必备前提和客观基础，仅从其知悉内幕信息的事实，并不能判断行为人对于不法行为持有何种心态，遑论从中抽象出来一个违法犯罪的主观要件。处理不好就会将"客观事实"（客观上知道或获取了内幕信息）和"主观认知"（对内幕信息的重大性和未公开性的认知）与"主观心态"（故意追求或过失放任内幕交易违法）混为一谈。事实上，若要讨论内幕交易的"主观要件"问题，一个

---

① 若无特别说明，本章所称"知悉"内幕信息，包括一般所说的知悉和非法获取。
② 傅穹、曹理：《内幕交易规制的立法体系进路：域外比较与中国选择》，载《环球法律评论》2011年第5期，第125~141页。该文中，作者在分析时倾向于将"知悉"或"知悉＋利用"作为一种主观要件。

更科学的着眼点是"利用内幕信息从事证券交易活动"中所谓"利用"。至于"知悉",某种程度上讲,将其类比于内幕交易的主体要件,更便于理解。这是因为,若行为人既非内幕信息知情人,亦未获取内幕信息,就不可能成为内幕交易违法的适格主体。

在内幕交易执法和研究领域,一种有说服力的观点认为:对于内幕信息的知悉是内幕交易行为人的主观状态,通常表现为行为人对内幕信息的性质、内容、可获益性等的明知状态。[1] 一般认为,"知悉"包括两个层次:第一层次是客观上知道、拥有、掌握或获取了某个信息;第二层次是主观上了解其所掌握的信息是内幕信息,即行为人清楚相关信息是重大性的非公开信息。[2]

监管实践中,执法机关并不将"知悉"视为一个"主观要件"。事实上,查处内幕交易案件时,执法机关通常并不考察行为人的主观心态,但"知悉"(包括非法获取)始终是认定内幕交易的前提。有执法者曾明确指出:证监会在对内幕交易行为施以行政处罚时,采用的是客观标准,并不要求涉案人员有主观上的故意或过失。[3]

二、"知悉"的程度及方式

(一)"知悉"的程度要求

要认定某人"知悉"(包括知情和非法获取内幕信息)内幕信息,首先需要明确何种程度的了解可以视为"知悉"。对此,执法实践中,通常并不要求行为人了解内幕信息的全部细节和详细进展,只要行为人了解内幕信息的大致内容,就可以认定其知悉内幕信息。甚至在个别情况下,行为人在了解内幕信息大致内容后即使无法了解到具体进展情况,仍可能被认定为"知悉"。

---

[1] 参见北京市高级人民法院行政判决书〔2017〕京行终 2804 号,详见北京法院审判信息网。

[2] 张子学:《浅析"知悉"内幕信息的证明》,载《证券法苑(第四卷)》,法律出版社 2011 年版,第 139 页。

[3] 中国证监会行政处罚委员会:《证券行政处罚案例判解(第 1 辑)》,法律出版社 2009 年版,第 4 页。

例如，在夏某伟内幕交易"精工科技"案中，夏某伟辩称，其获知的精工科技成功研制出太阳能多晶硅结晶炉的信息"只有几句话，完全是语焉不详"。对此，执法者认为，从实践来看，内幕信息的传递与获知，常是寥寥数语，并不需要长篇大论，也不需要条分缕析。本案发生当时，太阳能概念是证券市场热门题材，精工科技后来也对相关情况进行了重大事项公告，因此，涉案人员获知的虽然"只有几句话"，但从重要性上看，足以认定其所知悉的信息属于内幕信息。①

在卫某内幕交易"胜利精密"案中，内幕信息所涉事项为胜利精密重大资产重组，包括以发行股份及支付现金方式购买另外三个公司的部分或全部股权，同时进行定向增发募集配套资金用于收购。卫某系某公司总经理，其所任职公司曾与胜利精密洽谈收购（未果），卫某因此"了解胜利精密计划转型这一情况"。证监会依据《证券法》第七十四条第一款第七项的规定认定卫某为内幕信息知情人。② 从处罚决定书所载内容看，卫某并不知悉相关预案，仅知道胜利精密计划转型。从该案及诸多其他类似案件看，执法机关在认定"知悉"时并不要求行为人知悉内幕信息的具体内容或发展变化的具体细节。

在司法审查过程中，法院通常也不要求执法机关证明行为人了解内幕信息的具体内容。如在周某和内幕交易"江泉实业"案中，内幕信息所涉事项为江泉实业筹划进行重大资产重组，具体事件为江泉实业与唯美度公司重组。自然人张某业作为中间人参与涉案重组的前期沟通工作，并曾作为中间人参与江泉实业与泰合置业公司洽谈重组（未果）。周某和与张某业系师生且关系密切，内幕信息公开前，周某和与张某业联络接触并交易了"江泉实业"，证监会认为周某和构成内幕交易违法。据周某和陈述，其从张某业处获知江泉实业有重组预期，知道张某业参与江泉实业与泰合置业重组事宜，但并不了解江泉实业与唯美度公司重组的具体情况。诉讼中，周某和提出，即便张某业向其提及江泉实业有重组预期，也仅仅是与泰合置业的重组，并不涉及该案认定的唯美度公司与江泉实业的重组，其并未获悉该案内幕信息。对此，

① 中国证监会行政处罚委员会：《证券期货行政处罚案例解析（第一辑）》，法律出版社2017年版，第47页。

② 中国证监会行政处罚决定书〔2016〕63号，详见证监会网站。

一审法院认为：考虑到重组类内幕信息发展的阶段性特点以及该案所涉重组事项系由江泉实业经张某业促成，无论是泰合置业抑或是唯美度公司作为交易对手，均不影响江泉实业重组的确定性与实现可能。而周某和已经明知张某业作为中间人参与江泉实业与泰合置业重组，知道江泉实业有重组预期。再结合周某和交易"江泉实业"行为的异常特征，认定周某和知悉该案内幕信息不违背常理。① 二审法院认为：综合在案证据可以认定，周某和从张某业处获知了江泉实业有重组预期，而在周某和至少已经明知张某业作为中间人参与了江泉实业与泰合置业重组洽谈的情况下，张某业向周某和提供的江泉实业重组预期的信息，明显具有更强的确定性和针对性。结合其交易时点与重组进程基本吻合、转入资金集中交易"江泉实业"且买入意愿坚决等情况，足以认定周某和交易行为的异常性。最终，法院对周某和主张未予支持。②

综上可见，无论在监管执法还是行政审判中，并不要求行为人对内幕信息的知悉达到十分具体或详尽的程度，而是更加注重结合案件相关情况综合分析认定。

（二）"知悉"的方式

1."非法获取"之"非法"的含义

有观点认为，所谓"非法"获取，是对行为人知悉内幕信息的手段和途径的否定性评价，"知情人＋非法获取内幕信息的人"这一逻辑闭环事实上将那些法定或规定知情人之外的、通过不违法的渠道获取内幕信息的人排除在内幕交易违法主体之外。③ 实务中，一些涉案主体也主张自己并未"非法"获取内幕信息。对此，理解和适用的难点在于，在行为人获取内幕信息的手段并非"非法"，甚至完全是被动获取内幕信息的情况下，能否认定其"非法获取"了内幕信息？

① 北京市第一中级人民法院行政判决书〔2016〕京01行初1076号，详见北京法院审判信息网。
② 北京市高级人民法院行政判决书〔2017〕京行终2804号，详见北京法院审判信息网。
③ 何保儒：《浅议我国〈证券法〉内幕交易中知情之外行为主体的界定》，载《法制与社会》2012年第2期。

有观点认为，被动获取内幕信息的人员不具有保密义务，其行为手段也不具有非法性，因此不能认定为非法获取内幕信息的人员，不应认定其构成内幕交易。另一种观点则认为，被动获取内幕信息的人员能否被认定为"非法获取内幕信息的人员"，关键要看其有无利用内幕信息侵害其他投资者的合法权益、危害证券期货管理秩序的目的。①

笔者认为，首先，从应然的角度，若被动获取内幕信息的人利用内幕信息进行交易，其不仅具备并利用了信息优势，同时也侵害了那些处于信息劣势的投资者的权益。对此类行为予以禁止，符合内幕交易立法的根本宗旨。其次，《内幕交易司法解释》和《座谈会纪要》所称的"非法获取内幕信息"，既包括通过窃取、骗取、窃听等非法手段获取内幕信息，也包括因与知情人存在近亲属等特定身份关系或通过联络、接触获取内幕信息，后一类主体获取内幕信息的方式和手段未必违法。因此，应当理解为：此所谓"非法"，并不意味着其获取内幕信息的手段一定具有违法性，而是侧重于描述相关人员既非"法定知情人"或"规定知情人"，又不具有知悉内幕信息的正当理由，但通过其他方式获取了内幕信息。

执法实践中，监管机构倾向于认为，若被动获取内幕信息的人员明知是内幕信息还加以利用并进行交易，事实上违反了证券市场公开、公平、公正的基本原则，侵犯了其他投资者的合法权益，理应承担相应责任。但认定其构成违法应满足一定条件，特别是要求意外获知者相信相关信息属实且未对外公开、可能带来投资收益，换句话说，只有在行为人知道或应当知道该信息与道听途说或毫无根据的传言有实质区别的情况下，方可认定其构成内幕交易。② 在这种思想的指导下，在廖某生内幕交易"群兴玩具"案中，廖某生与知情人是同学，偶然听到知情人与他人谈到内幕信息所涉事项，执法人员认为：廖某生与知情人是同学，平时也有联系，知悉其身份和工作内容，在这样的背景下，廖某生不会把所听到的信息当作毫无根据的传闻。因此，

---

① 《〈关于办理内幕交易、泄露内幕信息刑事案件具体应用法律若干问题的解释〉的理解与适用》，详见最高人民法院网站。

② 中国证监会行政处罚委员会：《证券期货行政处罚案例解析（第一辑）》，法律出版社2017年版，第92~94页。

即便廖某生只是无意间听到内幕信息，也足以认定其交易行为的违法性。[①]
类似地，在"凯撒股份"案中，凯撒股份董事长郑某等人在汇朝宇投资公司
与该公司副总经理周某商讨凯撒股份重组相关事项时，汇朝宇公司员工杨某
刚在送午餐到周某办公室时偶然得知凯撒股份正在筹划重组，后杨某刚交易
并建议他人交易"凯撒股份"。福建证监局认定杨某刚构成违法。[②] 显然，廖
某生、杨某刚既不属于法定或规定的内幕信息知情人，其获取内幕信息的方
式也不违法，但由于确实获取了内幕信息而成为"非法获取内幕信息的人"。
事实上，早在 2011 年，证监会就曾明确指出："非法获取内幕信息的人"既
包括采用盗窃、窃听、黑客、贿赂等违法手段积极获取内幕信息的人，也包
括本身不具有获取内幕信息的合法资格和理由，也未采取违法手段，而是由
于知情人泄露而间接获悉内幕信息的人。[③]

　　在刑事领域，有观点认为，如果对被动获取内幕信息的人进行内幕交易
的情形不予禁止，势必会出现大量此类现象。而从欧盟、美国、英国、日本
等国家及我国香港地区的通行做法看，被动获取内幕信息的人员通常也属于
内幕交易主体。因此，无论从现实需要还是与境外监管接轨的角度看，对被
动获悉者，应当有条件地保留追究刑事责任的可能。[④] 内幕交易刑事司法实
践中，也曾发生过被动获悉内幕信息的人被认定为"非法获取证券交易内幕
信息的人员"的判例。如"高淳陶瓷"内幕交易系列刑事案件中，内幕信息
知情人杜某库将相关信息告诉了妻子刘某华，二人进行了内幕交易，后刘某
华又将信息告诉亲属赵某梅，赵某梅将该信息告知其丈夫刘某斌，赵某梅与
刘某斌合谋买入"高淳陶瓷"。审判过程中，刘某华辩称不是非法获取内幕
信息的人员。法院认为，虽然刘某华不是内幕信息知情人，也不属于通过窃
取、骗取、刺探等非法手段获取信息的人员，但其作为内幕信息知情人员的
配偶，从知情人处获取信息，且在内幕信息公开前从事有关交易，并泄露内

---

　　① 中国证监会行政处罚委员会：《证券期货行政处罚案例解析（第一辑）》，法律出版社 2017 年
版，第 92～94 页。

　　② 福建证监局行政处罚决定书〔2015〕4 号，详见福建证监局网站。

　　③ 中国证监会行政处罚决定书〔2011〕57 号，详见证监会网站。

　　④ 裴显鼎、逄锦温、刘晓虎：《证券犯罪若干疑难问题之研讨——证券行政执法与刑事审判衔
接座谈会综述》，载《人民法院报》2012 年 3 月 28 日，第 6 版。

幕信息导致他人从事交易,违反了股票交易应当遵循的公开、公平和诚实、信用原则,破坏了国家对证券交易的管理制度,侵犯了投资者的合法权益。因此,对于内幕信息知情人员的近亲属或与知情人员关系密切的人,即便其被动获悉内幕信息,也应当依法认定为非法获取内幕信息的人员。① 对于赵某梅和刘某斌是否属于内幕交易犯罪主体,也有两种观点:一种观点认为,二人不属于法定知情人员,亦未直接从内幕信息知情人处获取内幕信息,而是非法获取内幕信息的人员主动向其泄露内幕信息,属于被动获悉内幕信息的人员,而《刑法》第一百八十条的"非法获取"应当理解为通过"窃取、骗取、窃听、监听、刺探、私下交易"或者与此相类似的积极手段获取内幕,二人并未采取积极的手段而是被动获悉内幕信息,故不符合内幕交易罪的主体要件。另一种则观点认为,对非法获取信息的手段不应作过多限制,通过泄露内幕信息的人员获取内幕信息,同样属于非法获取内幕信息,应当认定为非法获取内幕信息的人员。最终,法院采纳了后一种观点,认定刘某华、赵某梅和刘某斌均为非法获取证券交易内幕信息的人员。② 类似地,在徐某全内幕交易"德赛电池"案中,徐某全的辩护人主张,徐某全系以"中性手段"获取内幕信息,不应被认定为非法获取内幕信息的人员,法院对此未予采纳。③

2. 非法获取的方式及主体

(1)"非法获取"的方式及类型。

正是基于上述理解,《内幕交易司法解释》将"非法获取"的方式概括为三类:一是非法手段型"非法获取",即获取信息的手段和方式本身是非

---

① 孙炜、范莉、马小卫:《内幕交易杜某库、刘某华案及刘某华泄露内幕信息案——内幕信息、内幕信息的知情人员和非法获取人员的认定以及相关法律适用问题的把握》,载《刑事审判参考》2012 年第 2 集,第 757 号案例。

② 孙炜、范莉:《赵某梅等内幕交易案——内幕信息知情人员的近亲属或者与其关系密切的人被动获悉内幕信息的,能否认定为"非法获取证券交易内幕信息的人员"》,载《刑事审判参考》2012 年第 2 集,第 758 号案例。

③ 上海市第一中级人民法院刑事判决书〔2013〕沪一中刑初字第 51 号;上海市高级人民法院刑事判决书〔2013〕沪高刑终字第 95 号,详见上海法院网。

法的，如通过窃取、刺探手段获取内幕信息。① 二是特定身份型"非法获取"，即获取信息的手段未必是非法的，但由于特殊身份便利而从知情人员处获取内幕信息，常见于知情人的近亲属或其他与内幕信息知情人员关系密切的人员获取内幕信息的情况。三是积极联系型"非法获取"，即主动联络、接触行为未必是非法的，但结合行为目的分析，行为人毕竟是从内幕信息的知情人员处获取了不应获取的内幕信息，故其获取行为是非法的。②

对于积极联系型"非法获取"中的所谓"联络、接触"，一般认为是指内幕信息公开前，与内幕信息知情人通过当面、电话、邮件等方式发生的口头或书面交流的情形。理解此处"联络、接触"，应该注意两个方面：首先，行政机关不承担"联络、接触"的具体内容的举证责任，原则上无须证明涉案人员之间的"联络、接触"是否实际传递了内幕信息，只要其在敏感期内有交易行为，就可能被认定为内幕交易，除非其能举出反证或提出正当理由。其次，"联络、接触"的原因、目的、方式等外部因素不能当然地构成足以排除内幕交易的抗辩理由。③

此外，需要强调的是，虽然大多数"传递型"内幕交易案件中都存在涉案人员与知情人通过电话、短信或微信等方式联络的情况，但通信联络并不

---

① 实践中确曾发生过窃取内幕信息的案件。如在梁某泄露内幕信息、蔡某内幕交易案中，2006年，梁某和蔡某商议如何利用梁某精通网络技术且在证券公司电脑部工作的便利获取上市公司内幕信息、伺机进行内幕交易。两人商议后决定采取"窃取—传递—交易"一条龙的分工模式，由梁某负责侵入证券交易所的电脑系统，窃取上市公司未公开的重要公告，并通过境外路径将信息传递给蔡某。蔡某接收到内幕信息后，负责利用他人账户实施内幕交易。为此，梁某窃取内幕信息的过程分为三步：第一步是木马植入，梁某先以发送贺卡等名义向证券交易所工作人员发送大量电子邮件，其中隐藏木马程序，交易所工作人员点击观看后木马程序自动植入电脑。第二步是远程控制，梁某在"阿里巴巴""新浪"等多家不同网站开设个人博客，并在网页中嵌入自己编写的远程控制指令。交易所工作人员的电脑开机上网时，已植入的木马程序开始运行，暗中读取梁某博客中的控制指令。第三步是执行指令，木马程序按照梁某设定的指令，扫描工作人员电脑中的文件标题，发现如"业绩预增""大幅增长""利润分配方案"等关键字后，立即将该标题加密发送至梁某在境外网站开设的存储空间。蔡某通过访问该网站，接收并读取含有上市公司公告标题的加密信息，并进行相关交易，最终，二人均被依法追究刑事责任。参见中国证券监督管理委员会稽查局：《证券期货稽查典型案例分析（2006 卷）》，科学出版社 2011 年版，第 206 页。

② 《〈关于办理内幕交易、泄露内幕信息刑事案件具体应用法律若干问题的解释〉的理解与适用》，详见最高人民法院网站。

③ 中国证券监督管理委员会稽查局：《证券期货稽查典型案例分析（2009 卷）》，科学出版社 2013 年版，第 106～107 页。

是传递型内幕交易的必要要件。在一些情况下，虽然涉案人员在敏感期内与内幕信息知情人没有通信联络，但结合《座谈会纪要》精神，执法机关可以结合相关人员间的固有关系和惯常联系、交易异常情况等综合分析交易是否构成内幕交易，特别是在涉案人员属于知情人的近亲属或其他关系密切人且交易明显异常的情况下，不存在联络、接触未必意味不构成内幕交易。此外，对于存在通信联络的案件，也不能仅以通话时间长短来判定是否传递了内幕信息。

（2）特定身份型非法获取中"特定身份"的含义及证明。

实践中，内幕信息知情人的近亲属和其他关系密切人内幕交易的案件尤为常见，《座谈会纪要》专门对认定这两类人员内幕交易的认定框架和证明标准进行了规定。以下结合实际对这两类人员身份的认定进行简要分析。

首先，关于"近亲属"。针对此类人员，《座谈会纪要》的表述为"内幕信息知情人的配偶、父母、子女以及其他有密切关系的人"，《内幕交易司法解释》则表述为"内幕信息知情人员的近亲属或者其他与内幕信息知情人员关系密切的人员"。两相对照，容易产生一个疑问：后者所谓"近亲属"，是否等同于"配偶、父母、子女"？

事实上，在我国法律法规中，"近亲属"一词的内涵外延也并不固定。在行政诉讼领域，"近亲属"包括配偶、父母、子女、兄弟姐妹、祖父母、外祖父母、孙子女、外孙子女和其他具有扶养、赡养关系的亲属。[①] 在刑事诉讼领域，"近亲属"是指夫、妻、父、母、子、女、同胞兄弟姊妹。[②] 在民事领域，最高人民法院曾于1988年出台文件指出，《民法通则》中规定的近亲属包括配偶、父母、子女、兄弟姐妹、祖父母、外祖父母、孙子女、外孙

---

① 《最高人民法院关于适用〈中华人民共和国行政诉讼法〉的解释》（法释〔2018〕1号，2017年11月13日最高人民法院审判委员会第1726次会议通过，自2018年2月8日起施行）第十四条，详见最高人民法院网站。

② 《中华人民共和国刑事诉讼法》（1979年7月1日第五届全国人民代表大会第二次会议通过 根据1996年3月17日第八届全国人民代表大会第四次会议《关于修改〈中华人民共和国刑事诉讼法〉的决定》第一次修正 根据2012年3月14日第十一届全国人民代表大会第五次会议《关于修改〈中华人民共和国刑事诉讼法〉的决定》第二次修正 根据2018年10月26日第十三届全国人民代表大会常务委员会第六次会议《关于修改〈中华人民共和国刑事诉讼法〉的决定》第三次修正第一百零八条，参见中国政府网2018年10月27日发布消息。

子女。① 2015 年出台的《民事诉讼司法解释》则规定：与涉案人员有夫妻、直系血亲、三代以内旁系血亲、近姻亲关系以及其他有抚养、赡养关系的亲属，可以涉案人员近亲属的名义作为诉讼代理人。② 2017 年出台实施的《民法总则》使用了配偶、父母、子女、"其他近亲属"的概念。③ 由于不同语境下"近亲属"所指范围有所不同，在内幕交易监管中，对于"近亲属"的范围究竟应按照什么标准进行认定、一些涉案人员是否属于内幕信息知情人的近亲属也相应存在争议。

为避免无谓纷争，具体办案过程中，行政执法领域常参照《座谈会纪要》的逻辑，将涉案人员区分为内幕信息知情人的"配偶、父母、子女"和"其他关系密切人"；刑事司法领域则多参照刑事诉讼法的标准将涉案人员区分为近亲属和其他关系密切的人。对于一些确实存在争议的情况，执法和司法机关可能将问题延伸到涉案人员是否与内幕信息知情人员存在密切关系，或在内幕信息敏感期内是否存在联络、接触。

其次，关于"关系密切"的认定。实践中，相关人员之间是否存在密切关系，通常由执法或司法机关结合相关证据和社会生活常识进行判断。为此，首先需要厘清"特定关系人""关系密切的人"等概念的关系。在内幕交易刑事审判领域，有观点认为，与内幕信息知情人员"关系密切的人员"范围不同于《最高人民法院、最高人民检察院关于办理受贿刑事案件适用法律若干问题的意见》中"特定关系人"范围，但可以与利用影响力受贿罪中"关系密切的人"的范围作同一解释。其中，"特定关系人"是指与国家工作人员有近亲属、情妇（夫）以及其他共同利益关系的人，是从关系的性质的角度进行。而"关系密切的人"是从关系密切程度的角度进行界定，关系的性质可能是身份关系也可能是利益关系抑或其他关系，只要该种关系紧密到一定程度就属于"关系密切的人"。实践中，"关系密切的人"主要存在于以下

①　《最高人民法院关于贯彻执行〈中华人民共和国民法通则〉若干问题的意见（试行）》（法〔办〕发〔1988〕6 号）第十二条，详见全国人大网。
②　《最高人民法院关于适用〈中华人民共和国民事诉讼法〉的解释》（法释〔2015〕5 号）第八十五条，详见最高人民法院网站。
③　《中华人民共和国民法总则》，详见全国人大网。

几种常见关系：一是基于血缘产生的关系，如除了近亲属之外的其他亲属；二是基于学习、工作产生的关系，如同学、师生、校友、同事关系；三是基于地缘产生的关系，如同乡；四是基于感情产生的关系，如朋友、恋人、情人关系；五是基于利益产生的关系，如商业伙伴、共同投资人、债权债务关系；六是在任何情况下相识并产生互相信任、相互借助的其他关系。[①]

内幕交易刑事司法实践中，通常来说，若涉案人员与内幕信息知情人存在前述关系中的一种或多种，即可认定为密切关系。如在王某芳泄露内幕信息、徐某全内幕交易刑事案件中，徐某全与内幕信息知情人王某芳系大学同学，关系较好，且二人在投资方面联系甚多，徐某全常向王某芳咨询投资项目。在王某芳的推荐下，徐某全投资了德赛电池孙公司的项目。此外，二人还有部分共同投资项目。因此，司法机关认为二人系关系密切的人员。该案因此被《刑事审判参考》丛书列为典型案例，要旨在于：与内幕信息知情人员具有某种经济利益合作的同学属于与内幕信息知情人员关系密切的人，即使是被动地从内幕信息知情人员处获悉内幕信息，也应当认定为"非法获取内幕信息的人员"。[②]

三、"知悉"的证明

关于知悉的证明，既涉及证明方法，也涉及证明标准问题。其中，"知悉"的证明标准在本质上同于内幕交易的证明标准，本书在第四章第三节有专门分析，本部分着重介绍"知悉"（包括知情和非法获取）的证明方法。

（一）证明"知悉"的基本方法

1. 以直接证据证明

证明特定人员是内幕信息知情人或非法获取了内幕信息，最好有直接证据证明其曾参与了内幕信息的形成、发展、公开等活动，如曾经参加过相关

---

①② 罗开卷：《王某芳泄露内幕信息、徐某全内幕交易案——对利好型内幕信息公开后继续持股未卖的，内幕交易的违法所得如何认定》，载《刑事审判参考》2013 年第 6 集（总第 95 集），第 920 号案例。

会议的会议记录、曾收到相关文件资料或信息签字材料或电子留痕。但实践中，能够取得直接证据的情形通常发生在知情人或非法获取者系上市公司内部人员、上市公司控股股东或实际控制人及其内部人员、交易对手方或合作方及其内部人员、有关主管或监管部门工作人员、参与涉案事项的中介机构相关人员或其他中间人等情况下。这些人员知悉内幕信息的方式和契机主要为参与动议、筹划、决策、实施内幕信息所涉事项，包括作为主要成员深度参与或作为辅助人员协助开展相关活动，后者如会议记录、文件登记等。如在曹某继内幕交易"同达创业"案中，曹某继在上市公司作出相关重大决策的会议上担任记录人员，因履行工作职责知悉内幕信息。[1] 类似地，在李某内幕交易"中色股份"案中，李某负责上市公司财务部档案管理工作，因登记会议议题而获悉公司筹划分红的内幕信息。[2]

2. 结合间接证据综合分析认定

（1）以间接证据证明的必要性和合理性。

由于内幕交易案件的隐蔽性、复杂性以及直接证据搜集上的困难，执法机关能够取得直接证据证明涉案人员实际"知情"的案件较少。实践中，若要求以直接证据予以证明，可能极大地降低行政执法效率，甚至在一定情况下会使打击内幕交易成为不可能完成的任务。同样，"非法获取"的证明亦非易事，其中，在通过非法手段获取的情况下，由于手段本身往往较为隐蔽，调查取证较为困难，对于与内幕信息知情人有特定身份关系或与知情人联络接触的人员，取证和认定则更为复杂。

作为一种替代方法，结合间接证据综合分析认定，已成为内幕交易行政执法领域的普遍做法。在大量案件中，执法机关通常根据涉案人员自身身份、与知情人的关系及联络接触情况、交易行为异常情况等客观证据，综合分析认定其是否知悉或非法获取内幕信息。例如，可以通过涉案人员的职务、职责等判断其知悉内幕信息的可能性，通过涉案人员与内幕信息知情人的固有关系和惯常联系、交易活动与内幕信息形成、变化时间及涉案人员同内

---

[1]　黑龙江证监局行政处罚决定书〔2017〕1号，详见黑龙江证监局网站。
[2]　内蒙古证监局行政处罚决定书〔2017〕2号，详见内蒙古证监局网站。

幕信息知情人联络、接触时间的吻合程度等推断其获取内幕信息的可能性。同时，允许涉案人员对此作出合理说明、提出正当理由或正当信息来源排除内幕交易。

有观点认为，上述做法属于举证责任倒置，而举证责任倒置是无罪推定的例外，应当严格限制，且必须由法律明文规定。[1] 有观点认为甚至认为，将构成要件的举证责任倒置，违反了无罪推定的基本原则。[2] 多数观点则认为，要求涉案人员作出合理说明与举证责任倒置存在显著区别，认定其非法获取内幕信息，是基于敏感时期、敏感身份、敏感行为等基础事实所作的一种认定。也就是说，根据特定基础事实和间接证据就基本可以认定这些人员非法获取内幕信息。要求其在此基础上作出合理说明、提出正当理由、证明正当信息来源或提出证据排除内幕交易，本质上属于抗辩条款，发挥的是阻却事由的功能，体现了有利于相对人的原则。[3]

（2）相关执法和司法实践。

在内幕交易执法实践中，以间接证据证明涉案人员知情或非法获取内幕信息已成为通行做法。例如，在张某光内幕交易"任子行"案中，景某军为内幕信息知情人，张某光与景某军是多年生意伙伴，二人关系密切且在内幕信息敏感期内曾联络。张某光在内幕信息敏感期内使用两个账户交易"任子行"，交易时点与内幕信息形成过程及其与景某军通信时间高度吻合，交易金额明显放大。证监会认定张某光构成内幕交易。[4] 类似地，在周某和内幕交易"江泉实业"案中，并无直接证据能够充分证明涉案人员周某和知悉内幕信息，但在案证据证明：张某业是江泉实业重组内幕信息的知情人，涉案人员周某和与张某业系师生关系且关系密切，内幕信息敏感期内，二人多次联络接触，同期，周某和操作三个账户、突击转入资金集中买入"江泉实业"，且交易时点同其与张某业联系的时点以及张某业自己交易该股的时点

---

[1] 《〈关于办理内幕交易、泄露内幕信息刑事案件具体应用法律若干问题的解释〉的理解与适用》，详见最高人民法院网站。

[2] 参见孟祥瑞：《犯罪构成要件理论研究》，哈尔滨地图出版社2017年版，第131~133页。

[3] 《〈关于办理内幕交易、泄露内幕信息刑事案件具体应用法律若干问题的解释〉的理解与适用》，详见最高人民法院网站。

[4] 中国证监会行政处罚决定书〔2016〕8号，详见证监会网站。

高度趋同。结合这些情况，证监会认定周某和构成内幕交易。①

在司法实践中，从相关案件行政诉讼情况看，司法机关也认可执法机关的理念和做法。例如，在"绵世股份"案行政诉讼一审判决中，司法机关指出：隐蔽性是内幕交易的突出特点，如果要求行政执法机关必须掌握内幕交易的直接证据才能认定违法事实，可能导致行政执法机关难以有效监管内幕交易行为。因此，在内幕交易的行政处罚案件中，如果基于现有证据已经足以推断交易行为是基于获知内幕信息而实施的，即可以认定涉案人员存在内幕交易行为，除非涉案人员能够提供更有力的证据证明其并不知悉内幕信息，或者并未利用内幕信息。② 在张某光内幕交易"任子行"案中，法院指出：该案中并无直接证据证明张某光知悉内幕信息并实施内幕交易行为，需要结合交易特征、资金进出情况、涉案人员的通信时点、人员关系等综合分析，并与内幕信息的形成发展过程进行吻合度比对。经综合分析，法院认为，在案证据可以证明张某光于内幕信息敏感期内知悉相关内幕信息并实施了明显异常的交易行为，加之其对此作出的解释不足以推翻前述认定，法院认为证监会关于张某光构成内幕交易的认定合法。③ 在周某和内幕交易"江泉实业"案诉讼中，法院进一步明确肯定了结合间接证据综合分析认定"知悉"的合理性，判决指出：对于内幕信息的知悉是内幕交易行为人的主观状态，证券监管实践中，对行为人主观明知状态的认定往往存在直接证据缺失的困难，故需结合其外在行为特征进行分析。监管机构可以在综合分析涉案人员交易行为特征的基础上，认定涉案人员知悉内幕信息并利用内幕信息实施内幕交易。④

事实上，即便在证明标准更高的刑事司法中，也认为可以采取这种方式认定行为人知情或非法获取了内幕信息。例如，在一起内幕交易刑事案件中，由于相关人员均否认传递或获取了内幕信息，在案证据仅能证明行为人与内

---

① 中国证监会行政处罚决定书〔2016〕101 号，详见证监会网站。
② 北京市第一中级人民法院行政判决书〔2016〕京 01 行初 1006 号，详见北京法院审判信息网。
③ 北京市高级人民法院行政判决书〔2017〕京行终 2185 号，详见北京法院审判信息网。
④ 北京市高级人民法院行政判决书〔2017〕京行终 2804 号，详见北京法院审判信息网。

幕信息知情人在内幕信息敏感期内存在联络，但联络的内容不得而知。控辩双方对于是否需要有证据证明双方联络的内容与内幕信息有关颇有争议。公诉机关认为，如果有证据能明确双方联络的内容与内幕信息有关，则可直接认定，在没有证据能够证明的情况下，若满足"交易事实"及"交易明显异常"两个条件，便足以认定与内幕信息知情人联络、接触的人为非法获取内幕信息的人员。最终，审判机关采纳了这种理念并判决行为人构成内幕交易。① 即便有直接证据证明行为人知悉内幕信息，司法机关也会以行为的异常性作为认定行为人知悉内幕信息的辅助证据。例如，在刘某春等内幕交易"高淳陶瓷"案中，法院判决指出：刘某春因担任的行政机关职务、履行其工作职责而获悉了内幕信息，同时刘某春在内幕信息敏感期内借入巨资大量买入"高淳陶瓷"，谋取巨额利益的行为，也充分证明其是内幕信息知情人。②

从更大的范围看，我国执法和司法所采纳的这一证明方法也是境外资本市场执法的常见做法。在境外，在搜集直接证据存在客观障碍的情形下，多数地区都认同控方以间接证据形成牢固的间接证据链条证明涉案人员"知悉"或者"应当知悉"内幕信息，该规则既适用于直接知悉的案件，也适用于通过传递间接获悉的案件。③

（二）对法定知情人"知悉"的认定与证明

关于"知悉"的证明，特别值得注意的是，在行为人具备"法定知情人"身份的情况下，有观点认为，可以直接依据其身份认定其为知情人，无须以其他证据证明其知悉内幕信息。另一种意见则认为，法定内幕信息知情人虽具备一定的身份地位优势，获取内幕信息的渠道和方式更为便捷，但由于职责分工不同，并不必然知悉内幕信息，应当结合其履职背景及参与相关

---

① 吴美满：《运用大数据分析突破"零口供"内幕交易案》，载《人民检察》2018 年第 2 期，第 65~67 页。

② 江苏省南通市中级人民法院〔2010〕通中刑二初字第 0005 号判决书，详见南通法院网。另见《最高人民法院公报》2013 年第 1 期（总第 195 期）。

③ 张子学：《浅析"知悉"内幕信息的证明》，载《证券法苑（第四卷）》，法律出版社 2011 年版，第 139 页。

事项的情况综合判断。①

　　实践中，执法机关坚持的是实质主义的认定思路，通常不会在没有其他客观证据支持的情况下直接认定法定知情人为内幕信息知情人。如在"誉衡药业"内幕交易案中，涉案的内幕信息知情人为誉衡药业分管经营生产的董事、副董事长王某绪，但其平时并不参与上市公司资产重组谈判事宜。执法人员认为，不能仅因涉案人员担任董事职务，属于法定内幕信息知情人，就简单适用法条直接认定其知悉内幕信息，其是否知悉内幕信息仍需要经过相关证据予以进一步证实。② 同样，在黄某坚内幕交易"金一文化"案中，证监会指出：黄某坚时为金一文化控股子公司的董事，金一文化与捷夫珠宝商定收购事项时，黄某坚参与了谈判，属于《证券法》第七十四条第三项规定的知情人。黄某坚辩称未参加谈判，不知悉内幕信息，知情人钟某等也未将收购事宜告诉黄某坚。证监会回应称：根据金一文化董事长、实际控制人钟某及金一文化副董事长、总经理陈某康的询问笔录，能够证明黄某坚参加了收购谈判，知悉内幕信息，是内幕信息知情人。③ 也就是说，对于法定知情人黄某坚，执法机关并未仅因身份而是结合其他证据认定其为知情人。

　　这一做法也符合世界范围内内幕交易执法的普遍趋势：多数资本市场法域在进行内幕交易执法时不是简单地以身份、职务、工作关系、亲属关系直接认定"知悉"，而是要求监管机关或司法机关有证据证明具体的涉案人员"知悉"或者"应当知悉"。例如，美国联邦巡回法院曾在一份判决中明确提出：一名公司董事或者高级管理人员，乃至公司总裁，不能总是一成不变地被归类为内部人。分析的基础应转向考量其接触内幕信息的情形，以判定其是否知道或者应当知道内幕信息。④

　　在内幕交易刑事司法领域，我国司法机关也十分注重考察"法定知情

---

　　① 中国证监会行政处罚委员会：《证券期货行政处罚案例解析（第一辑）》，法律出版社 2017 年版，第 84～85 页。

　　② 中国证监会行政处罚委员会：《证券期货行政处罚案例解析（第一辑）》，法律出版社 2017 年版，第 100 页。

　　③ 中国证监会行政处罚决定书〔2018〕91 号，详见证监会网站。

　　④ 张子学：《浅析"知悉"内幕信息的证明》，载《证券法苑（第四卷）》，法律出版社 2011 年版，第 139 页。

人"是否实际知悉内幕信息。例如，在金某泄露内幕信息、内幕交易"兄弟科技"案中，上市公司兄弟科技拟收购中华化工事宜属于内幕信息，金某系兄弟科技公司的董事，法院在认定金某为知情人时指出：被告人金某参与了兄弟科技收购中华化工的事项，属于内幕信息知情人。①

需要说明的是，虽然执法机关通常要求有证据证明法定知情人"知悉"，但对相应证据的要求可能稍低于其他人员。例如，在"天业通联"案中，证监会在认定江某华为内幕信息知情人时称：娴遐投资时为上市公司天业通联持股5%以上的大股东，江某华是娴遐投资的执行董事和实际控制人，系《证券法》第七十四条第一款第二项规定的法定内幕信息知情人。此外，郑某、陈某由娴遐投资派驻到天业通联担任董事，并向江某华汇报天业通联的重大事项。② 从前述表述看，证监会认定江某华为内幕信息知情人的主要证据有两类，一是江某华属于法定知情人的事实，二是江某华可能从郑某、陈某处间接获悉内幕信息的事实。类似地，在"文山电力"案中，王某友时为文山电力实际控制人南方电网的副总经理，属于法定内幕信息知情人，证监会主要基于王某友为法定内幕信息知情人且存在与其他内幕信息知情人接触的可能性（处罚决定书称：2015年8~9月期间，王某友和其他内幕信息知情人并没有长时间的出差或者休假，均一直正常履职，存在与其他内幕信息知情人接触的便利条件）而认定王某友知悉内幕信息。③ 可见，在涉案人员属于法定知情人的情况下，执法机关对用于证明其知悉内幕信息的证据要求可能低于不属于"法定知情人"的人涉案的情况。

（三）二次或多次传递情形下"非法获取"的认定与证明

实践中，一些行为人既非内幕信息知情人或其近亲属或其他关系密切人，亦未曾在敏感期内直接与知情人联络接触，而是与内幕信息知情人的近亲属、其他关系密切人或其他与内幕信息知情人联络、接触的人存在特定身份关系或联络、接触，且其交易行为明显异常。这就涉及内幕信息"二次传递"乃

---

① 浙江省高级人民法院刑事判决书〔2013〕浙刑二终字第135号，详见中国裁判文书网。
② 中国证监会行政处罚决定书〔2013〕39号，详见证监会网站。
③ 中国证监会行政处罚决定书〔2018〕34号，详见证监会网站。

至"多次传递"的问题，即内幕信息先后经过两个或两个以上主体才最终到达行为人。针对这种情况，能否认定信息接收者为非法获取内幕信息的人员，进而认定其构成内幕交易违法，是执法的重点和难点。

1. "二次传递"与"二次推定"的联系与区别

在信息经过多次传递的情况下，由于信息传递的证据相对难以获取，以至于执法机关的认定容易被误认为是"二次推定"，即首先推定内幕人知悉或非法获取了内幕信息，然后推定行为人从内幕人处获取内幕信息并予以利用。由于能否通过"二次推定"认定内幕交易尚有较大争议，以至于"二次传递"的认定也容易遭受质疑。对此，需要特别说明的是：

首先，内幕信息在形式上经过多人，并不意味着信息一定经过了真正意义上的多次传递；其次，即使存在真正意义上的多次传递，也不代表一定是基于多次推定。这方面的代表性案例为齐某湘内幕交易"时代新材"案，该案中，与时代新材的董事会秘书季某某相熟的陈某某受雇为齐某湘的投资公司工作，齐某湘派陈某某向季某某刺探时代新材并购的内幕信息，陈某某遂与季某某联系，打探内幕消息。在陈某某向其刺探内幕信息的过程中，季某某并未告知，而是说"并购一事我也不好说，如果看好这只股票，可以去调研"等，陈某某反复刺探和确认时代新材并购重组事项，季某某均未正面回答。后齐某湘在内幕信息公开前买入"时代新材"，且其建仓过程与内幕信息发展变化高度吻合。证监会认定其构成内幕交易。[1]

有观点认为，由于没有直接证据证明季某某向陈某某透露了内幕信息的具体内容，证监会是根据齐某湘异常交易行为推定陈某某刺探获取了涉案内幕信息，又推定陈某某将刺探到的信息告诉了齐某湘，存在"二次推定"问题。对此，执法人员指出，从本案具体情况看，陈某某系受齐某湘之托打听内幕消息，且每次与季某某联系后都会将联系结果告知齐某湘，因此，可以将陈某某视为齐某湘的代理人，齐某湘交易"时代新材"的行为完全出自对董事会秘书季某某原话的理解。也就是说，本案的内幕信息是从季某某传递

---

① 中国证监会行政处罚委员会：《证券期货行政处罚案例解析（第一辑）》，法律出版社 2017 年版，第 10~11 页。

至齐某湘，其中，陈某某传递至齐某湘这一环节相当于"电话线"。只要齐某湘的证券交易活动与内幕信息高度吻合，就能够根据《内幕交易司法解释》和《座谈会纪要》认定齐某湘构成内幕交易，并不存在"二次推定"的问题。[①]

不难理解，"二次传递"与"二次推定"是两个不同的概念。无论经几手传递，只要有证据证明信息发生了传递，就不是运用推定的方式认定信息传递路径，更谈不上"二次推定"。[②] 在具备充分证据支持的情况下，执法机关可以认定经多次传递后获悉内幕信息的人员为"非法获取内幕信息的人员"，并结合其交易行为特征认定其是否构成内幕交易。

事实上，不仅在行政执法上，在刑事司法中，也不乏在内幕信息经过多次传递后仍认定信息接收者非法获取内幕信息并构成内幕交易犯罪的案例。典型的如"高淳陶瓷"案，该案内幕信息经历了从杜某库传递到其配偶刘某华、再从刘某华传递到赵某梅、从赵某梅又传递到其配偶刘某斌的过程，后赵某梅和刘某斌进行了相关交易，司法机关认定赵某梅和刘某斌构成内幕交易犯罪。[③]

2. 经二次或多次传递而"非法获取内幕信息"的认定与证明

一般认为，内幕信息经多级传递，实效性、完整性、确定性逐渐降低，甚至在有些情况下内幕信息经过层层传递已成为市场传言。因此，对多次传递型案件的认定应更审慎，对证据的关联性、全面性应有更高要求，特别是要更加注重综合考量信息接收人与信息源头和传递人之间的关系、信息传递的介质是否能够固定、留痕以及涉案人对内幕信息的认知、交易异常程度等情况。

实践中，对内幕信息经多次传递后发生的交易行为，执法机关在认定时普遍持谨慎态度。例如，在唐某军等人内幕交易"永利带业"案中，作为信

① 中国证监会行政处罚委员会：《证券期货行政处罚案例解析（第一辑）》，法律出版社2017年版，第12~13页。
② 中国证监会行政处罚委员会：《证券期货行政处罚案例解析（第一辑）》，法律出版社2017年版，第12页。
③ 赵靓：《内幕交易案件审判实务若干难点探析》，载《上海证券报》2016年5月18日。

息源头的内幕信息知情人史某辉和恽某明与唐某军关系密切，唐某军本人及其同学张某、好友查某某以及张某的朋友李某某均于内幕信息敏感期内大量买入"永利带业"，张某实际控制的账户开户时间与内幕信息形成时间基本一致且交易量巨大。但张某、查某某、李某某均否认知悉内幕信息。针对该情况，执法人员认为，可以通过唐某军与内幕信息知情人的固有关系、敏感期内的联络接触、唐某军交易行为的异常性等推定唐某军知悉内幕信息，但唐某军如何将内幕信息传递给张某、查某某，张某如何再传递给李某某并无充分证据加以证明，进而无法推断张某、查某某、李某某是否利用了内幕信息进行交易，故无法认定三人构成内幕交易。①

但是，谨慎并不代表必须以直接证据证明内幕信息多次传递。《座谈会纪要》关于举证责任分配的规定同样适用于这种情况，执法机关仍能基于间接证据认定内幕信息多次传递。例如，在汤李某泄露内幕信息、汤义某和郭某军内幕交易"凯盛科技"系列案件中，汤义某与内幕信息知情人汤李某系兄弟，2016年8月6日（周六），汤义某与汤李某见面，后汤义某从8月8日（周一）开始陆续买入"凯盛科技"，证监会认定汤李某构成泄露内幕信息、汤义某构成内幕交易。8月13日（周六），汤义某与郭某军见面；8月24日晚，汤义某在与汤李某联系后主叫郭某军。8月15～26日，郭某军使用3个证券账户交易"凯盛科技"，且存在突击转入资金坚决买入、买入时间与内幕信息进展高度吻合等异常表现。证监会认定郭某军的行为构成内幕交易。② 不难发现，对于郭某军内幕交易的认定，虽然没有直接证据证明汤李某向汤义某、汤义某向郭某军泄露了内幕信息，但综合相关人员关系、在内幕信息公开前的联络接触情况以及交易异常情况，证监会认为内幕信息存在从汤李某到汤义某、再从汤义某到郭某军的传递过程。

需要强调的是，理论上说，信息客观上经过二次或多次传递这一事实本身并不影响对信息接收者行为违法性的认定。真正影响对信息接收者追究责任的，是执法机关能否调取充分证据证明信息确实传递到了行为人。若能达

---

① 中国证监会行政处罚委员会：《证券期货行政处罚案例解析（第一辑）》，法律出版社2017年版，第74页。
② 中国证监会行政处罚决定书〔2018〕39号、40号、41号，详见证监会网站。

到相应证明标准，即便是追究多次传递最后一手的法律责任，也不存在制度或理论障碍。例如，在"天山纺织"内幕交易案中，在案证据证明：姚某江在担任新疆凯迪投资公司总经理期间，利用参与天山纺织重组的职务便利，将新疆凯迪投资重组天山纺织的内幕信息泄露给曹某等人，其中，曹某又将信息泄露给陈某松，姚荣、曹某、陈某松均在敏感期内交易了"天山纺织"。最终，法院判决姚某江和曹某犯内幕交易、泄露内幕信息罪，陈某松犯内幕交易罪。[①] 该案被认为是典型的内幕信息多次传递且知情人、传递人和信息最终接收者均被追究责任的案件。

四、对"知悉"的抗辩

（一）未获悉内幕信息或不知道相关信息属于内幕信息

如前所述，对于内幕信息的知悉具体包含两个层面：首先是客观上了解或者获取了内幕信息；其次是对其所掌握的信息属于内幕信息的事实有主观认知。因此，涉案人员要证明自身不知悉内幕信息，可以从这两个层面提出抗辩。对被认定为内幕信息知情人的涉案人员而言，有效抗辩需要其有证据证明并不知悉内幕信息；对被认定为非法获取内幕信息的人员而言，若其能提出证据证明其不存在通过非法手段获取内幕信息，也不存在与内幕信息知情人有特定关系或联络、接触且对交易行为有充分合理解释的，也能对相关认定进行有效抗辩。

但实践中，从执法机关公开的处罚案例看，涉案人员提出的很多具体抗辩理由通常难以得到执法机关采纳。具体而言，从客观事实抗辩的角度，涉案人员通常主张客观上并不了解、未获悉内幕信息，常见的理由有：不具备了解和掌握内幕信息的客观条件、掌握的是涉案内幕信息之外的其他信息、虽曾获悉与涉案事件相关的信息但仅知道前期情况而不了解具体细节和后续进展。从主观认知的角度，涉案人员通常主张其不知道或并不认为所获悉的

---

① 证监会"内幕交易警示教育展"相关信息，详见证监会网站。

信息属于重大信息，或虽然掌握了涉案重大信息但认为该信息属于公开信息，并提出网络上有广泛讨论、信息在当地广泛流传的相关证据予以佐证。实践中，执法和司法机关通常会结合交易行为的异常性等因素综合分析决定是否采纳这些主张。

此外，在一些传递性型内幕交易案件中，由于证据或法律依据不充分等原因，执法和司法机关未必会追究知情人的责任，一些交易者会认为，鉴于知情人并不构成泄露内幕信息违法，也不应认定交易者构成违法。但是，由于现行制度下对于交易和泄露的证明方法和证明标准有所不同，仅处罚交易者而不处罚泄露者未必不妥，交易者提出的这类主张通常得不到采纳。如在"世荣兆业"案中，执法和司法机关认为，虽然内幕信息知情人未因泄露内幕信息被处罚，但并不影响根据黄某颢在内幕信息敏感期内与知情人员联系、接触并从事与内幕信息有关的证券交易，且交易行为明显异常等事实认定其非法获取内幕信息并进行内幕交易。①

（二）通过独立、专业的分析推断出涉案信息

在一些案件中，涉案人员主张，其虽然知道涉案信息，但系凭借独立分析判断得出，不应被认定为内幕人。对此，主流意见认为，关键要看其在利用专业知识判断时是否依据了内幕信息。原则上讲，只要其判断时依据了内幕信息，就应当认定其为内幕人。否则，就给证券、期货领域中具有证券、期货专业知识的人员开辟了一条绿色通道，不符合打击证券、期货违法犯罪的立法精神。例如，在前述提及的"高淳陶瓷"系列内幕交易案中，涉案内幕信息为中电集团第十四研究所（简称十四所）拟借壳高淳陶瓷，杜某库时为中电集团总会计师，负责分管集团内部的资本运作。杜某库辩称未具体参与重组谈判工作，不是内幕信息知情人；并称其是通过网上查询和专业知识判断出重组对象，并未利用内幕信息。法院认为，杜某库于 2009 年 3 月 23 日晚从十四所所长和副总经济师处获悉十四所拟借壳标的公司的基本情况。虽然杜某库是在 3 月 29 日回北京后通过互联网检索或根据专业知识判断

---

① 北京市高级人民法院行政判决书〔2016〕京行终 5714 号，详见中国裁判文书网。

出重组对象，但其如果没有依据职务所获悉的借壳标的公司的概况，就不可能判断出重组对象为高淳陶瓷。因此，杜某库实质上属于利用职务活动获知内幕信息，应当认定为内幕信息的知情人员。①

类似地，在肖某庆内幕交易案中，法院认为，对于具有专业知识的人员，如果其通过非法手段获取了内幕信息，同时在此过程中也通过专业知识加强其判断，或者先通过专业知识预判出重组对象，后通过获取内幕信息加强了对其预判的确信，原则上讲，只要其从事有关交易，情节严重的，就应当追究内幕交易的刑事责任。②

第三节 "利用"的证明与抗辩

一、不同法律法规的要求及现实困难

在内幕交易执法实践中，一些涉案人员并不否认其知悉内幕信息或在敏感期内与知情人联络、接触及交易相关股票的事实，但往往辩称交易行为与知悉内幕信息之间没有必然联系，自己没有"利用内幕信息"从事交易的故意，而是由于看好上市公司，依据已公开的其他信息或根据股票交易相关数据进行独立分析判断并决策交易，一些涉案人员还主张交易发生于敏感期系误操作或纯属巧合，并非有意利用内幕信息进行交易，不应被认定为内幕交易违法。这就涉及何谓"利用"内幕信息、对内幕信息的"利用"是否是内幕交易的必要要件、如何证明和认定等问题。

对此，立法上并不十分明确。《证券法》第七十三条规定：禁止证券交

---

① 孙炜、范莉、马小卫：《内幕交易杜某库、刘某华案及刘某华泄露内幕信息案——内幕信息、内幕信息的知情人员和非法获取人员的认定以及相关法律适用问题的把握》，载《刑事审判参考》2012 年第 2 集，第 757 号案例。

② 刘晓虎：《肖某庆受贿、内幕交易案——因获取让壳信息而指使他人购买让壳公司股票，后借壳公司改变的，是否影响内幕信息的认定》，载《刑事审判参考》2012 年第 2 集，第 756 号案例。

易内幕信息的知情人和非法获取内幕信息的人利用内幕信息从事证券交易活动。有观点据此认为，法律上对于内幕交易规定的是"知悉＋利用"的双重标准，需要内幕人有利用内幕信息的主观故意方可认定其构成违法。早前的《禁止证券欺诈行为暂行办法》和《股票发行与交易管理暂行条例》亦采用了这种双重标准。① 但《证券法》第七十六条第一款在对内幕交易进行定性和描述、第二百零二条在规定内幕交易的责任时，并未明确要求行为人主观上有过错，亦未要求交易系利用内幕信息，似乎又采用的是"知悉"标准。事实上，《证券法》这种表述前后不一致的格局自 1998 年《证券法》就已框定。在刑事领域，《刑法》和《内幕交易司法解释》亦未明确列出"利用"要件。

一般认为，所谓"利用"内幕信息，是指行为人依据自己掌握的内幕信息进行证券交易。换言之，是否存在"利用"行为，取决于行为人的交易行为是否与其所知悉的内幕信息存在关联。实践中，是否依据内幕信息进行交易，是行为人在行为当时的心理现象和内心活动，而行为人的心理状态通常是非物质的、肉眼无法观察，因而，除非行为人自己承认或有其他证据客观记载了行为人当事人的内心活动，执法和司法机关要证明行为人交易时是否"利用"了内幕信息并非易事。

---

① 《禁止证券欺诈行为暂行办法》第三条规定：禁止任何单位或者个人以获取利益或减少损失为目的，利用内幕信息进行证券发行交易、活动。第四条规定：本办法所称内幕交易包括下列行为：（一）内幕人员利用内幕信息买卖证券或者根据内幕信息建议他人买卖证券；（二）内幕人员向他人泄露内幕信息，使他人利用该信息进行内幕交易；（三）非内幕人员通过不正当的手段或者其他途径获得内幕信息，并根据该信息买卖证券或者建议他人买卖证券；（四）其他内幕交易行为。同时，该办法第十三条第一款规定，内幕人员和以不正当手段或者其他途径获得内幕信息的其他人员违反本办法，泄露内幕信息、根据内幕信息买卖证券或者建议他人买卖证券的，根据不同情况，没收非法获取的款项和其他非法所得，并处五万元以上五十万元以下的罚款。
《股票发行与交易管理暂行条例》第七十二条第一款规定：内幕人员和以不正当手段获取内幕信息的其他人员违反本条例规定，泄露内幕信息、根据内幕信息买卖股票或者向他人提出买卖股票的建议的，根据不同情况，没收非法获取的股票和其他非法所得，并处以五万元以上五十万元以下的罚款。

二、关于"利用"要件的理论争议

（一）学术界的不同主张及其理由

对于究竟是否应当将"利用"作为内幕交易的构成要件，学术界存在不同主张。一种观点认为，只要行为人知悉内幕信息并在信息公开前进行交易，即可认定其构成内幕交易。另一种观点则认为，除了要求行为人知悉内幕信息，还应考察其是否有利用内幕信息的意图和事实，若其并未利用内幕信息，即便在敏感期内进行了交易，也不应认定其构成内幕交易。有学者将前者称为"知悉标准"，后者称为"利用标准"。① 在内幕交易刑事犯罪研究领域，则有"否定说"和"肯定说"。"肯定说"认为对内幕信息的利用是构成内幕交易犯罪的必要要件之一，若行为人并未利用内幕信息，不构成内幕交易犯罪。② "否定说"则认为不应以"利用"内幕信息为内幕交易犯罪的构成要件。③ 在此基础上，还发展出了较为折中的观点，其中一种认为，只要行为人知悉内幕信息并在敏感期内进行了交易，则可推定其利用了内幕信息；另一种则认为，虽然行为在敏感期内进行了交易且在交易时知悉内幕信息，但若能证明其在制定相应交易计划或下达相应交易指令时并不知悉内幕信息，亦可免受内幕交易违法的责难。④

1. 主张"利用标准"或"肯定说"的理由

持该观点者认为，即使是内幕信息知情人进行了交易，如果没有利用或依据内幕信息，也不应被认定构成内幕交易。⑤针对《证券法》第二百零二条和《刑法》第一百八十条并未规定"利用内幕信息"的问题，持该观点者认为，相关法律条文虽未明文规定，但实际上已经包含了"利用"之意，具体原因主要为：第一，从立法目的看，之所以禁止内幕交易，就是为了防止内

---

① ④ 参见马其家：《我国证券内幕交易认定标准的构建》，载《吉林大学学报》2010 年第 5 期，第 154 ~ 157 页。

② ⑤ 参见刘宪权：《证券期货犯罪理论与实务》，商务印书馆 2005 年版，第 334 页。

③ 参见张小宁：《证券内幕交易罪研究》，中国人民公安大学出版社 2011 年版，第 143 页。

幕信息知情人和非法获取内幕信息的人员利用信息优势进行交易，而若相关人员并未利用其信息优势，就不存在违反市场原则和损害其他投资者利益的问题，也就没有禁止的必要。换句话说，法律真正想要禁止、应该禁止的是内幕人员利用内幕信息进行交易，而不是禁止内幕人员进行任何交易，对于并未利用内幕信息的交易，不必也不应限制。第二，从立法本意看，立法禁止内幕人员在信息公开前进行交易，实质上隐含着行为人掌握并利用了内幕信息，表明所要禁止的是与内幕信息有一定因果关系的交易。第三，从条文体系看，《证券法》第七十三条已强调禁止"利用内幕信息"从事交易，作为对应的责任条款，第二百零二条应当遵循第七十三条的内在实质和外在表述，将需要承担法律责任的情形限制在第七十三条所禁止的框架内。[①]

2. 主张"知悉标准"或"否定说"的理由

持"知悉标准"者认为，首先，从法条原意看，由于《证券法》第二百零二条和《刑法》第一百八十条均未规定"利用"内幕信息这一要件，应该理解为，在追究责任时并不要求涉案人员存在"利用"内幕信息的情形。其次，从行为性质看，由于行为人在交易过程中并未将自己知悉内幕信息的事实告知交易对方，事实上具备证券欺诈的特征，理应构成违法，不必问其是否利用了该内幕信息。此外，从举证实际看，由于实践中很难证明行为人的哪笔交易是利用了内幕信息，而哪笔交易又未利用内幕信息，若以"利用"为要件，不利于打击内幕交易，行为人可能轻易逃避惩处，甚至导致内幕交易横行，严重扰乱市场秩序。[②]

（二）实务界的观点及其理由

针对这一问题，从监管部门公开出版的文献看，实务中有两种常见主张：一种认为，认定内幕交易应着重分析是否知悉内幕信息、交易是否异常等客观要素，只要客观行为符合内幕交易的特征，即可认定构成内幕交易，无须考虑行为人的主观因素，即所谓"客观标准"。持这一观点的理由主要为：第一，从内幕交易执法的直接依据看，处罚内幕交易的罚则为《证券法》第

---

①② 参见张小宁：《证券内幕交易罪研究》，中国人民公安大学出版社2011年版，第141页。

二百零二条，而该条采用的是客观标准。① 退一步说，即便《证券法》第二百零二条未明确"客观标准"，但该条并未强调行为主体的主观故意，也未要求必须证明行为主体实施有关行为时"利用"了内幕信息，因而在执法实践中具有较强的可操作性，能够避免违法主体以缺乏能够证明其主观故意的证据材料而提出抗辩。② 第二，从内幕交易行政执法的目的看，行政处罚的一个重要目的和宗旨在于"保障行政机关有效地实施行政管理"，因此，不同于刑事处罚更侧重于惩罚和民事责任更侧重于补偿，行政处罚更针对违法主体的客观行为，可以弱化或不考虑违法主体的主观心态。③ 第三，从监管实际和执法的具体操作看，适用客观标准，既符合从行政监管上规制内幕交易的实际，也给监管部门调查、认定和处罚内幕交易案件提供了很大便利。④

另一种观点则认为，针对相关条文表述不一致的问题，应当理解为，立法者并非要求执法机关必须以直接证据证明行为人主观上确实利用了内幕信息，而是旨在提醒执法者注意"知悉"却"未利用"内幕信息进行交易的情况，如果确有证据证明行为人在交易时并未利用内幕信息，则其违法阻却事由成立。⑤ 具体操作上，通常来说，所获取的重要信息往往会对人的决策产生影响，因此，若行为人知悉内幕信息后实施了相关交易，原则上即应推定其利用了内幕信息，除非涉案人员提出充足证据切断"知悉内幕信息"与"交易"之间的联系。⑥ 通常将这种观点称为"推定利用"，是执法实践中最受推崇的一种理念。对于相应的证明标准，有执法人员指出，既不能采用刑事司法领域通行的"排除合理怀疑"标准，也不能采用民事领域常用的"优势证据"标准，而应以"明显优势"或"高度盖然性证明标

---

① ③ ④　中国证监会行政处罚委员会：《证券行政处罚案例判解（第 1 辑）》，法律出版社 2009 年版，第 4 ~ 7 页。

②　中国证券监督管理委员会稽查局：《证券期货稽查典型案例分析（2009 卷）》，科学出版社 2013 年版，第 131 页。

⑤　中国证券监督管理委员会稽查局：《证券期货稽查典型案例分析（2009 卷）》，科学出版社 2013 年版，第 152 页。

⑥　中国证监会行政处罚委员会：《证券行政处罚案例判解（第 1 辑）》，法律出版社 2009 年版，第 18 ~ 19 页；中国证监会行政处罚委员会编：《证券期货行政处罚案例解析（第一辑）》，法律出版社 2017 年版，第 30 ~ 31 页、第 55 页。

准"为宜。①

此外，实践中，一些涉案人员可能既进行研究分析，又采取各种方式打听内幕信息，或者在获取内幕信息后又进行了研究分析，然后综合多种因素决定交易相关股票，内幕信息不是其进行交易决策的唯一原因，甚至也不是主要原因。对此，基于"推定利用"理念，有执法人员认为，根据《证券法》防范与打击内幕交易的立法宗旨和有关规定，只要知悉内幕信息是影响涉案人员交易行为的因素之一，就可以认定内幕交易行为成立。涉案人员要想排除行为的违法性，应当有证据证明即使在完全不知道内幕信息的情况下也会进行同样的交易行为，否则就不足以阻却行为的违法性。②

三、执法实践中的认识和处理

在行政审判领域，《座谈会纪要》规定了"利用"要件，但在具体证明方式上作了特殊安排，把实践中较难证明的"利用"要件转化为更容易操作、更客观的行为特征要素，允许在综合考虑相关人员之间的固有关系、联络接触情况、交易活动与内幕信息吻合情况的基础上认定涉案人员进行交易时知悉并利用了内幕信息。从大量公开的内幕交易行政处罚案件看，在具体认定中，执法机关通常并不着重考察或证明涉案人员是否"利用"了内幕信息，也不重点分析知悉内幕信息是否是影响涉案人员交易行为的因素，而是在其他证据的基础上综合分析认定涉案人员利用了内幕信息，同时允许涉案人员提出证据反驳这种认定。这表明执法机关事实上已经将"利用"这一主观要件视为内幕交易的构成要件之一，只不过这一要件的证明方法较为特殊。

例如，在李某滨、黄某峰内幕交易"粤富华"案中，李某滨和黄某峰主要通过参加粤富华总裁办公会议知悉了公司分红方案的动议、磋商与进展的

---

① 中国证监会行政处罚委员会：《证券行政处罚案例判解（第1辑）》，法律出版社2009年版，第4~7页。

② 中国证监会行政处罚委员会：《证券期货行政处罚案例解析（第一辑）》，法律出版社2017年版，第48页、第78页；中国证券监督管理委员会稽查局：《证券期货稽查典型案例分析（2009卷）》，科学出版社2013年版，第97页。

基本过程与总体情况，二人在内幕信息公开前交易了"粤富华"，证监会认定二人构成内幕交易。对此，李某滨提出，买入"粤富华"是出于对公司全年业绩的判断，而不是受内幕信息的影响；黄某峰也称交易决策完全基于对公开信息的分析和对个股技术走势的判断。证监会在处罚决定书中回应称：根据《证券法》的规定，内幕信息知情人"知悉"内幕信息后从事了相关证券的买入或者卖出，就可以推断其买卖行为系"利用"了内幕信息，除非有充分的理由与证据排除这种推断。该案中，虽然不排除二人独立的"分析判断"可能会对其交易行为有一定的影响，但由于其交易行为本身已经符合《证券法》第二百零二条内幕交易违法行为的构成要件，且证明其利用内幕信息从事交易的证据清楚而有说服力，涉案人员的辩解不足以推翻对内幕交易行为的认定。[①]

在张某坚内幕交易"S*ST 集琦"案中，张某坚称买入动机在于此前持有的股票股价一直不涨，想换股，而"S*ST 集琦"股价便宜且有重组预期。对此，执法人员指出，在涉案交易前，张某坚已经获悉内幕信息，次日便亏本卖出其他股票重仓买入"S*ST 集琦"，其卖出原有股票的时点令人倍感蹊跷，而亏本卖出后又重仓买入的行为也明显违背常理，且买入"S*ST 集琦"的时点与其知悉内幕信息的时点高度吻合，可以认定其利用了内幕信息。[②]

类似地，在郭某忠内幕交易"大元股份"案中，涉案人员提出，其客观上没有利用内幕信息的条件，主观上没有利用内幕信息进行交易的动机和目的。证监会认为，综合考虑郭某忠参加了珠拉黄金与大元股份就收购金矿一事举行的多次会谈、了解大元股份看好并准备购买金矿资产、郭某忠系珠拉黄金的法定代表人郭某军弟弟的身份、涉案交易与相关事项的进展在时点上高度吻合，而涉案人员未提出足以切断知悉内幕信息与涉案交易之间联系的理由与证据，对其关于未利用内幕信息的申辩意见不予采纳。[③]

---

① 中国证监会行政处罚决定书〔2010〕29 号，详见证监会网站。
② 中国证券监督管理委员会稽查局：《证券期货稽查典型案例分析（2009 卷）》，科学出版社2013 年版，第 131 页。
③ 中国证监会行政处罚决定书〔2013〕37 号，详见证监会网站。

四、司法实践中的认识和处理

(一) 刑事司法中的认识和处理

对于内幕交易犯罪是否需要以"利用内幕信息"为构成要件,司法机关的看法并不尽一致。例如,在黄某裕内幕交易北京中关村科技发展(控股)股份有限公司(简称中关村)股票案中,黄某裕的辩护人提出,通常来说,内幕交易的目的在于获利或止损,而黄某裕买入"中关村"后并未抛售,其买入股票的目的在于长期持有而非套现获利,因此不能认定其利用内幕信息进行内幕交易。对此,判决指出:无论黄某裕在买卖中关村股票时出于有何种目的,只要作为内幕信息的知情者,在内幕信息敏感期内买卖相关证券,无论是否获利,均不影响对内幕交易犯罪性质的认定。[1] 有观点认为,该案中,法院实质上并不认为"利用"内幕信息是内幕交易犯罪的构成要件。[2] 类似地,在邓某新内幕交易"中国长城"案中,司法机关似乎也不认为"利用"内幕信息是内幕交易罪的一项独立要件。该案中,邓某新的辩护人主张,其购买"中国长城"的行为仅是一种证券投资行为,不具有利用内幕信息获取暴利的动机。法院认为:邓某新在参与涉案非公开发行股票过程中,知悉了中国长城筹划定向增发项目等内幕信息,并在内幕信息敏感期内多次交易"中国长城",情节严重,构成内幕交易罪。[3]

但在另外一些案件中,司法机关明确认可"利用内幕信息"属于内幕交易罪的构成要件。例如,在上海祖龙内幕交易"创兴科技"案刑事诉讼过程中,辩方提出,买入"创兴科技"是上海祖龙的一种经常性理财行为,并且是为配合股改投票而买的,不是为了内幕交易,主观上没有"利用"内幕信

---

[1] 北京市第二中级人民法院刑事判决书〔2010〕二中刑初字第 689 号,详见 http://news.sohu.com/20100520/n272227325.shtml。

[2] 赖朝晖:《透视内幕交易刑事司法的最新动向》,载《中国检察官》2011 年第 8 期,第 68 ~ 69 页。

[3] 广东省深圳市中级人民法院刑事判决书〔2017〕粤 03 刑初 214 号,详见中国裁判文书网。

息的意图。一审判决综合各方面证据认定被告主观上具有利用内幕信息的故意，客观上也有利用内幕信息进行交易的行为。二审法院认可一审判决。①可见，该案审判法院认为"利用"内幕信息是内幕交易罪的一项构成要件。类似地，在孙某甲内幕交易"宝莫股份"案中，针对"孙某甲是依据公开信息和自己的判断还是利用内幕信息交易'宝莫股份'"的问题，法院指出：判断行为人是利用内幕信息还是依据其他进行交易，关键看促使行为人作出交易决定的因素中有无内幕信息的影响。只要行为人获取的内幕信息对促使其交易决定具有一定影响，就应当认定行为人是利用内幕信息从事内幕交易。该案中，孙某甲关注"宝莫股份"是基于内幕信息，买入"宝莫股份"并不断加仓也是基于内幕信息，相关交易行为明显异常，而提出的"依据公开信息和自己的判断交易宝莫股份"不足以解释交易行为的异常，且即使公开信息和行为人自己的判断在交易时起到一定作用，亦不影响对孙某甲利用内幕信息从事内幕交易的认定。②

（二）行政执法中的认识和处理

审判实践中，行政机关能够证明涉案人员具备《座谈会纪要》规定的情形，而涉案人员不能作出合理说明或者提供证据排除利用内幕信息从事交易的，审判机关通常认为足以认定涉案人员存在利用内幕信息从事内幕交易的行为，并不会仅因执法机关没有直接证据证明涉案人员存在"利用内幕信息"的故意而判决撤销行政处罚。

例如，在杨某波因光大"816"内幕交易行政处罚纠纷诉证监会一案中，一审法院明确指出，"在内幕交易案件中，交易者知悉内幕信息后实施了相关的证券期货交易行为，原则上即应推定其利用了内幕信息，从而具有内幕交易的主观故意。如果该交易行为系基于内幕信息形成以前即已经制订的投资计划和指令所作出，足以证明其实施的交易行为确与内幕信息无关，可以

---

① 厦门市中级人民法院刑事判决书〔2009〕厦刑初字第 109 号、福建省高级人民法院刑事裁定书〔2010〕闽刑终字第 398 号，详见中国裁判文书；另见赖朝晖：《透视内幕交易刑事司法的最新动向》，载《中国检察官》2011 年第 8 期，第 68~69 页。

② 山东省东营市中级人民法院刑事判决书〔2016〕鲁 05 刑初 14 号，详见中国裁判文书网。

作为内幕交易的抗辩事由"，二审法院对此予以认可。① 后杨某波不服一、二审判决向最高人民法院申请再审，最高人民法院持相同观点并决定驳回再审申请。②

在申某永内幕交易"绵世股份"案中，证监会认定申某永在内幕信息敏感期内与知情人联络接触并大量买入"绵世股份"的行为构成内幕交易，申某永主张其并未获悉内幕信息，亦未利用内幕信息进行交易，而是依据公开市场信息和自身判断进行交易。在该案行政诉讼中，一审法院认为：虽然没有直接证据证明申某永与内幕信息知情人联络接触的具体内容，但基于本案事实，已足以推断申某永的交易是基于获知内幕信息而实施。理由在于：其一，申某永与内幕信息知情人郑某、石某平熟识，且在涉案内幕信息敏感期内，申某永又与知情人多次联系、接触，其具备获知内幕信息的可能性。其二，申某永买入绵世股份股票的时点与涉案内幕信息的形成时间、公开过程及其与郑某、石某平的联系时点高度吻合。其三，申某永实施的交易行为明显存在不符合一般交易行为的异常之处：一是买入行为十分坚决，不仅利用现有资金重仓买入，还启用融资融券账户，以加杠杆的方式大笔买入绵世股份；二是在敏感期内大笔买入且在绵世股份复牌之后即又陆续卖出，只是较为短期的持有。申某永的交易行为充分表明其在重仓买入"绵世股份"时，对该股的短期走势已经有十分明确的预期，而这一期间又与相关内幕信息敏感期高度吻合，申某永以自己对绵世股份的技术指标有着专业的分析能力以及自己已有重仓交易的习惯等理由作为抗辩，显然不具有说服力，且没有证据能够证明其存在如此异常的交易习惯。申某永又不能提供有说服力的证据证明其不知悉内幕信息，或者其交易行为并未利用内幕信息，故证监会认定申某永构成内幕交易并无不当。③ 后申某永提起上诉，二审法院认为：根据在案证据，已经可以证明申某永在内幕信息公开前与知

---

① 北京市第一中级人民法院行政判决书〔2014〕一中行初字第 2438 号、北京市高级人民法院行政判决书〔2015〕高行终字第 943 号，详见中国裁判文书网。
② 最高人民法院行政裁定书〔2015〕行监字第 2094 号，详见中国裁判文书网。
③ 北京市第一中级人民法院行政判决书〔2016〕京 01 行初 1006 号，详见北京法院审判信息网。

情人进行了联络、接触，且其交易活动与内幕信息高度吻合。即便申某永与知情人之间存在的联系中有的是因工作原因，但在其交易行为与内幕信息高度吻合的情况下，申某永没有提供有说服力的证据证明其不知悉内幕信息，或者并未利用内幕信息。因此，不能排除申某永存在利用内幕信息从事相关证券交易活动的行为。①

类似地，在周某和内幕交易"江泉实业"案中，周某和主张其并不知悉内幕信息，更未利用内幕信息进行交易。在行政诉讼中，一审法院认为：考虑到周某和与内幕信息知情人关系密切且在内幕信息公开前联络频繁，而周某和交易"江泉实业"的行为明显异常，证监会在综合分析周某和交易行为特征的基础上，认定其知悉内幕信息并利用内幕信息实施内幕交易并无不当。二审法院支持了该意见。②

综上可见，法院系统对行政处罚中基于间接证据综合分析并认定涉案人员"利用内幕信息进行交易"的做法高度认可。

此外，需要补充的是，通过这种方法认定内幕交易并非我国特例，美国监管机构处理的一起华人内幕交易的案例也生动阐释了这一证明和认定方法。2016 年，在美华人王某露所在的律师事务所正在参与一个收购案件，南非矿业公司 Sibanye 计划斥资 22 亿美元收购科罗拉多州矿业公司 Stillwater。2016 年 6 月，王某露的丈夫严某用其母亲的名字开户买入 Stillwater 股票。2016 年 11 月 22 日，在王某露参加了与这桩交易有关的一次电话会议几小时后，严某控制账户买入了大量 Stillwater 的看涨期权。2016 年 12 月 9 日，在交易宣布后的几分钟内，Stillwater 股价上涨，严某突击卖空所持 Stillwater 看涨期权，获利约 109 420 美元。检方通过数据分析发现这笔交易形迹可疑，并发现严某自 2016 年起就在谷歌大量搜索相关资讯，包括通过"SEC 如何发现异常交易"（How SEC detect unusual trade）、"使用国际账户进行内幕交易"（Insid-

---

① 北京市高级人民法院行政判决书〔2017〕京行终 2366 号，详见北京法院审判信息网。
② 北京市高级人民法院行政判决书〔2017〕京行终 2804 号，详见北京法院审判信息网。

ertrading with international account）等关键字句来搜索答案。① 这些让检方确信严某有内幕交易的故意。最终，严某被判内幕交易罪，其妻王某露被所任职律师事务所解聘。②

---

① Michael Sheetz, *Alleged insider trader caught after Googling 'insider trading'*, Published 8：17 AM ET Thu，13 July 2017 Updated 10：51 AM ET Thu，13 July 2017，https：//www.cnbc.com/2017/07/13/alleged-insider-trader-caught-after-googling-insider-trading.html.

② Kathryn Rubino, *Biglaw Associate Fired When Her Husband Pleads Guilty To Insider Trading*，Nov.3，2017 at 4：56 PM，https：//abovethelaw.com/2017/11/biglaw-associate-fired-when-her-husband-pleads-guilty-to-insider-trading/.

第四章

内幕交易的基本形态

第一节 交易责任主体的识别

一、识别交易责任主体的困难及出路

（一）识别交易责任主体的现实困难

实践中，出于规避监管、放大杠杆、实现专业高效操作等多种目的，市场参与者控制使用他人账户、多渠道转入资金、雇用或委托他人协助操作交易等情况十分常见，账户名义所有人、交易决策者、交易实施和操作者、资金来源或去向主体（包括最终主体和过路转账所涉主体）等角色往往不集于一人而是多人，在个别情况下，这些主体之间表面关联极少。从案件查处的角度看，这种情况下，要认定涉案交易是否构成内幕交易①，首先要明确究竟其中谁应该对交易负责，然后才能结合其是否属于"内幕人"分析其行为

----

① 如无特别说明，本章所称"内幕交易"仅指交易行为，不包含泄露内幕信息和建议他人买卖的行为。

是否构成内幕交易。为此，执法过程中，往往需要进行大量调查取证和综合分析，才能正确识别究竟何人进行了内幕交易。特别是在知悉内幕信息的人员较多、涉案主体与账户名义所有人关系并不十分直接，甚至涉案主体广泛借用或通过配资协议等方式控制他人账户、相关人员互相"串供"或"顶包"的情况下，识别真正的责任主体绝非易事。

（二）认定交易责任主体的基本逻辑

要明确究竟谁应该对交易行为负责，首先需要明确证券"买卖"或"交易"行为的核心特征，即何为"买卖"、其内涵和外延是什么、具备哪些特征可构成"买卖"？特别是在账户名义所有人、资金提供人、收益归属人、进行决策人、操作人不一致的情况下，提供账户、提供资金、进行决策、操作交易等行为中，究竟何种行为在本质上满足"交易"或"买卖"的本质特征？

一般认为，证券交易的核心要素和关键环节在于进行交易决策，判断谁应对交易行为承担责任，关键要看交易决策由谁作出。简而言之，交易决策主体即为交易责任主体。对内幕交易而言，其外在特征在于利用内幕信息进行交易，本质在于根据内幕信息作出交易决策。因此，判断行为是否构成内幕交易，首先要识别出交易决策主体，然后分析其是否具备"内幕人"的身份、交易是否利用了内幕信息。实践中，证券交易离不开证券账户，交易决策权的本质在于对账户是否交易、交易什么、交易多少、何时交易等享有决定权。因此，一定程度上讲，交易责任主体的识别和认定，就是对涉案账户实际控制关系和最终实际控制主体的识别。

（三）认定交易责任主体的具体实践

经过多年摸索和积累，执法机关探索出了将交易决策权外化为账户控制权并结合账户控制情况识别交易责任主体的认定路径。在账户名义所有人、账户实际控制人、交易操作者、资金来源和去向主体互不相同的情况下，执法机关往往将实际有权控制账户的人认定为交易责任主体，若该主体同时也是内幕人，则将进一步认定其有内幕交易违法之嫌。当然，提供账户、提供资金或具体操作交易的人被认定为交易责任主体的情况亦十分常见，但认定这些人员为交易责任主体的核心原因通常并不在于其提供了账户或资金抑或具体负责操作下单，而在于其有权作出交易决策。

在这一思路指导下，一般来说，在决策主体明确的情况下，执法机关会认定决策主体为责任主体；在决策主体不明确的情况下，若账户名义所有人、资金归属、内幕人为同一主体，则一般以该主体为责任主体；若账户名义所有人、资金来源或去向、具体操作交易者、账户预留联系人等并非同一人，则需要通过综合分析相关证据，判断这些人员中谁有权控制涉案账户，并进而认定其为交易责任主体。以下结合案例具体分析：

1. 决策主体明确的，通常以决策主体为交易责任主体

在交易决策主体、账户名义所有人、交易操作人、账户资金所属主体、交易盈利归属或亏损负担主体等不一致的情况下，执法机关倾向于认定决策主体为交易责任主体。如"博云新材"案即为典型的账户名义所有人、账户实际所有人、账户预留联系人、交易决策者、交易操作者、资金来源和去向主体、内幕人等多个角色不完全重合的案件，该案涉案的"金某雪"账户名义所有人为某证券营业部营销总监江某之母金某雪，江某在某证券营业部总经理李某捷的安排下将该账户借给谢某使用，但账户具体管理及涉案交易下单操作主体仍为李某捷及其下属员工，谢某委托李某捷及其下属员工管理操作该账户交易"博云新材"，最终，证监会认定谢某构成内幕交易违法。[①]"领先科技"案也存在类似情况，涉案账户为"白某秀"和"朱某峰"两个账户，两账户内资金分别为白某秀和朱某峰各自自有资金。白某秀将账户委托朱某峰全权代理，朱某峰又将"白某秀"账户及其本人账户交给其哥哥朱某喜操作，两账户交易"领先科技"的决策均由朱某峰作出、朱某喜代为进行下单操作，证监会认定朱某峰为交易责任主体。[②]

特别需要指出的是，虽然账户实际控制关系可以作为决策主体不明时的补充，但在涉案交易的决策主体与日常控制决策主体不同的情况下，应以涉

---

① 中国证监会行政处罚决定书〔2016〕98号，详见证监会网站。
② 中国证监会行政处罚决定书〔2013〕35号，详见证监会网站。

案交易的具体决策主体为准。"明家科技"案便是一例，该案涉案证券账户为谢某某之子杨某的名义账户，涉案交易发生前，"杨某"账户长期由谢某某实际控制并使用。内幕信息敏感期内，"杨某"账户全仓买入"明家科技"，交易下单 MAC 地址系谢某某办公电脑 MAC 地址，看似应当认定谢某某为交易责任主体。但事实上，内幕信息敏感期内，王某临时向谢某某借用了"杨某"账户，并将资金经过何某涛等人银行账户划转至杨某第三方存管银行账户，后让谢某某将相应资金全部买入"明家科技"，谢某某按王某指示操作"杨某"账户全仓买入"明家科技"。最终，深圳证监局认定王某为交易责任主体。①

2. 决策主体不明的，综合分析认定交易责任主体

（1）决策主体不明但账户名义所有人、资金归属、内幕人为同一主体的情况。

若内幕人本人账户在敏感期内交易相关证券，通常来说，内幕人属于交易责任主体的嫌疑较大。若同时存在交易资金归属于内幕人、交易由内幕人本人或其近亲属或其他关系密切人操作下单等情形，则即便没有直接证据证明内幕人系涉案交易的决策主体，通常来说，内幕人亦可能被认定为交易责任主体。"兄弟科技"案②和"中牧股份"案③均属于内幕信息知情人操作本人实名账户进行内幕交易的案件；"安诺其"案④和"世纪鼎利"案⑤等则是在敏感期内与知情人由联络、接触的人员操作本人实名账户进行交易被认定为内幕交易的案件。

（2）决策主体不明且账户名义所有人、资金来源及去向主体、交易操作人员、盈亏归属主体等分离的情况。

在账户名义所有人、账户实际控制人、交易操作者、资金来源或去向主体（包括最终主体和过路转账所涉主体）等互不相同情况下，交易责任主体

---

① 深圳证监局行政处罚决定书〔2014〕7 号，详见深圳证监局网站。
② 中国证监会行政处罚决定书〔2013〕28 号，详见证监会网站。
③ 中国证监会行政处罚决定书〔2018〕2 号，详见证监会网站。
④ 中国证监会行政处罚决定书〔2013〕19 号，详见证监会网站。
⑤ 中国证监会行政处罚决定书〔2017〕18 号，详见证监会网站。

的认定往往较为复杂。一些案件中，相关人员之间还相互串通，以期达到内幕信息知情者未决策交易、决策交易者不知情的效果。在此情况下，识别和认定真正应当对交易负责的主体，需要综合考虑人员关系、资金归属、下单操作等其他相关因素。以下就常见考虑因素进行简要分析。

一是主要结合交易操作情况即操作者知悉或获取内幕信息的情况综合分析认定交易责任主体。如在"海南瑞泽"案中，涉案账户为"曾某某"账户，曾某某为吴某彪的岳母，"曾某某"账户开立后所有委托下单均通过手机客户端进行，委托下单的手机号为吴某彪使用的手机号，且吴某彪曾在内幕信息公开前与内幕信息知情人存在联络接触，证监会认定吴某彪系"曾某某"账户交易责任主体。[1] 类似地，在"恒康医疗"案中，涉案证券账户为"唐某国"账户，王某祥系唐某国配偶，"唐某国"账户买卖"恒康医疗"主要由王某祥通过电脑和手机委托下单，且王某祥系内幕信息知情人王某忠的亲妹妹，两人关系密切且存在密切的资金往来，最终，证监会认定王某祥为涉案交易行为主体。[2] 在一些案件中，涉案人员常辩称交易并非内幕人决策和操作，而是家庭其他成员或账户名义所有人等自行决策并交易，只是由于共用设备等原因导致其被误认。针对此类主张，执法机关通常会综合分析判断。例如，罗某阳、罗某颖内幕交易"东方铁塔""黄河旋风"等股票案中，共有"汪某英""杨某玲""曹某涛"三个证券账户，账户内资金主要来源于罗某阳。罗某阳、罗某颖系兄弟且关系亲密，在敏感期内有联络接触。涉案交易与内幕信息的形成、发展均高度吻合，交易明显异常，且交易下单设备与下单地址指向罗某颖。对此，涉案人员申辩提出，涉案证券账户由罗某颖之妻孟某娟独自操作，孟某娟亦作证称涉案交易由其自主决策进行，罗某阳、罗某颖均未参与股票买卖。但孟某娟所述不能解释涉案交易与内幕信息形成、发展高度吻合的事实，最终，证监会并未采纳相关申辩。[3]

二是主要结合交易资金情况综合分析认定交易责任主体。在一些情况下，不仅交易决策者难以查清，交易下单硬软件信息、操作人员及其身份关系等

---

① 中国证监会行政处罚决定书〔2017〕107 号，详见证监会网站。
② 中国证监会行政处罚决定书〔2017〕90 号，详见证监会网站。
③ 中国证监会行政处罚决定书〔2016〕86 号，详见证监会网站。

亦无从查实，但资金来源和去向较为明确。在此情况下，执法机关可着重考虑资金来源、去向所涉主体及其知悉或获取内幕信息的情况，并结合其他相关情况综合分析认定资金权利主体为交易责任主体。例如，在陈某良内幕交易"天山股份"案中，陈某良系内幕人，陈某良本人账户及"黎某"账户存在交易异常情况。陈某良承认其借用黎某的身份证开立账户、账户为其所有，其委托曹某操作"黎某"账户，但称对该账户交易"天山股份"的情况并不了解。由于"黎某"账户的涉案交易主体难以查实，难以直接认定谁应该对该账户的交易负责。对此，执法机关认为，"黎某"账户由陈某良开立并借用、陈某良负责该账户资金存取，而该账户动用几千万元买卖"天山股份"，且资金存取均由陈某良本人进行，陈某良不可能不知道相关交易情况。退一步说，即使陈某良确实将账户委托给曹某操作，按常理，将如此大额的资金委托他人管理，代理人不可能不告知委托人账户交易情况，且按照委托代理理论，委托人应当对代理人的行为承担责任。最终，执法机关认定陈某良为"黎某"账户交易"天山股份"的责任主体。[1] 在姜某芳等内幕交易"蓉胜超微"案中，姜某芳为内幕信息知情人，与其子陆某栋共同生活，内幕敏感期内，陆某栋操作其本人账户交易"蓉胜超微"，交易与内幕信息高度吻合，资金主要来源于姜某芳，证监会认定二人构成内幕交易。同期交易"蓉胜超微"的还有"廖某"账户，相关交易由廖某的丈夫奚某某操作，但交易资金由陆某栋提供，实际来源于姜某芳，奚某某在进行交易期间与陆某栋联系频繁，"廖某"账户交易"蓉胜超微"的时间、买卖方向与"陆某栋"账户高度一致，证监会认定"廖某"账户的交易责任主体为姜某芳、陆某栋而不是奚某某或廖某。[2]

三是结合账户日常控制和管理情况认定交易责任主体。一些案件中，在账户交易决策主体难以查明、操作主体又显然不可能具备交易决策权的情况下，认定交易责任主体，可以着重考察日常有权管理和控制涉案账户的人员知悉或获取内幕信息、进行交易决策的可能性。这方面代表性的案件为"王

---

[1] 中国证监会行政处罚委员会：《证券行政处罚案例判解（第1辑）》，法律出版社2009年版，第25页。
[2] 中国证监会行政处罚决定书〔2014〕28号，详见证监会网站。

某胜"等账户涉嫌内幕交易"益盛药业"案。该案中，益盛药业上市后长期存在委托持股的情形，"王某胜"和"王某"账户为代持账户，后公司决定有序减持代持股份，由公司证券部管理代持账户，具体由该部员工李某负责操作，李某修改了账户密码。除负责管理代持股份减持事宜的公司董事会秘书李某军和证券事务代表丁某君外，李某未将修改后的密码告知任何人。内幕信息敏感期内，这两个账户交易了"益盛药业"且交易行为明显异常，交易使用的电脑高度重合，主要由李某在益盛药业证券部办公室操作下单。但李某并不具备交易决策权，也没有证据显示其擅自进行了相关操作，而相关人员对交易决策主体的表述互相冲突。在知悉账户密码的三人中，李某军同时也是内幕信息知情人，在管理前述账户期间，李某军实际支配账户内资金，曾在代持股东未授权且不知情的情况下授意李某以账户内资金从事营利活动。最终，证监会认为，结合李某军知悉账户密码、有权支配账户内资金等情况，可以认定李某军实际控制"王某胜""王某"账户，李某军为内幕交易责任主体。①

此外，在一些案件中，执法机关还会结合相关人员对于账户控制情况的陈述、账户开户办理及维护等情况综合分析认定交易责任主体。例如，在沈某玲内幕交易"彩虹精化"案中，沈某玲安排同学黄某某使用"黄某燕"等5个证券账户为其买卖股票，在认定涉案账户的交易责任主体时，除考察资金来源和去向、交易硬软件设施归属、交易决策主体及指令下达方式等情况，证监会特别关注了5个账户的日常维护情况，发现账户维护资料中联系人一栏填写的电话为沈某玲的电话号码，证券营业部相关工作人员均反映相关账户的日常服务均找沈某玲，不认识黄某某。最终，证监会认定沈某玲实际控制"黄某燕"等5个账户。②

综上，在交易决策主体不明确的情况下，查清账户控制关系是认定交易责任主体的重要方法，而账户控制关系的认定，往往需要综合分析和判断。这种方法在操纵案件中也十分常见，例如，在李某操纵"元力股份"案中，

① 中国证监会行政处罚决定书〔2017〕17 号，详见证监会网站。
② 中国证监会行政处罚决定书〔2012〕23 号，详见证监会网站。

涉案账户为"李某""汤某""李某菲""张某婷"和"张某"账户，其中，李某与汤某为夫妻、与李某菲为兄妹，李某与李某菲同为某公司股东，而张某为该公司员工；李某与张某婷为亲密朋友关系；且"李某菲"账户开户预留联系电话与"李某"账户开户预留电话号码及李某本人使用的电话号码相同，"张某"账户开户预留的其他联系人为张某婷。涉案资金中，"汤某"账户存入的交易资金全部来自李某、大部分转回李某；"李某菲"账户存入的交易资金主要来自李某和汤某、全部划回汤某；"张某婷"账户存入的交易资金全部来源于李某；"张某"账户所存入的交易资金全部来源于李某、大部分转回李某。且"李某"账户与"汤某"账户等四个账户有重合的交易MAC地址。账户组共使用过 15 个 MAC 地址交易"元力股份"，其中，"李某"账户使用过 12 个，"张某婷"账户使用过 10 个，"李某菲"账户使用过4 个，"张某"账户使用过 4 个，"汤某"账户使用过 2 个。证监会认定账户组系由李某控制进行股票交易[1]，李某认为证监会的认定属于事实不清。在该案行政诉讼中，一审法院认为：认定行为人实际控制某一账户，需要判断行为人是否对该账户具有管理、使用或处分的权益。行为人虽非账户的名义持有人，但通过投资关系、协议或者其他安排能够实际管理、使用或处分他人账户的，也可以视为行为人实际控制该账户。一审法院认为，综合相关账户资金关系、交易下单地址重合情况、身份关系等关联情况，足以证明李某实际控制"李某"账户组。而李某未提交充分证据证实其未实际控制账户组，故对其相关主张不予支持。二审法院认同该意见并强调：证监会并非依据某一方面的直接证据，而是通过综合分析比较账户名义持有人与李某之间的身份关系、交易下单地址重合情况、账户资金关系特别是在交易"元力股份"时的资金流向等情况，采取综合分析方法作出的认定和判断。李某仅仅认为证监会的认定错误，却未就案涉 5 个账户之间存在的特殊关系作出令人信服的说明，亦未在行政程序和诉讼程序中提交充分的证据予以证明，故二审法院对李某的主张不予支持。[2]

---

[1]　中国证监会行政处罚决定书〔2016〕39 号，详见证监会网站。
[2]　北京市高级人民法院行政判决书〔2017〕京行终 2138 号，详见北京法院审判信息网。

二、认定责任主体必须刺破的假象

随着内幕交易越来越复杂隐蔽，在认定违法责任主体方面，应当有意识地揭开面纱，认清真正的交易决策主体。特别是要注意以下问题：

（一）"内幕交易"不限于以自身名义用自有资金为自己进行交易

实践中，一些内幕人员操作进行了交易，但主张其交易所用账户、资金均为他人所有，交易并非为自己利益，而是为他人操作交易，认为自己不应被认定构成违法。对此，实务界普遍认为，利用内幕信息进行证券交易包括内幕人以本人名义、直接或委托他人买卖证券，或者以他人名义买卖证券，或者为他人买卖证券。即便其并非为了自身利益，甚至完全是代为操作他人账户、使用他人资金为他人牟利，只要内幕人进行了交易决策，仍可能构成违法。

例如，在李某滨、黄某峰内幕交易"粤富华"案中，李某滨操作的是其父李某泰的证券账户，交易资金由其父存入，李某滨与李某泰分开居住，且执法机关并未发现该账户与李某滨之间有资金往来；黄某峰操作的是其妹黄某娥在黄某峰协助下开立的"黄某娥"账户，黄某娥授权黄某峰全权代理该账户资金存取、交易等事宜，交易资金由黄某娥以现金方式存入，黄某峰、黄某娥称该资金是黄某峰归还黄某娥的借款。在此情况下，认定中存在两个问题：李某滨、黄某峰究竟是为自己还是为亲属进行涉案交易？若并非为自己，二人的行为是否构成违法？对此，执法人员认为，从开户与资金进出情况来看，不能认定涉案交易属于李某滨、黄某峰"为自己买卖证券"，只能认定其利用内幕信息"代他人买卖证券"。由于《证券法》第二百零二条关于内幕交易构成要件的重心是"买入"或"卖出"，未区分使用自己账户还是他人账户、使用自己资金还是他人资金、为自己牟利还是为他人牟利，因此，无论"为自己买卖"还是"代他人买卖"，均可构成内幕交易行为。① 类

---

① 中国证监会行政处罚委员会：《证券期货行政处罚案例解析（第一辑）》，法律出版社 2017 年版，第 56 页。

似地，在徐某坤内幕交易"中牧股份"案中，内幕信息知情人徐某坤操作其本人证券账户在内幕信息敏感期内于 2015 年 6 月 11 日和 15 日买入"中牧股份"，所用资金系 2015 年 6 月 11 日转入，相关资金来源于杨某。对此，证监会指出：认定内幕交易与行为人使用的资金权属无关，涉案人员敢于使用他人资金大额买入"中牧股份"，说明其对该股后市有很好的预期，有很强的购买欲望，可以反映出涉案人员利用内幕信息交易的主观心理状态。①

换个角度看，对于提供资金、账户、具体负责账户操作的人而言，若其并不负责进行交易决策，亦不存在与内幕人共同进行内幕交易的情况，则未必属于交易责任主体。例如，在周某娜、陈某林内幕交易"金一文化"案中，周某娜、陈某林夫妇在内幕信息敏感期内与知情人存在联络接触，后利用"刘某顺"证券账户交易"金一文化"，交易由刘某顺下单执行，周某娜、陈某林夫妇决策。证监会认定周某娜、陈某林夫妇构成内幕交易，并未认定依刘某顺为涉案交易的责任主体。② 类似地，在罗某斌内幕交易"安诺其"案中，涉案账户为"吕某"和"俞某"账户，吕某和俞某系罗某斌公司员工，两账户交易"安诺其"的 IP、MAC 地址与二人所任职公司的办公电脑 IP、MAC 地址吻合，交易主要由吕某操作。从资金情况看，两账户对应的三方存管银行账户于涉案交易前一日分别收到从罗某斌银行账户转入的 300 万元，并于次日全部转入证券账户用于买入"安诺其"。此后，两账户卖出所持"安诺其"的资金又被全部转出至罗某斌银行账户。证监会认定罗某斌而不是操作交易的账户名义所有人吕某为交易责任主体。③

此外，一些涉案交易可能由法人的实际控制人或大股东、董事长等对法人事务有一定决策权和影响力的人员决策并亲自操作或由单位员工操纵、账户可能属于单位证券账户、资金亦可能来源于单位，抑或前述人员使用单位账户但并未使用单位资金，在另一些情况下，账户并非单位账户而是自然人账户，但资金来源于单位，交易责任主体的认定也会更复杂。通常情况下，若自然人为个人利益而不是单位利益而使用单位账户进行交易，或者相关单

---

① 中国证监会行政处罚决定书〔2018〕2 号，详见证监会网站。
② 中国证监会行政处罚决定书〔2018〕92 号，详见证监会网站。
③ 中国证监会行政处罚决定书〔2013〕18 号，详见证监会网站。

位本身就是空壳公司，甚至专为实施违法行为而设立，执法机关会直接认定相关自然人为交易行为主体和违法责任主体。若相关单位是正常生产经营的企业，其单位证券账户被实际控制人、控股股东、董事长等自然人等控制使用，则除非有证据证明相关交易是为了单位利益且交易决策能够代表单位意志，否则，执法机关倾向于将交易责任归咎于个人而不是单位。

例如，在黄某忠内幕交易"长盈精密"案中，涉案账户为盛德兰公司的账户，黄某忠时为该公司董事长，"盛德兰"账户系黄某忠安排其司机开立。黄某忠在内幕信息敏感期内与知情人联络、接触，"盛德兰"账户买入"长盈精密"是通过黄某忠手机下单交易，资金来源为信用账户融资，卖出股票后，资金用于归还信用账户融资借款。证监会指出：该账户虽然以盛德兰的名义开立，但实际上由黄某忠个人控制和使用，该账户买入"长盈精密"的行为属于黄某忠的个人行为，而非盛德兰公司的行为。最终，证监会决定对黄某忠进行处罚。[①]

（二）"内幕交易"的交易主体不限于集合竞价交易者

实践中，大部分内幕交易案件发生在二级市场集合竞价交易中，对于内幕交易能否出现在大宗交易中，尚有争议。有观点认为，大宗交易形式下不存在内幕交易的问题，原因主要为：首先，从立法目的看，大宗交易发生在特定主体之间，交易双方相对固定，交易价格由双方协商、交易时间与其他公众投资者也不一致，因而即使交易存在欺诈等违法犯罪问题，也不可能损害公众投资者的利益，对大宗交易行为以内幕交易定性量罚，偏离了立法目的和初衷。其次，从内幕交易的法定除外情况看，《内幕交易司法解释》第四条第一、二项指出，持有或者通过协议、其他安排与他人共同持有上市公司百分之五以上股份的自然人、法人或者其他组织收购该上市公司股份的，或者按照事先订立的书面合同、指令、计划从事相关交易的，不属于内幕交易。可见，即使在内幕信息敏感期从事相关交易，只要有前述情形之一的，不属于内幕交易。而收购和既定计划下的交易之所以不构成内幕交易，是因

---

① 中国证监会行政处罚决定书〔2018〕84 号，详见证监会网站。

为这两类交易行为多以大宗交易方式进行，行为人与交易相对方在信息获知方面不存在不对称。对这些行为予以禁止，实质上不符合刑法设立内幕交易罪保护证券市场公平交易秩序的目的。因此，应当进一步理解为，大宗交易阶段不会发生内幕交易。①

从执法实践看，执法机关似乎并不认为大宗交易或协议转让方式下一定不会发生内幕交易。事实上，执法机关确曾处罚过通过大宗交易方式实施的内幕交易：在朱某洪泄露内幕信息、上海金力内幕交易"宏达新材"案中，在确信宏达新材收购的项目业绩远不及预期的情况后，宏达新材董事长、总经理、实际控制人朱某洪将相关信息告知上海金力方的李某雷，建议上海金力方卖出"宏达新材"，后上海金力方将所持600万股"宏达新材"通过大宗交易出售以图避损。证监会认定该行为构成内幕交易。② 可见，无论内幕人通过何种方式进行交易，一旦成交，均可能意味着有其他投资者的权益受到侵害，此时，法律保护的"其他投资者"可以是多人也可以是一人，并不仅因交易并非以集合竞价方式进行而不具备违法性。

第二节　交易行为违法性的认定与抗辩

一、行为违法性认定的基本框架及内在逻辑

（一）内幕交易的认定与推定

认定行为构成内幕交易，主要有两种方式，一是在直接证据充分的情况下，直接认定行为人知悉或非法获取内幕信息并利用内幕信息进行交易；二是在内幕交易的直接证据相对欠缺的情况下，结合案件相关事实情况综合分

---

① 肖中华：《内幕交易、泄露内幕信息罪之规范解释》，载《法治研究》2016年第4期，第113~121页。

② 中国证监会行政处罚决定书〔2016〕33号，详见证监会网站。

析认定行为构成内幕交易。具体而言，根据《证券法》和《座谈会纪要》相关规定，行为构成内幕交易的前提是存在以下五种情形之一：一是法定内幕信息知情人进行了与该内幕信息有关的证券交易活动；二是法定内幕信息知情人的配偶、父母、子女以及其他有密切关系的人进行了与该内幕信息有关的证券交易活动，且交易活动与内幕信息基本吻合；三是因履行工作职责知悉内幕信息的人员进行了与该信息有关的证券交易活动；四是非法获取内幕信息的人员进行了与该内幕信息有关的证券交易活动；五是内幕信息公开前与知情人或知晓该内幕信息的人联络、接触，并进行了与该内幕信息有关的证券交易活动，且其交易活动与内幕信息高度吻合。具体到执法实践中，可以归纳出三种分析框架：

第一，对于有直接证据证明其实际知悉或获取了内幕信息的人员，一般来说，只要其在敏感期内交易了相关证券，执法机关无须分析其交易活动是否与内幕信息吻合或是否异常，若涉案人员不能作出合理说明或者提供证据排除其存在利用内幕信息进行交易的，执法机关便可认定其构成内幕交易违法。

第二，若涉案人员为内幕信息知情人的配偶、父母、子女以及其他有密切关系的人，且没有直接证据证明其实际知悉或非法获取了内幕信息的，要认定其构成内幕交易，须证明其交易活动与内幕信息基本吻合，且涉案人员不能作出合理解释或提供证据排除内幕交易。对于吻合程度的判断，执法机关往往结合《内幕交易司法解释》第三条所列举的不同角度展开具体分析。[1]

第三，涉案人员虽不存在前两种情形，但在内幕信息公开前与知情人联络、接触，并进行了相关交易的，若其交易活动与内幕信息高度吻合则构成违法，除非能够做出合理解释或提供证据排除内幕交易。需要注意的是，认定在内幕信息公开前与知情人联络、接触的人员涉嫌内幕交易，要求其交易

---

[1]　对于能否参照《内幕交易司法解释》进行分析，证监会认为，虽然从形式上来说，《内幕交易司法解释》作为刑事案件办理依据不能被行政执法直接适用，但根据"举重明轻"的法学方法，行政执法中参考《内幕交易司法解释》进行案件办理不存在障碍，且会对案件事实的认定起到增益作用。特别是《内幕交易司法解释》第三条弥补了《证券法》《座谈会纪要》等在认定标准方面的不足，具有较强的可操作性。参见中国证监会行政处罚委员会：《证券期货行政处罚案例解析（第一辑）》，法律出版社 2017 年版，第 66 页。

活动与内幕信息"高度吻合"。在苏某鸿涉嫌内幕交易"威华股份"案中，证监会在行政处罚书中认定交易活动与内幕信息"高度吻合"，但却在复议决定书中将"高度吻合"改为"较为吻合"。在该案行政诉讼中，法院认为，证监会处罚决定中的"高度吻合"已被其复议决定中的"较为吻合"所修正，且该修正与案件事实基本一致，据此可以认定，证监会处罚决定据以推定苏某鸿存在内幕交易的基础事实没有达到"高度吻合"的证明标准。最终，基于多个原因，法院判决证监会败诉。①

综上，根据《座谈会纪要》，对于没有直接证据证明其实际知悉或非法获取（如窃取、实际看到有关文件）了内幕信息的人员，在认定其交易行为是否构成内幕交易时，执法机关都要分析其交易活动与内幕信息吻合情况，若具备一定异常程度，可以结合有关事实分析并认定其构成内幕交易。由于《证券法》和《座谈会纪要》均未明示具体从哪些角度展开分析，实践中，执法机关往往参考《内幕交易司法解释》第三条，着重从交易时间吻合程度、交易背离程度和利益关联程度等三个方面多个角度进行分析判断，但对不同类型人员交易活动的异常性要求有所不同。

（二）内幕交易的"二次推定"

个别案件中，与内幕信息知情人存在特定关系或在敏感期内与知情人联络、接触的人员可能并未交易相关股票，但这类人员的其他亲属或其他关系密切人进行了相关交易且交易行为明显异常，在一些情况下，若不认定交易违法，似乎明显不符合常理；若认定交易违法，又存在交易责任主体与知情人并无直接关联、难以认定其为内幕人的问题。这就涉及执法实践中常说的"二次推定"问题，即首先推定另一主体知悉或非法获取内幕信息，然后推定行为人从该人处非法获取内幕信息并进行内幕交易。实践中，执法机关一般倾向于严格限制"二次推定"的适用，通常多适用于涉案人员之间存在特定身份关系、利益关系或其他特殊关系、交易行为异常性十分明显、不予认定明显

---

① 中国证监会行政复议决定书〔2017〕63号，详见证监会网站；另见北京市高级人民法院行政判决书〔2018〕京行终445号，详见北京法院审判信息网。

有悖常理的情形。

李某平内幕交易"特锐德"案即为经过"二次推定"认定的内幕交易案件。该案中，于某翔为内幕信息知情人，李某平之妻赵某与于某翔认识，但此前联系并不密切，而在内幕信息敏感期内，赵某与于某翔联系异常频繁，并曾见面吃饭，交谈了特锐德公司的市场发展形势、电力设备租赁业务和团队建设等情况。赵某和于某翔见面次日开盘几分钟后，李某平操作其名下证券账户亏损卖出另一股票并同步全仓买入"特锐德"。账户内资金系李某平和赵某的家庭财产。最终，重庆证监局认定李某平构成内幕交易违法。① 该案并未认定赵某构成泄露内幕信息，也未认定其与李某平构成共同内幕交易。不难看出，该案采取了"二次推定"的做法，首先"推定"李某平之妻赵某知悉或获取了内幕信息，然后"推定"李某平从赵某处非法获取了内幕信息并进行内幕交易。仔细推敲不难发现该案适用"二次推定"的合理性：首先，赵某和于某翔不仅存在频繁联络接触，还交谈了与特锐德公司相关的问题；其次，李某平与赵某系夫妻，涉案资金系二人家庭财产，而李某平在赵某和于某翔见面次日上午开盘不到十分钟就开始亏损卖出其他股票并全仓买入"特锐德"，可见其交易异常性非常突出，若不认定相关交易违法，明显不合常理。

二、交易异常性分析的方法及实践

近年来，内幕信息知情人直接从事内幕交易的情形有所减少，但知情人的亲友、同学、业务伙伴等经"传递"而非法获悉内幕信息并进行交易的案件十分常见。数据显示，证监会 2016 年正式立案调查的 89 名内幕交易涉案主体中，法定内幕信息知情人直接交易的占比仅为 31%，而通过亲友、同学、业务伙伴等获悉内幕信息并进行交易的占比达到 69%。在 2017 年立案调查的内幕交易案件中，传递型内幕交易占比近六成，且近四成案件涉及内幕信息多级、多向传递。② 在这样的背景下，交易行为异常性分析的重要性

① 重庆证监局行政处罚决定书〔2014〕1 号，详见重庆证监局网站。
② 参见央视网 2017 年 9 月 30 日消息：《证监会严厉打击各种形式的内幕交易》，详见 http://news.cctv.com/2017/09/30/ARTIbarIffYrQoK3nqTquXfe170930.shtml。

日益凸显。以下结合具体案例阐述异常性分析的具体维度及其操作。

（一）时间吻合程度分析

分析时间吻合度，目的在于考察涉案人员的行为时间与内幕信息形成、变化、公开以及行为人与内幕信息知情人联络、接触时间的吻合程度，从而判断其行为是否异常。根据《内幕交易司法解释》的规定，通常来说，着重关注的时间主要有以下三类：一是行为人开户、销户、激活资金账户或者指定交易（托管）、撤销指定交易（转托管）时间；二是资金变化的时间；三是交易的时间。具体而言，常见的异常性表现主要有：

从账户的角度看，实践中，一些人尚未开立证券账户或虽已开立但长期未进行交易，却在敏感期内突击开立或借用账户、启用休眠或不活跃账户或开通特定权限用于交易相关股票，且其具体操作时间与内幕信息形成、变化、公开时间或其与内幕信息知情人联络、接触的时间基本一致，这往往是行为异常的明显标志。对于启用休眠或不活跃账户进行交易的情况，实践中可能会产生这样的疑问：账户休眠多长时间构成异常？没有特定市场或板块的交易记录还是完全没有股票交易记录方可作为异常因素？对此，不能一概而论，而应结合全案情况综合分析判断。实践中，不同案件情况不尽相同。例如，在郭某莲内幕交易"安诺其"案中，涉案人员使用此前三年未曾交易过的账户进行交易，证监会认为这是交易异常的表现之一。[①] 在白某内幕交易"ST成霖"案中，白某在与内幕信息知情人联络、接触后亏损卖出其他股票集中买入"ST成霖"，且涉案账户此前近一年无其他深市股票交易记录，证监会认为其交易明显异常。[②] 在"东方锆业"和"宜华木业"案中，涉案账户在涉案交易前半年内未发生任何证券交易，却在内幕信息敏感期内突击转入资金、集中买入涉案股票，广东证监局认为交易行为明显异常。[③]

从资金的角度看，敏感期内突击筹措资金进行交易往往是交易异常性的突出表现。常见的如在敏感期内突击转入资金、亏损卖出其他股票回笼资金、

---

① 中国证监会行政处罚决定书〔2013〕18号，详见证监会网站。
② 中国证监会行政处罚决定书〔2015〕5号，详见证监会网站。
③ 广东证监局行政处罚决定书〔2015〕6号、8号，详见广东证监局网站。

临时赎回基金、提前提取定期存款、突击贷款或通过其他方式融资用于交易等。

从交易时点的角度看，主要考察两个方面，一是交易时点与内幕信息形成、变化、公开时间的吻合情况，二是交易时点同行为人与内幕信息知情人联络、接触时点的吻合情况。在很多案件中，与内幕信息知情人关系密切或存在联络、接触的人员在内幕信息形成、变化过程中的关键时间节点前后交易相关股票，这通常会被认为是异常交易的体现之一。此外，一些涉案人员在与内幕信息知情人联络、接触后第一时间或较短时间内就开始交易相关股票，其交易行为的异常性不言而喻。若涉案人员与内幕信息知情人联络、接触后并未第一时间或较短时间内开始交易内幕信息所涉股票，而是一段时间后才交易，一般认为其交易在时间吻合度方面相对较弱，但若交易确实发生于敏感期内且存在其他明显异常表现的，仍可能构成内幕交易。例如，范某明内幕交易"齐心集团"案中，范某明与内幕信息知情人侯某是姻亲关系，平时存在通信联系。内幕信息敏感期内，二人曾于 2016 年 2 月 8 日和 23 日通话联系，并曾于 2016 年 2 月 24 日晚因事相聚，后范某明于 2016 年 3 月 3 日和 4 日卖出其他股票并买入"齐心集团"。广东证监局指出，涉案交易系范某明首次买入"齐心集团"，其交易时点同其与侯某联络接触的时点基本一致，且存在亏损卖出其他股票集中买入该股的情况，范某明对上述异常交易行为无正当理由，故认定其行为构成内幕交易。[1]

（二）交易背离程度分析

所谓交易背离程度分析，即从交易行为与正常交易的背离程度考察其异常性。在进行该分析时，参照物主要有二：一是行为人自身的交易习惯，二是公开信息反映的基本面及股价走势。若交易明显不符合行为人平时交易习惯或明显与公开信息反映的趋势背离，则可认为是交易异常的表现。

所谓背离自身交易习惯和风格，主要可以从申买量、成交量、总体持仓量、单只股票持仓占比等方面考察。常见的异常表现有：一是敏感期内动用

---

[1] 广东证监局行政处罚决定书〔2017〕11 号，详见广东证监局网站。

资金量、总成交量、单笔成交量相对于涉案人员以往明显放大；二是习惯分散交易的人员在敏感期内单一交易内幕信息相关股票；三是总体持仓比例较以往明显偏高；四是以往持股相对分散的人员对涉案股票对持仓比重达到重仓乃至全仓的程度。如郭某莲内幕交易"安诺其"案中，在涉案交易之前，账户内资金余额仅为116.6元，后涉案人员于敏感期内转入26.1万元并将其中85%用于买入"安诺其"，证监会认为这是交易异常的表现之一。[①]

需要强调的是，虽然交易的绝对量和相对量是分析交易异常性的角度之一，但内幕交易违法行为的成立不以投入的资金量、交易数额大小为要件。实践中，由于交易安排各不相同，有时甚至出于规避监管等考虑，内幕人未必会重仓或集中交易内幕信息相关股票，但若其具有特殊身份或交易行为存在其他异常情况的，仍可能构成内幕交易违法，未动用全部资金买入、持仓占比不高、未单一交易涉案股票等情况未必足以排除内幕交易嫌疑。

在一些案件中，内幕信息知情人的关系密切人或与知情人存在联络、接触的人交易相关股票的行为可能与公开信息反映的基本面存在一定程度的背离，一般认为，这也是交易明显异常的表现之一。如在杨某珍内幕交易"西部资源"案中，杨某珍与内幕信息知情人吕某某是朋友，二人关系密切，存在资金往来，几乎每天电话联系。内幕信息敏感期内，杨某珍买入"西部资源"，买入行为与公开信息反映的西部资源业绩下滑的基本面背离。四川证监局认为杨某珍的交易行为明显异常。[②]

（三）利益关联程度分析

分析利益关联程度，主要是分析交易与内幕信息知情人员或非法获取内幕信息的人员有无关联或利害关系，这种关联越强，则交易的异常性越明显。特别是对于可能存在泄露内幕信息、建议他人买卖股票、共同内幕交易的情况，利益关联度分析对于正确定性具有重要作用。例如，在米某平泄露内幕信息、冯某利内幕交易"蓝色光标"案中，证监会强调了以下事实：一是二

---

① 中国证监会行政处罚决定书〔2013〕18号，详见证监会网站。
② 四川证监局行政处罚决定书〔2014〕6号，详见四川证监局网站。

人关系较为亲密且存在资金往来，敏感期内联系较多且异于平常；二是涉案交易行为明显异常；三是交易时点与联络接触时点高度一致；四是涉案人员存在刻意隐瞒事实的迹象。证监会认为：综合上述因素，足以认定米某平向冯某利泄露内幕信息，冯某利内幕交易。[1]

在相关人员涉嫌共同内幕交易的情况下，利益关联程度往往是判断是否构成共同违法的重要考虑因素。例如，在施某新、陈某媛共同内幕交易"宝硕股份"案中，施某新为宝硕股份相关内幕信息的知情人，陈某媛与施某新关系密切，二人之间曾发生多次往来款转账，施某新曾以750万元购买陈某媛的富马克食品公司15%的股份，且购买后未过户而是由陈某媛代持。陈某媛经常去施某新家下单操作股票，二人的证券账户存在交易股票趋同、交易硬软件地址一致的情况。内幕信息敏感期内，二人通信联络频繁，其间，"陈某媛"账户买入"宝硕股份"525 000股，成交金额791.2万元。涉案交易前，"陈某媛"账户平时资金不超过20万元，此次买入所用资金来源于翁某磊转入的800万元，该笔资金系由施某新提供个人担保，在敏感期内转入涉案账户。在本案内幕信息敏感期之后，施某新还曾向"陈某媛"账户转入资金买入其他股票。证监会认为，施某新与陈某媛关系密切且存在直接经济利益，构成共同内幕交易。[2]

需要强调的是，即便行为人与内幕信息知情人之间不存在利益关联或其他利害关系，若交易存在其他明显异常情况的，没有经济往来或利益关联并不影响对内幕信息传递及相应内幕交易的认定。例如，在申某永内幕交易"绵世股份"案中，在内幕信息敏感期内，申某永与知情人郑某、石某平频繁联络、接触，多次向石某平打听绵世股份的消息，并大量买入"绵世股份"，且存在卖出其他股票、首次启用信用账户融资买入该股的情况。证监会认定其构成内幕交易。[3] 申某永不服处罚并申请行政复议，主张其与郑某、石某平是正常业务联系，并无经济往来，不存在郑某、石某平通过告知申某永内幕信息而获利的情况。同时，申某永称涉案交易是基于公开的利好及对

---

① 中国证监会行政处罚决定书〔2013〕79号，详见证监会网站。
② 中国证监会行政处罚决定书〔2018〕24号，详见证监会网站。
③ 中国证监会行政处罚决定书〔2016〕74号，详见证监会网站。

该股股价走势的技术分析，交易符合其交易习惯。证监会认为：行为人与内幕信息知情人之间是否存在经济往来，不影响对内幕信息传递的认定。申某永在内幕信息敏感期内与内幕信息知情人郑某、石某平频繁联络、接触，并大量买入"绵世股份"，且存在卖出其他股票买入、首次启用信用账户融资买入的情况，买入意愿坚决，联络时点与交易时点高度接近，交易行为与内幕信息高度吻合，足以认定其构成内幕交易。最终，证监会经复议认为申某永的主张不足以合理解释其交易行为的异常性，决定维持原处罚决定。①

（四）其他异常情况分析

如前所述，判断交易行为是否异常，需要全面分析、综合把握。在这一思想的指导下，具体分析角度可以不局限于上述诸方面。也正是考虑到实际情况错综复杂，许多情形难以预料，《内幕交易司法解释》第三条在列举诸多分析维度的同时还设置了兜底项，即"其他交易行为明显异常情形"。

实践中，在内幕信息公开前大量买入并在信息公开后迅速卖出、快速撤资往往被认为是交易异常的表现之一。如在周某丹等人内幕交易"宁夏恒力"便是一例，该案中，周某丹、陈某玲账户均在买入宁夏恒力股票当日或前一天突然转入资金，并且全仓买入，在股票复牌后不到一个月就全部卖出宁夏恒力股票，并将卖出所得金额立即转出证券账户。证监会人认为交易明显异常，构成内幕交易。②

除了上述因素，行为人在敏感期内的申报价格也是判断交易异常性的参考因素，通常来说，对于利好消息而言，内幕交易者的申报价格可能会逐步提高，对利空信息则相反。例如，在冀某斌交易"延长化建"案中，冀某斌在敏感期内与知情人联络，并于次日上午9：35起亏损卖出其他股票后大笔集中买入"延长化建"，在第一笔买入"延长化建"仅部分成交时（成交价为5.99元/股），涉案人员部分撤单并以更高价格（6.02元/股）再次申报买入。证监会认为这是交易异常的表现之一。③

---

① 中国证监会行政复议决定书〔2016〕57号，详见证监会网站。
② 中国证监会行政处罚决定书〔2012〕24号，详见证监会网站。
③ 中国证监会行政处罚决定书〔2018〕103号，详见证监会网站。

（五）异常性分析需要刺破的假象

根据《内幕交易司法解释》的规定，对于交易是否异常，必须综合有关情形进行分析认定。对于依法需要分析行为是否异常的案件，一般要求行为具备两项以上异常特征，或同时存在多方面异常，方可认定其构成内幕交易。但另一方面，仅仅某一方面或某些方面不异常，不一定意味着交易不异常。总之，对于交易是否异常，应当尽可能综合、全面地进行分析，避免以偏概全。实践中，特别要注意以下常见干扰因素：

1. 敏感期内存在反向交易未必说明交易不异常

执法机关通常认为，涉案人员知悉内幕信息并进行交易，即可构成内幕交易，即使在内幕信息公开前反向卖出或买入，也不影响对其交易行为已构成违法的认定。① 例如，在周某和内幕交易"江泉实业"案中，周某和曾在内幕信息公开前与知情人张某业联络、接触，并动用 3 个账户突击转入资金集中交易"江泉实业"，其交易时点同其与张某业联系的时点以及张某业自己交易"江泉实业"的时点高度趋同。内幕信息敏感期内，周某和曾卖出部分"江泉实业"，特别是在该股停牌前两个交易日，有较大比例的卖出，周某和据此主张其交易并不异常。证监会认为，周某和在敏感期内突击转入资金集中交易"江泉实业"，买入意愿坚决，且交易时点与联系时点、张健业交易时点高度趋同，足以认定周某和交易"江泉实业"的行为明显异常。内幕交易敏感期内少量的卖出交易并不足以排除交易的异常性。在诉讼中，法院对证监会的观点予以认可。②

在一些情况下，行为人在敏感期内反向交易，不仅不意味着交易不异常，往往还是交易行为明显异常的体现之一。这是因为，内幕信息筹划过程中可能出现转折起伏，获利预期也随之变化。因此，了解信息的人可能随着信息变化而灵活买卖。结合内幕信息形成、发展过程看，通常会发现这类行为人反向交易的时点往往也是内幕信息出现波动或转折的时间。例如，在沈某内

---

① 中国证监会行政处罚决定书〔2018〕2 号，详见证监会网站。

② 中国证监会行政处罚决定书〔2016〕101 号、北京市高级人民法院行政判决书〔2017〕京行终 2804 号，详见证监会网站和北京法院审判信息网。

幕交易"世纪鼎利"案中，内幕信息所涉事项为世纪鼎利拟收购上海智翔，内幕信息形成于 2014 年 3 月 18 日、公开于 2014 年 7 月 29 日。沈某与在与知情人喻某发联络、接触后，自 2014 年 4 月 2 日开始买入"世纪鼎利"。4 月下旬，收购谈判放缓，上海智翔开始与其他上市公司谈判并购重组事宜，世纪鼎利亦开始了解其他可合作对象。4 月 22 日和 23 日，喻某发与沈某有通话联络。4 月 23 日，沈某将前期买入的"世纪鼎利"全部卖出，获利 37 315.66 元。到 5 月 12 日，交易双方决定加快推进并购重组，并于次日就并购重组的方向及估值基础和评估标准等主要交易条款形成基本共识，并列出大致时间表。5 月 15 日，喻某发与沈某有通话联络，次日，沈某再次买入"世纪鼎利"25 700 股，成交金额 346 950 元。不难发现，在敏感期内卖出以及卖出后又买入恰恰体现了交易行为的异常性。最终，证监会认定沈某构成内幕交易并予以处罚。①

2. 交易过程中有撤单未必说明交易不异常

在一些案件中，行为人在交易过程中不时有撤单，在执法过程中可能据此主张其交易意愿并不坚决、交易并不异常。实践中，本着综合分析的基本原则，执法和司法机关并不会仅仅因存在撤单就认定行为不异常。孙某章内幕交易"宇顺电子"刑事案件便是一例，该案内幕信息敏感期为 2011 年 12 月 26 日至 2012 年 2 月 4 日。孙某章作为证券公司投行业务人员参与宇顺电子非公开发行股票项目现场尽职调查工作，2012 年 2 月 1 日获悉宇顺电子中标中兴康讯公司通信系统有关招标项目并签订了合作框架协议，次日买入"宇顺电子"。涉案人员主张，其 2012 年 2 月 2 日上午并不确定涉案信息是否构成重大利好消息，故在该日上午五次下单中有两次撤单行为，至下午其确定该信息属于重大内幕信息，才一次性成交 4 万股，因此，不应将其当日上午的交易认定为内幕交易。对此，法院未予采纳。②

3. 随行情涨跌买入或卖出未必说明交易不异常

与背离基本面交易等情况不同，在一些案件中，涉案交易行为与市场行

---

① 中国证监会行政处罚决定书〔2017〕28 号，详见证监会网站。

② 广东省广州市中级人民法院刑事判决书〔2013〕穗中法刑二初字第 108 号，详见中国金融服务法治网"证券法案例"专栏，http://www.financialservicelaw.com.cn/article/default.asp? id=2900。

情、个股走势、公开信息反映的趋势等吻合，一定程度上会削弱交易的异常性。对此，执法机关会综合案件情况和其他一些具体细节综合分析认定。例如，在郑某广内幕交易"信维通信"案中，内幕信息敏感期为 2011 年 12 月 22 日至 2012 年 2 月 2 日，郑某广之妻许某不迟于 2012 年 1 月 4 日知悉内幕信息。2011 年 1 月起，郑某广操作其本人账户开始持续买卖"信维通信"，且主要交易该股，但单笔买入量较少。2011 年 11 月 10 日起，该账户仅交易"信维通信"，且买入量有所放大，交易有异常特征。内幕信息敏感期内的 2012 年 1 月 5 日、13 日，该账户分别买入"信维通信" 1 100 股和 500 股，6 月 27 日全部卖出，实际获利 1 098.59 元。深圳证监局认为郑某广的行为构成内幕交易。① 郑某广提出，其在 2010~2012 年期间持续交易该股，交易行为具有连续性，且与市场涨跌情况相一致，涉案交易是长期连续交易过程的一部分，不具有内幕交易的一般异常特征，且账户仍有资金余额，并未全部买进该股。对此，深圳证监局认为，内幕交易通常是在获悉利好信息后集中买入建仓，并在信息泄露或公布后趁机变现获利，也可以表现为利用信息优势精准选择交易个股和交易时机，结合个人交易条件、习惯、风格，利用市场行情涨跌走势，以低买高卖等方式来获取波段利益。因此，郑某广长期连续交易该股、部分交易行为与市场行情走势一致并不必然排除存在内幕交易行为。②

4. 买入后长期持有未必说明交易不异常

在买入型内幕交易案件中，一些行为人常辩称自己买入后长期持有而不是短期获利了结，故其行为不异常、不属于内幕交易。对此，首先需要明确一点，分析行为是否异常、是否构成内幕交易，关键要看行为实施过程中及

---

① 围绕该案，一个有趣的问题是：哪些时间段的交易属于内幕交易？通常来说，只有在交易主体知悉或应当知悉内幕信息后，其行为才可能构成内幕交易。因此，虽然证监局认为，"2011 年 11 月 10 日起，该账户仅交易信维通信股票，且买入数量相对有所放大，交易有异常特征"，但证监局同时认定"许某不迟于 2012 年 1 月 4 日知悉内幕信息"，因此，不宜将 2012 年 1 月 4 日以前的交易纳入内幕交易的范畴。从处罚决定看，证监局在计算违法所得时仅计算了 2012 年 1 月 4 日之后的交易，可见，虽然此前的交易"有异常特征"，但并未被认为属于内幕交易。该案对类似情形具备一定参考价值。

② 深圳证监局行政处罚决定书〔2013〕1 号，详见深圳证监局网站。

实施完成时的情况，若行为本身已经具备异常性，而行为人不能做出合理解释或提出证据排除内幕交易，则一旦敏感期内的交易行为完成，就构成内幕交易违法的即遂，此后是否反向交易并不影响行为即遂的事实。如在唐某斌内幕交易"汇通能源"案中，唐某斌主张其秉承长期投资理念，长期持续买入"汇通能源"并长期持有，并非突然买入、交易并不异常。证监会认为，从其买入后仅持有 7 个交易日就卖出的情形看，交易行为不符合其长期投资和价值投资的理念。证监会同时指出：涉案人员秉承何种投资理念，并不改变其异常交易涉案股票的事实，与认定涉案违法行为无直接关系。①

当然，不可否认的是，行为人买入后反向交易的情况通常也是异常性分析的考虑因素之一，但这种因素的重要性和影响力相对较小，一般来说，在其他因素明显异常的情况下，仅以买入后长期持有这一事实，难以有效"对冲"其他方面的异常性。但是，若其他方面异常性本身并不明显，而行为人在买入后并未快速卖出了结，则长期持有的事实理应对异常性起到一定淡化作用。

5. 与交易习惯一致未必说明交易不异常

一些日常习惯重仓个股或有其他稳定交易风格的涉案人员往往以涉案交易延续了其一贯的交易风格为由辩称交易并不异常，笔者认为，交易习惯和风格的一致性确能一定程度上冲淡行为的异常性。但仅凭这一点未必足以排除内幕交易的嫌疑。若交易行为与内幕信息形成过程中的关键节点及行为人与知情人联络、接触的时点高度一致，或交易行为存在其他明显异常特征的，仍可能被认定为内幕交易。

（六）异常性分析的其他注意事项

首先，对不同身份类型的涉案主体，交易的吻合度和异常性要求有所不同。《座谈会纪要》规定，对于内幕信息知情人的配偶、父母、子女和其他关系密切人而言，执法机关只需证明其交易活动与内幕信息"基本吻合"。但对于在内幕信息敏感期内与知情人联络、接触并进行交易的人员，应当证

---

① 中国证监会行政处罚决定书〔2016〕38 号，详见证监会网站。

明其交易活动与内幕信息"高度吻合",方可认定其构成内幕交易。在这样的指导思想之下,实际操作中,执法机关对于异常性的要求也因人因案而异,一般来说,行为人与内幕信息知情人的关系越密切,认定其构成违法的吻合度和异常性要求越低;信息传递次数越多,异常性要求越高。

其次,对于法定或规定知情人,虽然理论上一般认为其只要存在交易行为即构成违法,不需要分析交易活动是否异常,但执法实践中,若没有直接证据证明其实际知悉或获取了内幕信息,执法机关通常也会参照《座谈会纪要》和《内幕交易司法解释》所搭建的分析框架分析其交易是否异常。例如,在王某友内幕交易"文山电力"案中,证监会在处罚决定书中指出,王某友作为文山电力实际控制人南方电网的副总经理,属于《证券法》第七十四条第二项规定的内幕信息知情人,且客观上存在与其他内幕信息知情人接触、通过工作关系获取内幕信息的便利条件。① 不难看出,虽然王某友属于法定知情人,但由于并无直接证据证明其实际知悉内幕信息,证监会在认定其构成内幕交易时进行了异常性分析,认为涉案交易的异常性具体体现在多个方面:一是个别账户系敏感期内新开立;二是部分账户此前一年多未交易过"文山电力",却在敏感期内集中买入"文山电力";三是在停牌前一天亏损清仓其他股票后集中资金大量买入"文山电力"。综合王某友属于法定内幕信息知情人的身份及其交易行为异常情况,加之王某友不能作出合理说明或者提供证据排除其存在利用内幕信息进行证券交易,证监会认定其行为构成内幕交易。② 王某友不服处罚并提起诉讼,一审法院判决支持证监会的认定。③

最后,需要强调的是,对于《座谈会纪要》所规定的"交易活动与内幕信息高度吻合",应该理解为,这种吻合,既可以表现为时间节奏基本一致,也可以表现为交易方向大体趋同,如消息利好而行为人买入牟利、消息利空而行为人卖出避损,或者在信息形成和发展过程中随事件进展起伏转折而买

---

① ② 中国证监会行政处罚决定书〔2018〕34 号,详见证监会网站。

③ 截至本书截稿,未见相关判决公开,但从中国庭审公开网关于"王良友与中国证券监督管理委员会其他一案"的一审和二审庭审视频看,一审法院并未支持王某友的诉讼主张。参见中国庭审公开网。

入或卖出。如果交易行为与内幕信息背离，如消息利好而行为人却卖出、消息利空而行为人却买入，应当理解为其并未利用内幕信息进行交易，不应认定为内幕交易。此外，此处所谓"交易活动"，不仅包括与交易相关的动用账户、组织资金、成交等情况，还应包括申报买卖的情况，包括未能成交的申报，因为申报情况往往比成交情况更能有效反应涉案人员的交易意愿。

三、内幕交易的阻却事由

（一）关于内幕交易阻却事由的规定

关于内幕交易的法定除外事由主要见于《证券法》第七十六条第二款和《内幕交易司法解释》第四条。其中，《证券法》第七十六条第二款规定："持有或者通过协议、其他安排与他人共同持有公司百分之五以上股份的自然人、法人、其他组织收购上市公司的股份，本法另有规定的，适用其规定。"《内幕交易司法解释》第四条采用"列举＋兜底"方式规定了四项内幕交易、泄露内幕信息犯罪的阻却事由，一是持有或者通过协议、其他安排与他人共同持有上市公司百分之五以上股份的自然人、法人或者其他组织收购该上市公司股份的；二是按照事先订立的书面合同、指令、计划从事相关证券、期货交易的；三是依据已被他人披露的信息而交易的；四是交易具有其他正当理由或者正当信息来源的。

值得一提的是，早在2007年，证监会就尝试对内幕交易的阻却事由进行较为细致的规定，当年制定的《内幕交易认定指引》[①] 形成了内幕交易豁免体系的雏形。其中第九条规定，上市公司、上市公司控股股东或其他市场参与人，依据法律、行政法规和规章的规定进行的下列操作不构成内幕交易：一是上市公司回购股份；二是上市公司控股股东及相关股东行为履行法定或约定的义务而交易上市公司股份；三是经中国证监会许可的其他市场操作。

[①] 该指引未正式发布实施，但能够通过互联网等公开渠道查询到，详见如"北大法宝"网：http：//shlx. pkulaw. cn/fulltext_form. aspx？Gid＝144622；"股东网"：http：//gudong. pro/page/atricle？aid＝549，最后访问日期：2018年8月16日。

同时,《内幕交易认定指引》第二十条规定,有下列情形之一的,不构成内幕交易:一是证券买卖行为与内幕信息无关;二是行为人有正当理由相信内幕信息已公开;三是为收购公司股份而依法进行的正当交易行为;四是事先不知道泄露内幕信息的人是内幕人或泄露的信息为内幕信息;五是中国证监会认定的其他正当交易行为。对此,有几点值得关注:其一,《内幕交易认定指引》赋予或明确了证监会裁量的权力,将"经中国证监会许可的其他市场操作"视为一种正当理由,并明确"中国证监会认定的其他正当交易行为"不属于内幕交易。其二,将"证券买卖行为与内幕信息无关""事先不知道泄露内幕信息的人是内幕人或泄露的信息为内幕信息"及"有正当理由相信内幕信息已公开"作为内幕交易的阻却事由,这在一定程度上有助于避免"推定"方式被滥用。事实上,从《内幕交易司法解释》的规定看,应该说,证监会2007年制定的《内幕交易认定指引》对于此后的制度建设和执法工作具有一定参考价值。

（二）收购抗辩的理解与适用

1. 《内幕交易司法解释》第四条第一项与《证券法》第七十六条第二款的内在关系

不难发现,《内幕交易司法解释》第四条第一项规定的"持有或者通过协议、其他安排与他人共同持有上市公司百分之五以上股份的自然人、法人或者其他组织收购该上市公司股份的"援引了《证券法》第七十六条第二款前半部分的规定。对此,有观点提出,由于《证券法》第七十六条第二款同时规定了"本法另有规定的,适用其规定",因此,只有在排除适用《证券法》其他相关规定的前提下,才可将"持有或者通过协议、其他安排与他人共同持有上市公司百分之五以上股份的自然人、法人或者其他组织收购该上市公司股份的"行为认定为内幕交易的阻却事由。最高人民法院经研究认为这是对《证券法》第七十六条第二款的误读,该款行为无须附加任何其他条件,就应当认定为内幕交易的阻却事由。《证券法》第七十六条第一款是禁止性规定,第二款相当于除外规定,第二款中的"本法另有规定"所明确的正是该类行为属于正当、合法交易。①

2. 《证券法》第七十六条第二款的适用条件

根据相关规定，持有上市公司百分之五以上股份的自然人、法人或者其他组织收购该上市公司股份的，必须向交易所报备，并在规定期限内不能再买卖该上市公司股票。如果拟收购 30% 以上的股份，还必须发出要约公告，但经证监会批准也可以在不发出要约公告的条件下继续收购。为鼓励和维护正常的收购行为，应当允许上市公司百分之五以上股份的自然人、法人或者其他组织，在该重大收购信息公开前利用该信息购买该上市公司股份。

实践中，以收购上市公司股份为由而实际从事内幕交易的案件时有发生，为做到不枉不纵，最高人民法院提出，对该项事由的适用，要注意从以下三个方面严格把握：一是关于可以豁免的主体范围即"收购人"的把握。如果是单独持有上市公司百分之五以上的股份，"收购人"仅限单独持有人；如果是共同持有上市公司百分之五以上的股份，则"收购人"仅限共同持有人。二是关于可以被利用的收购信息的把握。如果是单独持有，收购信息指的是单独持有人拟收购上市公司的信息；如果是共同持有，则收购信息指的是共同持有人之间达成的拟收购上市公司的信息。三是关于收购行为的把握。只有收购人利用收购信息进行交易，才能适用《内幕交易司法解释》第四条第一项的规定；收购人以外的人利用收购信息或者收购人利用收购信息以外的信息进行交易的，不能适用内幕交易豁免规定。②

（三）既定计划抗辩的理解与适用

1. 关于既定计划抗辩的理解争议

有观点认为，内幕交易人往往会制作虚假的书面合同、指令以及计划，用作规避内幕交易的事由，因此，建议不将既定计划作为内幕交易的阻却事由。对此，最高人民法院认为，如果行为人按照事先订立的书面合同、指令、计划从事相关交易，表明其完全是出于正当理由而从事交易。因此，从实体

---

①② 《〈关于办理内幕交易、泄露内幕信息刑事案件具体应用法律若干问题的解释〉的理解与适用》，详见最高人民法院网站。

法的角度出发，按照事先订立的书面合同、指令、计划从事相关交易，应当作为阻却内幕交易的事由。至于虚假合同、指令、计划等，实际涉及的是证据认定，是操作层面具体审核把关的问题。①

2. 既定计划抗辩适用实践

既定计划作为内幕交易的阻却事由，根本原因在于，内幕人虽然从事了与内幕信息相关的证券交易，但其交易决定的作出与内幕信息并无关联，不存在利用内幕信息进行交易的问题。具体实践中，应该把握以下几点：

首先，能够作为抗辩事由的既定投资计划和指令，应当是在内幕信息形成以前已经制订并包含具体交易内容，且在实施过程中没有发生变更，方能体现其交易行为没有对内幕信息加以利用。例如，在龙某文内幕交易"银禧科技"案中，涉案交易行为发生于 2016 年 3~4 月期间，而涉案人员称其于2016 年 2 月 18 日之前已决定投资 8 000 万元并加杠杆买入"银禧科技"，涉案交易系实施事先订立的交易计划，而与内幕信息无关。证监会认为：构成内幕交易阻却事由的交易计划，应当是时间、标的等各要素清晰确定、不可任意变更，且决策基础与内幕信息无关的交易计划，而涉案人员提交证据仅能证明龙某文在 2016 年 2 月 18 日之前向光大证券业务人员表达了融资交易需求，并于 2 月 18 日了解到融资买入"银禧科技"的最大杠杆比例及名义本金 2 亿元的保证金金额等内容，而并不足以证明其计划投入 2 亿元交易"银禧科技"，故关于在内幕信息形成前已制定交易计划的主张缺乏有效证据支持。②

类似地，在光大"816"内幕交易案中，光大证券提出的一项申辩理由是：2013 年 8 月 16 日全天所进行的对冲交易，是按照光大证券《策略投资部业务管理制度》的规定和策略投资的原理，按照既定计划进行的必然性和常识性操作，具有合规性和正当性，符合业内操作惯例。对此，证监会指出：光大证券决策层了解当天事件的重大性之后、向社会公开之前进行的交易，并非针对可能遇到的风险进行一般对冲交易的既定安排，而是利用内幕信息

---

① 《〈关于办理内幕交易、泄露内幕信息刑事案件具体应用法律若干问题的解释〉的理解与适用》，详见最高人民法院网站。
② 中国证监会行政处罚决定书〔2019〕25 号，详见证监会网站。

进行的交易。此时公司具有进行内幕交易的主观故意，应当依法予以处罚。对此，一审法院认为：能够作为抗辩事由的既定投资计划和指令，应当是在内幕信息形成以前已经制订，并包含了交易时间、交易数量等具体交易内容，且在实施的过程中没有发生变更，方能体现其交易行为没有对内幕信息加以利用。而在本案错单交易发生之前，光大证券的《策略投资部业务管理制度》并无具体的交易内容，不足以构成既定投资计划和指令。本案中，光大证券当日下午实施的对冲交易，是在错单交易信息形成之后，光大证券直接针对错单交易而采取的对冲风险行为，而非基于内幕信息形成之前已经制订的投资计划、指令所作出的交易行为。二审和再审法院均对此予以认可。①

其次，即便确有符合条件的既定计划，若涉案人员在交易时利用了内幕信息，仍可能构成内幕交易。若涉案人员确有符合条件的既定计划，但也确实知悉了内幕信息，这就会产生一个问题：戒绝交易的义务与执行既定计划的权利孰优孰劣，既定计划是否还能执行？对此，有观点认为，既定计划不能执行，因为法律的目的是维护市场的公平和秩序，是维护全体市场参与者的合法权益，而既定计划仅是具体市场参与者自己制定的，实现其自身利益的内部规范。两相比较，法律的价值、意义显然高于既定计划。② 从实践情况看，一般来说，只有在严格执行既定计划而未受内幕信息影响的情况下，既定计划抗辩才可能得以采纳。若涉案人员虽有既定计划但没有充分证据证明其交易行为未受内幕信息影响的，仍不能排除内幕交易。

从当前执法实践看，前述理念已广为接受和推广。例如，在赵某内幕交易"省广股份"案中，赵某申辩称早有增持计划，省广股份部分高管也指称赵某口头表达过要增持公司股票。对此，执法机关认为，赵某关于交易动机的解释有一定道理，不排除其有增持"省广股份"的想法，但考虑到以下事实，赵某有关交易动机的辩解不能合理解释交易明显异常的情况：一是赵某

---

① 北京市第一中级人民法院行政判决书〔2014〕一中行初字第 2438 号、北京市高级人民法院行政判决书〔2015〕高行终字第 943 号、最高人民法院行政裁定书〔2015〕行监字第 2094 号，详见中国裁判文书网。另见中国证监会行政处罚委员会：《证券期货行政处罚案例解析（第一辑）》，法律出版社 2017 年版，第 30～31 页。

② 中国证监会行政处罚委员会：《证券期货行政处罚案例解析（第一辑）》，法律出版社 2017 年版，第 32～33 页。

在交易前一日与内幕信息知情人多次见面接触，有获取内幕信息的便利和机会，且联络接触时点与涉案账户资金变化及买入省广股份股票时间高度吻合。二是作为公司"内部人"，赵某称省广股份管理层很器重他，因此有理由相信，对于省广股份的发展战略和重大投资行为，省广股份管理层和他进行沟通也在情理之中。此外，从交易特征上，涉案账户在交易前临时调集大笔资金并于当天将绝大部分资金用于交易"省广股份"，买入态度坚决且急迫，行为果断，不符合一般逢低建仓逐步增持的投资理念。且涉案账户此前长期未发生股票交易，更从未交易"省广股份"。因此，不排除增持想法是其买入理由之一，但不是主因，不足以构成违法阻却事由。①

此外，实践中，一些涉案人员以自己曾对外表达要增持，或者公司领导号召、提倡、鼓励、宣布增持公司股票等理由，主张自己是按照事先订立的交易计划而非利用内幕信息进行交易，但这些安排往往是口头的而非书面的。在此情况下，执法部门倾向于认为，从《内幕交易司法解释》相关条文表述可以看出，如果按照事先安排进行股票交易，应当是书面的合同、指令或计划，且实际操作过程中根据书面文件的安排执行。如果涉案人员称以口头形式表达过交易涉案股票的计划，并不当然受法律保护，除非涉案人员提出其他正当理由或正当信息来源。②

在一些案件中，涉案人员不仅事先制订了交易计划，而且在内幕信息敏感期前已经开始执行相应计划，在敏感期内仍按照既定计划实施交易，但交易明显异常的，仍可能被认定为内幕交易。例如，在吴某海、刘某军内幕交易"渝三峡A"案中，渝三峡定向增发事项未获证监会通过的内幕信息形成于 2013 年 1 月 25 日 12：30 左右，并于次日公开。2013 年 1 月 25 日上午，吴某海控制使用本人账户卖出"渝三峡A"468 000 股，当日 12：30 之后，吴某海与内幕信息知情人频繁联络，并于当日下午控制使用本人及其配偶账户卖出"渝三峡A"共 519 300 股。证监会认为其下午的交易构成内幕交易。吴某海提出，其经过长期观察发现"渝三峡A"股价一直在 6 ~ 9 元间波动，

①② 中国证监会行政处罚委员会：《证券期货行政处罚案例解析（第一辑）》，法律出版社 2017 年版，第 86 页。

出于波段操作的考虑，2013年1月24日晚决定25日股价上冲到9元附近时全部卖出股票。因该股流动性差，很少有大买单，1月25日一开盘就慢慢卖出，上午收市前1分钟发现在每个价位有几十万股买单，认为是拉高出货迹象，所以在下午开盘前委托卖出20万股，开盘后看成交量放大即把剩余股票卖出，上述交易是按照既定计划进行的，不存在交易异常问题。证监会认为，从当天交易特征看，其午后的交易与上午的交易特征相比明显异常：上午的卖出交易行为呈现单笔委托数量较少、交易行为持续时间长的特点，而下午的卖出交易行为呈现单笔委托数量陡然增大、交易行为持续时间短的特点，因此，其在敏感期内的交易方向与既定计划一致并不能阻却其在获悉内幕信息后的交易活动的违法性。①

（四）已披露信息抗辩

《内幕交易司法解释》第四条第三项规定，依据已被他人披露的信息而交易的，不属于内幕交易。最高人民法院认为，所谓"他人披露"，是指强制披露信息以外的其他人在国务院证券监管机构指定的报刊、媒体以外的报刊、媒体披露相关信息；所谓"依据已被他人披露的信息而交易"，是指行为人之所以从事相关交易，是因为从非指定报刊、媒体获取了相关信息。换言之，是他人在非指定报刊、媒体披露的信息促使行为人从事相关交易。之所以将这种情况排除在内幕交易之外，是考虑到广大投资者对指定报刊、媒体披露的信息的信赖程度要远高于非指定报刊、媒体披露的信息，依据非指定报刊、媒体披露的信息从事的交易具有很大的博弈成分。因此，即便从非指定报刊、媒体获悉的信息与后来指定报刊、媒体公布的内幕信息相同，行为人也可以基于这一事由主张自己的行为不构成内幕交易。②

但是，如果依据已被他人披露的信息进行交易的行为人在交易过程中同时从内幕信息知情人员处获取了内幕信息，则未必能适用《内幕交易司法解释》第四条第三项的规定排除内幕交易。正如证监会在夏某伟内幕交易"精

---

① 中国证监会行政处罚决定书〔2015〕87号，详见证监会网站。
② 《〈关于办理内幕交易、泄露内幕信息刑事案件具体应用法律若干问题的解释〉的理解与适用》，详见最高人民法院网站。

工科技"案处罚决定书中指出的：在内幕交易案件中，涉案人员交易决策形成和实施动因往往比较复杂，受多种因素综合影响；有时既受内幕信息影响，也同时受内幕信息之外的其他一些认知因素影响。在有些情况下，涉案人员事先基于市场传言、个人分析等因素，已经关注相关证券，并产生了交易念头，然后通过种种渠道刺探、获知内幕信息，经验证后实施交易，案发后以"根据市场传言买卖""早就有了交易计划"等借口推卸责任。根据《证券法》防范与打击内幕交易的立法宗旨和有关规定，只要有证据证明知悉内幕信息是影响涉案人员交易行为的因素之一，就可以认定内幕交易行为成立；涉案人员要想排除自己行为的违法性，应当有证据证明其即使在完全不知道内幕信息的情况下，也会进行同样的交易；如果没有证据完全切断知悉内幕信息与其后的交易行为之间的联系，就不足以阻却行为的违法性。① 类似地，"龙源技术"内幕交易案中，涉案人员辩称涉案交易完全是依据公开利好消息作出的决策，并提供了《证券日报》有关预测龙源技术业绩增长的报道等材料作为证据。对此，证监会认为，相关报道等材料可以作为投资者对龙源技术股票进行理性投资的依据，但涉案人员在 2012 年 2 月 29 日上午 11 时 05 分至 28 分以均价每股 43.05 元，动用 30 万余元买入"龙源技术"；又于 3 月 5 日以均价每股 46.15 元全部卖出获利，短线投机套利明显，该交易行为与相关报道关联度不紧密，故申辩主张不足以排除内幕交易。②

在个别案件中，即便存在已经依法公开的信息，若同时存在内幕信息，而涉案人员获取了该内幕信息且交易明显异常的，公开信息未必足以排除内幕交易。齐某、张某才内幕交易"森源电气"案便是一例：2012 年 1 月 14 日，森源电气公布了《关于 2011 年度业绩预告修正公告》，预计净利润同比增长 80%～100%，盈利 12 722.47 万元～14 136.08 万元。随后，公司开始酝酿森源电气 2011 年度分红送配计划，并进行了一系列部署。证监会认定分红送配相关内幕信息的敏感期为 2012 年 1 月 14 日～2 月 28 日。2012 年 1 月 19 日～2 月 8 日期间，齐某决策、张某才操作集中买入 30 万余股"森源电

① 中国证监会行政处罚决定书〔2009〕26 号，详见证监会网站。
② 中国证监会行政处罚决定书〔2012〕49 号，详见证监会网站。

气"，其间，二人与内幕信息知情人楚某某有联络、接触。针对其在分红送配相关内幕信息敏感期内的交易行为，涉案人员申辩提出，购买森源电气股票是基于 2012 年 1 月 14 日森源电气发布的业绩预增公告，交易时点在内幕信息敏感期内属于偶然。证监会认为，首先，涉案交易与涉案人员以往交易习惯明显不同；其次，业绩公告发布于 1 月 14 日，涉案人员在业绩公告五天后开始集中买入"森源电气"，难以解释为是在业绩公告后着手买入，不能排除其利用内幕信息从事交易的嫌疑。[①]

此类抗辩难以得到采纳的另一个原因在于，涉案人员发现并分析、使用有关新闻报道、"股吧"信息材料的时间究竟是交易前还是交易后难以查证，故若调查收集到的证据足以形成完整的证据链条、能够据以清楚而具有说服力地推断涉案人员存在获取内幕信息的情况，则执法机关倾向于对相关抗辩不予采纳。[②]

（五）其他需要关注的问题

实践中，不可否认可能出现行为人依据本人的知识、经验独立判断或通过其他正当途径获悉内幕信息的情况，但具体情况难以一一穷举，因此，《内幕交易司法解释》第四条第四项规定了兜底项。[③] 但从实践情况看，总体来说，除法定阻却事由外，行为人能够以其他原因排除内幕交易的可能性极小。以下简要介绍一些已经被确定不能成为违法阻却事由的情形：

1. 知情人未被认定构成违法，并不影响交易者被认定构成内幕交易

在传递型内幕交易案件中，很多交易者认为，如果自己构成内幕交易，势必应当有知情人构成泄露内幕信息，因此，若知情人不构成违法，也不应当认定交易者构成违法。对此，执法和司法机关通常认为：首先，知情人是否构成违法、是否被追究责任，并不影响对交易行为性质的认定。其次，交

---

① 中国证监会行政处罚决定书〔2013〕13 号，详见证监会网站。
② 中国证券监督管理委员会稽查局：《证券期货稽查典型案例分析（2009 卷）》，科学出版社 2013 年版，第 108～110 页。
③ 《〈关于办理内幕交易、泄露内幕信息刑事案件具体应用法律若干问题的解释〉的理解与适用》，详见最高人民法院网站。

易行为是否构成违法，要结合有关情况综合分析，没有直接证据证明知情人向交易者泄露了信息或提出交易建议，未必足以说明交易行为不违法。例如，在颜某明内幕交易"利欧股份"案中，颜某明在内幕信息敏感期内与知情人王某荣联络、接触并交易"利欧股份"，其交易行为明显异常，证监会认定颜某明构成内幕交易违法并予以处罚，但并未认定王某荣构成泄露内幕信息。诉讼中，颜某明主张，一方面，证监会并无证据证明王某荣向其传递了内幕信息，另一方面，证监会未处罚王某荣的事实可以反证颜某明未利用内幕信息进行交易。对此，法院认为，在对颜某明交易行为特征等诸多因素综合分析的基础上，可以认定其交易行为构成内幕交易。是否对知情人王某荣进行处罚，并不影响对交易行为性质的认定。①

事实上，一些案件中仅处罚交易者而不处罚知情人的根本原因在于：现行法律法规对于交易行为、泄露或建议行为的规定有所不同，尤其是明确规定了可以基于间接证据综合分析认定内幕交易行为，但对泄露内幕信息和建议他人买卖的行为暂无类似规定，实践中也未达成广泛共识。

2. 认识错误不影响行为违法性的认定

在一些案件中，行为人会主张不知道自己的行为可能涉嫌违法、没有违法的故意，不应受到处罚。对此，即便在内幕交易刑事犯罪领域，司法机关也认为，认识错误不影响行为定性，但在量罚时可以酌情考虑。例如，在邓某新内幕交易"长城电脑"刑事案件中，邓某新作为长城电脑下属公司中电能源业务拓展部副总裁，因参加相关会议知悉长城电脑筹划定向增发项目等信息并进行了交易。邓某新主张，截至"长城电脑"停牌，没有签订保密协议，也无人告知其属于内幕信息知情人或不能购买长城电脑的股票，并称其如果知道自己为内幕信息知情人员并了解相关规定，一定不会购买长城电脑的股票。对此，法院认为：涉案人员对其内幕交易行为在认识上的错误，不影响司法机关对其行为性质的认定，但在一定程度上反映出其主观恶性不深，在量刑时酌情从轻。②

---

① 北京市第一中级人民法院行政判决书〔2017〕京01行初148号，详见中国裁判文书网。

② 和讯网：《内幕交易中国长城160万 长城能源原副总裁自首获缓刑》，详见 http://stock. hexun. com/2017 - 09 - 26/191008268. html。

3. 没有违法所得、无人受损等情形亦不影响行为违法性的认定

此外，一些涉案人员还以没有违法所得、未给他人造成损失等理由主张行为不构成违法、不应受到追究。对此，执法领域通常认为：内幕交易违法属行为犯而非结果犯，只要行为人在知悉内幕信息后、内幕信息公开以前，实施了买卖、建议或者泄露行为，违法行为就已经完成，社会危害性就已经发生。[①] 获取违法所得只是涉案人员从事内幕交易的目的而非内幕交易违法的构成要件，涉案人员是否获取违法所得，不影响内幕交易行为的构成。没有获取违法所得，只是其目的没有达到而非行为不违法。且从《证券法》第二百零二条关于"没有违法所得或者违法所得不足三万元"也要承担行政法律责任的规定看，对于内幕交易行为追究责任，并不以行为的经济结果为要件，既不以涉案人获利情况为要件，也不以是否给他人造成损失、损失金额大小为要件。但交易盈亏情况可以作为量罚的情节考虑。[②]

4. 刑事司法机关对行为是否构成内幕交易犯罪的意见，不影响行政执法机关对内幕交易违法的认定

由于刑事司法和行政执法的追诉标准和证据要求不同，不构成刑事犯罪的行为仍然可能构成行政违法，因此，一些案件可能先经刑事侦查，后移送给证券监管机构处理，即通常所说的"刑行回转"案件。在此类案件中，由于行为人已经被刑事侦查但并未被认定构成刑事犯罪，到行政执法环节，行为人往往会据此主张不构成违法。例如，在周某和内幕交易"江泉实业"案中，周某和曾因涉嫌内幕交易犯罪被刑事侦查，后公安机关因"证据不足"决定终止侦查，并将其移送给证监会处理。证监会认定其构成内幕交易违法并予以处罚。周某和主张，公安机关经过严格侦查已经认定其内幕交易的证据不足，在此情况下，证监会不应认定其构成内幕交易违法并予以处罚。该案行政诉讼的争议焦点之一即为：公安机关因"证据不足"作出的终结侦查决定，能否成为证监会作出行政处罚的阻却事由？对此，一审法院认为，公

---

① 中国证监会行政处罚决定书〔2011〕57 号，详见证监会网站。

② 中国证监会行政处罚委员会：《证券行政处罚案例判解（第 1 辑）》，法律出版社 2009 年版，第 20 页、第 31～32 页；中国证券监督管理委员会稽查局：《证券期货稽查典型案例分析（2009卷）》，科学出版社 2013 年版，第 97 页。

安机关的结论是对犯罪嫌疑人是否符合刑事追诉标准作出的独立判断，并不影响之后行政处罚程序的进行，不能成为证监会作出处罚的阻却事由，证监会有权依据《证券法》有关规定进行行政处罚。二审法院对此予以认可。①由于该问题的司法定论对"刑行回转"案件极具参考价值，该案被《中国资本市场法制发展报告（2017）》列为两起监管执法典型案例之一。②

第三节 内幕交易的举证责任及证明标准

一、内幕交易行政处罚案件举证责任分配

（一）相关规定

对于证券行政处罚案件的证明责任问题，《座谈会纪要》第一部分原则性地规定由监管机构承担举证责任，但同时指出"人民法院在审理证券行政处罚案件时，也应当考虑到部分类型的证券违法行为的特殊性，由监管机构承担主要违法事实的证明责任，通过推定的方式适当向原告、第三人转移部分特定事实的证明责任。"具体到内幕交易案件，《座谈会纪要》第五部分进一步指出：监管机构提供的证据能够证明存在特定五种情形之一③，且被处罚人不能作出合理说明或者提供证据排除其存在利用内幕信息从事交易的，人民法院可以确认被诉处罚决定认定的内幕交易行为成立。在这样的举证责

---

① 北京市高级人民法院行政判决书〔2017〕京行终 2804 号，详见北京法院审判信息网。

② 中国证券监督管理委员会：《中国资本市场法制发展报告（2017）》，法律出版社 2018 年版，第 382～384 页。

③ 具体为："（一）证券法第七十四条规定的证券交易内幕信息知情人，进行了与该内幕信息有关的证券交易活动；（二）证券法第七十四条规定的内幕信息知情人的配偶、父母、子女以及其他有密切关系的人，其证券交易活动与该内幕信息基本吻合；（三）因履行工作职责知悉上述内幕信息并进行了与该信息有关的证券交易活动；（四）非法获取内幕信息，并进行了与该内幕信息有关的证券交易活动；（五）内幕信息公开前与内幕信息知情人或知晓该内幕信息的人联络、接触，其证券交易活动与内幕信息高度吻合。"

任分配制度下，对执法机关而言，在知情人内幕交易的案件中，只需要证明存在内幕信息、行为人知悉内幕信息并在内幕信息敏感期内交易了相关证券即可；在行为人并非知情人的情况下，则需要进一步证明行为人与知情人存在密切关系或者在敏感期内存在联络、接触，且其交易行为与内幕信息基本一致或高度吻合。

总之，根据《座谈会纪要》的安排，监管机构可以在完成对特定部分违法行为的证明责任后，通过综合分析判断的方式认定存在内幕交易行为，同时充分保障涉案人员的抗辩权，涉案人员可以对自己的行为作出解释或提供证据排除内幕交易。

（二）内幕交易案件举证责任分配实践

实践中，在没有直接证据证明行为人确实获取了内幕信息，或者案件个别具体细节证据不甚充分的案件中，涉案人员常认为执法机关认定事实不清、证据不足，甚至因此不服处罚并诉至法院。对此类诉讼，司法机关会按照《座谈会纪要》的举证责任分配规则对案件进行裁判。例如，在张某光内幕交易"任子行"案中，针对证监会认定张某光知悉内幕信息并进行内幕交易的事实依据是否充分的问题，二审法院判决指出：在行为人并非内幕信息知情人，又无直接证据证明其非法获取了内幕信息并实施内幕交易的情况下，证券监管机构认定其存在内幕交易行为的，应当对行为人在内幕信息公开前与内幕信息知情人员联络、接触，以及该联络、接触时间与其相关证券交易活动高度吻合的问题承担证明责任，行为人应当对其在内幕信息敏感期内与内幕信息知情人员联络、接触且该联络、接触时间与相关证券交易活动高度吻合问题，承担合理说明以及提供证据排除其存在利用内幕信息从事相关证券交易活动的责任。这就是说，如果在内幕信息敏感期内，张某光与内幕信息知情人员联络、接触，其证券交易活动与内幕信息的形成、变化以及与内幕信息知情人员联络、接触时间高度吻合，构成相关交易行为明显异常，就需要张某光作出合理说明或者提供证据排除其存在利用内幕信息从事相关交易活动；如果张某光对该明显异常的交易活动不能作出合理说明，或者不能提供证据排除其存在利用内幕信息从事相关交易活动的，可以认定监管机构认定的内幕交易行为成立。①

以下进一步举例说明何谓执法机关已尽到"主要违法事实"的证明责任而"被处罚人不能作出合理说明或者提供证据排除其存在利用内幕信息从事相关证券交易活动"。

在谢某芬内幕交易"明家科技"案中，深圳证监局以"推定"的方法认定谢某芬构成内幕交易，谢某芬不服处罚提起诉讼，认为证监局在推定其知悉内幕信息的基础上认定其构成内幕交易，属于事实不清，处罚所依据的证据证明力未达到法定证明标准。深圳证监局主张其已经完成对王某系内幕信息知情人、谢某芬与王某关系密切并在内幕信息敏感期内频繁联系、谢某芬的交易行为与内幕信息高度吻合等特定部分违法行为构成要件的法定证明责任，而谢某芬不能合理解释其异常交易行为，也未能提供证据排除内幕交易，故可认定其行为构成内幕交易。最终，法院支持了深圳证监局的意见和做法。②

在隋某峰内幕交易"高鸿股份"案中，自然人姚某为内幕信息知情人，隋某峰与姚某同为某公司股东且分别任总经理和副总经理。2013 年 4～5 月，隋某峰与姚某曾有数次通信联系。2013 年 5 月 31 日（该内幕信息公开前的最后一个交易日）12：07，隋某峰与姚某通话长达 11 分 32 秒，当日 13：00～14：18，隋某峰操作其配偶赵某的证券账户卖出该账户所持有的其他 6 只股票中的 4 只，并买入"高鸿股份"，交易资金来源于卖出其他股票回笼的资金及三方存管银行账户转入。而该账户自开立后从未交易过"高鸿股份"，而在涉案交易完成后，账户持有"高鸿股份"市值占该账户总资产的 52.96%。福建证监局认定相关行为构成内幕交易。隋某峰提出：涉案交易是基于高鸿股份 2013 年 5 月 30 日发布的利润分配公告，其同期持有的其他股票并无利润分配或其他利好信息，故其交易有正当理由，且涉案交易符合其交易习惯，若确实是利用内幕信息，理应同时动用其本人证券账户交易，但其并未这么做，也说明交易并不异常。福建证监局认为隋某峰提出的

---

① 北京市高级人民法院行政判决书〔2017〕京行终 2185 号，详见北京法院审判信息网。
② 广东省深圳市中级人民法院行政判决书〔2015〕深中法行初字第 17 号，详见中国裁判文书网。

申辩理由不能对其异常交易行为作出合理说明，其提供的证据不能排除其利用内幕信息从事证券交易活动，决定对其予以处罚。隋某峰不服处罚诉至法院，一审和二审法院均认可福建证监局的分析，并强调，证监局已经举证证明隋某峰买入高鸿股份的行为符合内幕交易特征，而隋某峰所提主张不能合理解释其交易行为的异常，也不能合理解释交易行为同其与内幕信息知情人联络时间及收购事项进展时间高度吻合的原因，明显不能达到足以合理说明的程度，不具有客观证据排除其交易行为的内幕交易特征，证监局对其辩解不予采信并无不当。① 后隋某峰不服二审判决并申请再审，福建省高级人民法院裁定驳回其再审申请，并强调：鉴于部分类型的证券违法行为具有高度隐蔽的特殊性，在由监管机构承担主要违法事实的证明责任的同时，相关行政相对人对涉及内幕信息公开前与内幕信息知情人或知晓该内幕信息的人联络、接触，其证券交易活动与内幕信息高度吻合的情形，应作出合理说明或者提供能够排除其存在利用内幕信息从事相关证券交易活动的证据。只要相关涉案人员系在内幕信息公开前与内幕信息知情人或知晓该内幕信息的人联络、接触，其证券交易活动与内幕信息高度吻合，且不能作出合理说明的，应可认定存在内幕交易行为。该案中，由于隋某峰未能就其异常的证券交易活动作出合理说明，也没有提供能够排除其存在利用内幕信息从事相关证券交易活动的证据，而福建证监局已尽证明责任证明隋某峰存在主要违法事实，因此，福建证监局认定存在内幕交易违法行为，事实清楚。②

二、内幕交易行政处罚案件证明标准

（一）相关法律规定及理论主张

1. 关于证券行政处罚证明标准的法律规定及其问题

当前，关于证券期货行政处罚证明标准的规定主要见于《行政处罚法》

---

① 福建省福州市中级人民法院行政判决书〔2016〕闽01行终153号，详见中国裁判文书网。
② 福建省高级人民法院行政裁定书〔2016〕闽行申375号，详见中国裁判文书网。

《行政复议法》及《行政诉讼法》。其中,《行政处罚法》规定,行政机关对行政相对人给予行政处罚,必须查明事实;违法事实不清的,不得给予处罚。《行政复议法》规定:具体行政行为认定事实清楚、证据确凿,适用依据正确,程序合法,内容适当的,复议机关应决定维持;主要事实不清、证据不足的,复议机关应决定撤销、变更或者确认具体行政行为违法,并可责令被申请人在一定期限内重新作出具体行政行为。《行政诉讼法》规定,行政行为证据确凿,适用法律、法规正确,符合法定程序的,人民法院判决驳回原告的诉讼请求;行政行为主要证据不足的,人民法院判决撤销或者部分撤销,并可以判决被告重新作出行政行为。

综上不难看出,只有在"事实清楚、证据确凿"的基础上,行政处罚才站得住脚。所谓"事实清楚、证据确凿",标准看似十分明确,但在具体操作中争议颇多。例如,在执法机关依据间接证据综合分析认定行为人非法获取了内幕信息的情况下,行为人往往认为这一认定事实不清、证据不足,而执法机关则认为在案的间接证据能够达到事实清楚、证据确凿的程度。之所以出现这种现象,表面上看是因为不同主体对于"事实清楚、证据确凿"的理解不同,深层原因则在于"事实清楚、证据确凿"的标准过于笼统、抽象,缺乏可操作性。特别是在控辩双方都有一定证据支持本方观点的情况下,司法机关需要决定究竟采信哪一方的观点、抑或均不予采信,为此,就需要更具体的标准。

2. 关于证券行政处罚证明标准的理论主张

事实上,证明标准不明确不具体的问题并非证券期货行政处罚领域独有,而是整个执法和司法界的共性问题。关于证明标准的理论探讨一度十分激烈,也形成了很多有影响力的成果。归纳起来,主要有四种具体标准:一是排除合理怀疑的证明标准,是指证据要达到能够排除每一种合理假设、不可能得出其他合理结论的程度,该标准主要适用于刑事案件。二是清楚而具有说服力的证明标准,也称明显优势证明标准,是指证据足以达到使人确信相关情况属实的可能性明显大于不属实的可能性的程度,该标准主要适用行政案件。根据该标准进行行政处罚,则要求执法机关提供的证据相对于行政相对人提供的证据而言具有明显优势。① 三是优势证明标准，要求一方的证据相对于另一方的证据有优势，但要求相对较低，不需要达到明显优势，该标准主要适用于民事案件。四是合理可能性标准，一般认为可适用于采取紧急措施案件的认定。

在证券期货执法领域，执法者多倾向于采用明显优势证明标准，理由主要有三：第一，行政处罚程序中多数待证事实都是业已发生并完成的，某些连续性违法行为的起始时间可能与被发现的时间相距较长时间，取证难度较大，而监管机关的调查手段有限，即使消耗大量行政资源也未必能达到排除合理怀疑的要求。第二，行政权力的行使应体现效率优先、兼顾公正的原则，应当充分合理且最大效率地运用行政资源以实现整体利益最大化，采用明显优势证明标准更能体现行政权力运行的特点和初衷。第三，证券监管机构所能采取的行政处罚不涉及对行政相对人生命、健康的损害和剥夺或对人身自由的限制，不需要采用与刑事制裁相同的证明标准。但同时也应注意到，行政处罚不同于民事诉讼，行政机关具有证明行政相对人实施了违法行为的责任，且一般情况下不需要行政相对人证明其未实施该行为，故行政处罚应满足比民事诉讼更严格的证明标准。因此，采用明显优势证明标准更合适。② 有意见进一步认为，必须充分考虑行政违法行为责任的多样性和证券违法证明难度大的特殊性，针对不同执法阶段、不同违法行为的性质适用不同的证明标准。例如，可以以明显优势证明标准为基本证明标准、以优势证明标准和排除合理怀疑证明标准为补充。③

（二）相关执法实践

实践中，执法机关倾向于认为，在内幕交易案件中，基于环境证据、间接证据认定内幕交易违法行为成立时，无须达到排除合理怀疑的刑事证明程

①② 中国证监会行政处罚委员会：《证券期货行政处罚案例解析（第一辑）》，法律出版社 2017 年版，第 71~72 页。

③ 欧阳振远：《行政处罚证明标准研究》，载《证券法苑（第九卷）》，法律出版社 2013 年版，第 94~112 页。高基生：《证券行政处罚证明标准探讨》，载《证券市场导报》2007 年第 1 期，第 14~22 页。

度，只要达到了明显优势的证明标准，即达到根据常识、逻辑和经验认为事实成立的可能性极大，推理和认定清晰而有说服力的程度即可作出结论。如果涉案人员提出有效的反证推翻执法者的认定，应予以支持。① 这种观点与《座谈会纪要》精神是一致的。

在对案件做出处罚时，证券执法机关通常并不直接在决定书中阐明采用何种证明标准，在为数不多的明示证明标准的案件中，执法机关或者主张案件达到了"证据清楚而有说服力"的证明标准，或者强调所收集的证据具备"明显优势"。例如，在金某和余某内幕交易"四环药业"案中，证监会强调："证明金某和余某利用内幕信息进行了内幕交易的相关证据清楚而有说服力"。② 在李某滨、黄某峰内幕交易"粤富华"案中，李某滨称买入是出于对公司全年业绩的判断，而不是受分红内幕信息的影响；黄某峰则称交易决策完全依据对公开信息的分析和对个股技术走势的判断做出，二人均主张进行交易并未利用内幕信息。对此，证监会指出：虽然不排除二位涉案人员独立的"分析判断"可能会对其交易行为有一定的影响，但由于其交易行为本身已经符合《证券法》第二百零二条内幕交易违法行为的构成要件，且证明其利用内幕信息从事内幕交易的相关证据清楚而有说服力，涉案人员的辩解不足以推翻对其内幕交易行为的认定。③

在首例基于间接证据认定行为人"知悉"内幕信息的内幕交易案件——岳某斌内幕交易"三爱富"中，证监会在处罚决定书中指出，根据明显优势证明标准，在案的间接证据足以"推断"涉案人员知悉内幕信息。④ 而在吴某敏内幕交易"佛塑股份"案中，证监会指出：吴某敏与知情人蔡某辉系夫妻关系，而且从交易时点、交易量、投入资金比例等间接证据分析，吴某敏的涉案交易行为异常。因此，按照明显优势证明标准，可以认定吴某敏的行

---

① 中国证券监督管理委员会稽查局：《证券期货稽查典型案例分析（2009 卷）》，科学出版社2013 年版，第 91 页。

② 中国证监会行政处罚决定书〔2009〕4 号，详见证监会网站。

③ 中国证监会行政处罚决定书〔2010〕29 号，详见证监会网站。

④ 中国证监会行政处罚决定书〔2011〕57 号，详见证监会网站。另见中国证券监督管理委员会稽查局：《证券期货稽查典型案例分析（2009 卷）》，科学出版社2013 年版，第 91 页。

为构成内幕交易。①

在行政复议环节，明显优势证明标准也得到广泛使用，例如在张某光内幕交易"任子行"案行政复议决定书中，证监会指出：本案行政处罚决定书运用逻辑推导作出认定，达到了明显优势证据证明标准，认定事实清楚，证据确凿。②

（三）相关司法实践

从生效判决来看，通常来说，如果执法机关能够对主要违法事实提出清楚而有说服力的证据，而被处罚人又不能作出合理解释或提供有说服力的证据排除其存在利用内幕信息从事交易的，法院将判决支持行政机关的认定。

例如，在马某峰内幕交易"宝莫股份"案中，马某峰认为，由于没有证据证明其知悉内幕信息，不应认定其构成内幕交易违法。二审法院判决指出：关于对马某峰非法获取涉案内幕信息的认定，由于缺乏相应的直接证据证明，需要结合其在内幕信息敏感期的交易行为综合判断。本案中，根据审理查明的事实，马某峰买入"宝莫股份"的时点与涉案内幕信息发展变化、公开过程及其与相应的内幕信息知情人的联系时点高度吻合，且同时存在亏损卖出其他股票、融资、大笔买入"宝莫股份"等交易行为明显异常的情形，加之马某峰与内幕信息知情人熟识，在涉案内幕信息敏感期频繁联络的相关证据予以佐证，达到了清楚而有说服力的证明标准，足以推定马某峰非法获取了涉案内幕信息并利用该信息实施了交易行为。尽管马某峰主张其交易"宝莫股份"与涉案内幕信息无关，但其并未能提供有说服力的证据排除其存在利用内幕信息从事相关证券交易活动的行为。故证监会认定马某峰构成内幕交易违法事实清楚、证据充分、适用法律正确。③

类似地，在颜某明内幕交易"利欧股份"案，由于没有直接证据证明颜某明从知情人王某荣处获悉内幕信息并实施内幕交易，证监会结合交易行为与内幕信息的形成发展过程吻合情况、资金进出情况、人员关系等综合分析，

---

① 中国证监会行政处罚决定书〔2011〕41 号，详见证监会网站。
② 中国证监会行政复议决定书〔2016〕36 号，详见证监会网站。
③ 北京市高级人民法院行政判决书〔2017〕京行终 4109 号，详见北京法院审判信息网。

认定颜某明构成内幕交易。颜某明不服处罚提起诉讼，二审法院判决指出：根据审理查明的事实，颜某明与王某荣关系密切的认定成立，颜某明买入"利欧股份"的时点与涉案内幕信息发展变化基本吻合，且同时存在交易行为明显异常的情形。故证监会就此提供的证据已达到清楚而有说服力的证明标准，足以推定颜某明非法获取了涉案内幕信息，并利用该信息实施了交易行为。尽管颜某明主张其交易利欧股份与涉案内幕信息无关，但并未能提供有说服力的证据排除其存在利用内幕信息从事相关证券交易活动的行为。故被诉处罚决定认定颜某明构成内幕交易违法行为事实清楚，证据充分。①

此外，值得一提的是，曾有涉案人员主张，即便对于一般的行政处罚适用低于刑事犯罪的证明标准，但对于大额罚款的行政处罚仍应适用排除合理怀疑证明标准。法院认为该主张缺乏法律依据，不予支持。②

---

① 北京市高级人民法院行政判决书〔2017〕京行终 4554 号，详见北京法院审判信息网。
② 北京市第一中级人民法院行政判决书〔2016〕京 01 行初 1076 号、北京市高级人民法院行政判决书〔2017〕京行终 2804 号，详见北京法院审判信息网。

第五章

内幕交易的"共犯"形态

第一节　实践难题及理论出路

一、执法中的困难与分歧

实践中，相当一部分内幕交易案件涉及不止一个主体，而是具有团伙作案、分工协作等特征，且信息传递和资金划转隐蔽复杂。常见的情况是，其中一些人是内幕信息知情人或与知情人存在密切关系或在敏感期内有联络、接触，而另一些人实施了明显异常的交易行为。如何辨析各涉案人员的行为性质，特别是如何合理认定内幕人的行为究竟构成泄露内幕信息、建议他人买卖证券还是与他人构成共同内幕交易，或是仅仅内幕人个人独立构成违法，是绕不开的实践难题。特别是对于亲属尤其是夫妻涉案的情况，常见的有以下处理方式：

一种是认定一方构成泄露内幕信息、另一方构成内幕交易。一些案件中，在有直接证据证明家人之间曾传递内幕信息的情况下，执法机关可能认定知情人构成泄露内幕信息、他人构成内幕交易。例如，在毛某舫泄露内幕信息、仲某真内幕交易"兄弟科技"案中，毛某舫知悉内幕信息并将该信息泄露给其妻仲某真,后者买入"兄弟科技"获利 5 733.04 元。证监会认定毛某舫构成泄露内幕信息,仲某真构成内幕交易,对二人分别予以处罚。涉案人员认为,二人是夫妻,分别处罚似有重复。证监会认为,二人虽为夫妻,但毛某舫的行为属于泄露内幕信息,仲某真的行为属于非法获取内幕信息并从事内幕交易,对二人的不同违法行为分别处罚,不存在重复。最终,证监会以泄露内幕信息违法对毛某舫罚款 3 万元,以内幕交易违法对仲某真罚款 3.6 万元。① 部分情况下,即便没有直接证据证明家人之间曾传递内幕信息,执法机关也会根据相关情况综合分析认定知情人泄露内幕信息、他人内幕交易。如在汤李某泄露内幕信息、郭某和汤义某内幕交易"凯盛科技"案中,汤李某参加了 2016 年 7 月 21 日凯盛集团决定将浚鑫科技直接装入凯盛集团旗下上市公司的会议,知悉内幕信息并参与了后续相关工作。汤义某与汤李某系兄弟,二人于 2016 年 8 月 6 日见面,汤义某于 8 月 8 日向证券账户转入资金并开始交易"凯盛科技"。2016 年 8 月 21 日,汤李某及其配偶郭某均在上海,汤李某接到通知次日到蚌埠开会商议浚鑫科技注入凯盛科技事项。次日,郭某买入"凯盛科技";9 月 6 日、7 日,二人均在上海,郭某于 9 月 7 日(停牌前一日)又买入"凯盛科技"。证监会认定汤李某构成泄露内幕信息,郭某和汤义某构成内幕交易。②

二是认定为共同内幕交易。在一些案件中,家庭成员中一方为内幕信息知情人,另一方操作交易且交易活动具备内幕交易特征,执法机关认定二人构成共同内幕交易。例如,在贾某章、刘某内幕交易"新太科技"案中,贾某章时为新太科技独立董事,于 2006 年 4 月 26 日知悉涉案内幕信息,其妻刘某于当日及次日买入"新太科技"。证监会认为,二人系夫妻,有共同利益,刘某能够从贾某章处获悉新太科技有关内幕信息,二人构成内幕交易。③ 另一些案件中,夫妻一方与内幕信息知情人关系密切或在敏感期内存在联络接触,另一方操作交易且行为明显异常的,执法机关也认定夫妻构成共同内幕交易。例如,在王某文、刘某霖等内幕交易"海立股份"案中,王某文与

① 中国证监会行政处罚决定书〔2013〕28 号,详见证监会网站。
② 中国证监会行政处罚决定书〔2018〕38 号、39 号、41 号,详见证监会网站。
③ 中国证监会行政处罚决定书〔2010〕53 号,详见证监会网站。

· 193 ·

知情人张某伟关系密切，内幕信息敏感期内，王某文曾主动打电话向张某伟询问海立股份情况，二人讨论了与内幕信息高度相关的事宜，后王某文之妻刘某霖操作买入"海立股份"，王某文承认对刘某霖讲过海立股份有重组的可能。证监会认定刘某霖与王某文构成共同内幕交易。① 曲某欣、董某枫内幕交易"中捷股份"案的处理亦类似。②

三是分别认定夫妻二人各自构成内幕交易。在高某花、王某辉内幕交易"佛山照明"案中，王某辉从知情人邹某平处获悉内幕信息，并操作其本人账户买入"佛山照明"38.81万股。同期，其配偶高某花的证券账户买入"佛山照明"股票1.25万股，"高某花"账户相关交易部分由王某辉下单，部分由高某花根据王某辉的建议下单。两账户交易资金均主要来源于二人家庭共有财产。证监会在处罚决定书中指出：王某辉知悉内幕信息后，在内幕信息公开前买入"佛山照明"股票，构成内幕交易；高某花与王某辉是夫妻关系，"高某花"账户交易"佛山照明"的时点等情况表明高某花应当知悉内幕信息，而高某花知悉内幕信息后在内幕信息公开前买入"佛山照明"，构成内幕交易。最终，证监会决定对王某辉处以5万元罚款、对高某花处以3万元罚款。③ 从处罚决定具体内容看，证监会并未认定该二人为共同内幕交易，特别是对于"高某花"账户，既未认定夫妻二人构成共同内幕交易，也未认定王某辉构成泄露内幕信息。类似地，在潘某智和马某内幕交易"士兰微"案中，潘某智系内幕信息知情人，内幕信息敏感期内，潘某智及其妻马某的账户均交易了"士兰微"，四川证监局认定马某从潘某智处获悉内幕信息，并认定二人分别因各自账户的交易行为构成内幕交易。④ 此外，在较早前的执法实践中，也存在仅认定交易方构成违法的情况。

综上，不难窥见多人涉案案件在处理上的复杂性，当然，不同的处理并不一定意味着执法或司法标准不统一。相反，由于不同案件中的具体情况不

---

① 中国证监会行政处罚决定书〔2013〕16号，详见证监会网站。
② 中国证监会行政处罚决定书〔2013〕62号，详见证监会网站。
③ 中国证监会行政处罚决定书〔2012〕37号，详见证监会网站。
④ 四川证监局行政处罚决定书〔2018〕2号、5号，详见四川证监局网站。

可能完全相同，相似情形不同处理往往具备其内在合理性。下文将通过理论探讨与实践推演尝试分析其中蕴含的逻辑。

二、共同犯罪理论及实践对内幕交易监管的启示

（一）关于共同违法的含义及构成要件的理论分歧

在我国行政法领域，《行政处罚法》并未直接涉及共同违法的问题[①]，理论研究中对于行政违法中是否存在"共同违法"、其构成要件是什么等问题存在争议。实践中，不同行政执法领域、同领域不同执法机构把握的标准也不尽一致。多数观点主张可以将刑事领域的共同犯罪理论和实践移植到行政执法中，个别则试图借助民事领域的共同侵权理论来解决此类问题。[②]

主张借鉴共同犯罪理论的观点认为，比照刑法"四要件"理论，共同违法的构成要件也包括四个方面：一是主体不少于二人且均具有行政责任能力；二是主观上存在参与实施违法的故意，且存在犯意联络，即相互间要有共同实施违法行为的意思及决策，明知自己与他人配合共同实施的违法行为会造成危害后果仍决议实施；三是客体方面，即行为侵犯了一定的行政管理秩序；四是客观方面，即行为人必须共同实施了违法行为。[③] 但有观点认为"四要件"模式并不能满足共同违法行为的评价需要，还会造成判断标准和处罚规

---

① 有观点认为，《行政处罚法》第二十七条有间接承认"共同违法"的意思，因为该条规定"当事人有下列情形之一的，应当依法从轻或者减轻行政处罚：……（二）受他人胁迫有违法行为的……"参见熊樟林：《共同违法行为的认定标准与处断规则——兼论〈治安管理处罚法〉第17条之检讨》，载《法律科学（西北政法大学学报）》2015年第3期，第151～158页。

② 熊樟林：《共同违法行为的认定标准与处断规则——兼论〈治安管理处罚法〉第17条之检讨》，载《法律科学（西北政法大学学报）》2015年第3期，第151～158页；俞洪元：《何为检验检疫行政处罚中共同违法行为》，载《中国检验检疫》2014年第1期，第41～42页。

③ 杨解君：《秩序、权力与法律控制——行政处罚研究》，四川大学出版社1999年版，第228～229页；张泽想：《行政处罚中的分别处罚方法》，载《法学杂志》1994年第6期，第44页。

则间的冲突，因此，主张借鉴"三阶层"理论来构建共同违法的成立要件。①

（二）共同犯罪理论及实践对内幕交易行政执法的启示

在内幕交易刑事司法实践中，结合共犯理论及我国《刑法》关于共同犯罪的规定，一般认为，若 2 名以上涉案主体存在内幕交易的共同故意、共同行为，可以认定其构成内幕交易共同犯罪。如黄某裕内幕交易"中关村"案中，法院判决认定黄某裕分别与杜某和许某民构成共同内幕交易犯罪②；"高淳陶瓷"案中，法院判决杜某库和刘某华夫妇构成共同内幕交易。③

在内幕交易行政监管实践中，多数意见认为，在现行法律缺乏关于共同违法的明确规定而执法实践中又有大量需求的情况下，借鉴共同犯罪理论对内幕交易共同违法行为进行认定和处断，既切实可行又符合法理精神和法治原则。具体认定方面，一般认为，共同内幕交易的构成要件主要包括：一是客观上共同实施了内幕交易违法行为，即各行为人为同一目的而相互联系、相互配合实施违法行为，各行为与违法结果之间存在因果关系。二是主观上具有内幕交易的共同故意，即相互间有共同违法的意思联络，明知自己与他人配合共同实施内幕交易行为会造成危害后果，希望或放任危害后果发生。参考刑法理论及法律规定，如果仅有个别或部分行为人存在故意，另一部分行为人存在过失，或者 2 名以上行为人均存在过失，则存在过失者不与其他行为人构成共同违法。④

后文将结合内幕交易执法和司法实践探讨内幕交易中共同故意、共同利

---

① 例如，一般主张的四要件中包括共同故意要件，但有观点认为，要求行为人必须具有共同故意并无法律上的依据，甚至刑法上认定共同犯罪也不要求完全相同的故意。熊樟林：《共同违法行为的认定标准与处断规则——兼论〈治安管理处罚法〉第 17 条之检讨》，载《法律科学（西北政法大学学报）》2015 年第 3 期，第 151～158 页；周光权：《近年来司法实务中的五个刑法核心问题》，载《师大法学 2017 年第 2 辑（总第 2 辑）》，法律出版社 2018 年版。

② 北京市第二中级人民法院刑事判决书〔2010〕二中刑初字第 689 号，详见北京法院审判信息网。

③ 央视新闻：《泄露高淳陶瓷内幕信息中电集团原总会计师获刑 6 年》，详见央视网 2012 年 2 月 5 日消息。

④ 中国证监会行政处罚委员会：《证券期货行政处罚案例解析（第一辑）》，法律出版社 2017 年版，第 118～122 页。

益、共同行为的认定与证明，尝试厘清共同内幕交易与单独内幕交易、泄露内幕信息、建议他人买卖等行为的异同。

第二节 共同内幕交易的认定与证明

一、共同故意的内涵及证明

（一）共同故意的内涵

所谓内幕交易的共同故意，是指二人以上利用内幕信息进行交易的共同故意。若二人以上虽共谋实施了股票交易，但其中一人并未知悉亦未非法获取内幕信息，而是认为与他人共谋的是正常交易而非内幕交易，则应当认为其并不具备内幕交易的故意，当然也就不属于内幕交易的共犯。也就是说，认定共同故意，首先需要区分"交易"的共同故意与"内幕交易"的共同故意。实践中，不时有涉案人员主张其虽有与他人共同实施交易的故意，但并不具备利用内幕信息进行交易的共同故意，不应被认定为共同内幕交易。理论上讲，若其确能证明其并不掌握内幕信息，也就不具备内幕交易的共同故意。实践中，执法和司法机关并不会轻易采纳此类主张，而是要结合其他客观证据综合分析判断。

例如，在杜某库、刘某华内幕交易"高淳陶瓷"案中，杜某库因履行工作职责获取内幕信息，并将相关信息告诉了妻子刘某华，双方均同意购买"高淳陶瓷"。后杜某库通过其本人账户买入 21 000 股"高淳陶瓷"，因担心自己的名字出现在高淳陶瓷的股东名单中，杜某库又将上述股票全部抛出，并逐步将其本人账户中的资金分别转入其所操控的杜某等亲属的账户，后杜某库、刘某华共同操作买入"高淳陶瓷"137 100 股，获利 1 739 692.46 元。审判过程中，刘某华辩称其主观上未意识到杜某库告知的信息是内幕信息，也未认识到自己买卖"高淳陶瓷"的行为构成内幕交易犯罪，不存在与杜某库合谋买卖"高淳陶瓷"的事实，其辩护人亦主张：杜某库与刘某华未进行合谋，不构成共同犯罪。法院认为二人构成内幕交易罪的共犯。审判人员指出：杜某库将内幕信息透露给刘某华，二人协商后同意购买高淳陶瓷股票，并大量调集资金，通过实际控制的多个账户从事交易。杜某库因顾虑自己的身份，还抛售部分以自己账户购买的高淳陶瓷股票，并将其顾虑告知刘某华。这一事实足以反映杜某库、刘某华均已意识到相关信息对高淳陶瓷股票价格具有重大影响，而二人获取信息和买入"高淳陶瓷"的时间均在内幕信息公开前，且有明显的因果关系，可见二人主观上具有利用该内幕信息非法获利的明确故意。加之二人分工协作、相互配合，应当认定内幕交易罪的共犯。[1]

（二）相关行政执法实践

实践中，如果有证据证明行为人共同谋划、共同决策、共同实施内幕交易，则可直接认定行为人之间存在内幕交易的共同故意。但在多数情况下，不仅涉案人员并不会承认与他人共谋实施内幕交易，执法机关也较难获取足以证明行为人存在共同故意的直接证据。对此，有观点认为，在没有直接证据证明涉案人员存在共同故意的情况下，可以综合考虑案件具体情况，合理判断其中各涉案人员是否具有希望或放任共同违法的情形，从而认定是否存在共同故意。[2] 具体而言，可以着重结合以下情况展开分析：一是涉案人员之间的固有关系，如是否存在夫妻、父子、母子、兄弟姐妹等特定身份关系或较为密切的朋友关系，是否共同居住生活，一方是否知道另一方职务、身份及具有能够获悉内幕信息的便利等；二是涉案人员之间是否具有利益关联或其他关联，如是否共有财产、是否共同出资或以共有财产实施涉案交易、交易盈亏是否共同分享或承担、是否共同使用和管理证券账户、下单交易地址是否存在关联等；三是是否在涉案交易前后存在频繁的联络、接触；四是

---

[1] 孙炜、范莉、马小卫：《内幕交易杜某库、刘某华案及刘某华泄露内幕信息案——内幕信息、内幕信息的知情人员和非法获取人员的认定以及相关法律适用问题的把握》，载《刑事审判参考》2012 年第 2 集，第 757 号案例。

[2] 中国证监会行政处罚委员会：《证券期货行政处罚案例解析（第一辑）》，法律出版社 2017 年版，第 121 页。

在违法案件中所从事的具体行为，如是否参与了涉案交易决策、下单；五是是否应当认识到交易行为异常等。实践中，在相当一部分被认定为共同内幕交易的案件中，执法机关都是通过对违法事实的客观描述和分析、以间接证据印证涉案人员之间存在内幕交易的共同故意。

1. 结合人员关系、资金关联、交易异常性等综合分析认定涉案人员间存在共同故意

通常来说，若内幕人与他人存在利益关联，且在敏感期内存在联络、接触，而该他人的交易行为明显异常的，执法机关可能综合分析认定内幕人与他人存在共同内幕交易的故意。例如，在吴某辉、钟某平内幕交易"芭田股份"案中，深圳证监局认为，基于以下事实，足以认定二人具有内幕交易的共同故意和共同行为：一是吴某辉完整参与上市公司重大事项，是核心内幕信息知情人。二是在内幕信息形成发展的关键环节，二人存在联络，随后钟某平全仓买入涉案股票，行为与其交易习惯相背离、明显异常。三是二人系密切的朋友关系，交易资金直接来源于二人共同出资设立的公司，涉案股票卖出后，资金又流向该公司，二人是涉案交易的出资者和获利者。四是钟某平辩解所称的交易理由明显不合理，调查中吴某辉还刻意隐瞒与钟某平的联络情况。[①] 类似地，在费某、黄某丹内幕交易"龙源技术"案中，费某时为龙源技术董事，于 2012 年 2 月 29 日上午 9：30～11：30 参加了相关董事会会议，知悉龙源技术年度利润分配预案相关内幕信息，当日上午 11：05～11：28，其妻黄某丹的证券账户买入"龙源技术"，账户资金系夫妻共同财产，此前该账户未交易过该股，此次交易与以往交易习惯背离，且黄某丹不能提出合理解释。二人称费某从不过问黄某丹买卖股票情况、对黄某丹买入龙源技术股票不知情。证监会认为，黄某丹在费某获悉内幕信息同一天上午同步买入"龙源技术"，交易行为明显异常且不能提供充分证据予以说明，关于费某从不过问黄某丹买卖股票情况、对涉案交易不知情解释不符合一般家庭经济生活常态。最终，证监会认定二人构成共同内幕交易。[②]

---

① 中国证监会行政处罚委员会：《证券期货行政处罚案例解析（第一辑）》，法律出版社 2017 年版，第 118～122 页。

② 中国证监会行政处罚决定书〔2012〕49 号，详见证监会网站。

在个别情况下，即便行为人均非"知情"人，但其中一人"非法获取"内幕信息，交易行为具备内幕交易特征，且他人参与实施了相关行为的，不仅非法获取内幕信息的人员构成内幕交易，参与实施的人员也可能被认定为与其构成共同违法。成某娴与顾某佳、顾某内幕交易"天宸股份"案即为非法获取内幕信息的人与朋友临时共同出资实施交易的案例。该案中，叶某菁是天宸股份法定代表人、董事长，是内幕信息知情人，成某娴和叶某菁关系密切，2015 年 8 月 4～7 日，两人均居住生活在上海。成某娴与顾某佳、顾某是十多年好友且经常见面、关系亲密，内幕信息敏感期内，成某娴与顾某佳、顾某有电话联络。顾某佳、顾某分别操作各自名下账户交易"天宸股份"，交易行为与内幕信息高度吻合。其中，"顾某佳"账户在敏感期内共转入资金 600 万元，其中 500 万元来自成某娴的银行账户。"顾某"海通证券账户买入"天宸股份"的资金均来自成某娴。"顾某"中银国际证券账户买入"天宸股份"资金为账户历史沉淀资金，"顾某"两账户合计获利 30 375.51元。证监会认为，成某娴作为和内幕信息知情人叶某菁有密切关系的人，与顾某佳、顾某有电话联络，成某娴与顾某佳、成某娴与顾某共同交易"天宸股份"的行为明显异常，与内幕信息形成、发展变化的过程高度吻合，所述理由不能合理解释交易的异常性，最终，证监会认定成某娴与顾某佳、成某娴与顾某共同从事了内幕交易。①

2. 结合账户惯常控制情况、人员关系、利益关联等综合分析认定共同故意

在一些案件中，账户控制关系可以印证涉案人员之间存在共同故意的可能性，若同时有其他证据予以有力支持，执法机关可综合分析认定行为人之间存在内幕交易的共同故意。例如，在金某和余某内幕交易"四环药业"案中，金某为内幕信息知情人，金某与余某系夫妻，任某兰系金某岳母，"任某兰"账户资金主要来源于余某的银行账户。2007 年 1 月 18 日，金某获悉内幕信息；次日，"任某兰"账户买入"四环药业"；后该账户于 1 月 22 日卖出前述股票，卖出下单的 IP 地址为金某工作单位的 IP 地址。余某称涉案账户由其操作，二人均主张，没有证据证明金某将内幕信息告诉余某、余某未利

---

① 中国证监会行政处罚决定书〔2018〕67 号，详见证监会网站。

用内幕信息买卖"四环药业",不应认定二人构成内幕交易。证监会认为,金某与余某系夫妻,有共同财产和收益,涉案资金来自余某银行账户,而"任某兰"证券账户自2005年至案发时的交易记录和IP地址显示,该账户的绝大部分交易均在金某办公地点进行。最终,证监会认定二人构成共同内幕交易。①

需要说明的是,虽然账户控制情况可以作为判断共同故意的辅助因素,但这并不意味着共同操作实施涉案交易行为的人员之间一定存在共同故意。具体案件中应结合相关事实具体分析。

3. 结合人员关系、应有认知、可能的行为动机等综合分析认定共同故意

在马某文等人内幕交易"S*ST光明"案中,证监会认为,账户名义所有人将账户交予具备特殊身份地位的人管理,一定程度上表明其存在内幕交易的主观故意。该案中,涉案账户名义所有人为时任光明家具董事长马某文的姐姐马某琴,马某琴将该账户交由马某文之妻赵某香管理。马某文系光明家具债务重组相关内幕信息的知情人,2007年12月20日晚上10时许,相关债务重组初步方案确定,次日,赵某香卖出"马某琴"账户内所有其他股票并集中买入"S*ST光明"。证监会认为,没有内幕信息知情人的配合、支持,赵某香买卖股票的行为不可能发生,而在内幕信息知情人中,马某文与赵某香是夫妻,关系最近,且马某文与马某琴是姐弟关系,交易指令也是从马某文家中发出,据此,足以认定马某文配合和支持该内幕交易,是该内幕交易的责任人员。② 对于马某琴,证监会认为,作为马某文的姐姐,其应该知道马某文身为光明家具董事长,可能掌握内幕信息,而把账户交给马某文之妻赵某香管理,存在进行内幕交易的主观故意,可以认定马某琴参与了该

---

① 中国证监会行政处罚决定书〔2009〕4号,详见证监会网站。

② 对于马某文的行为究竟构成泄露内幕信息还是内幕交易,证监会似乎有所迟疑:一方面,证监会认定马某文为内幕交易的责任人员,并按照共同内幕交易对其进行了处罚。但另一方面,在论证马某文的行为性质时,证监会称"没有内幕信息知情人的配合、支持,如泄露内幕信息,赵某香买卖股票的行为是不可能的",似乎倾向于认为其行为构成泄露内幕信息。同时,证监会出版的案例分析也称"证监会……推定与赵某香、马某琴具有特殊身份关系的内幕信息知情人员马某文泄露了内幕信息。"中国证监会行政处罚决定书〔2010〕18号,详见证监会网站;另见中国证券监督管理委员会稽查局:《证券期货稽查典型案例分析(2009卷)》,科学出版社2013年版,第90页。笔者认为,参考下文将提及的刘某春和陈某玲内幕交易案中审判人员的分析,认定马某文构成共同内幕交易而不是泄露内幕信息有一定合理性。

内幕交易。最终，证监会认定马某文、赵某香、马某琴构成共同内幕交易。①

4. 主要结合共同利益综合分析认定共同故意

在缺乏关于涉案人员之间是否存在共同故意的直接证据的情况下，执法和司法机关通常会着重考察涉案人员是否存在共同利益，若内幕人与交易者之间存在共同利益，则以认定为共同内幕交易为主流。这种共同利益，既可以是专门针对涉案交易的共同利益，也可以是惯常固有的共同利益。前一种情形往往能够有说服力地证明行为人之间构成共同内幕交易，若行为人之间仅存在惯常的共同利益而不存在针对涉案交易的资金关联或其他直接利益关系，则要适当结合行为人之间的关系、交易行为特征等情况综合分析认定。常见情况主要有以下两种：

一是行为人之间就涉案资金存在关联，且不能做出令人信服的解释，而交易行为在异常性等方面符合内幕交易特征的，通常会被认定为构成共同内幕交易。例如，在王某诚、杨某内幕交易"汉鼎宇佑"案中，王某诚是内幕信息知情人，杨某控制使用"倪某元"账户买入"汉鼎宇佑"，成交金额 14 996 402.24 元，买入所用资金为王某诚在交易当日转入。王某诚称转给杨某的资金系民间借贷，杨某则称相关资金系王某诚以借款名义支付的股权投资款项，两人均主张从未谈及汉鼎宇佑相关事宜，王某诚不知道杨某交易该股的情况。证监会认为，王某诚为内幕信息知情人，杨某与王某诚相识多年，且共同创立公司。交易所用资金为王某诚当日转入，所用账户此前近 10 个月时间没有任何交易，却在内幕信息形成后突然转入大额资金并全仓买入，而杨某在交易前后与王某诚有过密切通信联系，交易行为与内幕信息高度吻合，且二人在调查阶段关于涉案资金往来的理由相互矛盾，申辩中亦不能作出合理解释，构成共同内幕交易。②

二是涉案人员之间存在惯常利益关联和其他密切关系，特别是在家人尤其是夫妻一方为内幕信息知情人或与知情人关系密切或存在联络、接触，另一方操作交易且交易明显异常的情况下，以认定为共同内幕交易为宜。例如，

---

① 中国证监会行政处罚决定书〔2010〕18 号，详见证监会网站。
② 中国证监会行政处罚决定书〔2018〕55 号，详见证监会网站。

在张某武、李某苗内幕交易"ST 甘化"案中，张某武是 ST 甘化重组内幕信息知情人，其妻李某苗在内幕信息敏感期内存入资金并控制账户亏损卖出其他股票后重仓单一买入"ST 甘化"。证监会认定二人构成共同内幕交易，二人不服并起诉。法院认为：李某苗在内幕信息敏感期内存入资金，且在此期间多次与张某武联系，其资金划转与内幕信息的形成和发展高度吻合；同时，李某苗控制该账户亏损卖出其他股票，并将卖出所得资金及同期存入的资金重仓单一买入"ST 甘化"，该交易行为说明其知悉并确信 ST 甘化重组的内幕信息。在没有内幕信息知情人泄露内幕信息的情况下，上述交易行为不可能完成，而在 ST 甘化重组内幕信息知情人中，张某武与李某苗是夫妻，关系最近，并有共同财产和利益，且李某苗在转入资金前后均与张某武进行过联系。因此，足以认定二人是内幕交易的共同责任人员。①

类似地，在贾某章、刘某内幕交易"新太科技"股票案中，贾某章时为新太科技独立董事，于 2006 年 4 月 26 日知悉新太科技股权结构重大变化的信息，同日及次日，贾某章的妻子刘某买入新太科技股票共 7 300 股。证监会认为，贾某章与刘某为夫妻，有共同利益，刘某能够从贾某章处获悉新太科技股权结构重大变化的内幕信息。最终，证监会认定贾某章和刘某构成共同内幕交易。②

（三）相关刑事司法实践

在刑事司法实践中，若有证据证明行为人共同决策并操作相关交易，通常会直接认定其构成共同内幕交易，否则，司法机关会通过综合分析案件具体情况来合理判断并印证行为人之间是否存在共同故意。如杜某库、刘某华共同内幕交易"高淳陶瓷"案即为前一类型，该案中，杜某库和刘某华系夫妻，杜某库知悉高淳陶瓷重组的内幕信息，2009 年 4 月 1 日，杜某库将相关信息告知刘某华，双方均同意购买高淳陶瓷股票。2009 年 4 月 2 日至 20 日，杜某库单独操作买入高淳陶瓷股票累计 223 000 股，获利

---

① 北京市第一中级人民法院行政判决书〔2016〕京 01 行初 521 号，详见中国裁判文书网。
② 中国证监会行政处罚决定书〔2010〕53 号，详见证监会网站。

2 470 351.38 元，杜某库、刘某华共同操作买入高淳陶瓷股票累计 137 100 股，获利 1 739 692.46 元，获利共计 4 210 043.84 元。司法机关判决二人构成内幕交易共同犯罪。①

但多数案件中，均需要通过综合分析认定行为人之间存在内幕交易的共同故意。例如，在刘某春、陈某玲内幕交易"高淳陶瓷"案中，公诉机关指控：刘某春将因履行职务知悉的关于高淳陶瓷的内幕信息告知其妻陈某玲，后二人经共谋，在敏感期内，以出售所持其他股票及向他人借款人民币 400 万元所得资金，并使用其家庭控制的股票账户，由陈某玲操作买入"高淳陶瓷"，获利 749 余万元。公诉机关认为该案系共同犯罪，刘某春是主犯、陈某玲是从犯。陈某玲承认刘某春让其买卖"高淳陶瓷"的事实，但主张并不知道刘某春从事的工作性质、没有意识到自己的行为是内幕交易犯罪。陈某玲的辩护人提出：二人"共谋"的是买股票，但不是共同利用内幕信息进行交易，不构成共同犯罪。法院指出：二人是夫妻关系，刘某春知悉内幕信息后泄露给陈某玲，在刘某春的授意下，陈某玲通过家庭实际控制的多个账户，利用卖出其他股票所得资金及刘某春所借巨资全部买入"高淳陶瓷"，获得非法利益。该等事实充分说明陈某玲主观上知道涉案内幕信息，客观上实施了具体操作交易、帮助实现犯罪目的的行为，构成共同犯罪。② 该案审判人员还撰文指出，在知情人员将获取的内幕信息透露给他人、由他人从事内幕交易的情形下，如达到法定追诉标准，通常会认定信息提供人构成泄露内幕信息罪，接收信息并从事内幕交易之人构成内幕交易罪。但该案的特殊之处在于，刘某春和陈某玲夫妻，二人是利益共同体，从事证券交易的收益归二人共同所有、风险由二人共同承担。刘某春是内幕信息知情人员，但没有亲自实施内幕交易，而是指使其妻实施，在共同犯罪中是提议者、策划者；陈某玲在刘某春的授意下，客观上实施具体操作证券交易的行为，帮助实现犯罪目的。二人所实施的行为均属于内幕交易犯罪的组成部分，缺一不可，故

---

① 张先明：《惩治证券期货市场犯罪 维护证券期货市场秩序 最高人民法院公布两起内幕交易犯罪典型案例》，载《人民法院报》2012 年 5 月 23 日，第 3 版。

② 方永梅：《刘宝春、陈巧玲内幕交易案（定性、共同犯罪）》，南通法院网"法官说法"栏，作者系该案合议庭成员，详见 http://www.ntfy.gov.cn/contents/88/6960.html。

认定二人构成内幕交易罪的共犯。[1]

除了内幕交易，在其他证券共同犯罪中，司法机关也会以间接证据证明行为人之间存在共同故意。如郑某、夏某红、夏某玲利用未公开信息交易案中，法院认定，郑某利用职务便利，在其管理的基金买卖股票的信息公开前，将需要购买的股票种类、数量、价格等告知夏某红、夏某玲，夏某红、夏某玲先于或与基金同期买卖相同股票，并从中牟利。三人辩称不存在预谋，认为司法机关亦没有证据证明郑某指令夏某红、夏某玲操作相关股票账户，不构成共同犯罪。法院判决指出，夏某红、夏某玲明知涉案账户买卖的股票与郑某管理的基金所买卖的股票有关，却根据郑某提供的信息操作实施交易，足以说明夏某红、夏某玲与郑某有共同利用未公开信息进行交易的主观故意，且客观上实施了相关行为，可以认定为利用未公开信息罪的共犯。[2]

二、共同行为的认定与证明

通常来说，所谓"共同行为"，既可以表现为共同决策、共同操作，也可以表现为相互分工配合，并不要求行为人共同实施全部具体行为。事实上，在共同违法犯罪案件中，共谋者往往分工协作、相互配合，分别实施其中部分行为。而所谓分工配合，是指为了共同目的而有意识地分工协作，而不是在没有犯意联络的情况下各自独立实施行为。

（一）共同决策或操作

实践中，共同决策的直接证据通常较难获取，但结合账户下单硬件和软件信息等，往往能发现账户操作情况。若存在混合操作、交替操作实施涉案交易的情况，执法机关会结合其他相关情况分析这种操作行为是否属于共同违法语境下的"共同行为"。例如，在刘甲、刘乙内幕交易"苏州高新"案

---

[1] 方永梅：《刘某春、陈某玲内幕交易案（定性、共同犯罪）》，南通法院网"法官说法"栏，作者系该案合议庭成员，详见 http://www.ntfy.gov.cn/contents/88/6960.html。

[2] 中国证监会行政处罚委员会：《证券期货行政处罚案例解析（第一辑）》，法律出版社 2017 年版，第118~122 页。

中，刘甲为内幕信息知情人，内幕信息敏感期内，其妹妹刘乙的证券账户在
2015 年 5 月 20 日～8 月 21 日期间多次买入"苏州高新"。其中，2015 年 7
月之前主要通过电脑下单，下单 IP 地址为刘甲工作单位的 IP 地址，2015 年
7 月之后主要通过手机下单，下单手机号码为刘乙的手机号码。2015 年 8 月
3 日至 19 日，刘乙与刘甲通话 13 次，通话时间与交易时间高度吻合。结合
刘甲与刘乙的近亲属关系、账户资金实际归属于刘甲及刘乙、二人商定将账
户内剩余的 32 万元归属于刘乙以及通话联络与交易行为高度吻合等证据，证
监会认定刘甲和刘乙构成共同内幕交易。①

（二）分工合作

在大量案件中，涉案人员多以分工合作的方式实施违法行为，最常见的
情形是一人提供信息进行决策、另一人控制账户操作交易，二人共同或其中
一人主要负责提供资金。例如，刘甲、张某宁内幕交易"苏州高新"案中，
张某宁与内幕信息知情人刘甲关系密切、联系频繁，经常交流炒股操作，
2015 年 5 月 12 日，刘甲开始与张某宁合作交易"苏州高新"，交易决策由刘
甲作出，张某宁按刘甲的指令完成交易，盈亏由二人按约定分担。证监会认
定二人合谋完成内幕交易行为，构成共同内幕交易。②

同样，在孔某敏、孔某强内幕交易"ST 博元"案中，孔某敏是内幕信息
知情人，其弟弟孔某强操作"祝某芳""叶某英"账户在敏感期内异常交易
"ST 博元"。其中，"叶某英"账户资金来源于孔某敏之妻及孔某敏从他人处
借入的资金，两账户相关融资由孔某强出面协调，借款合同中一方为孔某敏，
证监会认定二人共同实施了内幕交易。③ 类似地，在罗某阳、罗某颖内幕交
易"东方铁塔""黄河旋风"等股票案中，罗某阳为内幕信息知情人，其弟
弟罗某颖在敏感期内控制涉案账户交易相关股票，交易资金主要来源于罗某
阳，兄弟二人关系亲密、在敏感期内有联络接触，且交易行为明显异常，证
监会认定二人构成共同内幕交易。④

---

① ② 中国证监会行政处罚决定书〔2017〕74 号，详见证监会网站。
③ 中国证监会行政处罚决定书〔2014〕47 号，详见证监会网站。
④ 中国证监会行政处罚决定书〔2016〕86 号，详见证监会网站。

需要说明的是，共同内幕交易侧重于从行为主体和责任主体的角度分析交易行为，在行为特征尤其是交易异常性分析方面，共同内幕交易与单独内幕交易并无显著区别。对两人以上共同实施的交易行为是否具有内幕交易的特征、是否构成内幕交易，同样可以适用本书前文介绍的认定分析框架，包括"联络、接触＋交易异常且无合理解释"的分析模式。换句话说，在行为特征方面，可以将共同行为人的行为合并视为一个主体的行为进行分析。故本章着重分析如何认定两人以上是否构成"共同"内幕交易，对如何分析行为是否构成"内幕交易"不再赘述。

三、共同内幕交易范围的确定

实践中，一些行为人虽确实存在与他人共同进行内幕交易的故意，但未必实际参与了全部内幕交易行为：设若甲为内幕信息知情人，其与乙商议决定各出资 50 万元存入 A 账户并用于内幕交易，由乙负责操作，二人共享收益、共担损失。操作过程中，乙又自行筹集了 200 万元资金注入 A 账户进行交易。那么，甲究竟在 50 万元、100 万元，还是 300 万元的范围内与乙构成共同内幕交易？设若乙另行筹集的 200 万元不是注入 A 账户而是 B 账户，但乙操作 B 账户基于同样的内幕信息同期交易相同股票，又该如何认定？

（一）相关刑事司法实践

实践中，对于有证据证明行为人之间存在共同故意并分工合作的案件，通常来说，执法和司法机关倾向于将全部交易均认定为共同内幕交易的范畴，即便其中部分交易所用账户及资金均仅来源于其中个别人员（如操作者）。特别是对于其中的知情人和与知情人关系密切或存在联络接触的人，执法中的认定和量罚思路类似于刑法上对共同犯罪中主犯的处理，即按其所参与或者组织、指挥的全部犯罪处罚。

例如，在金某和吕某共同内幕交易"兄弟科技"案中，金某是内幕信息知情人，在吕某多次打探后，金某也想利用内幕消息获利，便将内幕消息泄露给吕某，授意吕某利用该内幕信息买卖"兄弟科技"，并从朋友处借得 500

万元转入吕某提供的账户，委托吕某全额买入"兄弟科技"股票。吕某在内幕信息敏感期内购入"兄弟科技"966 677 股，交易获利 2 477 244.52 元。其中，金某从他人处借入的 500 万元对应获利 24.5 万元。一审法院判决对金某判处有期徒刑四年六个月，对吕某判处有期徒刑四年，对二人分别处以罚金 248 万元，并决定对二人的违法所得 2 477 244.52 元予以追缴。二审过程中，金某提出，吕某的个人非法获利不应认定为是与金某共同犯罪的非法获利，金某对吕某自行利用内幕信息自筹资金炒股的情况不了解，也未参与利益分成，因此，金某与吕某就这部分内幕交易非法获利 200 多万元不构成共同犯罪，不应按照全案内幕交易的数额认定金某的内幕交易数额并据以确定罚金数额。二审法院认为，虽然二人分别筹集资金并按照所投入资金进行获利分成，但这些资金均是由吕某用于内幕交易，二人在内幕交易上属于共同犯罪，均应对内幕交易发生的交易额和违法所得负责。因此，按照内幕交易总的违法所得判处二人罚金符合共同犯罪的法律规定。[①]

类似地，在杜某库、刘某华共同内幕交易"高淳陶瓷"案中，杜某库和刘某华系夫妻，杜某库知悉高淳陶瓷重组的内幕信息，并将相关信息告知刘某华，二人决定购买高淳陶瓷股票。2009 年 4 月 2 日至 4 月 20 日间，杜某库单独操作买入"高淳陶瓷"累计 223 000 股，获利 2 470 351.38 元，杜某库、刘某华共同操作买入"高淳陶瓷"累计 137 100 股，获利 1 739 692.46 元。前述交易获利共计 4 210 043.84 元。最终，除自由刑外，法院对二人分别判处罚金 425 万元。[②] 也就是说，虽然能够明确区分杜某库单独操作与其同刘某华共同操作的情况，但在定罪量刑时将全部交易均作为共同内幕交易处理。

（二）相关行政执法实践

内幕交易行政执法领域的做法也类似。例如，在前述提及的知情人刘甲与张某宁共同内幕交易"苏州高新"一案中，交易决策由刘甲决定，张某宁

[①] 浙江省高级人民法院刑事判决书〔2013〕浙刑二终字第 135 号，详见中国裁判文书网。

[②] 张先明：《惩治证券期货市场犯罪 维护证券期货市场秩序 最高人民法院公布两起内幕交易犯罪典型案例》，载《人民法院报》2012 年 5 月 23 日，第 3 版。

按刘甲的指令完成交易。张某宁操作其岳母金某芳、配偶杨某的证券账户实施交易，其中，"金某芳"账户主要资金来源于杨某银行账户及刘甲申请的50万元贷款，资金流出主要是向刘甲之子的银行账户转账66万元；而"杨某"账户主要资金来源与去向为张某宁、杨某、金某芳银行账户。从决定书看，"杨某"账户与刘甲并不存在直接资金关联。最终，证监会认定刘甲与张某宁对上述两账户而不仅仅是"金某芳"账户的交易构成共同内幕交易。①

类似地，在成某娴与顾某共同内幕交易"天宸股份"案，成某娴与内幕信息知情人叶某菁关系密切，在内幕信息敏感期内的部分时段，成某娴、叶某菁均居住生活在上海。成某娴与好友顾某有电话联络，顾某在内幕信息敏感期内操作其本人两个证券账户买入"天宸股份"，其中一个账户涉案交易资金均来源于成某娴，交易获利 370 497.34 元；另一个账户涉案交易资金为账户历史沉淀资金，交易亏损 340 121.83 元，两账户合计获利 30 375.51 元。顾某的交易行为明显异常且与内幕信息形成、发展变化过程高度吻合，而所提理由不能合理解释账户交易的异常性。证监会认为，成某娴与顾某构成共同内幕交易违法，违法所得 30 375.51 元。② 也就是说，证监会认为成某娴对"顾某"两个账户的交易均负有责任。

笔者认为，这种处理思路有利于最大限度地防范和打击内幕交易，对维护证券市场秩序大有裨益。但该问题的处理同时涉及"过"与"罚"是否相当的问题，具体操作时应当统筹考虑，特别是要处理好在此基础上如何合理确定各行为人责任的问题，避免"过""罚"不对等。

四、单位与个人共同内幕交易

研究共同内幕交易，一个值得探讨的问题是，自然人与单位是否会构成共同内幕交易。实践中，单位内幕交易的案例并不少见，而单位行为无不始于自然人，一般来说，相关自然人往往会被认定为单位违法的责任人员。但

---

① 中国证监会行政处罚决定书〔2017〕74 号，详见证监会网站。
② 中国证监会行政处罚决定书〔2018〕67 号，详见证监会网站。

在极个别案件中，单位和自然人可能被认定构成共同内幕交易。

例如，金瑞达等内幕交易"海立股份"案处罚决定指出：王某文是金瑞达公司的实际控制人，其弟弟王某龙是金瑞达的法定代表人。"金瑞达"账户资金 2 300 万元来源于公司注册资本金，去向为王某文的母亲和岳父。该账户平时的交易由公司副总张某海下达指令，公司投资部职员冷某具体操作，张某海对王某文负责、向王某文报告工作。王某文与内幕信息知情人张某伟关系密切，内幕信息敏感期内，王某文主动联系张某伟询问海立股份情况，利用后者过失非法获取了内幕信息。后王某文打电话给冷某，告诉其海立股份定向增发、资产注入的情况，让其告诉张某海可以用公司账户买入，随后张某海下达交易指令，"金瑞达"账户买入 300 000 股"海立股份"，获利241 525.44 元。证监会决定：对王某文与金瑞达共同进行内幕交易的行为，没收违法所得 241 525.44 元，并处以 241 525.44 元的罚款。①

类似地，晨昕投资公司内幕交易"芭田股份"案中，处罚决定书指出：吴某辉系钟某平的朋友，吴某辉曾以家人名义与钟某平、梁某某及晨昕实业公司共同出资设立晨昕投资，晨昕投资由钟某平实际控制，成立后资金主要用于交易股票。吴某辉是芭田股份拟投资磷矿项目相关内幕信息的知情人，在内幕信息敏感期内，钟某平与吴某辉联系频繁，且通信时点与内幕信息形成、发展、资金变化、交易时间基本吻合。2012 年 5 月 2 日，涉案投资项目的标的、投资总额和投资期限等主要条款确定，当日 19：55 和 21：04，吴、钟二人有通信联络。次日，钟某平将晨昕投资账户内全部资金 790 万元转入晨昕实业账户，并利用晨昕实业的证券账户全仓突击买入"芭田股份"，交易亏损 32 431.16 元。深圳证监局认为：晨昕投资、钟某平、吴某辉共同利用晨昕实业证券账户交易芭田股份股票的行为构成内幕交易。晨昕投资、钟某平、吴某辉应当对该违法行为承担责任，是该违法行为的责任人。最终，该局决定：对晨昕投资、钟某平、吴某辉的内幕交易行为，处以 40 万元罚款。②

---

① 中国证监会行政处罚决定书〔2013〕16 号，详见证监会网站。
② 深圳证监局行政处罚决定书〔2014〕2 号，详见深圳证监局网站。

前述两案的处理方式可能产生一个问题：既然认定金瑞达和晨昕投资构成内幕交易，理应进一步认定对公司违法行为负责的人员，而结合处罚决定书所载事实并参考通常做法，王某文和钟某平无疑属于单位内幕交易的责任人员。如此一来，则王某文和钟某平二人可能既是共同内幕交易的参与者，又是单位内幕交易的责任人员，也就是说，对于二人在各自案件中的行为，同时存在两个分析视角、两种判断标准和两种法律责任，这在逻辑上似乎很难自洽。①

要理顺此类案件的认定逻辑，首先需要回答一个问题：单位与自然人能否构成共同内幕交易？如果可以，则要进一步回答单位可以与何种自然人构成共同违法？为此，可以追溯到共同犯罪有关理论研究，去考察单位与自然人能否构成共同犯罪。对此，理论上存在正反两种主张。分歧主要源于对我国现行《刑法》第二十五条关于"共同犯罪是指两人以上共同故意犯罪"中"人"的理解不同；第一种观点认为，对此处的"人"应理解为仅包含自然人，否则不符合普罗大众的观念。更何况，单位与自然人、单位与单位共同

---

① 需要说明的是，此处的情况与信息披露案件中上市公司控股股东或实际控制人同时也是董事长，因公司同一信息披露违法行为被分别依据《证券法》第一百九十三条第一款和第三款给予两笔罚款的情况不同，不能简单地以信息披露案件中的这种特殊情形来断然肯定内幕交易案件如此认定的合理性。京天利信息披露违法案是较早采取这种做法的案件，该案中，钱某耀时任京天利董事长、控股股东、实际控制人，证监会依据《证券法》第一百九十三条第一款和第三款对其给予两笔罚款，并在决定书中指出：一些上市公司由控股股东、实际控制人出任董事长，作为董事长，这些人士是上市公司内部治理的核心，系《上市公司信息披露管理办法》规定的对上市公司信息披露事务承担最主要责任的人员，应忠实勤勉地履行职责，保证上市公司信息披露的真实、准确、完整、及时、有效。而作为控股股东、实际控制人，这些人士是上市公司外部治理的关键，对上市公司、其他股东与投资者负有信义义务，对维护上市公司信息披露秩序、保障证券市场规范健康发展承担重要责任；其既不能利用控股地位，借助控制优势，侵害、损害上市公司、其他股东与投资者利益，也不能疏忽大意、怠于告知或者故意隐瞒应当按规定告知上市公司、由上市公司及时披露的事项，甚至指挥、唆使、放纵上市公司实施信息披露违法行为。双重身份意味着双重义务与双重责任，仅从上市公司信息披露违法的角度看，既可能触发作为上市公司董事长的失职，又可能触发作为上市公司控股股东、实际控制人的指使或者隐瞒行为；既可能被追究《证券法》第一百九十三条第一款所规定的"直接负责的主管人员"责任，又可能被追究《证券法》第一百九十三条第三款所规定的"控股股东、实际控制人"责任。最终，证监会决定：依据《证券法》第一百九十三条第一款的规定，对钱某耀给予警告，并处以20万元罚款；依据《证券法》第一百九十三条第三款的规定，对钱某耀给予警告，并处以40万元罚款；两项合并，对钱某耀给予警告，并处以60万元罚款。参见中国证监会行政处罚决定书〔2016〕81号，详见证监会网站。当前，对于在信息披露违法案件中对董事长兼实际控制人分别给予处罚的做法，理论和实务中尚有一定分歧，在此不赘。

故意犯罪时所触犯的罪名不完全相同，操作上也不宜以共同犯罪论处，应当分别处罚。① 第二种观点认为，对于共同犯罪中的"人"，应扩张解释为既包括自然人也包括单位。单位和自然人共同故意实施犯罪的，应认定为共同犯罪。② 持该观点者进一步指出，从体系解释的角度看，《刑法》事实上认可单位与自然人可以构成共同犯罪。例如，《刑法》第三百五十条第二款规定，明知他人制造毒品而为其提供用于制造毒品的原料或者配剂的，以制造毒品罪的共犯论处。该条第三款规定，单位犯该条前两款罪的，对单位判处罚金，并对其直接负责的主管人员和其他直接责任人员，依照前两款的规定处罚。可见，单位可以成为制造毒品罪的共犯。这说明我国刑事立法中已经认可了共同犯罪主体可以包括单位。③

在认可单位可以与自然人构成共同犯罪的基础上，围绕此种形态中"自然人"的身份是否限于单位外部人、单位能否同其内部人员构成共同犯罪，又存在不同主张。一种观点认为，单位可以同包括内部人员和外部人员在内的所有自然人构成共同犯罪。其中，单位内部成员既是单位成员，又作为独立个体而存在，其作为单位犯罪的行为人员和责任人员时，行为具有单位犯罪的特征；同时，若其具有为自己谋利的目的，主观方面超出了单位犯罪的构成要件，则行为和意志具有相对独立性，可按单位犯罪的共犯处理。④ 另一种观点则认为，单位内部人员不具备独立于单位的意思能力，不能与单位共谋实施犯罪行为。持该观点者认为，实践中，单位人员在实施单位犯罪的同时为自己谋利是常见现象，若认为单位人员在实施单位犯罪时一旦具有为自己谋利的意图就构成与单位共同违法，人为地割裂了单位犯罪中相关人员行为的整体性，在此理念下进行认定量罚，不仅不切实际，还违背了"禁止

---

① 方书：《单位与自然人共同犯罪的主体范围研究》，载《中国检察官》2011 年第 12 期，第 3~5 页。

② 张明楷：《刑法学》，法律出版社 2003 年版，第 32 页。

③ 赵志芳、何媛红：《单位与自然人共同犯罪疑难问题探究》，载《西华大学学报（哲学社会科学版）》2018 年第 4 期，第 98~101 页。

④ 俞伟、夏立泽：《单位犯罪若干问题研究》，载《浙江社会科学》2000 年第 4 期，第 40~43 页；赵志芳、何媛红：《单位与自然人共同犯罪疑难问题探究》，载《西华大学学报（哲学社会科学版）》2018 年第 4 期，第 98~101 页。

重复评价"的原则。① 折中观点认为，一般来讲，单位与其内部人员不可能在同一个单位犯罪中形成共同犯罪关系，因为在单位犯罪中，单位的主管人员和其他直接责任人员基于单位意志、为了单位利益而实施犯罪，以单位犯罪实际实施者的身份承担刑事责任，如果将他们与单位视为共同犯罪关系，也就是将他们所代表的单位与该单位本身视为共同犯罪关系，从而形成单一主体也能构成共同犯罪的局面，逻辑上是荒谬的。但是，在单位内部人员既为个人牟利，又为单位牟利时，有可能与所在单位形成共同犯罪关系。在该种情形下，单位内部人员一方面代表单位、另一方面代表自己实施犯罪，两个主体之间形成共同犯罪关系并不违背共同犯罪的基本理论。②

笔者认为，准确认定单位人员行为性质的前提在于回归本质：所谓共同犯罪或共同违法中的"共同故意"，理应是两个独立意思主体达成的共同意思，通俗地说，就是两个主体的"共谋"。如果两个主体虽然外在来看相互独立，但实质上并非独立意思主体，而是自然人能够代表或代替单位作出决策并付诸实施，就不存在形成"共同"意思或"共同"故意的问题，自然也就不存在共同违法。这种情况常见于单位与其决策主体之间，虽然单位与其决策人员表面上看是独立主体，但针对单位的某一行为，决策人员的意思往往就是单位的意思，决策人员并非"与单位共谋"，而是"为单位谋"。换句话说，在决策人员完全代表单位意志和利益的情况下，若认为单位的决策人员与单位共谋，事实上等同于认为该决策人员自己与自己共谋，逻辑上行不通。既然不存在单位与其决策主体"共谋"，自然也就不存在认定单位与决策主体"共同"违法的问题，真正的问题应该是如何正确认定决策人员的责任。相反，若两个主体原本是意思和利益相互独立的主体，但对涉案行为形成了共同意思，即存在实质意义上的"共谋"，则可以认定为共同违法。

当然，这也并不是主张"一刀切"地将涉及单位与其内部人员的案件认

---

① 田宏杰、许成磊：《简论单位共同犯罪的概念与特征》，载《湖南教育学院学报》2001年第3期，第154~155页；阴建峰、周加海：《共同犯罪适用中疑难问题研究》，吉林人民出版社2001年版，第97页。

② 曹坚、罗欣：《双层次规范视角中的单位犯罪的共犯问题》，载《华东政法大学学报》2008年第4期，第80~85页；石磊：《单位共同犯罪中的两个关键问题》，载《法学家》2006年第3期，第69~76页。

定为单位违法、将涉及单位与外部人员的案件认定为共同违法，而是要结合案件具体情况判断是否存在真正意义上的"共同"或"共谋"，如果自然人既基于自己利益又为了单位利益而从事违法行为，理应承担相应的两种责任。这方面的代表性案例当数辽河纺织和由某玲内幕交易"*ST得亨"案，该案中，由某玲时为辽河纺织公司秘书，因参与涉案重组事宜知悉内幕信息。涉案账户为"李某""柳某莲"账户，由辽河纺织、由某玲、李某、柳某莲、姚某双等共同使用，由某玲全权负责证券交易；账户内资金有800万元来源于辽河纺织、其余470.14万元来源于由某玲、李某、柳某莲等人，各主体按出资比例结算盈亏。内幕信息敏感期内，由某玲操作前述账户交易"*ST得亨"。按出资比例算，辽河纺织投入的800万元亏损395.69万元，由某玲及其他自然人投入的470.14万元亏损232.54万元。证监会认定：辽河纺织构成内幕交易，由某玲是辽河纺织内幕交易直接负责的主管人员。同时，由某玲利用内幕信息为自己及其他自然人交易股票的行为构成个人内幕交易，也应承担相应责任。[①] 可见，在自然人既为单位又为个人决策并实施违法行为的情况下，其既是单位违法的责任人员，同时也构成自然人违法。

第三节　共同内幕交易的责任划分

一、相关现实困难及理论出路

（一）共同违法案件责任划分的困难

对共同违法案件作出处罚时，存在两个以上责任主体对没收违法所得及罚款金额如何分担的问题，对此，现行相关法律法规尚无明确规定。实践中，存在两种可能的选择，即明确划分各责任人员的责任或不予划分，两种方式

---

① 中国证监会行政处罚决定书〔2010〕22号，详见证监会网站。

各有优劣。若不明确划分，则理论上属于连带责任，但有对责任划分不清晰之嫌，不利于定纷止争。若明确划分，可能难以获取具体依据且划分方式未必科学、结果未必合理。首先，对财产混同的涉案人员而言，由于盈亏并未明确区分归属比例，明确划分未必公正合理；同时，由于资金混同，涉案人员缴纳罚没款的资金来源相同，划分的必要性不大。其次，一些案件中，涉案人员各自投入资金量及相应的盈亏比例可能不清楚，特别是涉案人员长期合作炒股导致资金关系难以理清、用历史沉淀资金交易甚至"一人出钱一人出力"（提供信息、账户、决策、操作）的情况下，要做到既明确又公正并不容易。即便前述情况都不存在，由于共同行为人在内幕交易中往往既有分工又有合作，要科学合理地划分责任并非易事。实践中常见的"对半开""四六开""三七开"都是较为概略的操作，未必完全合理。而若留给涉案人员自己商议，可能更容易达成共识，在个别情况下反而利于处罚决定的执行。

（二）关于共同违法主体经济责任划分的理论主张

对于应当没收的违法所得，一般认为以合并没收为宜，实践中，不同执法机关的处理较为一致，在此不赘。

对于罚款金额如何确定、是否应当在责任人员之间进行分配、如何分配等，存在不同主张。有观点认为，结合"罪责自负"的基本法理，对于共同违法主体，无论其身份关系或利益关系如何，执法机关均应具体明确每个责任主体的责任。另一种观点则认为，不宜一味要求区分，而应由行政机关视情况处理，能够区分责任的，应当分别作出处罚；不能区分的，不宜盲目区分，可以考虑涉案人员之间因特定关系形成的利益共同体等实际情况，予以共罚。这是因为：首先，从必要性的角度看，具有特殊身份关系或共同财产利益的违法行为人往往存在共同居住生活、财产共有或混同等情况，在共同从事违法行为时已成为利益共同体，对罚没款没有区分的必要。其次，从可行性的角度看，将共同行为人的责任予以区分，需要行政机关为此充分调查取证，而内幕交易违法行为隐蔽性强，本身调查取证的难度已相当大，在难以区分的情况下，一味要求行政机关分清责任势必徒增执法成本，甚至可能放纵部分违法行为。相反，将不具有人身专属性的罚没款合并执行，有利于提高执法效率，节约行政成本，符合行政效率原则。此外，内幕交易本质上是一种侵犯其他投资者公平交易权的侵权行为，参考民事领域关于二人以上共同侵权造成他人损害则应承担连带责任的规定，对共同内幕交易主体采取合并罚没并无不妥。①

笔者认为，上述两种观点均有一定合理性。从确保处罚决定顺利执行的角度看，对存在特定身份关系的主体合并罚没更有利于督促违法主体履行责任。例如，在夫妻共同内幕交易的情况下，假定罚没款共计 100 万元，若涉案人员久拖不缴，则夫妻二人均可能被采取失信惩戒措施。若处罚决定进入法院强制执行程序，则可直接执行夫妻共同财产。若分别处罚，则涉案人员可能策略性地选择优先缴纳其中一人所负担的罚没款金额，在强制执行中，对共同财产的执行也将更复杂，在极端情况下，甚至不排除涉案人员采取虚假离婚分割财产等手段逃避执行。

但本着"罪责自负"的基本精神，同时为避免涉案人员之间因责任划分不清而出现纠纷甚至怠于履行，对于能够明确划分或确有必要明确划分的，应尽可能在作出处罚时具体确定每一名责任人员应当缴纳的罚款金额。至于究竟何时合并罚没、何时分别罚没，笔者认为，以行为人之间是否存在"特定身份关系"或"共同利益"为划分标准未必十分科学，一种更加现实可行的方式是对存在财产混同或有存在共有财产的主体采取合并罚没；对财产相互独立且没有共同财产的主体，则以分别罚没为宜。之所以强调从财产关系着手进行区分，主要是考虑到罚没款的执行直接涉及财产的处分。而之所以并不侧重于考察行为人间是否存在"特定身份关系"或"共同利益"，首先是因为，现实生活中，"特定身份关系"的主体未必拥有共同财产，即便是父母子女、兄弟姐妹乃至夫妻等近亲属之间，财产相互独立的情况亦十分常见，仅因其存在特定身份关系就对其进行合并罚没，可能导致执行中纠纷不断，既不利于处罚决定的执行，也不利于真正定纷止争，甚至由此带来后续的民事纠纷、浪费执法和司法资源。其次，"共同利益"看似是一个科学的

---

① 中国证监会行政处罚委员会：《证券期货行政处罚案例解析（第一辑）》，法律出版社 2017 年版，第 118～122 页。

划分标准，但"共同利益"的内涵和外延似乎并不明确，实践中，共同违法的事实本身往往就说明行为主体之间存在共同利益，进而，似乎对所有共同违法主体都应该"共罚"，从而按照"共同利益"标准，容易陷入无意义的逻辑循环。

二、相关刑事司法实践

对于共同犯罪中各责任人员的刑事罚金，究竟是按全体成员共同犯罪的数额计算还是按各自实际参与的行为或获取的收益计算罚金的问题，最高人民法院认为，一般情况下，定罪与量刑应坚持同一数额标准，但在共同犯罪案件中，特别是人数众多的共同犯罪案件中，这一原则应有所修正，否则必然导致罚金数额过大，而出现根本无法执行的情况。[①] 因此，《内幕交易司法解释》第九条第二款借鉴《最高人民法院、最高人民检察院、海关总署关于办理走私刑事案件适用法律若干问题的意见》第二十二条的规定[②]，对内幕交易共同犯罪的罚金刑总额作了如下限制：构成共同犯罪的，按照共同犯罪行为人的成交总额、占用保证金总额、获利或者避免损失总额定罪处罚，但判处各被告人罚金的总额应掌握在各被告人获利或者避免损失总额的一倍以上五倍以下。[③]

司法机关在此类案件中的裁量具有一定参考价值。例如，在杜某库、刘某华夫妇共同内幕交易"高淳陶瓷"案中，获利共计 4 210 043.84 元，法院以杜某库犯内幕交易罪对其判处有期徒刑六年，并处罚金 425 万元；以刘某华犯内幕交易、泄露内幕信息罪对其判处有期徒刑三年，并处罚金 425 万元。[④] 在黄某裕等内幕交易案中，法院判决黄某裕与杜某、许某民构成内幕交易罪的共同犯罪，其中，黄某裕与杜某共同实施内幕交易获得账面收益

---

①③ 《〈关于办理内幕交易、泄露内幕信息刑事案件具体应用法律若干问题的解释〉的理解与适用》，详见最高人民法院网站。

② 具体为：审理共同走私犯罪案件时，对各共同犯罪人判处罚金的总额应掌握在共同走私行为偷逃应缴税额的一倍以上五倍以下。

④ 张先明：《惩治证券期货市场犯罪 维护证券期货市场秩序 最高人民法院公布两起内幕交易犯罪典型案例》，载《人民法院报》2012 年 5 月 23 日，第 3 版。

3.06 亿余元，与许某民共同事实内幕交易获账面收益 9 021 万余元。最终，法院对黄某裕以内幕交易罪判处有期徒刑九年，并处罚金 6 亿元；对杜某以内幕交易罪判处有期徒刑三年六个月，并处罚金 2 亿元。对许某民以内幕交易、泄露内幕信息罪判处有期徒刑三年，并处罚金 1 亿元。[①]

三、相关行政执法实践

总结执法实践发现，通常来说，执法机关倾向于对夫妻或其他存在特定身份关系及共同利益关系的共同违法主体采取合并罚款并没收违法所得的做法，不再划分各责任主体应当承担的罚没款金额；在其他大部分案件中，则仅对违法所得进行合并没收，[②] 对罚款按一定比例进行划分，并在处罚决定中具体明确各责任主体所需缴纳的罚款金额。

（一）合并罚没

一是对夫妻合并罚没。例如，在刘某艳、陆某英夫妇内幕交易"张化机"案中，江苏证监局决定没收二人违法所得 647 339.27 元，并处以 1 294 678.54 元罚款。[③] 类似地，在赵某琦、王某焕夫妇内幕交易"银鸽投资"案中，河南证监局决定没收二人违法所得 442 203.37 元，并处以 442 203.37 元罚款。[④] 在贾某章、刘某内幕交易"新太科技"案中，证监会决定对贾某章和刘某处以 35 000 元罚款。[⑤] 同样，在蒋某、杨某凭夫妇内幕交易"楚天高速"案中，证监会决定没收蒋某、杨某凭违法所得 128 351 元，

---

① 张先明：《惩治证券期货市场犯罪　维护证券期货市场秩序　最高人民法院公布两起内幕交易犯罪典型案例》，载《人民法院报》2012 年 5 月 23 日，第 3 版。

② 对于违法所得，虽然合并没收是常态，但执法机关曾在个别案件中仅对共同违法行为人中提供账户一方进行没收。如在成某娴、顾某共同内幕交易"天宸股份"案中，证监会决定：没收顾某违法所得 30 375.51 元，并对成某娴、顾某处以 91 126.53 元罚款，其中成某娴与顾某各自承担 45 563.27 元。从相关表述看，证监会似乎并不要求顾某承担缴纳违法所得款的责任。参见中国证监会行政处罚决定书〔2018〕67 号，详见证监会网站。

③ 江苏证监局行政处罚决定书〔2015〕3 号，详见江苏证监局网站。

④ 河南证监局行政处罚决定书（赵某琦、王某焕），详见河南证监局网站。

⑤ 中国证监会行政处罚决定书〔2010〕53 号，详见证监会网站。

并处以 128 351 元罚款。①

二是对存在资金混同的其他近亲属进行合并罚没。如在罗某阳、罗某颖共同内幕交易"东方铁塔""黄河旋风"案中，罗某阳、罗某颖系兄弟，资金高度混同，且二人对混同后的资金均可自由使用。证监会认定二人构成共同违法并合并进行罚没，并未区分各自责任份额。②

三是对关系密切且在内幕交易之外还存在其他直接经济关系的共同违法主体进行合并罚设。例如，在施某新、陈某媛内幕交易"宝硕股份"案中，施某新与陈某媛关系密切，存在直接经济利益关系并曾发生过多次往来款转账，且施某新在敏感期内向"陈某媛"账户转入资金。证监会认定二人共同使用"陈某媛"账户进行了内幕交易，决定对施某新、陈某媛处以 60 万元的罚款。③

（二）合并没收但明确划分各自承担的罚款金额

一是主要依据涉案人员在违法行为中的角色和分工不同确定承担罚款的比例。例如，在吴某、倪某明内幕交易"南风股份"案中，吴某、倪某明是一个控制并操作他人证券账户进行交易牟利的团队，该团队由吴某负责。内幕信息敏感期内，吴某与内幕信息知情人杨某善存在通话联系，倪某明操作 7 个账户交易"南风股份"，买入时点与内幕信息形成、变化过程高度吻合，与吴某同杨某善联络时点也高度吻合。证监会决定没收吴某、倪某明违法所得 392 669.25 元，并处以 785 338.5 元罚款，其中对吴某处以 549 737.5 元罚款，对倪某明处以 235 601 元罚款。④

二是主要参照实际出资或获利实际分配比例划分罚款比例。刘甲、刘乙内幕交易"苏州高新"案中，刘甲是内幕信息知情人，刘乙是刘甲的妹妹，内幕信息敏感期内，"刘乙"证券账户交易"苏州高新"，该账户主要资金来源与去向均为刘甲及其相关银行账户，少部分（不到10%）是刘乙原自开户

① 中国证监会行政处罚决定书〔2016〕78 号，详见证监会网站。
② 中国证监会行政处罚决定书〔2016〕86 号，详见证监会网站。
③ 中国证监会行政处罚决定书〔2018〕24 号，详见证监会网站。
④ 中国证监会行政处罚决定书〔2015〕60 号，详见证监会网站。

以来陆续转入的资金，涉案交易完成后，刘甲和刘乙曾商议好将账户内剩余的 32 万元归属于刘乙。证监会决定：没收刘甲、刘乙违法所得 290 396.35 元，并处以 871 189.05 元罚款，其中刘甲承担 784 070.15 元，刘乙承担 87 118.90元。[1]

三是主要参照涉案人员约定的比例划分罚款金额。在张某宁与刘甲共同内幕交易"苏州高新"案中，二人共同出资，交易由刘甲决策、张某宁操作，盈亏由二人按约定分担。证监会决定对罚款金额实行"四六开"，即：没收刘甲、张某宁违法所得 784 726.93 元，并处以 2 354 180.79 元罚款，其中刘甲承担 1 412 508.47 元，张某宁承担 941 672.32 元。[2] 在陈某政、王某内幕交易"东华能源"案中，陈某政是内幕信息知情人，内幕信息敏感期内，王某与陈某政多次见面，"王某"账户累计买入"东华能源"118 000 股，交易时点与二人见面时点吻合。广东证监局决定：没收陈某政、王某违法所得 571 114.89 元，对陈某政处以 380 743.26 元罚款、对王某处以 190 371.63 元罚款。[3]

此外，总结分别罚款的案例不难发现，通常来说，在内幕信息知情人与他人共同内幕交易的情况下，执法机关倾向对于知情人课以较重的罚款。

（三）亏损或违法所得不足 3 万元时罚款的确定

在共同内幕交易亏损的情况，在确定罚款金额时，可能会产生这样的分歧：究竟是对每个责任主体单独确定一笔罚款，还是合并确定一笔罚款并视情况决定是否划分。例如，甲乙二人共同内幕交易亏损 1 000 万元，且违法行为后果严重、影响恶劣，属于可以顶格处罚的情况。那么，具体操作上，究竟是对二人分别处以 60 万元对顶格罚款，还是合并处以 60 万元罚款并由二人按一定比例分担（如各承担 30 万元）？若按第一种方式，则全案罚款金额为 120 万元，若按第二种方式，则全案罚款金额为 60 万元。

对此，笔者认为，对于共同违法主体的罚款，应当以违法行为数量而不

---

[1][2] 中国证监会行政处罚决定书〔2017〕74 号，详见证监会网站。
[3] 广东证监局行政处罚决定书〔2016〕13 号，详见广东证监局网站。

是责任人员数量为导向,首先将共同违法主体拟制为一个违法主体并据以确定罚款金额,然后将罚款金额在共同违法主体之间分配,即前例中的第二种方式。只有这样,才能在逻辑上与共同违法盈利超过 3 万元情况下的处理一致,也符合刑事领域关于"判处各被告人罚金的总额应掌握在各被告人获利或者避免损失总额的 1 倍以上 5 倍以下"的精神。否则,若采取第一种方式,则实质上等同于将共同违法行为视为多个独立的违法行为,缺乏合理性。同时,若按照第一种方式,则似乎对于盈利超过 3 万元的情况也应分别对每个违法主体处以 1 倍以上 5 倍以下的罚款,从而,案件的罚款合计可能超过 5 倍,违反法律规定。

从近年执法实践看来,执法机关倾向于第二种做法。例如,在姜某芳、陆某栋共同内幕交易"蓉胜超微"案中,交易合计亏损 32 814.39 元,证监会决定对姜某芳、陆某栋处以 5 万元罚款。① 在王某海、张某兰内幕交易"得利斯"案中,证监会决定:责令王某海、张某兰依法处理非法持有的得利斯股票,如有违法所得予以没收,并处以 3 万元罚款。② 在成某娴、顾某佳共同内幕交易"天宸股份"案中,交易亏损 189 891.83 元。证监会决定:责令顾某佳依法处理其账户下非法持有的证券,并对成某娴、顾某佳处以 120 000 元的罚款,其中成某娴与顾某佳各自承担 60 000 元。③ 从这些决定书的表述看,执法机关似乎将共同违法主体视为一个主体合并决定罚款金额,并决定由二人分别承担。

① 中国证监会行政处罚决定书〔2014〕28 号,详见证监会网站。
② 中国证监会行政处罚决定书〔2014〕72 号,详见证监会网站。
③ 中国证监会行政处罚决定书〔2018〕67 号,详见证监会网站。

第六章

内幕交易的传递形态
——泄露内幕信息与建议他人买卖证券

　　近年来，随着内幕交易监管趋严，内幕信息知情人直接进行的内幕交易案件有所减少，向他人泄露内幕信息、建议他人买卖证券，他人据以进行交易的情况则逐渐增多[①]，证监会的一组统计数据显示，近四成案件涉及内幕信息多级多向传递。[②] 执法实践中，对于泄露内幕信息和建议他人买卖股票的案件，执法机关面临两方面的困难。首先，调查取证方面，不同于交易行为，现实生活中，信息的传递和建议的表达多以对话的方式进行，行为隐蔽性较强，客观载体和证据较少，在法律赋予的调查权限和手段相对有限的现实背景下，执法机关较难收集到知情人泄露内幕信息或建议他人买卖证券的充分证据。其次，认定逻辑和证明标准的把握方面，对于泄露和建议行为的认定逻辑和具体证明标准，理论和实务中存在不同看法，特别是对于能否仅仅基于间接证据认定行为人构成泄露内幕信息或者建议他人买卖证券违法、如何区分知情人的行为究竟构成泄露或建议行为还是共同内幕交易等，还需要进一步达成共识。

---

　　① 由于内幕信息存在被传递的过程，通常将这类内幕交易行为称为传递型内幕交易。
　　② 中国证监会 2017 年 9 月 1 日消息：《证监会通报今年专项执法行动第三批案件查办进展》，详见证监会网站。

第一节　泄露内幕信息和建议他人买卖证券行为的构成要件

一、泄露内幕信息和建议他人买卖证券违法的主体要件

一般认为，构成泄露内幕信息或建议他人买卖证券违法的主体应该是知悉或非法获取内幕信息的人。对此，执法认定的重点在于识别涉案人员是否知悉或非法获取了内幕信息，具体认定方法和证明标准详见本书关于内幕交易主体的部分，在此不赘。以下着重就两种特殊情况展开讨论：

（一）二手以上的传递者是否可能构成泄露内幕信息或建议他人买卖证券违法

经济生活中，内幕信息可能经多人逐步扩散，使更多本不应获取内幕信息的人得以获悉，甚至引起内幕交易。假设 A 是内幕信息知情人，其将信息告知 B，B 又将信息告知 C，C 将信息告知 D，D 再将信息告知 E，E 据此进行内幕交易。那么，A、B、C、D 四人是否构成泄露内幕信息违法，特别是对于 B、C、D 三人，能否追究泄露内幕信息的法律责任？

对于上述情形，在刑事司法领域，理论上有不同看法，一种观点认为，对二手以上传递行为，原则上不应追究刑事责任，否则打击面过大。具体而言，是否追究传递人的责任，首先要看被传递人是否明知其接收的信息为内幕信息，其次要考虑传递人与被传递人关系。另一种观点认为，若明知是内幕信息仍予以传递，即表明行为人在传递时具有主观恶性，无论是第几手传递内幕信息，都应当追究刑事责任。[①] 从境外实践看，不同地区对内幕信息

[①] 参见《〈关于办理内幕交易、泄露内幕信息刑事案件具体应用法律若干问题的解释〉的理解与适用》，详见最高人民法院网站。

多级传递行为的认定模式存在一定差别：欧盟采取以身份关系为主的模式，着重关注传递人与被传递人之间的关系，对二手以后的传递者仅给予行政处罚、不追究刑事责任；日本对二手以后的传递者则不追究任何责任；美国采取的是信息内容模式，对传递身份在所不问，曾经追究了内幕信息传递第六手的刑事责任。①

实践中，我国司法机关曾追究过二手传递者泄露内幕信息的刑事责任。如"高淳陶瓷"内幕交易系列刑事案件中，高淳陶瓷重组内幕信息的知情人杜某库将相关信息告诉了妻子刘某华，刘某华又将信息告诉亲属赵某梅，后赵某梅将该信息告知其丈夫刘某斌，且赵某梅和刘某斌二人实施了内幕交易。审判过程中，刘某华及其辩护人主张，刘某华向赵某梅等人透露信息不属于泄露内幕信息。法院认为，刘某华作为内幕信息知情人员的配偶，从知情人员处获取信息，属于非法获取内幕信息的人员，而其又将内幕信息告诉亲属赵某梅等人，导致他人从事与该内幕信息有关的股票交易，且情节严重，刘某华构成泄露内幕信息罪。②

在行政执法领域，通常来说，无论信息经过几手传递，只要有证据证明二手以上的传递者知悉或非法获取了内幕信息并实施了泄露或建议行为，均可依法认定其构成违法。例如，在王某强泄露、李某二次泄露恒顺电气内幕信息案中，内幕信息知情人王某强将内幕信息告诉李某，后李某给多个机构和个人群发含有内幕信息的邮件，证监会认定王某强和李某均构成泄露内幕信息违法。③

事实上，不仅内幕信息知情人和那些有直接证据证明其非法获取了内幕信息的人员可以成为泄露和建议行为的违法主体，执法机关基于间接证据"推定"为"非法获取内幕信息"的人员也可能构成这两类违法。例如，在于某瑞、王某雷内幕交易"维格娜丝"案中，于某瑞与内幕信息知情人赵

---

① 《〈关于办理内幕交易、泄露内幕信息刑事案件具体应用法律若干问题的解释〉的理解与适用》，详见最高人民法院网站。

② 孙炜、范莉、马小卫：《内幕交易杜某库、刘某华案及刘某华泄露内幕信息案——内幕信息、内幕信息的知情人员和非法获取人员的认定以及相关法律适用问题的把握》，载《刑事审判参考》2012年第2辑，第757号案例。

③ 中国证监会行政处罚决定书〔2015〕16号，详见证监会网站。

某、樊某相识且日常存在联络接触，内幕信息敏感期内，于某瑞与两位知情人有联络接触，并使用其本人证券账户交易"维格娜丝"，且交易行为明显异常。于某瑞称其买完"维格娜丝"后跟赵某、樊某交流过该股。同时，据王某雷交代，于某瑞曾在内幕信息公开前建议王某雷交易该股。最终，证监会认定于某瑞构成内幕交易和建议他人买卖该证券违法，决定就两个行为分别对其处以 60 万元的罚款，罚款合计 120 万元。① 类似地，在刘某伟内幕交易并建议他人买卖"秀强股份"案中，内幕信息敏感期内，刘某伟与知情人陈某林有通信联系并曾见面，后刘某伟控制两个账户买入"秀强股份"。同期，在和陈某林电话联系后，刘某伟随即与潘某权和徐某联系，推荐二人买入"秀强股份"，潘某权和徐某次日起分别控制三个账户开始买入"秀强股份"。证监会认定刘某伟构成内幕交易和建议他人买卖证券两种违法行为，决定对其处以 30 万元罚款。② 这两起案件中，于某瑞和刘某伟二人均非内幕信息知情人，而是信息传递链条中的"二传"，基于二人与知情人联络接触和交易异常等事实，执法机关认定二人为非法获取内幕信息的人，并在此基础上结合二人其建议他人买卖股票的事实认定其行为构成建议他人买卖证券违法。

此外，对于前述信息从知情人 A 经 B、C、D 传递到 E 的案例，另一个值得探讨的问题是：A 是否应对 E 的内幕交易行为承担泄露内幕信息的责任？单从行政执法的角度看，该问题看似多余甚至荒谬。③ 但在刑事司法领域，泄露者的刑事罚金与交易者的盈亏挂钩，也就是说，若认为 A 应对 E 的行为负责，则对 A 的罚金应以 E 的违法所得金额为依据，若认为 A 无需对 E 的行为负责，则对 A 处以罚金时无须考虑 E 的交易结果。对此，理论上一般认

① 中国证监会行政处罚决定书〔2018〕86 号，详见证监会网站。

② 中国证监会行政处罚决定书〔2018〕106 号，详见证监会网站。该案处罚决定书中，证监会并未分别就内幕交易行为和建议他人买卖的行为给予处罚，而是笼统地对当事人给予 30 万元的处罚，单从处罚决定的内容看，似乎不能确定证监会究竟认定行为人存在几个违法行为，但决定书在描述违法事实时标题取名为"二、刘某伟内幕交易、建议他人交易'秀强股份'情况"，可见，证监会认为当事人存在两项违法行为。

③ 因为在行政执法领域，构成泄露或建议违法通常不以信息接收者进行了交易作为必要要件，因此，无论是否有人进行交易，A 都构成违法，按照现行法律和执法实践，执法机关可对其处以 3 万元以上 60 万元以下的定额罚款。

为，在内幕信息多次传递后，先前的内幕信息泄露者、传递者对后续二传、三传乃至之后的人利用内幕信息进行交易的情况并不知情、亦无从制止。因此，通常来说，泄露者、传递者只需对其泄露或传递后的直接信息受领方的行为承担责任。但是，如果泄露者、传递者明知自己泄露或传递内幕信息后，该信息会被进一步传递或扩散，则应对后续所有人的传递、交易行为承担责任。① 实践中，司法机关认为，并非所有存在二传、三传的案件都难以认定泄露内幕信息人员的责任，即便难以认定，在能够认定的限度内也应追究泄露内幕信息人员的责任。如果二传、三传不是从内幕信息知情人员那里获悉信息，但泄露内幕信息者（如前例中 A）知晓有二传、三传乃至之后的人（如前例中 E）在利用其泄露的内幕信息进行交易而不加制止或未能有效制止，泄露者就应当对后续的交易行为承担相应的泄露责任。② 笔者认为，这种处理方式有利于防范泄露内幕信息和内幕交易，并能督促已经泄露内幕信息的人积极采取补救措施，控制行为后果。

（二）单位是否可能构成泄露内幕信息或建议他人买卖证券违法

通常来说，泄露内幕信息或者建议他人买卖证券的行为主体多为自然人，或者至少需要通过自然人来具体实现，单位能否成为泄露和建议行为的违法主体似乎有待商榷。理论上讲，如果泄露或建议行为是为了单位利益且能够代表意志，应当可以认定单位构成相应的违法行为。

实践中，证监会曾认定单位构成建议他人买卖股票违法，前面提及的财富成长公司建议他人买卖"天音控股"案即为一例。该案中，财富成长系某信托公司设立并发行的 6 只信托产品的投资顾问，财富成长按约定收取投资顾问管理费，并作为信托产品受益人享有特定信托利益，相关信托产品的交易建议主要由时任财富成长总经理唐某来作出。内幕信息敏感期内，知情人肖某向唐某来泄露了内幕信息，后财富成长担任投资顾问的 4 个信托产品账户买入"天音控股"。财富成长因此计提投资顾问管理费 102.89 元、享有特

---

① 杨赞：《内幕交易、泄露内幕信息行为疑难认定》，载《检察日报》2017 年 5 月 4 日。
② 参见《〈关于办理内幕交易、泄露内幕信息刑事案件具体应用法律若干问题的解释〉的理解与适用》，详见最高人民法院网站。

定信托利益 195 851. 75 元，两项合计为 195 954. 64 元。最终，证监会认定财富成长构成建议他人买卖证券的违法，并认定唐某来为对财富成长的违法行为直接负责的主管人员，决定没收财富成长违法所得 195 954. 64 元，并处以 587 863. 92 元罚款；对唐某来给予警告，并处以 20 万元罚款。①

二、泄露内幕信息和建议他人买卖证券违法的主观要件

一般认为，内幕人建议他人买卖证券，需要存在主观故意，否则难以提出建议。但对于泄露内幕信息是否必须存在主观故意，理论和实践中存在争议。有观点认为，只要客观上实施了将内幕信息告诉或传播给第三人的行为，无论故意还是过失，都应当承担责任。② 另一种观点则认为，从现行法律规定和立法原意上看，应理解为需主观上存在故意，即行为人明知自己的泄露行为可能导致他人进行内幕交易扰乱证券市场秩序，却希望或放任这种结果发生的心理态度。③ 后一种观点在关于泄露内幕信息刑事犯罪的理论研究领域颇受推崇。有研究者认为，泄露内幕信息罪中的"泄露"只能是一种故意、积极行为，不包括过失泄露行为，这是因为：第一，"泄露"一词的通常含义本身就包括了故意的内涵，如果没有特别注明"过失"，"泄露"就是故意泄露；刑法规范以文字形式表达，其解释应当遵循语言的通常含义，不能轻易违背通常含义作出不利于行为人的解释。第二，泄露内幕信息犯罪的社会危害性程度小于国家秘密、军事秘密犯罪，《刑法》在规定故意泄露国家秘密罪、故意泄露军事秘密罪之外，还特别规定了过失泄露国家秘密罪、过失泄露军事秘密罪，泄露内幕信息犯罪的立法并未采取这种做法，而根据我国刑法总则的规定，过失行为只有在法律有明确规定的情况下才负刑事责任。④

① 中国证监会行政处罚决定书〔2014〕1 号，详见证监会网站。
② 广东证监局公布的《〈证券法〉关于内幕交易认定的法条解读》，详见广东证监局网站。
③ 中国证监会行政处罚委员会：《证券期货行政处罚案例解析（第一辑）》，法律出版社 2017 年版，第 106～107 页。
④ 肖中华：《内幕交易、泄露内幕信息罪之规范解释》，载《法治研究》2016 年第 4 期，第 113～121 页。

在行政执法实践中，早在 2010 年，证监会就作出了其监管历史上第一份针对过失泄露内幕信息案件的行政处罚决定。2005 年 10 月间，原格力电器董秘况某经常在家中与人电话沟通海星科技卖壳、格力地产借壳事宜，其妻张某渝听到了电话内容。10 月 25 日，张某渝将借壳一事告知徐某。10 月 25～26 日，徐某利用自己及丈夫的账户合计买入"海星科技"9.96 万股，获利 11.23 万元。证监会认定况某和张某渝构成泄露内幕信息，其中况某属于过失泄露内幕信息，证监会对其处以 3 万元罚款。[①] 针对该案的处理，证监会特别指出，知悉内幕信息的人员对内幕信息负有严格保密的责任，过失泄密也应承担责任。执法实践将内幕交易主观过错范围扩展到过失泄露，有助于督促内幕信息知情人加强保密意识，完善保密措施，从源头防止内幕信息的泄露。[②]

在 2012 年处罚的肖某守泄露宁夏恒力内幕信息案中，证监会认定肖某守因重大过失导致向其配偶朱某丽泄露了内幕信息，构成泄露内幕信息违法。肖某守及其代理人提出，肖某守并未向任何人泄露过相关重组信息，也不具备向其配偶朱某丽泄露内幕信息的主观动机。证监会认为，虽然肖某守无泄露的主观故意，但从其身份、职责来看，肖某守作为重组收购的核心负责人员，应当注意到重大重组对证券投资者有重大影响，在法律上负有高度谨慎的保密义务。但其未尽到保密义务，在重组过程中不谨慎以致泄露相关内幕信息给配偶朱某丽，属于重大过失行为，依照《行政处罚法》的规定应当给予处罚。证监会最终决定对肖某守处以 15 万元罚款。[③]

与此相似，在包某春泄露内幕信息、吴某永内幕交易"宏达股份"案中，内幕信息敏感期内，吴某永在与内幕信息知情人包某春通话过程中问及宏达股份最近有什么动作，包某春说不清楚，但有色金属下半年应该有行情；吴某永又问宏达股份股票是否能买，包某春说买了风险不大。证监会认为，包某春在电话中对于吴某永打听、刺探和印证内幕信息行为未保持足够谨慎，

---

① 中国证监会行政处罚决定书〔2010〕32 号，详见证监会网站。
② 参见证监会网站："内幕交易警示教育展"专栏——《中国证监会首开"过失泄露内幕信息"罚单》。
③ 中国证监会行政处罚决定书〔2012〕24 号，详见证监会网站。

属于过失泄露内幕信息，决定对包某春处以 30 万元罚款。① 同样，在王某文内幕交易"海立股份"案中，证监会认定：王某文与内幕信息知情人张某伟关系密切，且双方在内幕信息公开前曾联络并讨论与内幕信息高度相关的事宜，后王某文交易"海立股份"的行为与该内幕信息高度吻合，王某文构成内幕交易，张某伟构成泄露内幕信息。张某伟提出，其与王某文并无密切关系，是王某文突然致电询问海立股份行业情况，其只是根据已公开的信息予以答复，并未泄露内幕信息。证监会认为，当王某文打听海立股份相关情况时，张某伟不够谨慎，使王某文印证了相应内幕信息，但认为张某伟违法情节轻微，免予处罚。②

三、泄露内幕信息和建议他人买卖证券违法的行为要件

所谓泄露内幕信息，从行为表现上看，就是内幕人在内幕信息公开前，以明示或暗示的方式将自己所知悉或非法获取的内幕信息提供给他人。而建议他人买卖证券违法则是以明示或暗示的方式向他人提出交易相关证券的建议。通常来说，两种行为的内涵和外延并不难理解，在此着重就几个值得探讨的问题展开分析。

（一）泄露与内幕信息有关的其他信息而非内幕信息本身，是否可能构成违法

实践中，部分内幕人并未将内幕信息内容直接泄露给他人，而仅是透露了可能与内幕信息相关的工作安排、行程等内容，导致信息接收者据以判断出内幕信息。在此情况下，内幕人是否构成泄露内幕信息？

理论上有观点认为，在内幕信息形成后，相关的动议、筹划、决策安排虽然不是内幕信息的内容，但往往可以通过这些关联信息判断出内幕信息。

---

① 中国证监会行政处罚决定书〔2013〕14 号，详见证监会网站。从处罚决定书内容看，该案事先告知环节，证监会向包某春下发了《行政处罚及市场禁入告知书》（处罚字〔2010〕100 - 2 号），但后续并未作出相应的市场禁入决定。

② 中国证监会行政处罚决定书〔2013〕16 号，详见证监会网站。

特别是直接参与内幕信息所涉事项筹划、磋商的内幕信息知情人员，其泄露相关的日程安排、工作情况，可以使他人根据工作安排等信息推断出内幕信息的具体内容。这与直接泄露内幕信息的行为本质相同。[①] 根据这种观点，即便行为人并未直接泄露内幕信息的内容，而是泄露了相关的外围信息，也有可能构成泄露违法。

笔者认为，考虑到社会生活的复杂性和不同信息之间可能高度关联、知此则可知彼的特征，上述观点有一定合理性。但在具体执法和司法中应结合案件实际情况具体分析，若要认定泄露其他相关信息的行为构成泄露内幕信息，执法和司法机关应进行充分论证。

（二）对内幕信息何种程度的透露足以构成泄露违法

经济生活中，人们沟通信息的详略程度可能千差万别，在涉及内幕信息的情况下，一些主体间的沟通可能涉及内幕信息的主要或全部细节，另一些则可能仅概略地提及相关事项。设若某上市公司正在筹划重大资产重组，公司董事 A、B、C、D 四人均知悉相关情况，后 A 向朋友提及该上市公司正在筹划"并购重组"，但未提及任何具体情况；B 向朋友提及该上市公司正在筹划"重大资产重组"，但未介绍其他情况；C 向朋友提及该上市公司正在筹划重大资产重组，并介绍了重组标的、交易方式、交易金额等信息；D 将该重组方案草案提供给亲属看。那么，A、B、C、D 四人是否均构成泄露内幕信息，特别是其中 A 和 B 二人是否构成泄露内幕信息违法？

笔者认为，从泄露内幕信息和内幕交易行为的本质出发，构成泄露内幕信息违法，应该要求行为人的泄露行为足以使信息接收者获取其在正常情况下难以获取的能够影响其交易决策的信息。但究竟何种程度的透露足以构成泄露，需要结合该原则进行个案判断，不宜"一刀切"地进行规定。

从近年执法实践看，只要行为人透露的信息足以使本无权获取该信息的人了解到存在关于上市公司的某种未公开的重大事项，执法机关就可能认定行为人构成泄露内幕信息，并不要求透露有关具体情况或细节。例如，在翁

---

① 杨赞：《内幕交易、泄露内幕信息行为疑难认定》，载《检察日报》2017 年 5 月 4 日。

某萍泄露内幕信息、徐某军内幕交易"杉杉股份"案中，翁某萍时为杉杉股份董事、副总经理、财务总监，是杉杉股份收购事项的内幕信息知情人，徐某军系翁某萍的前同事。内幕信息敏感期内，二人有通话联系，徐某军买入和卖出"杉杉股份"的时点与内幕信息发展变化时点及二人通话时点高度吻合，交易行为明显异常。徐某军在第一次接受调查询问时称：2016 年 8 月份通话过程中，有一次翁某萍提到可以关注"杉杉股份"这只股票，翁某萍解释的原因使其徐某军理解为杉杉股份有并购。后徐某军又否认翁某萍曾向其泄露内幕信息。证监会认为，徐某军在第一次询问笔录中承认从翁某萍表达的意思中获知内幕信息，该说法与交易异常性相互印证，且二人后来的主张均不足以解释相关异常情况。最终，证监会认定翁某萍的行为构成泄露内幕信息。①

（三）认定建议他人买卖证券的行为违法，是否需要证明建议者利用了内幕信息

现行《证券法》第七十三条禁止的是利用内幕信息"从事证券交易活动"，第七十六条和第二百零二条明确禁止"买卖""泄露""建议他人买卖"三类行为，但并未提及"利用"要件。对照来看，就会发现一个问题：第七十三条中的"从事证券交易活动"与第七十六条和第二百零二条的"买卖""泄露""建议他人买卖"是什么关系？如果"从事证券交易活动"能够完全涵盖"买卖""泄露""建议他人买卖"，则似乎对于泄露和建议行为也要求"利用"要件。但结合《内幕交易司法解释》第二条提出的"从事或者明示、暗示他人从事，或者泄露内幕信息导致他人从事与该消息有关的交易"的概念，系统来看，似应理解为：《证券法》第七十三条所禁止的"利用内幕信息从事证券交易活动"仅指利用内幕信息进行交易，不包括建议和泄露，也就是说，"利用"并非泄露和建议的法定要件。但这只是一种字面解读，未必符合立法本意和正常情理。

理论上讲，构成泄露内幕信息，势必意味着利用了内幕信息，而建议他

---

① 中国证监会行政处罚决定书〔2018〕18 号，详见证监会网站。

人买卖证券的行为若要构成违法，理应以行为人利用或依据内幕信息提出买卖建议为前提，若买卖建议与内幕信息无关，于情于理均不应被认定为违法。监管实践中，一般也认为，建议行为的特征在于行为人知悉内幕信息并在此基础上向他人提供交易意见和建议。① 在这种认识的基础上，具体到执法实践，就存在是否需要证明以及如何证明行为人在提出建议时是否利用了内幕信息的问题。

从以往案件看，类似于交易型案件中关于"利用"的认定，执法机关通常并不以直接证据证明或分析论证行为人是否利用了内幕信息，而是大体遵循"知悉或非法获取了内幕信息＋明示或暗示他人交易相关证券＝建议他人买卖违法"的认定逻辑，"推定"行为人在提出建议时利用了内幕信息。如前述提及的于某瑞内幕交易并建议他人买卖"维格娜丝"案、刘某伟内幕交易并建议他人买卖"秀强股份"案即为此类情形。②

笔者认为，一方面，作为一种内心活动，是否"利用"或依据内幕信息提出交易建议，通常难以客观量化和证明；另一方面，如前所述，对于内幕交易的情形，可以基于间接证据认定其利用内幕信息。因此，对于建议他人买卖股票的情形，应当允许基于间接证据综合分析认定内幕人在提出交易建议时利用了内幕信息。这既符合实际，又保持了认定逻辑的一致性。

（四）泄露行为是否应包含交易建议

实践中，偶有观点认为，若行为人仅透露内幕信息而未提出买卖建议，不应被认定为泄露内幕信息。例如，在张某芳泄露内幕信息案中，张某芳时为中信证券医药行业首席分析师，涉案内幕信息为丽珠集团股权激励事项，李某才等为知情人，张某芳和李某才相互认识但日常很少联系。2014年6月6日上午，张某芳主动联系李某才询问丽珠集团股权激励的时间、形式和行权条件等情况，李某才将丽珠集团正在准备股权激励计划、近期会发布公告的情况告知了张某芳。张某芳随即指示其助手王某立即编辑一条关于丽珠集

---

① 广东证监局公布的《〈证券法〉关于内幕交易认定的法条解读》，详见广东证监局网站，http：//www. csrc. gov. cn/pub/guangdong/xxfw/tzzbhfwzx/fwzxcjwtjd/201307/t20130710_230496. htm。

② 中国证监会行政处罚决定书〔2018〕86号、106号，详见证监会网站。

团拟实施股权激励的信息，信息定稿内容为："【中信医药张某芳，丽珠集团重大跟踪】丽珠集团将于下周二公布管理层限制性股票＋期权方案：以 2013 年扣非净利润为基数，2014 ~ 2016 年净利润同比增速分别不低于 15%、20%、30%。我们看好公司研发、销售能力及产品线，随着公司激励机制的完善，未来三年业绩增速逐年加速确定，维持'增持'评级"。当日，王某按张某芳要求将上述信息发布到 15 个微信群，张某芳还将该信息转发到微信朋友圈。该案执法过程中，有观点认为，张某芳发布的微信信息结论是维持原有"增持"的投资建议，并未给予"现价买入"的乐观建议，没有调高投资评级，并不符合泄露内幕信息的构成要件。对此，执法人员认为，从《证券法》第二百零二条的规定看，泄露内幕信息和建议他人买卖是并列条款，认定泄露内幕信息并不以行为人同时建议他人买卖为前提。最终，证监会认定张某芳构成泄露内幕信息违法。[①]

四、泄露内幕信息和建议他人买卖证券违法的结果要件

实践中，一些行为人客观上实施了泄露或建议行为，但最终并未导致他人从事交易，这就存在其泄露或建议行为是否构成违法的问题。也就是说，构成泄露和建议违法是否需要结果要件？如果需要，所谓"结果"指的应该是什么？对此，理论和实践中均存在争议。

（一）泄露行为的结果要件

理论上有观点认为，对泄露内幕信息行为的打击，侧重于通过惩处泄密行为，维护市场公开、公平、公正的原则和市场主体的平等知情权，确保市场参与者能够公平获取交易机会，故一旦泄露内幕信息即可构成违法。另一种观点则认为，法律禁止泄露内幕信息，是为了防范内幕交易，因此，认定泄露内幕信息行为必须以信息接收者从事内幕交易为要件，如果信息接收方

---

① 中国证监会行政处罚决定书〔2015〕23 号，详见证监会网站。另见中国证监会行政处罚委员会：《证券期货行政处罚案例解析（第一辑）》，法律出版社 2017 年版，第 8 页。

未利用该内幕信息进行交易，不应认定为泄露内幕信息。① 事实上，1993 年公布实施的《禁止证券欺诈行为暂行办法》采纳的便是后一种思路。②

笔者认为，泄露内幕信息的法定结果要件，应该是行为导致了"内幕信息被泄露"，即"内幕信息因此能够被本无权获悉该信息的人获悉"的结果。这是因为，首先，从现行法律规定看，无论是《证券法》还是《刑法》关于泄露内幕信息的义务条款和责任条款中，均仅表述为"泄露内幕信息"而不是"泄露内幕信息并导致他人从事交易"。其次，一旦泄露行为使得内幕信息处于能够被本无权获悉该信息的人获悉的状态，泄露者就违背了自身义务，且其行为对普通投资者知情权、企业正常生产经营和信息披露秩序等的损害随之产生，而这些无不是泄露行为的社会危害。而是否引起交易，只是泄露行为社会危害性的一个方面，而不是全部，可以作为衡量行为危害后果的一个重要方面，但不能仅因未引起交易而忽视行为的其他社会危害。

实践中，我国监管机构也秉持这一理念，并不以行为导致内幕交易为认定泄露内幕信息违法的前提。例如，在何某文泄露省广股份并购重组相关内幕信息案中，何某文向戈某发送短信称"关注下省广股份（002400），正在和我去年投的一家企业谈收购事宜，下周会有结果"，广东证监局认定其构成泄露内幕信息。③ 针对该案的认定思路，执法人员指出，泄露内幕信息违法是行为犯，他人是否利用获取的内幕信息从事内幕交易只是情节轻重的条件之一，并不影响违法行为的认定。单纯的泄露行为虽未造成内幕交易的危害后果，但泄密行为违背了立法初衷，导致市场信息不对称，且容易引发二次信息传递及内幕交易，加大市场违法风险。因此，处罚泄露内幕信息行为不应以存在内幕交易行为为必要条件。④

---

① 中国证监会行政处罚委员会：《证券期货行政处罚案例解析（第一辑）》，法律出版社 2017 年版，第 87 页、第 106～107 页等。

② 《禁止证券欺诈行为暂行办法》第四条规定："本办法所称内幕交易包括下列行为：……（二）内幕人员向他人泄露内幕信息，使他人利用该信息进行内幕交易；……"。详见证监会网站"证监会年报"专栏，证监会白皮书 1993 年第 1 期。

③ 广东证监局行政处罚决定书〔2014〕7 号，详见广东证监局网站。

④ 中国证监会行政处罚委员会：《证券期货行政处罚案例解析（第一辑）》，法律出版社 2017 年版，第 87 页。

前文提及的张某芳通过微信群和朋友圈泄露关于丽珠集团股权激励事项内幕信息的案件也属于类似情况，该案处罚决定书指出：在内幕信息公开前，张某芳通过微信将该信息泄露给多个机构和个人，违反了《证券法》第七十六条关于禁止泄露内幕信息的规定，构成《证券法》第二百零二条所述泄露内幕信息行为，决定书中并未载有关于张某芳的行为是否引起他人交易的事实和分析。同样，对于作为张某芳内幕信息来源的李某才，即便张某芳并未利用内幕信息进行交易，证监会仍认定李某才构成泄露内幕信息并予以处罚。[1] 同样，在杨某桃泄露内幕信息、林某内幕交易"奋达科技"案中，2017 年 6 月 2 日上午，奋达科技工作人员杨某桃在文印室看到被遗忘在复印机上的关于公司内部员工增持股票的《倡议书公告》，遂用手机拍照并发至微信朋友圈。钟某文将杨某桃微信朋友圈中《倡议书公告》图片转发到名为"电器销售技术部"的微信群，林某看到该图片后买入"奋达科技"。海南证监局认为，杨某桃"对《倡议书公告》进行拍照并发送至微信朋友圈的行为，违反了《证券法》第七十六条、第二百零二条的规定，构成泄露内幕信息的行为"，并未将林某的交易行为作为认定杨某桃泄露行为的构成要件。[2]

需要注意的是，上述观点和做法主要适用于有客观证据证明行为人实施了泄露行为的情形。实践中，执法机关基于间接证据认定行为人构成泄露内幕信息的案件偶有发生，对此，有观点认为，根据《内幕交易司法解释》第二条第二项和第三项的精神[3]，如果基于间接证据认定内幕人构成泄露内幕信息违法，应当证明该行为导致了他人内幕交易或者相关交易行为明显异常。[4]

（二）建议行为的结果要件

一般认为，内幕人建议他人买卖证券的情况下，若被建议者并未从事相

---

[1] 中国证监会行政处罚决定书〔2015〕23 号、24 号，详见证监会网站。

[2] 海南证监局行政处罚决定书〔2018〕1 号，详见海南证监局网站。

[3] 即将"泄露内幕信息导致他人从事有关交易"作为认定将知情人的近亲属、关系密切人和其他联络接触人为"非法获取内幕信息的人"的一种情形。

[4] 中国证监会行政处罚委员会：《证券期货行政处罚案例解析（第一辑）》，法律出版社 2017 年版，第 8 页。

关交易，则应理解为建议行为并未产生社会危害，不宜追究建议者的违法责任。若建议者实施了交易，除非有证据证明交易行为与建议者所提建议没有因果关系，否则，建议者通常会被追究责任。实践中，在认定建议行为构成违法时，执法机关通常会考察被建议者在收到建议后进行相关交易的情况。如在前述提及的于某瑞内幕交易、建议他人买卖"维格娜丝"案和在刘某伟内幕交易、建议他人买卖"秀强股份"案中，被建议者均根据相关建议进行了交易，证监会在认定于某瑞和刘某伟构成建议他人买卖时均考察了被建议者的交易情况。①

对于认定建议他人买卖证券的行为构成违法是否要求内幕人参与内幕交易或从中获利的问题，一般认为，建议人是否实际参与买卖、是否以获利为目的、是否实际从中获利等均不影响对其行为违法性的认定。②

此外，需要强调的是，若行为人在建议的同时向对方透露了内幕信息，即便信息接收者未进行交易，内幕人也可能被追究泄露内幕信息的违法责任。

第二节　泄露内幕信息和建议他人买卖
证券行为的证明与认定

一、以直接证据证明

以往执法实践中，泄露内幕信息和建议他人买卖证券类案件的认定主要依赖客观证据或有关人员陈述。前文提及的张某芳案和杨某桃案即为典型的以客观证据证明泄露内幕信息的案件，两案均为通过微信泄露内幕信息。③

---

① 中国证监会行政处罚决定书〔2018〕86 号、106 号，详见证监会网站。
② 裴显鼎、逄锦温、刘晓虎：《证券犯罪若干疑难问题之研讨——证券行政执法与刑事审判衔接座谈会综述》，载《人民法院报》2012 年 3 月 28 日，第 6 版。
③ 中国证监会行政处罚决定书〔2015〕23 号，详见证监会网站；海南证监局行政处罚决定书〔2018〕1 号，详见海南证监局网站。

类似地，李某泄露内幕信息、内幕交易"恒顺电气"案中，李某在获取内幕信息后给多个机构和个人群发了包含内幕信息的邮件，泄露了内幕信息。[①]

在其他一些缺乏客观证据的案件中，则主要依据相关人员陈述进行认定。例如，在朱某洪泄露内幕信息、上海金力内幕交易"宏达新材"案中，朱某洪承认其将利空内幕信息通过电话告诉了上海金力方执行事务合伙人李某雷，并建议其卖出"宏达新材"。李某雷亦承认，朱某洪曾给李某雷打电话告诉相关情况，另有杨某东也称朱某洪告诉他相关情况，三人陈述内容相互印证。证监会据此认定朱某洪泄露内幕信息。[②]

需要说明的是，从当前执法实践看，用于证明内幕人泄露内幕信息或建议他人买卖证券的陈述，既可以是双方或多方的陈述，也可以是能够与交易行为特征等客观证据相互印证的单方陈述。例如，在吴某利泄露内幕信息、刘某忠内幕交易"唐山港"案中，吴某利与刘某忠系多年朋友且曾为同事、住同一小区，吴某利为唐山港相关内幕信息的知情人，刘某忠交易"唐山港"的时间与吴某利知悉内幕信息时间及刘某忠同吴某利联络的时间高度吻合，刘某忠在接受调查询问时称通话过程中吴某利谈到唐山港下一步要重组。后刘某忠又称其交易的理由与吴某利没有任何关联，吴某利则提出，除了刘某忠的前述陈述，没有任何证据证明其泄露内幕信息，且刘某忠已对陈述进行更正。证监会认为：综合考虑刘某忠原来的陈述及其交易行为与二人通话时间、吴某利知悉内幕信息时间高度吻合等情况，可以确认吴某利泄露了内幕信息。最终，证监会认定吴某利泄露内幕信息并对其处以 10 万元罚款。[③]不难发现，该案中，证监会认定知情人泄露内幕信息最主要的依据是信息接收方的陈述。

二、以间接证据证明

实践中，内幕信息传递方式日趋隐蔽，调查获取客观证据的难度越来越

---

① 中国证监会行政处罚决定书〔2015〕16 号，详见证监会网站。
② 中国证监会行政处罚决定书〔2016〕33 号，详见证监会网站。
③ 中国证监会行政处罚决定书〔2017〕5 号，详见证监会网站。

大，相关人员主动承认或指认的情况也越来越少，随着执法不断深入，能否基于间接证据认定内幕人泄露内幕信息逐步成为执法实践的热点问题。① 对此，执法机关的理论认知和实践标准经历了一个渐进变化的过程。

（一）以间接证据证明知情人泄露内幕信息

即便在执法系统内部，对于能否认定泄露内幕信息，也存在较大争议。在证监会 2017 年编写的《证券期货行政处罚案例解析（第一辑）》中，有文章明确指出，"在以往证监会的案例中，由于不能适用推定原则认定泄露内幕信息，且泄露的直接证据又难以获取，因此没有单独认定泄露内幕信息行为。"② 该书另有文章指出：《座谈会纪要》和《内幕交易司法解释》仅就传递型内幕交易规定了可以进行推定；对于泄露内幕信息，应该遵循行政处罚的一般证据规则，在无直接证据的情况下，不能认定行为人构成内幕信息。③ 有文章还结合案例从客观证据是否充分的角度阐释了不能在没有直接证据的情况下认定知情人泄露内幕信息的缘由：在李某平内幕交易"特锐德"案中，于某翔是内幕信息知情人，李某平之妻赵某在内幕信息敏感期内与于某翔联系异常频繁，李某平操作本人账户下单交易了"特锐德"股票，且交易行为明显异常。重庆证监局认定李某平构成内幕交易，但并未认定于某翔和赵某构成泄露内幕信息违法，原因在于：执法调取的证据难以认定于某翔和赵某存在泄露内幕信息的主观故意，客观方面无直接证据证明于某翔和赵某实际实施了泄露内幕信息行为，结果方面也无直接证据证明李某平交易"特锐德"股票系由于某翔和赵某的泄露内幕信息行为导致。因此，从证据标准和证据链环节来看，难以认定于某翔和赵某从事了泄露内幕信

---

① 对于建议他人买卖的行为，实践中一般要求有客观证据证明行为人进行了建议，通常不存在基于间接证据进行认定的问题，故本部分主要探讨泄露行为的推定。
② 中国证监会行政处罚委员会：《证券期货行政处罚案例解析（第一辑）》，法律出版社 2017 年版，第 8 页。
③ 中国证监会行政处罚委员会：《证券期货行政处罚案例解析（第一辑）》，法律出版社 2017 年版，第 66 页、第 106～107 页。

息的违法行为。①

　　然而，事实上，不晚于 2013 年，证监会就曾在多起案件中基于间接证据认定泄露内幕信息。如在江某灿泄露、罗某荣和詹某绮内幕交易"春晖股份"案中，罗某荣是内幕信息知情人江某灿的多年好友，詹某绮是罗某荣的妻子。内幕信息敏感期内，罗某荣曾与江某灿通话，后罗某荣、詹某绮控制账户买入"春晖股份"。证监会指出：综合考量罗某荣与江某灿之间的固有关系、惯常联系，买入时点与罗某荣、江某灿通话时点大体吻合，账户在买入"春晖股份"期间均亏损卖出其他股票、詹某绮提前支取定期存单并全部购买"春晖股份"等事实，认定江某灿涉嫌泄露内幕信息，罗某荣、詹某绮从江某灿处获知内幕信息后实施了内幕交易。最终，证监会决定对江某灿处以 3 万元罚款。② 同样在"春晖股份"案中，证监会认定另一知情人方某颖泄露内幕信息，主要原因在于其弟弟方某韶在内幕信息敏感期内异常交易"春晖股份"。证监会指出：综合考量方某韶与方某颖之间的固有关系、二人在涉案期间存在比较频繁的通话，方某韶买入"春晖股份"的时点与买入量明显异常、交易模式明显异常，买入时点与内幕信息所涉及事项的进展情况大体一致，涉案人员关于交易理由的解释可信度不高等情况，认定方某颖泄露内幕信息，方某韶从方某颖处获知内幕信息后实施了内幕交易。③

　　在 2013 年处罚的米某平泄露内幕信息、冯某利内幕交易"蓝色光标"案中，证监会强调了以下事实：一是涉案人员之间存在资金往来；二是涉案账户交易行为明显异常；三是涉案人员之间关系较为亲密；四是敏感期内米某平和冯某利联系较多且异于平常；五是米某平和冯某利的联系与冯某利控制账户的交易在时间上高度一致；六是涉案人员言辞与事实不符，刻意隐瞒事实。证监会认为：综合上述因素，足以认定米某平向冯某利泄露内幕信息，

---

① 中国证监会行政处罚委员会：《证券期货行政处罚案例解析（第一辑）》，法律出版社 2017 年版，第 106 ~ 107 页。

② 中国证监会行政处罚决定书〔2013〕58 号，详见证监会网站。该案处罚决定书称"认定江某灿'涉嫌'泄露内幕信息，罗某荣、詹某绮从江某灿处获知内幕信息后实施了内幕交易"，笔者认为，综观决定书全文，此处"涉嫌"一词似为笔误，证监会的真实意应为认定江某灿泄露了内幕信息，而非"涉嫌"泄露。

③ 中国证监会行政处罚决定书〔2013〕57 号，详见证监会网站。

决定对米某平处以 3 万元罚款。①

近年，基于间接证据认定泄露的案件逐步增多。例如，在贾某林泄露亚太实业内幕信息案中，在内幕信息敏感期内，内幕信息知情人贾某林与号码 136×××388 的使用人联系频繁，该号码登记在周某鹏的司机张某军名下，系周某鹏和张某军共用。在亚太实业股票停牌前，周某鹏曾向贾某林打探亚太实业重组情况，后周某鹏电话告知姚某相关内容，姚某于当日给他人发送了含有内幕信息的短信。同时，张某军妻子岳某微在内幕信息公开前控制账户交易"亚太实业"，交易异常且无合理解释。证监会认为贾某林向周某鹏和张某军泄露了内幕信息，决定对贾某林处以 10 万元罚款。② 从决定书所载内容看，该案的认定结论是基于间接证据综合分析得出。

类似地，曹某彬泄露内幕信息、曹某军和栾某内幕交易"南山铝业"案中，曹某军的弟弟曹某彬知悉内幕信息，栾某是曹某军的配偶。内幕信息敏感期内，曹某彬、曹某军、栾某多次电话联系，曹某军、栾某大量买入"南山铝业"，交易行为明显异常。证监会据此认定曹某彬向曹某军、栾某泄露了内幕信息，决定对曹某彬处以 10 万元罚款。③ 在前文提及的汤李某泄露内幕信息、郭某和汤义某幕交易"凯盛科技"案中，汤李某为内幕信息知情人，其配偶郭某和兄弟汤义某在与汤李某接触后交易"凯盛科技"，相关交易行为明显异常，证监会认定郭某和汤义某构成内幕交易，汤李某构成泄露内幕信息。④

（二）基于间接证据认定非法获取内幕信息的人泄露内幕信息

实践中，一些人与知情人关系密切或存在联络接触且交易异常，其在自己进行交易的同时又与第三人联络接触或存在密切关系，该第三人进行了相关交易且交易明显异常而又没有合理解释或足以排除内幕交易嫌疑的证据。在此情况下，就面临能否认定非法获取内幕信息的人员在内幕交易的同时构

---

① 中国证监会行政处罚决定书〔2013〕79 号，详见证监会网站。
② 中国证监会行政处罚决定书〔2016〕13 号，详见证监会网站。
③ 中国证监会行政处罚决定书〔2016〕117 号，详见证监会网站。
④ 中国证监会行政处罚决定书〔2018〕38 号、39 号、41 号，详见证监会网站。

成泄露内幕信息或建议他人买卖。换句话说，对于身份型和联络接触型非法获取内幕信息的人员，能否在基于间接证据认定其非法获取内幕信息的基础上，进一步基于间接证据认定其构成泄露内幕信息违法？

根据《证券法》和《内幕交易司法解释》第二条的规定，似乎可以理解为，非法获取内幕信息的人可以构成泄露和建议违法的主体。特别是根据《内幕交易司法解释》第二条后两项，内幕信息知情人员的近亲属或其他与内幕信息知情人员关系密切的人员，或者在内幕信息敏感期内与知情人联络、接触的人员，泄露内幕信息导致他人从事有关交易，相关交易行为明显异常，且无正当理由或者正当信息来源的，可以认定其为非法获取内幕信息的人员。据此，似乎可以反推认为，基于间接证据被认定为非法获取内幕信息的人也可以构成泄露内幕信息和建议他人买卖的违法。既然刑事司法领域如此，理论上说，行政执法上也可以参照执行。但这种理解仅仅是一种较为片面的字面解释。

行政执法实践中，对于基于间接证据认定为非法获取内幕信息的人，除非有证据证明其确实存在泄露或建议行为，否则，执法机关通常不会再次依据间接证据认定其构成泄露内幕信息。这方面的典型案例即为岳某微内幕交易"亚太实业"案，如前所述，该案中，知情人贾某林在内幕信息敏感期内与号码136××××388的使用人联系频繁，该号码系周某鹏和张某军共用。后张某军的妻子岳某微在内幕信息公开前控制账户交易"亚太实业"，交易异常且无合理解释。证监会最初认定张某军非法获取并泄露内幕信息、岳某微构成内幕交易，但对张某军"知悉"和"泄露"的认定均系基于间接证据。对此，证监会经复议认为，虽然涉案手机号码登记在张某军名下，但认定张某军在内幕信息敏感期内通过136××××388号码与贾某林电话联系、获知内幕信息并进行泄露的证据还不够充分，决定撤销对张某军的处罚。[①] 不难理解，之所以复议认为原处罚时的证据还不够充分，是因为原本对其获取内幕信息的认定系基于间接证据，在此基础上又基于其妻子交易异常且无合理理由而认定其向其妻子泄露了内幕信息，证据相对薄弱。

---

① 中国证监会行政复议决定书〔2016〕28 号，详见证监会网站。

第三节　泄露内幕信息、建议他人买卖
证券和共同内幕交易的辨析

一、既泄露内幕信息又建议他人买卖证券的处理

（一）向相同主体泄露内幕信息并建议买卖

在行政执法实践中，针对行为人既泄露内幕信息又建议他人买卖相关证券的行为，常见的做法是同时定性为两种违法，即泄露内幕信息并建议他人买卖该证券，但通常不作分别量罚，而是视为一个违法行为，予以一次处罚。例如，在况某、张某渝泄露内幕信息、徐某内幕交易"海星科技"案中，张某渝在家中听到配偶况某与人谈论的内幕信息后，将有关信息告诉了徐某，并建议徐某买入海星科技股票。证监会认定张某渝的行为构成泄露内幕信息并建议他人买卖该证券，决定对其处以 3 万元罚款。[①] 在邹某平泄露内幕、章某芝等内幕交易"佛山照明"案中，在内幕信息公开前，知情人邹某平向章某芝介绍佛山照明开展有关项目的情况，并建议章某芝买入佛山照明股票。证监会认邹某平构成泄露内幕信息并建议他人买卖证券的违法，决定对其处以 10 万元罚款。[②]

（二）泄露和建议行为针对不同主体

若行为人泄露和建议行为分别针对不同对象，一般认为应分别认定构成泄露内幕信息和建议他人买卖两种违法行为，且量罚上通常也会分别量罚并直接加总。例如，在林某内幕交易、泄露内幕信息以及建议他人买卖"华贸

---

① 中国证监会行政处罚决定书〔2010〕32 号，详见证监会网站。
② 中国证监会行政处罚决定书〔2012〕37 号，详见证监会网站。

物流"案中，林某系华贸物流重大重组的内幕信息知情人，其在敏感期内买入"华贸物流"，并向苏某芝泄露内幕信息，又建议其同事王某梅买入"华贸物流"。最终，证监会认定林某构成内幕交易、泄露内幕信息、建议他人买卖证券三种违法行为，决定没收其内幕交易违法所得 29 705 元，对其内幕交易行为、泄露内幕信息行为、建议他人买卖证券行为分别处以 10 万元罚款，合计罚款 30 万元。①

二、建议行为与共同内幕交易行为的异同

最高人民法院在《关于〈中华人民共和国刑法〉确定罪名的规定》（法释〔1997〕9 号）中将第一百八十条的罪名概括为内幕交易罪、泄露内幕信息罪两罪，在《刑法修正案（七）》出台前，《刑法》中关于内幕交易和泄露内幕信息的规定并不包含"明示、暗示他人从事交易"的情形，《刑法修正案（七）》增加了该行为。② 从而，与内幕信息相关的犯罪的行为表现由交易、泄露两种变成了"交易""泄露"和"明示、暗示他人交易"三种。而《证券法》禁止"交易""泄露""建议他人交易"三种行为。两相对照，就会产生疑问：刑事领域所说的"明示、暗示他人交易"，是否等同于行政领域的"建议"行为？同时，由于《刑法》在增设"明示、暗示他人从事交易"的情形时并未增设相应罪名，"明示、暗示他人从事交易"构成犯罪时如何确定罪名？

对于第一个问题，一般认为，对知情人和非法获取内幕信息的人而言，无论其采取什么手段建议他人从事与内幕信息有关的交易活动，无非"明示"或"暗示"，因此，所谓建议他人从事交易行为，就属于规范意义上的"明示、暗示他人从事交易"。③ 这种理解已经成为基本共识。

---

① 中国证监会行政处罚决定书〔2018〕109 号，详见证监会网站。
② 《中华人民共和国刑法修正案（七）》（第十一届全国人民代表大会常务委员会第七次会议通过），详见全国人大网。
③ 肖中华：《内幕交易、泄露内幕信息罪之规范解释》，载《法治研究》2016 年第 4 期，第113~121 页。

对于第二个问题，在《刑法修正案（七）》出台前，一种观点认为，行政领域所说的建议行为，就是内幕信息的知悉者根据内幕信息对他人的证券交易提出倾向性的意见，看似建议实则泄露内幕信息。① 另一种观点认为，建议行为不构成犯罪，因为当时的《刑法》第一百八十条关于"内幕交易、泄露内幕信息罪"的规定并不包括根据内幕信息建议他人进行交易的行为，本着罪刑法定的基本原则，建议行为不能以犯罪论处。② 有学者进一步分析指出，当时的《刑法》第一百八十条列举的内幕交易、泄露内幕信息的行为与建议他人交易的行为是有差别的：其一，刑法规定的内幕交易行为是知悉内幕信息的人亲自进行交易，而"建议"行为中，知悉内幕信息的人并不从事交易。其二，泄露内幕信息的行为无论是明示还是暗示，针对的都是内幕信息，而建议行为中建议者提供的只是自己根据内幕信息得出的交易决策意见，并不是内幕信息本身。所以，内幕交易、泄露内幕信息的行为并不能包含利用内幕信息建议他人进行交易的行为。③ 第三种观点则认为，《刑法》第一百八十条规定的利用内幕信息买卖证券，不仅包括自己买卖，也包括利用内幕信息建议他人买卖，这样就将建议行为纳入刑法规定的行为方式之中了。④

《刑法修正案（七）》出台后，针对"明示、暗示他人从事交易"的行为如何定罪，理论上仍有分歧。一种观点认为，无论被建议者是否明知建议者的身份、是否听从建议从事了相关交易，明示、暗示者均构成泄露内幕信息罪。⑤多数则认为，应当根据具体情况具体分析：如果建议者建议他人从事内幕交易时拒绝透露任何与内幕信息有关的信息，只是建议他人买卖，建议者构成内幕交易罪的间接正犯，被建议者不构成内幕交易罪；如果建议者建议他人买卖时，为增加被建议者的确信同时泄露内幕信息的，建议者与被建议

①⑤肖中华：《内幕交易、泄露内幕信息罪之规范解释》，载《法治研究》2016 年第 4 期，第 113～121 页。

②　刘宪权、卢勤忠：《金融犯罪理论专题研究》，复旦大学出版社 2002 年版，第 444 页。

③　冯殿美、杜娟：《内幕交易、泄露内幕信息罪若干问题研究》，载《法学论坛》2006 年第 3 期，第 136～141 页。

④　曲新久：《金融与金融犯罪》，中信出版社 2003 年版，第 181 页；胡启忠：《金融刑法适用论》，中国检察出版社 2003 年版，第 370 页。

者除了构成内幕交易罪的共犯，建议人还单独构成泄露内幕信息罪，但不并罚；如果建议者仅暗示内幕信息的内容，却无明确建议意见的，其建议行为应构成泄露内幕信息罪，被建议者构成内幕交易罪。①

刑事司法实践中，司法机关倾向于将建议行为认定为内幕交易行为的共犯，罪名为内幕交易罪。例如，在"公用科技"案，谭某中时为公用集团董事长，知悉公用科技公司筹备资产重组等内幕信息，但其本人并未参与交易，② 而是将内幕信息泄露给李某红及其丈夫林某安，并建议李某红夫妇以他人名义购买"公用科技"，后李某红夫妇进行交易并获利693万元。审判过程中，针对谭某中建议他人买卖的行为是否定罪、如何定罪存在争议。一种观点认为，内幕信息知情人员的建议行为是泄露内幕信息的具体方式之一，是一种以暗示的方式泄露内幕信息的行为，应当认定为泄露内幕信息罪。另一种观点认为，建议行为不是泄露内幕信息的行为，而是内幕交易行为，应当认定构成内幕交易罪。基于以下考虑，该案最终采纳了后一观点：首先，泄露内幕信息的行为指向的对象是内幕信息本身，即使行为人在泄露时对内幕信息进行了加工、增加、缩减，其内容也必须与原信息基本一致，而建议他人买卖证券的行为，已不再是仅仅向他人提供内幕信息本身，因此不构成泄露内幕信息罪。其次，根据刑法关于共同犯罪的规定，内幕信息知情人员建议他人买卖证券，极有可能是内幕交易的犯意提起者、教唆者，建议者和交易者属于内幕交易的共同犯罪，均构成内幕交易罪。此案确立了将建议买卖的行为认定为内幕交易罪共犯的先例，最高人民法院将该案作为刑事审判参考案例予以总结发布。③

在行政执法领域，对于"建议"行为，执法机关也会具体分情况处理，若具有充分事实证据，可以合理推断建议者同时泄露了内幕信息。但若没有

① 裴显鼎、逢锦温、刘晓虎：《证券犯罪若干疑难问题之研讨——证券行政执法与刑事审判衔接座谈会综述》，载《人民法院报》2012年3月28日，第6版。

② 中央网络电视台2011年4月8日消息：《中山公用内幕交易案利益链：三对夫妻的二人转》。

③ 最高人民法院刑事审判庭：《刑事审判参考（2011年第6集，总第83集）》第735号案例，法律出版社2012年版。

充分证据足以推断内幕人泄露了内幕信息，则一般仅认定其构成建议他人买卖违法。如在林某治泄露鸿达兴业内幕信息案中，内幕信息敏感期内，林某治与内幕信息知情人周某某存在通话和短信联系，林某治及其子林某某均承认林某治建议林某某买入"鸿达兴业"。广东证监局认为，在内幕信息敏感期内，林某治与知情人周某某存在联络接触，明示其子林某某从事与该内幕信息有关的股票交易，而林某某的交易活动与内幕信息的形成、变化、公开过程高度吻合，交易行为明显异常，且对此不能作出合理解释，参照《内幕交易司法解释》第二条的规定，林某治属于非法获取内幕信息的人员，其向林某某建议买卖"鸿达兴业"股票的行为属于泄露内幕信息违法行为，决定对林某治罚款 3 万元。①

三、既泄露或建议又与他人共同内幕交易的处理

对于既泄露内幕信息或建议他人买卖，又与他人合谋实施内幕交易的内幕人，在"定罪"时，通常要看其泄露或建议的对象是否同时也是其合谋实施交易的搭档。若是，则一般认定内幕人构成内幕交易的共犯，认为其泄露和建议行为能够被内幕交易行为吸收。若不是，则同时认定其构成内幕交易和泄露内幕信息或建议买卖违法。

这方面的典型案例为刘某华泄露内幕信息、杜某库和刘某华内幕交易"高淳陶瓷"案，该案中，杜某库因履行工作职责获取内幕信息，并将相关信息告诉其妻刘某华，后二人共同操作买入"高淳陶瓷"并获利。同时，刘某华又将信息告诉了其他人，导致他人利用内幕信息进行交易并获利。公诉机关指控二人均犯了内幕交易、泄露内幕信息罪。法院判决认为杜某库只构成内幕交易一罪、刘某华构成内幕交易和泄露内幕信息两罪。这是因为，杜某库与刘某华是夫妻关系，是利益共同体，杜某库与刘某华合谋操作买入"高淳陶瓷"的共同犯罪行为，当然包含杜某库将内幕信息泄露给刘某华的行为，杜某库向刘某华泄露内幕信息的行为被其与刘某华共同内幕交易的行

---

① 广东证监局行政处罚决定书〔2016〕5 号，详见广东证监局网站。

为所吸收。而刘某华向他人泄露内幕信息的行为是独立于其内幕交易的行为，故刘某华同时构成两罪。同时，刘某华的泄露行为是其个人行为，没有证据证实杜某库对此有授意或主观上明知，杜某库对刘某华的泄露行为不承担共犯责任。①

类似地，在金某和吕某共同内幕交易"兄弟科技"案中，金某是内幕信息知情人，在吕某多次打探后，金某也想利用内幕消息获利，便将内幕消息泄露给吕某，授意吕某利用该内幕信息买卖"兄弟科技"，并从朋友处借得500万元转入吕某提供的账户，委托吕某全额买入"兄弟科技"股票。吕某在内幕信息敏感期内交易该股获利2 477 244.52元，其中，金某从他人处借入的500万元对应获利24.5万元。法院判决二人构成内幕交易共同犯罪。②

四、被建议者实施交易是否构成违法

实践中，在内幕人建议他人买卖证券的案件中，执法机关通常仅认定建议者构成违法，并不会同时认定被建议者的交易构成内幕交易。这是因为，一般认为，在建议他人买卖证券的情形下，建议方并不直接将内幕信息提供给他人，而是基于其掌握的内幕信息建议他人从事证券交易。③ 因而，在内幕人建议他人买卖证券的情况下，被建议者根据有关建议进行交易不构成内幕交易。例如，刘某伟内幕交易、建议他人买卖"秀强股份"案中，刘某伟实施内幕交易并推荐潘某权和徐某买入"秀强股份"，潘某权和徐某随即开始买入"秀强股份"。证监会认定刘某伟构成内幕交易和建议他人交易并予以处罚④，但暂未见证监会对潘某权和徐某作出处罚。

需要注意的是，由于实践的复杂性，一些表面上的"建议"，若足以使

---

① 孙炜、范莉、马小卫：《内幕交易杜某库、刘某华案及刘某华泄露内幕信息案——内幕信息、内幕信息的知情人员和非法获取人员的认定以及相关法律适用问题的把握》，载《刑事审判参考》2012年第2集，第757号案例。

② 浙江省高级人民法院刑事判决书〔2013〕浙刑二终字第135号，详见中国裁判文书网。

③ 广东证监局公布的《〈证券法〉关于内幕交易认定的法条解读》，详见广东证监局网站。

④ 中国证监会行政处罚决定书〔2018〕106号，详见证监会网站。

被建议者在从中获知内幕信息，则实质上不仅仅是建议，而是同时泄露了内幕信息，若建议者存在泄露内幕信息的行为，则被建议者的交易将构成内幕交易。例如，在前文提及的翁某萍泄露内幕信息、徐某军内幕交易"杉杉股份"案中，翁某萍在电话中建议徐某军"可以关注下'杉杉股份'这只股票"，徐某军从翁某萍表达的意思中推测出杉杉股份有并购，并交易"杉杉股份"。证监会认定翁某萍构成泄露内幕信息、徐某军构成内幕交易。①

在内幕交易刑事司法领域，如前所述，主流观点也认为，如果建议者建议他人从事内幕交易时拒绝透露任何与内幕信息有关的信息，只是建议他人买卖，建议者构成内幕交易罪的间接正犯，被建议者即使进行了交易也不构成内幕交易罪；如果建议者建议他人买卖的同时泄露了内幕信息，被建议者也可能构成内幕交易罪；如果建议者仅暗示内幕信息的内容，却无明确建议意见的，其建议行为应构成泄露内幕信息罪，被建议者可能构成内幕交易罪。②

---

① 中国证监会行政处罚决定书〔2018〕18 号，详见证监会网站。

② 裴显鼎、逢锦温、刘晓虎：《证券犯罪若干疑难问题之研讨——证券行政执法与刑事审判衔接座谈会综述》，载《人民法院报》2012 年 3 月 28 日，第 6 版。

第七章

内幕交易的特殊形态

——单位或资管产品内幕交易

第一节　一般单位内幕交易的认定及量罚

一、单位内幕交易执法难点简述

实践中，一些疑似内幕交易的行为常涉及单位账户、单位资金，或者由单位职工操作资金划转和交易、利用单位硬软件设施、交易决策人在单位身居高位享有一定决策权甚至有控制权，个别还存在将单位资金存放于个人账户、个人占用单位资金、个人与单位资金混同等问题。另一些案件中，则存在单位的董事长、实际控制人、法定代表人或其他在单位中享有特定职权的人知悉内幕信息并泄露或建议他人买卖股票的情况。相对于普通案件而言，此类情形的执法难点在于确定涉案行为是单位行为还是相关人员的个人行为。

黄某裕等内幕交易"中关村"案诉辩过程生动体现了上述情形在定性上的复杂性。该案中，公诉机关指控黄某裕实施了两次内幕交易行为，指控的第一次内幕交易基本事实为：2007年4月，上市公司中关村公司拟与鹏投公司进行资产置换，黄某裕作为中关村公司的实际控制人、董事及鹏投公司的法定代表人，参与了该项重大资产置换的运作和决策。在该信息公告前，黄某裕决定并指令他人借用龙某等人的身份证开立股票账户，相关账户由黄某裕直接控制。2007 年 4 月 27 日~6 月 27 日间，黄某裕使用龙某等 6 人的股票账户购买中关村公司的股票，账面收益 348 万余元。指控的第二次内幕交易发生于同年七八月，涉案内幕信息为中关村公司拟收购鹏润公司全部股权进行重组。黄某裕指使他人以曹某娟等 79 人的身份证开立证券账户，相关账户由黄某裕控制，其安排杜某协助管理账户。2007 年 8 月 13 日~9 月 28 日间，杜某按照黄某裕的指令，指使他人使用相关账户购买中关村公司的股票，账面收益 3.06 亿余元。公诉机关指控黄某裕、杜某涉嫌内幕交易犯罪。针对相关指控，黄某裕的辩护人提出，黄某裕是鹏投公司的法定代表人，可以代表该公司作出购买中关村股票的意思表示，且购买中关村股票的部分资金来源于该公司，部分涉案账户中的资金亦流回该公司，因此，买卖中关村股票是鹏投公司的单位行为，而非黄某裕个人行为。[①]

侦查机关还查明，黄某裕用于买中关村股票的部分资金确实来源于鹏投公司，并确有部分资金回流到鹏投公司。因此，涉案行为究竟是单位行为还是个人行为就成了该案争议焦点。事实上，在很多类似案件中都存在此类争议和难题。以下着重围绕如何区分单位内幕交易与个人内幕交易展开分析。

二、单位可否成为"内幕人"

对于牵涉到单位的内幕交易案件，一种误解是，单位不可能成为内幕信息知情人或非法获取内幕信息的人员，不在内幕交易的主体范围之列。要解决单位内幕交易问题，首先要明确单位能否成为内幕交易违法主体。

（一）相关规定的不一致性

针对内幕交易主体的表述，2006 年《证券法》将 1999 年《证券法》中

---

① 北京市第二中级人民法院刑事判决书〔2010〕二中刑初字第 689 号，详见中国裁判文书网。该案一审判决作出后，黄某裕不服，提出上诉。北京市高级人民法院于 2010 年 8 月 27 日作出〔2010〕高刑终字第 363 号刑事判决，维持一审的定罪量刑，本书所载相关内容以一审判决书为准。

的"知情人员""非法获取证券交易内幕信息的人员"以及"国务院证券监督管理机构规定的其他人员"分别改为"知情人""非法获取证券交易内幕信息的人"及"国务院证券监督管理机构规定的其他人"。同时，现行《证券法》第七十四条规定的内幕信息知情主体包括发行人控股的"公司"。因此，有观点认为，从"人员"到"人"的变化，实际上将内幕人的范围从自然人扩张到自然人和非自然人主体。①

证监会出台的《关于规范上市公司信息披露及相关各方行为的通知》列举的知情人包括：上市公司及其董事、监事、高级管理人员，交易对手方及其关联方和其董事、监事、高级管理人员（或主要负责人），聘请的专业机构和经办人员，参与制订、论证、审批等相关环节的有关机构和人员，以及提供咨询服务、由于业务往来知悉或可能知悉该事项的相关机构和人员。②也就是说，该通知明确将上市公司、交易对手方及其关联方、服务机构、审批机构等非自然人组织作为内幕信息知情人。而在《内幕交易认定指引》中，证监会直接明确了单位作为内幕信息知情人的主体适格性，该指引第五条规定：本指引所称内幕人，是指内幕信息公开前直接或间接获取内幕信息的人，包括自然人和单位，其中，单位是指法人和其他非法人组织，包括公司、企业、事业单位、机关、社会团体等。③

在刑事领域，《刑法》采用的表述仍为"知情人员"而不是"知情人"，但第一百八十条第三款指出：知情人员的范围，依照法律、行政法规的规定确定。这似乎说明刑事领域对知情人范围的界定与行政领域一致。但是，最高人民法院发布的《〈关于办理内幕交易、泄露内幕信息刑事案件具体应用法律若干问题的解释〉的理解与适用》明确指出：内幕信息的知情人员不包括单位。最高人民法院认为，按照汉语中的通解，"人员"指的仅是自然人

---

① 张子学：《浅析单位内幕交易违法的认定与处罚》，载《证券市场导报》2011 年第 7 期，第 22~26 页、第 34 页。

② 《关于规范上市公司信息披露及相关各方行为的通知》（证监公司字〔2007〕128 号），详见证监会网站。

③ 该指引未正式发布实施，但能够通过互联网等公开渠道查询到，详见如"北大法宝"网：http：//shlx. pkulaw. cn/fulltext_form. aspx？Gid = 144622；"股东网"：http：//gudong. pro/page/atricle？aid = 549，最后访问日期：2018 年 8 月 16 日。

而不包括单位，这样的理解并不与刑法关于单位犯内幕交易、泄露内幕信息罪的规定相违背，因为单位犯罪并非必须由单位具体实施，而是通过具体自然人实施的。同理，非法获取内幕信息的人员也仅指自然人，不包括单位。但最高人民法院同时强调，如果自然人是根据单位集体决议，为了单位利益而从事内幕交易，就应当追究单位内幕交易的责任。①

（二）执法和司法实践中的做法

实践中，虽然单位内幕交易的案件并不少见，但无论在行政执法还是刑事司法领域，极少发现直接认定单位为内幕人的案例。② 认定单位构成内幕交易的主流逻辑在于：单位相关人员知悉或非法获取了内幕信息并为了单位利益而代表单位利用内幕信息进行交易。如辽河纺织公司内幕交易" *ST得亨"案即为单位内部人员知悉内幕信息、单位进行内幕交易的案件，该案中，由某玲时为辽河纺织公司秘书，因参与涉案重组事宜知悉内幕信息。涉案账户由辽河纺织、由某玲等共同出资并使用，由某玲全权负责证券交易。内幕信息敏感期内，由某玲操作交易" *ST得亨"，导致辽河纺织投入的800万元亏损395.69万元。证监会认定辽河纺织构成内幕交易，由某玲是辽河纺织内幕交易直接负责的主管人员，并未认定辽河纺织知悉内幕信息。③ 上海金力方内幕交易"宏达新材"案则为单位人员非法获取内幕信息后单位内幕交易的案件。该案中，宏达新材实际控制人朱某洪将相关内幕信息告诉上海金力方执行事务合伙人李某雷，并建议其卖出宏达新材股票。后上海金力方卖出"宏达新材"，证监会认定上海金力方构成内幕交易，但并未认定

---

① 《〈关于办理内幕交易、泄露内幕信息刑事案件具体应用法律若干问题的解释〉的理解与适用》，详见最高人民法院网站。

② 少见的案例如瀚宇投资内幕交易"ST皇台"案、北孚集团内幕交易"ST兴业"案，前一案中，夏某强时为瀚宇投资业务总经理、实际控制人，因代表瀚宇投资和ST皇台签订债务重组协议知悉相关内幕信息，并指令瀚宇投资员工使用瀚宇投资的证券账户交易"ST皇台"。证监会认定："瀚宇投资知悉内幕信息并利用内幕信息从事证券交易的行为"构成内幕交易。后一案中，秦某秋作为ST兴业董事长、法定代表人，代表ST兴业参与了公司的重组过程。同时，秦某秋作为北孚集团董事长、总裁及实际控制人，代表北孚集团参与了重组过程。证监会认定：秦某秋和北孚集团知悉重组信息，是内幕信息知情人。参见中国证监会行政处罚决定书〔2012〕29号、〔2010〕40号，详见证监会网站。

③ 中国证监会行政处罚决定书〔2010〕22号，详见证监会网站。

上海金力方公司为内幕信息知情人或非法获取内幕信息的人。①

不仅交易型案件可如此认定，对于泄露或建议案件，也可在认定自然人为"内幕人"的基础上认定单位构成泄露内幕信息和建议他人买卖证券。如深圳财富成长建议他人买卖"天音控股"案中，内幕信息敏感期内，财富成长时任总经理唐某来从内幕信息知情人处获悉内幕信息，并代表财富成长提出信托产品交易建议，导致4只信托产品买入"天音控股"。证监会处罚认定：唐某来在知悉内幕信息后，代表财富成长建议他人买卖"天音控股"的行为，构成非法获取内幕信息的人建议他人买卖证券违法。财富成长为违法主体，唐某来是直接负责的主管人员。② 可见，认定的内幕人是自然人而不是单位，但单位仍可成为内幕交易的主体。

三、单位内幕交易的认定框架

即便是单位行为，也要由自然人具体实施，从行为外观和结果上看，单位内幕交易与个人内幕交易中内幕信息及其敏感期、交易行为异常性、违法所得等的认定逻辑和方法基本相同。同样，对于泄露内幕信息或建议他人买卖的行为而言，具体行为通常也由自然人实施，行为表现和结果与自然人泄露或建议差别不大。故本章不再全面分析单位内幕交易、单位泄露内幕信息、单位建议他人买卖等行为的全部要件，而是着重分析如何识别特定行为究竟属于单位行为还是个人行为。

通常来说，要识别特定自然人的某一行为是个人行为还是单位行为，关键在于考察其代表个人还是单位，这种"代表"，可以从是否代表"单位意志"、是否代表"单位利益"等角度具体展开。③ 在各领域执法和司法实践中，特别是刑事司法领域，对于单位行为与个人行为的区分，已经形成一套

---

① 中国证监会行政处罚决定书〔2016〕33号，详见证监会网站。
② 中国证监会行政处罚决定书〔2014〕1号，详见证监会网站。
③ 理论上对于"为了单位利益"是否是单位行为的必备要件存在一定争议，参见李润珍、晋涛：《单位意志在单位犯罪中核心地位的确立——重新界定单位犯罪》，载《新疆社科论坛》2006年第2期，第39~44页。但总体来说，"单位意志＋单位利益＝单位行为"是理论和实践中的主流理念。

较为成熟的实践标准，对其中一些理论和实务问题的探讨也较为充分，相关案例和理论文献可谓汗牛充栋。单位内幕交易与个人内幕交易的区分方式总体上并不特殊，本书不再赘述。以下着重结合内幕交易执法和司法实践，就其中有代表性的问题进行探讨。

（一）刑事和行政领域对单位内幕交易构成要件的规定差异

最高人民法院 2000 年发布的《全国法院审理金融犯罪案件工作座谈会纪要》指出：以单位名义实施犯罪，违法所得归单位所有的，是单位犯罪。[①]证监会 2007 年制定的《内幕交易认定指引》沿袭这一框架，认为：以单位名义实施内幕交易行为，且违法所得归单位所有的，应认定为单位的内幕交易行为。到 2012 年，在制定《关于办理内幕交易、泄露内幕信息刑事案件具体应用法律若干问题的解释》的过程中，最高人民法院对单位内幕交易的理解发生了变化，认为：如果自然人是根据单位集体决议，为了单位利益而从事内幕交易，就应当追究单位内幕交易的责任。[②]

不难发现，刑事与行政领域对"单位意志"的要求有所不同：刑事上着重内在实质，认为"单位集体决议"代表单位意志，而行政上相对注重形式，认为"以单位名义实施"即代表单位意志。在"单位利益"要件方面，刑事和行政差别不大，其中，刑事领域侧重从目的和动机上强调"为了单位利益"，行政领域则侧重从结果上看是否"违法所得归单位所有"。执法和司法实践中，这种差异并不明显。

（二）"单位意志"的认定与证明

通常来说，要分析某一行为究竟代表谁的意志，可以从内部意思形成和外部意思表示两个方向着手：一是从内部看这种行为背后的意志由谁形成、如何形成；二是从外部看行为人以谁的名义对外实施这种行为。对此，执法

---

① 最高人民法院关于印发《全国法院审理金融犯罪案件工作座谈会纪要》的通知（法〔2001〕8 号），详见北大法宝。

② 《〈关于办理内幕交易、泄露内幕信息刑事案件具体应用法律若干问题的解释〉的理解与适用》，详见最高人民法院网站。

和司法实践中，逐步形成了以"单位决议"为主要标志、"单位名义"为辅助标志来判断行为是否代表"单位意志"的做法。

1. 单位决议

（1）谁能代表单位作出决议。

实践中，很多单位都设有理事会、董事会、股东会、党委会或办公会等专门的决策机构和相应决策程序，一般理解，所谓"集体决议"，字面上看，似乎要求由单位中有决策权的组织通过集体议事程序商议决策。但实践中，越是违法犯罪的事项，越少经过集体协商决定，更多是由其中有话语权的人员单独或在小范围内以非正常程序商议。在很多情况下，甚至仅由那些事实上能够独立决策的个别人员独自决策并实施，从而就存在究竟哪些主体的意志能够代表单位意志、谁能够代表单位作出决策、代表单位作出决策是否必须执行正常的决策程序等问题。具体而言，常见的问题有：单位的实际控制人、法定代表人、董事长、总经理等人员的意志能否代表单位意志？前述人员之外的其他人员是否能代表单位意志？这些人员的哪些意志能够代表单位意志、如何区分这些人的意志究竟是代表单位还是个人？

实践中，单位的决策机构按照正常议事程序作出的决议无疑能代表单位意志，若内幕交易行为系根据决策机构的决议实施，无疑属于单位内幕交易。例如，中植投资公司内幕交易"勤上股份"案中，李某时为中植投资董事长，赵某昊时为中植投资董事总经理，杨某时为中植投资业务总监，三人均知悉勤上股份拟收购凹凸教育的内幕信息，赵某昊、杨某还知悉勤上股份拟收购思齐教育的内幕信息。在李某推动下，中植集团召开评审会，同意在二级市场买入"勤上股份"。后中植投资在内幕信息敏感期内买入"勤上股份"，相关交易指令由李某下达，由杨某和公司董事长助理胡某操作，在中植投资交易室下单交易。证监会认定涉案行为为中植投资的单位行为，中植投资构成内幕交易，李某等三人为责任人员。[1]

值得探讨的是，一些单位虽然设置了专门的决策机构和程序，但全部或部分决策权事实上掌握在个别人员手中。以公司为例，虽然存在股东大会、

董事会等机构，但在很多公司中，基于其股权结构和治理模式的特殊实际，决策权可能事实上由实际控制人、大股东、法定代表人、董事长或总经理等在单位中享有较大职权和影响力的个别人员掌握；又或者，虽然决策权总体上由决策机构掌握，但个别人员因特定职权或授权而针对个别具体事项享有独立决定权。对于这些人员的意志能否代表单位意志的问题，观点并不一致，主要有如下几种主张：一是认为只有单位领导机关或负责人的决定可以代表单位意志；二是认为单位决策机关或负责人的决定，以及单位一般人员在概括授权范围内作出的决定可以代表单位意志；三是认为单位决策机关或负责人的决定，以及单位一般人员在其业务或职务范围内的决定可以代表单位意志；四是认为只有由对单位活动有相对独立决策权的部门或个人在权限范围内作出或同意的决定可以代表单位意志。① 一种更为严格的观点则认为，对于决策者群体与利益者群体并不重合的单位而言（如股东与管理层不重合的股份公司），决策者群体的犯罪意志不能视为单位的犯罪意志，只有基于利益者群体意志做出的决策才能代表单位意志。根据这种观点，对公司而言，只有股东的共同决策才能代表单位意志。②

笔者认为，在判断个别人员能否代表单位作出决议时，应当更加注重具体事项上的实际情况，特别是结合行为人是否具备相应职位和职权、是否"为了单位利益"等进行综合分析，不能仅仅认为单位的决策机构或享有全面决策权的人员才能代表单位，若证据显示有关人员确实对涉案交易享有并行使了决策权，应认定其为责任人员，无论其日常在单位中的职权大小。执法实践中，监管机构也会具体问题具体分析。例如，在前述提及的辽河纺织内幕交易"＊ST 得亨"案中，由某玲时为辽河纺织公司秘书且知悉内幕信息，并在内幕信息敏感期内操作涉案账户交易"＊ST 得亨"，导致辽河纺织投入的 800 万元亏损 395.69 万元。证监会认定辽河纺织构成内幕交易，由某

---

① 参见席若：《单位犯意的形成形式辩正》，载《中国刑事法杂志》2016 年第 5 期，第 18～23 页；石磊：《单位犯罪意志研究》，载《法商研究》2009 年第 2 期，第 67～74 页。

② 参见聂立泽、高猛：《单位犯罪意志的形成机制研究》，载《南都学坛（人文社会科学学报）》2015 年 5 月刊，第 68～73 页。

玲是辽河纺织内幕交易直接负责的主管人员。① 可见，对辽河纺织投入的800万元资金对应的内幕交易行为，证监会认为由某玲能够代表公司作出交易决策，相应的内幕交易行为属于单位行为。

在内幕交易刑事实践中，司法机关也基本遵循这种认定方法。例如，在上海宏普实业内幕交易"宏盛科技"案中，在宏盛科技时任董事长因涉嫌合同诈骗被刑事拘留这一内幕信息公开前，宏盛科技的大股东宏普实业的实际负责人曾某珍获知信息并指使下属在信息公开前集中抛售"宏盛科技"。司法机关判决认定宏普实业为单位内幕交易的犯罪主体，也就是说，司法机关认为，曾某珍的决策能够代表单位意志。②

（2）有权主体的哪些决议能够代表单位意志。

虽然实际控制人、大股东、董事长、总经理、法定代表人等在单位中享有特定决策权的人员往往有资格代表单位作出决议、能够代表单位意志，但并非这些人的所有决议都能代表单位意志，事实上，利用独特地位假公济私、损公肥私的情形时有发生。例如，在单位中身居高位的人可能挪用单位资金并利用单位账户进行股票交易，打着单位旗号中饱私囊，这种情况下，行为人的意志显然不能代表单位意志。因此，解决了谁能代表单位意志的问题，还需要解决这些主体的哪些意志属于单位意志、哪些意志属于个人意志的问题。

通常来说，要认定自然人的决议究竟代表单位还是个人，可以结合多种因素综合判断：一是决议的内容是否与单位事务相关；二是决策人是否享有相应决策权限；三是是否为了单位利益。若决策与单位事务无关，显然不能认定为单位意志，但需要注意的是，不应将"单位事务"仅限定为单位的业务或经营范围，而应适当宽泛地理解为与单位生产经营管理有关的事务。若决策人事实上没有决策权或超越决策权，通常也不宜认定其代表单位意志，但对其决策权限范围进行判断时，应当本着实质重于形式的原则。例如，虽然单位并未采取积极作为的方式对行为人进行授权，但能够认为单位默许或接受其代表单位实施一定行为的，应认定行为人享有相应决策权，能够代表

① 中国证监会行政处罚决定书〔2010〕22 号，详见证监会网站。
② 中国证券监督管理委员会稽查局：《证券期货稽查典型案例分析（2009 卷）》，科学出版社2013 年版，第 96～97 页。

单位意志。

这方面的代表性案例当数吉林省信托公司内幕交易"吉林森工"案。该案中，高某波原为吉林信托法定代表人、董事长，涉案行为发生时已提交辞职申请但尚未离职。内幕信息敏感期内，高某波与知情人存在联络，后经高某波下达交易指令，相关账户买入"吉林森工"。吉林信托辩称，涉案行为发生时，高某波已申请辞职，且吉林信托并不享有对涉案账户进行交易决策的授权，根据吉林信托以往惯例，高某波从未向交易员下达过交易指令，高某波此次的行为与公司职责和管理规定相悖，属于个人行为。高某波亦称：涉案交易发生时，其已提交辞职申请并开始部分参与新单位的工作，没有为吉林信托内幕交易的主观动机。证监会认为：涉案行为发生时，高某波虽递交了辞职报告，但未离职，依旧履行吉林信托董事长职责，其指示交易员买入"吉林森工"的行为属于职务行为。最终，证监会认定吉林信托构成内幕交易，高某波为责任人员。①

此外，判断行为是否代表单位意志，尤为重要的是考察行为人做出决议是否为了单位利益，若与单位利益无关，一般不宜认为其代表单位意志。事实上，在刑事司法实践中，通过分析行为是否"为了单位利益"来判断行为是否代表单位意志，也是处理单位犯罪案件的重要途径，这种方式往往比直接确定单位意志更容易，也较为可靠。②

2. 单位名义

如前所述，判断某一行为究竟是个人行为还是单位行为，可以从外部意思表示的角度，考察行为人在实施相关行为时是以个人还是单位名义。若以单位名义实施，除了确实存在自然人盗用单位名义或专门借助单位的外表伪装和掩护个人行为外，通常会被认定为单位行为。问题在于，很多违法违规案件中，由于具体行为均由自然人实施，而自然人通常并不以直观方式表明其究竟以谁的名义实施相应行为，因而，要认定涉案行为究竟以单位还是个人名义实施并非易事。对此，通常可以从两个角度进行分析：一是从不特定

---

① 中国证监会行政处罚决定书〔2017〕104号，详见证监会网站。

② 石磊：《单位犯罪中"以单位名义"和"为了单位利益"探析》，载《人民检察》2005年第13期，第58～60页。

主体或"旁观者"的角度出发，考察自然人的行为在外观上是否具备单位行为的特征；二是从意思受领人的角度出发，看受领人是否会合理地将自然人的行为视同单位行为。

例如，在前述提及的财富成长公司建议他人买卖"天音控股"案中，财富成长系涉案信托产品的投资顾问，相关信托产品的交易建议主要由时任财富成长总经理唐某来作出。唐某来从知情人处获悉内幕信息后，代表财富成长公司提出信托产品交易建议，导致 4 个信托账户内幕交易。[①] 从外部意思表示的角度看，被建议方自然会将唐某来的行为视为财富成长公司的行为。因此，认定公司为违法主体合情合理。类似地，在吉林信托内幕交易"吉林森工"案中，[②] 高某波时为吉林信托法定代表人，且涉案行为发生时尚在履行公司董事长职责，其指示公司交易员买入"吉林森工"的行为，从外在意思表示看，指令接收方自然会认为其代表单位意志。

需要说明的是，在区分单位行为与个人行为时，应当更加注重实质而不是形式，"代表谁的意志""为了谁的利益"比"以谁的名义"更重要，甚至在很多情况下，如果前两项因素证据充分、结论明确，可适当减少对后者的关注。如"周某云"账户内幕交易"三聚环保"案中，不仅涉案账户并非单位账户，交易亦由周某云操作下单，表面看似乎交易是以周某云而不是大地总公司的名义进行，但账户由大地总公司实际控制使用、主要资金来自大地总公司、交易由大地总公司董事长于某决策、盈亏由大地总公司承担。证监会认定涉案交易构成大地总公司的单位内幕交易，并未因交易行为表面上以周某云的名义进行而认定其为责任主体。[③] 事实上，理论界也广泛认为，"以单位名义"并非认定单位行为的必备要素。[④]

针对实践中一些人盗用或冒用单位名义、以单位之名行个人违法犯罪之实的情况，《最高人民法院关于审理单位犯罪案件具体应用法律有关问题

---

① 中国证监会行政处罚决定书〔2014〕1 号，详见证监会网站。
② 中国证监会行政处罚决定书〔2017〕104 号，详见证监会网站。
③ 中国证监会行政处罚决定书〔2016〕103 号，详见证监会网站。
④ 李润珍、晋涛：《单位意志在单位犯罪中核心地位的确立——重新界定单位犯罪》，载《新疆社科论坛》2006 年第 2 期，第 39～44 页；石磊：《单位犯罪中"以单位名义"和"为了单位利益"探析》，载《人民检察》2005 年第 13 期，第 58～60 页。

的解释》第二条和第三条规定，盗用单位名义实施犯罪，违法所得由实施犯罪的个人私分的，以自然人犯罪论处；个人为进行违法犯罪活动而设立的公司、企业、事业单位实施犯罪的，或者公司、企业、事业单位设立后以实施犯罪为主要活动的，不以单位犯罪论处。《内幕交易认定指引》借鉴相关规定，在第十六条和第十七条指出：盗用单位名义实施内幕交易行为，违法所得由实施内幕交易行为的个人私分的，应认定为个人内幕交易；个人利用其设立的公司、企业、事业单位实施内幕交易的，或者个人设立的公司、企业、事业单位设立后以实施内幕交易为主要活动的，应认定为个人内幕交易。

（三）"为了单位利益"的认定与证明

要判断行为是否为了单位利益，首先需要明确"单位利益"的内涵和外延，为此，需要解决两个基本问题：单位利益仅包含经济利益还是同时包含非经济利益？其中，经济利益仅包含直接经济利益还是同时包含间接经济利益？

基于《全国法院审理金融犯罪案件工作座谈会纪要》和《内幕交易认定指引》确立的"以单位名义实施＋违法所得归单位所有＝单位行为"的模式，有观点认为，"为了单位利益"强调的是主观层面的目的或动机，落实到客观结果就是违法所得归单位所有。但另有观点认为，不宜对"为了单位利益"中的"利益"作过度缩限解释，特别是不能仅仅理解为经济利益，也不能仅仅理解为非法利益或不正当利益。[①] 结合资本市场实际情况，笔者认为，不宜将"单位利益"仅限于直接经济利益，结合案件具体情况，可以适当将非经济利益和间接经济利益也作为"单位利益"的组成部分。这是因为，在资产管理实践中，一些资产管理机构的管理报酬可能是固定的，产品交易盈亏并不直接影响管理人的经济利益，但会影响管理人的排名和声誉，从而间接地影响管理人的整体利益。事实上，资产管理产品被用于实施内幕

---

① 石磊：《单位犯罪中"以单位名义"和"为了单位利益"探析》，载《人民检察》2005 年第 13 期，第 58～60 页。

交易的案件时有发生，其中相当一部分管理人及其指定的产品管理责任人员（如基金经理）并不能从涉案交易中获取直接经济利益，但管理人及其职员仍有较强的内幕交易动机。若将"单位利益"限定为"直接经济利益"，不符合资本市场实际。同理，"违法所得归单位所有"是"为了单位利益"的具体体现之一，但不是唯一体现，特别是在行为没有违法所得的情况下，不能仅因单位未能从中获利而否认单位构成违法。

具体操作上，要证明行为是否代表"单位利益"，可以从经济利益和非经济利益两方面着手。对于经济利益，可重点结合涉案资金是否来源于单位、是否流回单位、交易盈亏是否由单位承担、是否为单位避损等事实分析判断，是否使用单位账户、是否由单位员工操作、是否利用单位设施设备实施交易等也是辅助判断因素。例如，在瀚宇投资公司内幕交易"ST皇台"案中，瀚宇投资实际控制人夏某强知悉内幕信息，并其指令公司员工使用公司证券账户交易"ST皇台"，账户内资金由瀚宇投资提供，相关收益归属于瀚宇投资。证监会认定瀚宇投资构成内幕交易，夏某强为直接负责的主管人员。① 对于非经济利益，则可结合涉案单位的性质、营利模式、所属行业等情况分析论证。

需要说明的是，对单位进行违法认定并予以处罚，一定程度上意味着对其股东或出资人权益的处置，因此，在相关行为并不能有效代表全体股东或出资人意志和利益，而是由个别人员主导实施的情况下，应当审慎认定涉案行为构成单位违法。特别是要准确识别出单位成员假借单位名义、占用单位资金、利用单位人力物力实施内幕交易的情况，力求精准打击，确保"罪""责"相适应。这方面，黄某裕内幕交易案极具参考意义。该案中，黄某裕时为鹏投公司法定代表人，涉案资金部分来源于鹏投公司并回流到鹏投公司、账户开立、资金调拨、交易操作等行为亦由鹏投公司员工参与完成，黄某裕的辩护人主张相关行为系鹏投公司的单位内幕交易行为。对此，法院认为：在购买中关村股票时，黄某裕并未与鹏投公司其他决策层管理人员讨论研究，有关人员仅是按其指令开立账户、调拨资金，并不知道实际意图，虽然黄某

---

① 中国证监会行政处罚决定书〔2012〕19号，详见证监会网站。

裕是鹏投公司的法定代表人，但其个人实施的行为并不能完全代表公司意志。仅以部分资金来源和走向证明黄某裕购买中关村股票是为鹏投公司获取利益，证据不足。① 类似地，在"尚德大成"账户内幕交易"省广股份"案中，尚德大成公司实际控制人赵某军在与内幕信息知情人联络接触后，迅速向尚德大成证券账户临时转入 2 000 万元，并指派尚德大成工作人员操作买入"省广股份"。虽然尚德大成的证券账户参与了交易、其交易由尚德大成工作人员操作，但涉案资金来源于赵某军，交易亦非通过尚德大成公司集体决策或由公司负责人代表公司进行决策，交易代表的是赵某军的个人意志和利益，尚德大成只是赵某军实施违法行为的工具，故应认定为赵某军构成个人违法而不是尚德大成构成单位违法。②

四、单位内幕交易的责任人员认定及量罚

对于单位违法犯罪，无疑要追究其中有关人员的责任，通常包括"直接负责的主管人员"和"其他直接责任人员"两类。在刑事领域，根据《全国法院审理金融犯罪案件工作座谈会纪要》精神，单位犯罪直接负责的主管人员，是在单位犯罪中起决定、批准、授意、纵容、指挥等作用的人员，一般是单位的主管负责人，包括法定代表人。单位犯罪的其他直接责任人员，是在单位犯罪中具体实施犯罪并起较大作用的人员，既可以是单位的经营管理人员，也可以是单位的普通职工，包括聘任、雇用的人员。对单位中的涉案人员，应根据其在单位犯罪中的地位、作用和犯罪情节，分别处以相应的刑罚。该纪要同时指出，对于受单位领导指派或奉命而参与实施了一定犯罪行为的人员，一般不宜作为直接责任人员追究刑事责任。③ 在行政

---

① 北京市第二中级人民法院刑事判决书〔2010〕二中刑初字第 689 号，详见中国裁判文书网。该案一审判决作出后，黄某裕不服，提出上诉。北京市高级人民法院于 2010 年 8 月 27 日作出〔2010〕高刑终字第 363 号刑事判决，维持一审的定罪量刑，本书所载相关内容以一审判决书为准。

② 中国证监会行政处罚委员会：《证券期货行政处罚案例解析（第一辑）》，法律出版社 2017 年版，第 82~88 页。

③ 最高人民法院关于印发《全国法院审理金融犯罪案件工作座谈会纪要》的通知（法〔2001〕8 号），详见北大法宝。

领域，《内幕交易认定指引》作出了类似规定。①

实践中，执法和司法机关会结合相关人员的职务、职责、知情程度、在内幕交易行为发生过程中的作用等综合分析认定责任人员并合理确定各自责任。通常来说，对于在单位内幕交易行为中其主导作用的法定代表人、董事长、实际控制人、控股股东、单位决策机构或重要执行机构的核心成员，以及其他事实上在单位内幕交易中起决定、批准、指挥、授意、纵容等作用的人员，执法机关会认定为直接负责的主管人员并予以较重处罚。对其他执行或辅助人员，特别是那些既非单位法定代表人、董事长、实际控制人或股东，亦非单位决策机构或重要执行机构成员、仅仅根据单位领导指示或命令而参与实施内幕交易行为的人员，若其没有内幕交易的故意，且不知道也不应当知道自己所从事的行为是内幕交易行为的，执法和司法机关通常不会将其认定为单位内幕交易的责任人员。但若其在实施相关行为时知悉或非法获取了内幕信息，通常会被认定为其他直接责任人员。

例如，在中植投资内幕交易"勤上股份"案中，李某时为中植投资董事长，赵某昊时为中植投资董事总经理，杨某时为中植投资业务总监，其中，赵某昊和杨某知悉涉案的两项内幕信息，李某知悉其中一项内幕信息。内幕信息敏感期内，赵某昊向李某建议由中植投资在二级市场买入"勤上股份"，经李某推动，中植集团评审会同意在二级市场买入"勤上股份"。相关交易指令由李某下达，由杨某和中植投资董事长助理胡某操作，在中植投资交易室下单交易。针对该情况，在认定责任人员时，证监会指出：李某作为中植投资董事长，在知悉一项内幕信息的情况下下达交易指令，为对涉案行为直接负责的主管人员。赵某昊在知悉两项内幕信息的情况下建议中植投资买入"勤上股份"、杨某在知悉两项内幕信息的情况下操作交易，二人为中植投资违法行为的其他直接责任人员。对于参与操作交易但不属于内幕人的董事长助理胡某，证监会并未认定其为责任人员。②

类似地，在大地总公司内幕交易"三聚环保"案中，大地总公司董事长

---

① 该指引未正式发布实施，但能够通过互联网等公开渠道查询到，详见如"北大法宝"网：http://shlx.pkulaw.cn/fulltext_form.aspx? Gid = 144622，最后访问日期：2018 年 10 月 12 日。

② 中国证监会行政处罚决定书〔2018〕72 号，详见证监会网站。

于某在与内幕信息知情人联络接触后，指示公司证券部经理周某云操作"周某云"账户买入"三聚环保"。证监会认定大地总公司构成内幕交易、于某为直接负责的主管人员。对根据于某指示负责具体操作的周某云，证监会并未认定其为责任人员。①

第二节　资管产品内幕交易的认定及量罚

一、资管产品内幕交易执法难点

（一）责任主体认定方面的困境

实践中，公募基金、私募基金、保险资管产品、信托计划等被用于实施内幕交易的情形较为常见，对此类案件，执法实践中存在一系列难题，如：究竟认定管理人或受托人还是投资经理等具体负责管理相关产品的自然人为责任主体、以管理报酬还是产品交易盈亏为违法所得、向责任主体还是产品账户没收违法所得等等。随着资产管理行业迅速发展，资管计划内幕交易案件越发多见，如何科学认定并量罚，是值得研究的实践课题。

《内幕交易认定指引》第十八条规定，管理人或受托人等以投资基金、社保基金、保险品种、企业年金、信托计划、投资理财计划等实施内幕交易的，应当认定为管理人或受托人等的内幕交易行为。这看似已经明确了认定规则，但实践中的问题在于，在管理人或受托人内部，还存在具体负责管理资管产品的基金经理、投资经理等自然人，且相关交易指令往往由这些人员下达。从而，在资管产品被用于实施内幕交易的情况下，需要识别究竟是管理人或受托人等机构还是基金经理等自然人是违法主体。若套用前文关于单位内幕交易构成要件的规定，似乎只要明确涉案交易是否基于单位意志、是

---

① 中国证监会行政处罚决定书〔2016〕103 号，详见证监会网站。

否为了单位利益即可。但具体案件中，这两点的认定均存在一定困难。以下以公募基金涉嫌内幕交易的情况为例具体阐明：

假设某一基金产品对应账户和资金被用于实施内幕交易，在责任主体认定上，存在认定基金公司单位内幕交易还是基金经理个人内幕交易的问题。首先，从是否代表单位意志的角度看，需要解决涉案交易究竟是基金公司单位意志还是基金经理个人意志的问题。通常来说，基金交易决策由基金经理作出、交易指令由基金经理直接下达，行为代表的似乎是基金经理个人的意志。但基金经理的决策和指令行为无疑是代表基金公司作出的具体职务行为，行为结果似乎应归属于单位而不是个人。其次，从是否为了单位利益的角度看，通常来说，基金产品的运作结果直接关系到基金份额持有人的利益，但同时又与管理人和基金经理存在利益关联。在基金产品被用于实施内幕交易的情况下，当然可以说涉案行为在一定程度上也是为了基金公司的单位利益和基金经理的个人利益。因此，在基金产品涉案的情况下，从是否为了单位利益的角度进行分析，尚不足以完全解决此类案件定性的问题。在涉案产品属于专户产品的情况下，问题会更加复杂。

（二）罚没对象及金额确定方面的难题

在资产管理产品被用于实施内幕交易的情况下，由于资管产品交易盈亏直接归属于份额持有人而非管理人或基金经理，因此，还需要考虑"违法所得"究竟是指资管产品的交易所得还是管理人因此获得的报酬、向谁进行没收违法所得、对谁处以罚款以及罚没款如何执行等问题。

由于此类案件涉案金额和产品交易盈亏往往较大，若以产品盈亏为违法所得并据此进行罚没，存在两个问题：一是金额大执行难；二是合理性未必充分。通常来说，份额持有人并非资管产品交易决策主体，对于这类行为，通常只能认定管理人或基金经理而不能认定份额持有人为责任主体，但管理人和基金经理实际获得的收益是管理报酬而不是产品交易收益，且前者通常远远低于后者，在此情况下，若以产品收益而不是管理报酬为违法所得并据此进行罚没，合理性有待商榷。此外，若管理人或基金经理缴纳了罚没款，还会进一步存在其是否有权就被没收（但事实上归属于份额持有人）的"违法所得"向实际取得这些收益的人进行追偿的问题,若能,则又存在具体制度和机制如何设计的问题?例如,在追索对象确定方面,按照常理,若产品因违法行为产生的收益被分给了基金份额持有人,追索对象自然应当是份额持有人,但实际操作上,由于份额持有人数量众多且变动频繁,而违法行为的查处和责任追究需要较长时间,精准追究的操作难度可能极大。

相反,若不以产品盈亏而以管理报酬为违法所得,又会出现两个题:一是这种报酬如何合理计算,由于资产管理产品的报酬计算机制较为复杂,要精确合理地计算出管理人或基金经理因为涉案行为获得的报酬,亦非易事。二是由于不以交易盈亏为违法所得,在现行法律框架下,也不存在对相关收益进行没收的问题,从而,违法交易产生的收益将被份额持有人取得,但其取得该等财产的正当性存疑。

还有一种看似可行的办法是,在认定管理人或基金经理为违法责任主体的同时,以产品交易收益为"违法所得"并向其进行没收、但以其实际所获报酬为基础进行罚款,如此,则既能确保因违法行为产生的收益被没收,又不至于对管理人或基金经理处以过高且与其实际所得不相称的罚款。但这种处理方式的问题在于:首先,管理人或基金经理并未实际取得产品交易收益,对其进行没收同样存在合理性问题;其次,现行法律框架内,罚款金额往往以违法所得金额为基数,尚不存在罚款金额与违法所得不相互挂钩的法律空间。

二、资管产品内幕交易执法实践

目前看,在责任主体认定方面,相对于普通内幕交易案件,在资管产品涉案的情况下,交易资金归属于谁、账户归属于谁等,对于识别责任主体的参考意义较为有限,执法机关会重点关注交易决策及实施情况。若交易由管理人或受托人指派的人员具体决策和实施的,则要进一步考察该等行为应归属于个人还是单位。若认定为单位行为,在责任人员认定方面,执法机关倾向于将投资经理等具体负责涉案资管产品交易决策的人员认定为相应的责任人员。在违法所得认定方面,目前主流做法是以产品交易盈亏为违法所得。

执法机关对此类问题的认识处在不断调校和修正的过程中，特别是在违法主体的认定方面，存在从认定为基金经理等具体负责资管产品投资管理的人员的个人违法，到认定为管理人或受托人的单位违法的转变过程。例如，在 2013 年处罚的吴某永内幕交易"宏达股份"案中，吴某永时任交银施罗德基金管理有限公司（简称交银施罗德）专户投资部投资经理，"交银施罗德—交行—交银施罗德·交通银行银企尊享稳健回报 1 号资产管理计划"等 6 个资产管理计划为交银施罗德特定资产管理业务产品，"交银聚富一号集合资金信托"为交银施罗德与厦门国际信托有限公司签订的投资顾问业务产品，吴某永担任相关 7 个产品的投资经理。在吴某永非法获取内幕信息后，其管理的 7 个账户买入"宏达股份"，共计亏损 3 159 609.77 元。证监会认定吴某永为内幕交易责任主体，并对其处以 30 万元罚款。①

此后，在 2015 年处罚的金中和内幕交易"恒顺电气"案中，金中和是涉案信托计划的投资顾问，按约定收取固定的投资顾问管理费，负责相关信托账户投资决策及下单交易。曾某时为金中和的股东、CEO 及投资总监，担任涉案信托账户的投资经理，具体负责账户投资决策及下单交易。曾某获悉内幕信息后，相关信托计划账户买入"恒顺电气"，获取特定信托计划利益 840 184.59 元。对此，金中和主张内幕交易责任主体是个人而非单位，证监会未予采纳，理由一是曾某时为金中和的 CEO 和投资总监，并持有公司较多股份，在公司有一定地位和影响力；二是曾某所从事的投资行为未超出金中和的授权范围；三是本案涉及的投资业务属于金中和业务范围，收益归金中和；四是金中和在涉案信托账户中均进行跟投，跟投所产生的收益也直接归金中和所有。② 不难看出，其中前两点意在说明曾某能够代表公司意志，而这种代表性，一方面来源于其在公司中的地位和影响力；另一方面源于公司对其作为投资经理的授权。后两点则强调曾某的行为是为了金中和的单位利益。此外，金中和还辩称其所收取的固定管理费属合法所得，其并未获取违法收益，本案"违法所得"金额计算有误。证监会采纳了金中和关于收取的

---

① 中国证监会行政处罚决定书〔2013〕14 号，详见证监会网站。
② 中国证监会行政处罚决定书〔2015〕19 号，详见证监会网站。

固定管理费属合法所得的申辩意见，但认定两个涉案账户在内幕信息敏感期内买卖"恒顺电气"获取的特定信托计划利益为其违法所得。最终，证监会决定：没收金中和违法所得 840 184.59 元，并处以 3 倍罚款；对曾某给予警告并处以 30 万元罚款。[①]

同样，在 2017 年处罚的广州穗富投资管理有限公司内幕交易"国农科技"案中，穗富投资是"金鹰基金－光大银行－金鹰穗富 6 号"（简称金鹰穗富 6 号）等资产管理计划的投资顾问，负责资金引荐和提供投资建议，金鹰基金作为管理人负责根据穗富投资的投资建议进行投资操作。穗富投资拟纳入股票池的股票由公司投资总监易某军、投资部负责人周某松决定，易某军和周某松都曾通过易某军的飞信号向金鹰基金发送投资建议。易某军、周某松知悉相关内幕信息，并于内幕信息敏感期内决策，由金鹰穗富 6 号等 4 个资产管理计划账户买入"国农科技"。证监会认定穗富投资构成内幕交易，易某军和周某松是直接负责的主管人员，决定没收穗富投资违法所得，并处以 1 倍的罚款；对易某军、周某松给予警告并分别处以 10 万元罚款。[②]

三、资管产品内幕交易案件定性问题探讨

（一）管理人是否应承担责任

有观点认为，考虑到资产管理业务的特殊性，对资产管理产品内幕交易的情况，应当区别于一般单位运用自有资金进行内幕交易，审慎认定单位责任。仅在有明确证据证明基金管理人自身存在故意或重大过失的情况下才对其追究单位内幕交易的责任。[③] 具体来说，一方面，不同于一般机构，管理人进行证券投资的资金来源于基金财产而非管理人自有资金，交易盈亏归属于基金财产，管理人仅收取一定的管理费、业绩报酬或投资顾问费。因此，

---

① 中国证监会行政处罚决定书〔2015〕19 号，详见证监会网站。
② 中国证监会行政处罚决定书〔2017〕92 号，详见证监会网站。
③ 吴曼、郑玉：《基金内幕交易案中单位责任的认定》，载《君合法律评论》2018 年 5 月 25 日。

管理人的获利属于一种间接获利，且获利金额通常远低于基金账户本身的交易获利。本着"过罚相当"的原则，在认定管理人为内幕交易责任主体时，对其处罚幅度的考虑应有别于一般单位内幕交易。另一方面，不同管理人在治理模式、组织结构、运作方式及合规管理方面存在较大差异，在案件认定中，应当结合管理人的情况具体分析。以基金行业为例，公募基金管理人内部治理层级较多，研究、投资决策、交易职能分属于不同部门，并实行严格的投资决策授权制度；私募基金管理人则"人合"性更强，内部治理及组织机构设置相对简单、灵活，研究、投资决策、交易工作可能由同一团队甚至同一人承担，股东兼任管理层或投资负责人的情况较为普遍。基于这种差异，在认定基金管理人的单位内幕交易责任时应有所区分，管理人的组织形式、内部治理及职责分工体系、涉案个人的任职情况及权限大小、研究及投资决策流程、内部合规体系建设情况等都应成为考量因素。

若内幕信息仅为个别基金经理或投资经理所知悉，且其未向管理人报告或未进行内幕信息知情人登记，而是在其投资权限范围内下达交易指令实施了内幕交易，应审慎认定是否构成管理人的单位责任。但是，若知悉内幕信息并作出交易决策的人员属于管理人的管理层或级别较高的投资负责人，由于其在管理人中拥有较大的决策权且不受单位其他人或决策流程约束，从而，其行为一定程度上能够代表单位意志，不能完全排除认定单位责任的可能性。

此外，有研究认为，资产管理行业频繁的投研活动令管理人在内幕交易案中"自证清白"的难度较大。因此，在资管产品涉嫌内幕交易的情况下，应谨慎适用"推定"的方法认定内幕交易。[①]

（二）管理人应当承担何种责任

对于资管产品内幕交易的情况，另一个争议焦点是：是否应当区分管理人的内部管理责任与单位违法责任、如何区分？如果管理人本身不存在故意组织、批准、授意、纵容员工从事内幕交易的情况，但员工擅自以资管账户从事了内幕交易，管理人是否应当基于对员工管理不善而直接承担内幕交易

---

① 吴曼、郑玉：《基金内幕交易案中单位责任的认定》，载《君合法律评论》2018 年 5 月 25 日。

的法律责任？

对此，有观点认为，不同于单位犯罪要求单位存在主观故意，对于单位违法，主观方面并不限于故意，也可包括过失，单位应对因内部管理不严、信息隔离防火墙不完善等失职行为引发的内幕交易行为承担责任。例如，证券公司投行部门的工作人员因参与上市公司并购重组项目知悉内幕信息后，将信息泄露给证券自营部门的交易员，该交易员利用公司账户和资金买卖了股票，收益也归于证券公司，虽然证券公司的高层甚至中层管理人员并不知道两个职员的这种行为，同样应当认定证券公司因过失构成内幕交易违法。又如，基金公司的基金经理等人员在基金公司高层管理人员未指使也不知情的情况下，通过个人渠道打探到内幕信息后，由其管理的账户交易了相关股票，基金公司不能免除责任。另一种观点则认为，应当分析管理人在内部合规体系建设和防控员工内幕交易方面是否已勤勉尽职，如其怠于履行合规管理职责或在履职方面存在重大过失，因防控机制存在漏洞、激励机制存在偏差而诱发员工内幕交易行为，则"管理责任"有可能进一步上升为直接的"单位内幕交易责任"。反之，如果已经竭尽全力做好合规管理工作，落实防控内幕交易各项职责，即便事实上发生了个别员工擅自通过基金从事内幕交易的行为，管理人尽职履责的情况也应当成为减轻或免除其单位责任的考虑因素。[①]

笔者认为，在资管产品被用于实施内幕交易的情况下，分析谁应当对此承担责任、管理人是否应当承担责任、应当承担何种责任，均不能一概而论，而应结合涉案交易决策和实施情况，管理人的运营和内部管理模式、管理人内部控制体系建设和执行情况、资管产品合同约定及实际管理情况等综合分析判断。同时，还应当将该问题与罚没款如何确定等问题统筹考虑，避免前后逻辑矛盾和思路冲突。

[①]　张子学：《浅析单位内幕交易违法的认定与处罚》，载《证券市场导报》2011年第7期，第22～26页、第34页；吴曼、郑玉：《基金内幕交易案中单位责任的认定》，载《君合法律评论》2018年5月25日。

四、资管产品内幕交易违法所得问题的探讨

如前所述，资管产品交易盈亏并不直接归属于管理人及其内部责任人员，从而，在资管账户因内幕交易等违法行为获得收益，而产品份额持有人或账户所有者既不知悉也未参与违法活动的情况下，存在向谁没收违法所得、账户中因此获得的收益应否被认定为"违法所得"并予以没收、如何操作等问题。从前文提及的案例看，目前执法实践中倾向于向责任人而不是产品账户进行没收，账户因违法行为获得的不当利益并不会被没收。对此，有意见认为，本着自然正义法则，应当将任何人因违法行为所获收益一并予以没收。另一种意见则认为，在资管计划被用于实施违法行为的情况下，通常来说，份额持有人或账户所有者纯属无辜，不能没收其已经获得或者将来可能获得的收益，而应没收管理人的管理费与收益提成，并以此为基数确定对管理人罚款的金额。

针对上述分歧，有研究指出，现行《行政处罚法》和《证券法》对"没收违法所得"的法律性质存在认识偏差：不应将"没收违法所得"作为一种处罚类型，而应参照刑事领域关于"没收（犯罪分子个人所有财产的一部或者全部）"和"追缴或者责令退赔（违法所得的一切财物）"的区分，将"没收违法所得"作为一种纠正违法犯罪行为的措施，突出其"修复"而不是"制裁"功能。在理顺这一逻辑的基础上，从制度设计上讲，应当不再将"没收违法所得"作为行政处罚的一种，而是与我国《刑法》上的相应概念与规定一致，表述为"追缴"，并将"追缴"的对象范围扩展至所有因违法行为获利的主体，而不限于违法者。[1] 笔者认为，在资管产品被用于实施违法行为的情况下，这种认定思路有利于理顺认定和量罚逻辑。

---

[1] 张子学：《资管账户因管理人证券违法所获收益的没收问题——兼议引入证券行政处罚第三人制度》，载《证券市场导报》2015 年第 7 期，第 4～12 页、第 30 页。

第八章

内幕交易的量罚

第一节　违法所得计算

　　根据《证券法》第二百零二条的规定，对内幕交易者的量罚，一定程度上与违法所得挂钩。违法所得的计算看似简单实则十分复杂，理论和实践中存在诸多争议。本节着重介绍不同情况下违法所得计算的重点、难点及实践中的一般处理方式，并对一些未决问题进行介绍探讨。

一、买入成本和卖出价格的确定

　　要计算内幕交易违法所得，首先需要明确涉案股票的买入成本及对应的卖出价格。通常以实际发生的金额为准即可，但在持股情况较为复杂，特别是涉案人员在涉案交易前已持有涉案股票、内幕信息公开后还有新增买入，然后才连同敏感期内买入的股票一并卖出的情况下，虽然每一笔买入和卖出的价格是确定的，但还需要确定卖出与买入股票之间的对应关系，从而确定涉案股票对应的买卖价格，以便计算违法所得。若行为人买入后迟迟未卖出，则卖出价格的确定本身也是难题。以下结合实践，对内买卖价格确定中的重要问题展开分析。

（一）存在非涉案持股的情况下涉案股票买卖价格的识别

1. 可用算法及其差异

若行为人在敏感期前曾以 10 元/股的价格买入并持有涉案股票 1 万股（即期前持股），敏感期内又以 12 元/股的价格买入 2 万股，在信息公开后第一个交易日以 15 元/股的价格卖出 1.5 万股，剩余股票截至调查时并未卖出，并假设该股复牌日收盘价为 14 元/股。在计算违法所得时，需要确定已经卖出的 1.5 万股对应的是何时卖出的股票，以便确定敏感期内买入股票对应的卖出收益。换句话说，对于这种情况，首先需要确定不同时段买入的股票以何种顺序先后卖出，以便明确卖出价格进而计算违法所得。

对此，执法中通行的做法是参照会计上对于存货成本的处理方式确定卖出股票对应买入成本。理论上主要有三种算法，即先进先出法、后进先出法和平均成本法，其中，先进先出法和后进先出法是我国执法实践中的常见做法。所谓先进先出，是指先买入的股票优先卖出，即先卖出的股票对应的买入成本为先买入的相应数量股票对应的成本。后进先出法则相反。

对前述案例，若按照先进先出法，应当理解为：已经卖出的 1.5 万股中，有 1 万股系期前持股，0.5 万股系涉案股票。因此，实际卖出部分的违法所得为 1.5 万元（即 0.5 万股×15 元/股 - 0.5 万股×12 元/股，暂不考虑税费、股息红利及其他扣除因素，下同），涉案的 2 万股中其余 1.5 万股的账面盈亏为 3 万元（1.5 万股×14 元/股 - 1.5 万股×12 元/股，以复牌日收盘价为基准，下同）。加总后，按照先进先出法，违法所得 4.5 万元。若按照后进先出法，则应理解为：已卖出的 1.5 万股均来自敏感期内买入的 2 万股，因此，实际卖出部分的违法所得为 4.5 万元（即 1.5 万股×15 元/股 - 1.5 万股×12 元/股），涉案的 2 万股中其余 0.5 万股的账面盈亏为 1 万元（0.5 万股×14 元/股 - 0.5 万股×12 元/股）。加总后，按照先进先出法，违法所得为 5.5 万元。可见两种算法差异之大。

2. 执法和司法实践中的做法

内幕交易行政执法实践中，主要有三种做法，一是采用先进先出法计算，二是采用后进先出法计算，三是同时用前两种算法计算，并选取其中对涉案人员更有利的结果认定为违法所得。例如，在周某和内幕交易"江泉实业"

案中，"周某和"账户在敏感期内共计买入"江泉实业"3 436 489 股，卖出 1 056 800 股，内幕信息公开（2014 年 9 月 12 日）后至当年 10 月 8 日期间，周某和卖出该账户内全部"江泉实业"，其中包括信息公开后于 2014 年 9 月 26 日买入的 199 000 股。在计算涉案股票对应的卖出价格时，证监会采取了先进先出法。诉讼中，两级法院均对该算法予以认可。[①] 在"英飞拓"案中，内幕信息敏感期为 2011 年 11 月 21～22 日，涉案账户在敏感期内的 11 月 22 日买入 9 000 股"英飞拓"，后于 2011 年 12 月 21 日卖出 6 125 股。2012 年 1 月 5 日又买入 3 000 股，2012 年 2 月 7 日将所持英飞拓股票全部卖出。深圳证监局指出，按照后进先出法计算，实际获利为 -49 139.44 元。[②]

在张某光内幕交易"任子行"案中，证监会同时采用先进先出和后进先出两种方式计算并选取其中对涉案人员有利的金额认定为该案违法所得。诉讼中，两级法院均认为证监会的认定并无不当，予以认可。[③] 事实上，即便对于已经构成刑事犯罪的内幕交易案件，司法机关也可能采取"择低原则"，例如，在邓某新内幕交易犯罪案刑事判决中，邓某新在涉案期间买入涉案股票 342 400 股，买入金额 1 609 692 元，对应卖出股数 192 100 股，对应卖出金额 1 148 419.42 元，期末余股 150 300，余股市值 882 261 元。按先进先出法计算，盈利金额为 411 565.67 元；按后进先出法计算，盈利金额为 412 832.71 元。也就是说，先进先出法的计算结果低于后进先出法，也是该案中更有利于涉案人员的一种算法。最终，判决书确认涉案交易盈利 411 565.67 元。[④]

在证券民事赔偿诉讼，特别是证券虚假陈述民事赔偿案件中，法院倾向于适用先进先出法。例如，在投资者罗某勇与甘肃皇台酒业股份有限公司（*ST 皇台）虚假陈述民事赔偿纠纷中，皇台公司虚假陈述实施日为 2016 年 4 月 20 日，虚假陈述揭露日为 2016 年 6 月 18 日。2016 年 4 月 21 日～6 月 6

---

① 中国证监会行政处罚决定书〔2016〕101 号，详见证监会网站；参见该案终审判决书：北京市高级人民法院行政判决书〔2017〕京行终 2804 号，详见北京法院审判信息网。

② 深圳证监局行政处罚决定书〔2012〕3 号，详见深圳证监局网站。

③ 北京市高级人民法院行政判决书〔2017〕京行终 2185 号，详见北京法院审判信息网。

④ 广东省深圳市中级人民法院刑事判决书〔2017〕粤 03 刑初 214 号，详见中国裁判文书网。应该理解为，法院采纳了更有利于当事人的计算结果，否则法院似乎不必在判决书中列示两种算法的具体结果。

日，投资者罗某勇共买入 *ST 皇台股票 91 186 股、卖出 86 181 股，剩余持仓 5 005 股。其中 86 181 股的卖出行为发生在虚假陈述被揭露之前，故不应计入损失赔偿的范围，剩余 5 005 股于虚假陈述实施日后买入，并于虚假陈述揭露日之后卖出，法院按照先进先出的原则认定该 5 005 股的买入成本并计算了相应损失。① 同样，在海润光伏科技股份有限公司证券虚假陈述责任纠纷②、协鑫集成科技股份有限公司证券虚假陈述责任纠纷系列案件③、云南云投生态环境科技股份有限公司证券虚假陈述责任纠纷系列案件④等诸多案件中，不同法院均采取了先进先出法认定涉案股票及其买入成本。

3. 关于买卖价格确定方法的浅见

在理论研究领域，一种代表性的观点认为，在内幕交易案件中，对于存在期前持股的情况，应当根据"后进先出"法计算涉案股票的违法所得。具体理由主要有三：第一，从内幕交易行为特征看，内幕交易是一种在较短时间内利用内幕信息公告所带来的金融资产价格波动获利或规避损失的行为，而内幕信息的形成往往有一个过程，通常来说，越接近信息公开之日，内幕信息的确定程度、对股价的影响越明确，从而，交易的盈利预期也越大，因此，采用"后进先出"法，将接近信息公告日买入的股票先确认违法所得，更符合内幕交易的行为特征和动机。第二，有研究者对美国、英国、加拿大、澳大利亚等国和中国香港地区共 157 起案例进行研究发现，在 22 个涉及期初或期末持股的案件中，除一起我国香港地区的案件采用了"孰低原则"以外，其余全部采用"后进先出"法。第三，"后进先出"意味着对敏感期内买入的股票计算的持有期相对较短，从而，这些股票受到其他市场因素的影响也相对较小，对应的违法所得也更能体现内幕信息的影响及内幕交易行为的危害程度，更符合"过罚相当"的基本原则。⑤

笔者认为，无论对于存在期前持股还是期后新增持股的情况，内幕交易

---

① 甘肃省高级人民法院民事判决书〔2018〕甘民终 155 号，详见中国裁判文书网。

② 江苏省高级人民法院民事判决书〔2017〕苏民终 613 号等，详见中国裁判文书网。

③ 江苏省高级人民法院民事判决书〔2017〕苏民终 1225 号等，详见中国裁判文书网。

④ 云南省昆明市中级人民法院民事判决书〔2015〕昆民五初字第 46 号等，详见中国裁判文书网。

⑤ 陈莹、赖朝晖、李心丹：《内幕交易违法所得计算中对期初持股的处理——基于境外的典型案例与统计分析》，载《证券法苑（第十三卷）》，法律出版社 2014 年版，第 64 ~ 275 页。

违法所得的计算都应该尽可能使涉案股票的买入和卖出均与内幕信息公开时间距离较近，以有效体现内幕信息的影响。具体而言，对于期前持有的库存股，应以"后进先出"法更为合理，即敏感期内买入的股票先于期前持有的股票卖出；对于期后新增持股，则以"先进先出"为宜，从而使在敏感期内买入的股票被优先卖出。

（二）余股数量及其"卖出价格"的确定

1. "卖出价格"的确定

实践中，对于在内幕信息公开前买入、公开后较短时间全部卖出的内幕交易违法或犯罪案件，执法和司法机关均以实际卖出价格为基准计算违法所得。但对于查处时未卖出的股票，由于不存在实际"卖出价格"，在计算对应的违法所得时，执法和司法机关通常会选定一个基准日，并将相关股票在该日中的某一价格（通常是收盘价）作为计算违法所得的基准价，从而计算出对应的"账面盈亏"。[1] 对于基准日的确定，无论理论上还是实践中都存在分歧，常见的有信息公开后首个交易日即复牌日[2]、信息公开后首个收盘打开涨跌停板日、执法机关发函要求交易所计算盈亏的发函日、交易所实际计算之日等。在理论研究领域，有观点主张以信息公开后第5个交易日收盘价、10个交易日的均价、股票被执法或司法机关冻结之日的价格等作为计算账面盈亏的基准，也有观点认为要视行为人是否知悉内幕信息相关目标价位而定，还有观点建议不作统一要求而在个案中结合实际具体确定基准日。[3]

就以往执法和司法实践看，以信息公开后第一个交易日或首个收盘打开

---

[1] 事实上，对于余股的处理，执法存在一个变迁和进步的过程，以往一些案件中，对于余股，执法机关仅责令行为人处理，不计算对应的账面盈亏并将其认定为违法所得，亦不对行为人处理后可能产生的收益予以没收。近期执法实践已经基本确立起了对余股也要计算违法所得的做法。

[2] 此所谓"复牌日"，是实践中常用的简化表述，表述为"信息公开后的第一个交易日"更严谨。

[3] 杨子良：《如何计算内幕交易案件中的违法所得》，载《法律适用》2017年第24期；王越、郭献朝：《内幕交易罪违法所得的计算方法》，载《人民司法（应用）》2016年第22期；刘宪权：《内幕交易违法所得司法判断规则研究》，载《中国法学》2015年第6期；汤欣、高海涛：《我国内幕交易案件违法所得的算定及判罚——兼论域外法律实及其启示》，载《证券法律评论（2015年卷）》；万志杰：《内事交易刑事案件"违法所得"的司法认定》，载《政治与法律》2014年第2期；刘光明：《内幕交易犯罪违法所得应如何认定》，载《中国检察官》2016年第11期（下）；黄素心、王春雷：《内幕交易违法所得测度方法述评》，载《商业时代》2009年第28期。相关文献不一而足。

涨跌停板日的收盘价为基准价的情况居多。前者如"凯盛科技"和"国际医学"等案件①，后者如"凯美特气"案②、段某内幕交易犯罪案等③。

2. 余股数量的统计

算余股账面盈亏的前提是明确余股数量，但余股是可以交易的，投资者完全可能在调查过程中不断卖出股票，余股数量也随之不断变化。因此，有必要明确究竟以何时为统计余股数量的截止时间。设若某行为人在敏感期内共买入 2 万股涉案股票，在执法机关启动调查时尚持有 1 万股，调查过程中，行为人陆续卖出其中部分股票，等到调查部门准备请交易所计算涉案交易盈亏时，投资者可能已卖出 16 000 股，剩余 4 000 股；待到交易所接收到调查部门关于计算违法所得的需求时，已经卖出 18 000 股，剩余 2 000 股。那么，所谓"余股"究竟有多少股、以什么时间节点为计算实际卖出股数的截止时间？

对此，从既往案件看，常见的统计截止日主要有调查基本结束准备进入计算程序之日、执法机关要求交易所计算盈亏之日、交易所实际计算之日等。例如，在"宏达股份"案中，重庆证监局以"调查日"为统计截止日。④ 在"江泉实业"案中，证监会以"调查终结之日"为统计截止日，两审法院均予以认可。⑤ 在"南风股份"案中，证监会以"调查结束日"为统计截止日。⑥ 在"森源电气"案中，证监会以"调查终止日"为统计截止日。⑦ 在"特锐德"案中，重庆证监局以"补充调查日"为统计截止日。⑧ 而在"金

---

① 中国证监会行政处罚决定书〔2018〕38 号、48 号，详见证监会网站。
② 新疆证监局行政处罚决定书〔2017〕2 号，详见新疆证监局网站。
③ 北京市第二中级人民法院刑事判决书〔2016〕京 02 刑初 82 号，详见中国裁判文书网。
④ 重庆证监局行政处罚决定书〔2018〕2 号，详见重庆证监局网站。
⑤ 中国证监会行政处罚决定书〔2016〕101 号，北京市高级人民法院行政判决书〔2017〕京行终 2804 号，详见证监会网站和北京法院审判信息网。
⑥ 中国证监会行政处罚决定书〔2015〕60 号，详见证监会网站。
⑦ 中国证监会行政处罚决定书〔2013〕13 号，详见证监会网站。
⑧ 值得注意的是，该案中，处罚机关既未直接决定没收当事人已经实际获得的盈利，也未没收账面盈利，而是"责令当事人在收到本行政处罚决定书之日起 7 个交易日内，依法处理非法持有的特锐德股票，没收当事人因内幕交易特锐德股票而产生的全部违法所得，并处以全部违法所得金额一倍罚款"，但并未明确"全部违法所得"包含哪些所得或具体金额，因此，仅从该决定书看，并不能确定执法机关最终是否以"实际所得＋账面所得"为"违法所得"。详见重庆证监局行政处罚决定书〔2014〕1 号，详见重庆证监局网站。

一文化"案中，证监会以"盈利测算日"为统计截止日。①

笔者认为，本着尽可能以实际盈亏为准的理念，计算截止日不宜早于调查取证工作基本结束之日，甚至可以以交易所实际计算之日为准，即对实际计算时已经卖出的股票计算实际盈亏，对计算时尚未卖出的计算账面盈亏。同时，若案件调查终结后、作出处罚之前，涉案人员实际卖出涉案股票并向执法机关报告该情况的，应当允许以涉案人员有证据证明的实际交易情况为基础计算实际盈亏，但涉案人员应于听证或陈述申辩时举证。同时，若涉案人员为逃避罚没而以明显低于市价的价格抛售股票，则对其低价抛售的股票，可视同余股处理，以复牌日或复牌后打开涨跌停板之日的收盘价计算对应的账面盈亏，并认定为相应股票的违法所得。

3. 相关司法实践

在内幕交易行政处罚案件引发的行政诉讼中，司法机关似乎也并不要求执法机关必须以复牌日或复牌后较短时间（如理论上主张的信息消化完毕之日、打开涨跌停牌之日等）为基准日，而是允许以信息公开较长时间以后的某一交易日为基准日。例如，在"利欧股份"一案中，证监会以利欧股份复牌日收盘价为准计算账面盈亏，法院认可该算法及相应结果。② 而"任子行"案中，内幕信息形成于 2014 年 1 月 15 日，任子行公司股票于 2014 年 5 月 15 日停牌、9 月 2 日发布相关信息并复牌。证监会以 2015 年 1 月 28 日为统计余股的截止日，并按照当日该股收盘价计算余股的违法所得。法院对证监会的计算结果予以认可。③

（三）避损型内幕交易的"违法所得"计算

对于利用内幕信息卖出股票以避损的内幕交易，通常以实际卖出价与相应股票在基准日的虚拟市值之差为计算基础，基准日一般为内幕信息公开后第一个交易日或打开涨跌停板之日，基准价一般为基准日的收盘价。"大唐电信"案是利用内幕信息卖出股避损的典型案件，该案内幕信息公开日为

---

① 中国证监会行政处罚决定书〔2018〕92 号，详见证监会网站。
② 北京市高级人民法院行政判决书〔2017〕京行终 4554 号，详见中国裁判文书网。
③ 北京市高级人民法院行政判决书〔2017〕京行终 2185 号，详见北京法院审判信息网。

2007 年 4 月 18 日，对于该案违法所得计算，执法人员指出，正常情况下，此类案件计算基准日为信息公开暨复牌日，该案中，因该股 2007 年 4 月 18 ~ 19 日停牌，故以复牌日即 2007 年 4 月 20 日为基准日，基准价为该股复牌日收盘价。计算公式为：违法所得（规避的损失）= 累计卖出金额 – 卖出证券在基准日的虚拟市值 – 交易费用。① 类似地，在"吉峰农机"案中，四川证监局以内幕信息公告当日该股收盘价作为参考计算了四名涉案人员的避损金额（即违法所得）。②

从内幕交易刑事司法实践看，行政执法与刑事司法在基准日的选择上基本一致，但对基准价的确定不尽相同。例如，在宏普实业内幕交易"宏盛科技"刑事案件中，因宏盛科技时任董事长因涉嫌合同诈骗被刑事拘留，宏盛科技的大股东宏普实业在该信息公开前大量抛售"宏盛科技"，在计算违法所得时，司法机关以"宏盛科技"在 2008 年 2 月 19 日暨内幕信息公告日的开盘价而不是收盘价作为基准价。避损所得计算公式为：避损所得 = 累计卖出金额 – 累计卖出数量 × 基准价 – 交易费用。③

笔者认为，由于该案内幕信息为利空，有理由相信当事人能够在复牌后第一时间卖出该股，故以复牌日开盘价为基准价有一定合理性，体现了有利于当事人的原则和精神。

（四）敏感期内反向交易获利的处理

在一些案件中，行为人认为其在敏感期内进行的反向交易不应被认定为违法交易，因而相应的收益不应被认定为违法所得。对此，执法和司法机关通常不予采纳。例如，在"利欧股份"案中，证监会和法院均认为，内幕信息敏感期内利用内幕信息进行的买入及卖出行为均应构成内幕交易，所产生的收益均为违法所得，不应予以扣除。④ 同样，在马某峰内幕交易"宝莫股

---

① 中国证监会行政处罚委员会：《证券行政处罚案例判解（第 1 辑）》，法律出版社 2009 年版，第 20 页。

② 四川证监局行政处罚决定书〔2014〕2 号，详见四川证监局网站。

③ 中国证券监督管理委员会稽查局：《证券期货稽查典型案例分析（2009 卷）》，科学出版社 2013 年版，第 96 ~ 97 页。

④ 北京市高级人民法院行政判决书〔2017〕京行终 4554 号，详见中国裁判文书网。

份"案中，执法机关认为不应扣除马某峰在内幕信息敏感期内卖出股份对应的盈利。马某峰对该处理不服并在诉讼中主张应予扣除。最终，法院认为，马某峰在内幕信息敏感期内频繁买卖的获利系建立在内幕交易行为的基础上，不应从违法所得数额中扣除。① 类似地，在龙某文内幕交易"银禧科技"案中，龙某文在申辩中提出，鉴于其在敏感期内买入股票后有较大比例的反向卖出，从过罚相当以及有利于涉案人员的原则出发，应将反向交易的盈利排除在交易获利之外。证监会认为，鉴于其在内幕信息敏感期的买入行为构成内幕交易，即便其在信息公开前反向卖出，其交易获利亦具有违法性，应一并计入内幕交易违法所得，涉案人员关于将信息公开前的卖出获利予以扣除的主张于法无据。②

笔者认为，考虑到不同主体对同一内幕信息的理解可能不同，所谓"反向"交易，未必不是利用内幕信息作出的交易决策。退一步说，即使行为人确实存在明显与内幕信息指向方向相反的交易，也不能排除其做波段价差，甚至担心内幕信息"见光死"而故意在信息公开前反向交易的可能。因此，将反向交易盈利视为违法所得具有一定合理性。但反向交易的存在，可能影响对交易异常性的判断，实践中应予以关注。

二、计算违法所得是否剔除内幕信息之外因素的影响

（一）相关理论主张

实践中，证券价格往往同时受多种因素影响，在一些案件中，行为人利用内幕信息买入股票后，股价主要由于内幕信息之外的原因出现上涨，行为人亦因此获利。对此，很多涉案人员认为，虽然其在敏感期内买入的股票确有盈利，但盈利并非内幕信息作用的结果，而是得益于市场整体或行业板块上涨、内幕信息之外的其他利好消息等因素，相应的盈利不应被视为违法所得。但执法机

---

① 北京市高级人民法院行政判决书〔2017〕京行终 4023 号，详见中国裁判文书网。
② 中国证监会行政处罚决定书〔2019〕25 号，详见证监会网站。

关通常并不采纳这种主张。问题和分歧的实质在于何谓"违法所得"？对此，理论上讲，至少存在两种可能的选择：一是将行为人进行内幕交易所买入或卖出的全部股票的全部获利或避损均作为"违法所得"，不论其是否直接或主要得益于内幕信息。二是将内幕信息之外的原因所导致的盈利或避免的损失扣除，仅将直接得益于内幕信息的所得视为违法所得。简便起见，以下将第一种观点概括称为"实际交易盈亏"，后一种观点概括称为"直接因果关系盈亏"。若行为人利用内幕信息买入股票后持股直至内幕信息影响力消除后才卖出，甚至到执法机关调查时仍未卖出的，"违法所得"计算问题会更复杂。争议的焦点在于，内幕交易的"违法所得"是否包含内幕信息之外因素所导致的盈亏。对此，理论上存在三类主张：

一是主张以"实际交易盈亏"或"实际盈亏"为违法所得。这种观点的理论基础主要有二：其一，内幕交易是一笔整体的交易，不能人为地将作为一个整体的交易割裂为合法的和非法的两部分。[1] 其二，在如果没有实施违法行为就不会产生实际所得的情况下，应当认为与违法行为存在间接因果关系的收益也属于"违法所得"，即使是违法行为与其他因素共同作用产生的所得，也是应由国家没收的违法所得。[2] 这种做法的优势在于认定规则明确，能够避免复杂的调查和论证。反对该方法的主要理由在于其将与内幕信息没有直接因果关系的收益也纳入了违法所得的范畴。[3]

二是主张以扣除系统性风险等因素后的"直接因果关系盈亏"或内幕信息影响消除时的"账面盈亏"为违法所得。具体理由主要如下：首先，若不剔除其他因素对股价的影响，不符合违法所得因果关系的基本法理，有违"过罚相当"和"罪刑相适应"的原则。且实践中容易导致计算出的违法所得畸轻畸重。其次，从美国和我国台湾地区等地的内幕交易监管实践看，剔

---

① 赖英照：《内线交易的所得计算》，载《中原财经法学》2013 年第 31 期，第 1~63 页。

② 肖泽晟：《违法所得的构成要件与数额认定——以内幕交易为例》，载《行政法学研究》2013 年第 5 期，第 53~59 页。

③ 张保生、朱媛媛：《对执法实践中内幕交易违法所得认定方法的反思与修正》，载《证券法律评论（2017 年卷）》，中国法制出版社 2017 年版。

除其他因素的影响是大势所趋。最后，从执法逻辑一致性的角度，对于避损型内幕交易以信息公开后某一基准日的价格为基准计算行为人所规避的损失额，这实质上遵循了"直接因果关系"原则，若对于获利型交易以实际所得为准，与避损型交易的计算逻辑相悖。[①]

此外，值得一提的是，在证券民事赔偿案件中，往往以直接因果关系为判断损失及赔偿额度的标准，若投资者所受损失系市场因素所致，则不属于违法者应当赔偿的范畴。[②] 据此，有观点认为，在计算内幕交易违法所得时，也应扣除市场因素的影响，而仅将与内幕信息存在直接因果关系的收益认定

---

① 张保生、朱媛媛：《对执法实践中内幕交易违法所得认定方法的反思与修正》，载《证券法律评论（2017年卷）》，中国法制出版社2017年版；肖泽晟：《违法所得的构成要件与数额认定——以内幕交易为例》，载《行政法学研究》2013年第4期，第53~59页。

② 根据最高人民法院《关于审理证券市场因虚假陈述引发的民事赔偿案件的若干规定》第十九条的规定，在证券虚假陈述民事赔偿案件中，如果投资者遭受的全部或部分投资损失是由证券市场系统风险所致，则虚假陈述行为与该部分损失之间不存在因果关系，虚假陈述行为人不应对该部分损失承担赔偿责任。然而，由于该司法解释并未就系统风险的证明标准和计算方法作出明确规定，实践中各地法院采取的认定标准存在较大差异。在部分案例中，判决不支持关于系统风险的抗辩，大部分案例判决认可系统风险，但在系统风险的证明标准和计算方法等问题上存在不同认识。最高人民法院认为，"所谓证券市场系统风险，是指由于某种全局性的共同因素引起的投资收益的可能变动，这种因素以同样的方式对所有证券的收益产生影响。司法实践中，通常以大盘、行业板块等指数的波动情况作为判断系统风险因素是否存在以及影响大小的参考依据。"

在刘某与亚太实业证券虚假陈述责任纠纷案再审程序中，最高人民法院认为，刘某的交易背景正是中国股市大规模异常波动，亚太实业的股价下跌并非其个股所独有，而是当时证券市场普遍存在的现象，从案涉虚假陈述揭露日2015年6月6日后的第一个交易日2015年6月8日至基准日2015年9月1日期间，深证成指和深证A指跌幅分别为41.77%和43.11%，而亚太实业股价跌幅为43.14%，跌幅与大盘基本一致……足以认定是系统风险的因素影响。最终，最高人民法院根据大盘、行业板块等指数的波动情况，认定系统风险对亚太实业个股的影响比例为100%，投资者的全部投资损失均由证券市场系统风险所致，并据此驳回了刘某的再审申请。

在信息揭露后股价上涨的情况下，判断方法也类似。例如，鲁北化工虚假陈述民事赔偿案中，最高人民法院认为，自虚假陈述揭露日至基准日，上证指数的涨幅虽然明显高于涉案股票，但由于涉案股票本身系弱势股，在虚假陈述实施日至揭露日之间的跌幅亦大于同行业上市公司的平均跌幅，所以涉案股票在该揭露日后涨幅低于同时间段内大盘上涨幅度，是股票正常波动所引起、是股票自身原因所致。因此，投资者的损失与鲁北化工公司的虚假陈述之间无必然因果关系。此外，最高人民法院还认为，如果揭露日后的进一步揭露行为或相关风险提示行为并未造成股价下跌，则可佐证虚假陈述行为与投资损失之间不存在因果关系。

参见亚太实业和鲁北化工证券虚假陈述责任纠纷再审裁定：〔2017〕最高法民申4532号、〔2015〕最高法民申字第3211号，详见中国裁判文书网。

为内幕交易的违法所得。[1] 笔者认为，若将虚假陈述民事赔偿的认定逻辑适用于内幕交易行政处罚，虽然一定程度上有利于保持逻辑的一致性，但可能混淆民事赔偿和行政处罚作为两种责任机制的本质差异。若从纯粹理论角度讲，行政法理论上一般认为，违法所得是指从事违法行为而直接获得的收益以及基于该收益而产生的孳息。[2] 本着"任何人不得因违法行为而获利"的自然正义法则，非法买入的股票所带来的收益，无论是否直接得益于内幕信息，均属于因非法交易带来的"孳息"，理应要求行为人吐出这种收益。

三是主张应区分"没收违法所得"所针对的"违法所得"与作为罚款基数的"违法所得"。有观点指出，当前的内幕交易执法和司法混淆了没收程序中的"违法所得"与作为确定罚款依据的"违法所得"。具体而言，"没收违法所得"理应包含让违法行为人吐出从违法行为中实际所获利益的功能，因此，"没收违法所得"所针对的"违法所得"应该是实际因违法行为而直接或间接获得的利益，因违法行为与其他因素的共同作用而产生的所得，也属于应予没收的"违法所得"。总之，凡是没有实施违法行为就不会产生的收益，均应被认定为应予没收的"违法所得"。与没收违法所得不同，罚款的目的在于制裁，即按照违法行为的事实、性质、情节和社会危害程度剥夺违法行为人一定数额的合法财产，从而实现教育和惩戒的功能。一般认为，处罚应当与违法行为的社会危害相当，而只有那些可以从违法行为中直接获得的利益或者减少的损失，才能准确反映违法行为的社会危害性大小。因此，在计算作为罚款基数的"违法所得"时，应采用直接因果关系所得法。[3]

在刑事司法领域，也有类似主张，认为作为刑事处罚依据的数额必须直接来源于犯罪行为，方能体现犯罪行为的社会危害性。如果在犯罪行为基础之上，由于其他客观因素导致数额增加，增加的数额可作为追缴对象但不得

---

[1]　张保生、朱媛媛：《对执法实践中内幕交易违法所得认定方法的反思与修正》，载《证券法律评论（2017年卷）》，中国法制出版社2017年版。

[2]　余凌云：《行政法讲义》，清华大学出版社2014年版，第295页。

[3]　肖泽晟：《违法所得的构成要件与数额认定——以内幕交易为例》，载《行政法学研究》2013年第4期，第53~69页。

作为刑事处罚的依据。具体到内幕交易，由于内幕信息对证券市场的影响具有时效性，应在内幕信息对证券市场有影响的期间内认定犯罪所得，对于内幕信息已经被证券市场完全吸收之后的获利，不得认定为具体确定刑事罚金的"犯罪所得"，但可予以追缴。[1]

（二）行政执法领域的理解与实践

证监会 2007 年起草的《内幕交易认定指引》第二十一条第一款规定："内幕交易的违法所得，是指行为人实施内幕交易行为获取的不正当利益，即行为人买卖证券获得的收益或规避的损失。其不正当利益，既可以表现为持有的现金，也可以表现为持有的证券"。此处"实施内幕交易行为获取的不正当利益"，侧重于强调利益的"不正当"特性，难以看出是否仅限于直接得益于内幕信息作用的利益。同时，该指引第二十二条规定，"违法所得的计算，应以内幕交易行为终止日、内幕信息公开日、行政调查终结日或其他适当时点为基准日期"。也就是说，计算基准日并不限于内幕信息公开日，甚至也不以内幕信息公开日为优先选择。计算方面，该指引第二十三条列举了参考公式，即：违法所得（获得的收益）= 基准日持有证券市值 + 累计卖出金额 + 累计派现金额 − 累计买入金额 − 配股金额 − 交易费用；违法所得（规避的损失）= 累计卖出金额 − 卖出证券在基准日的虚拟市值 − 交易费用。其中，"交易费用"是指已向国家缴纳的税费、向证券公司支付的交易佣金、登记过户费及交易中其他合理的手续费等。从上述公式不难看出，对于已实际卖出的股票，违法所得计算以实际卖出情况为准；对于尚未卖出的，则以基准日的市值为基础计算违法所得。无论何种情况，均不剔除内幕信息之外因素的影响。

在内幕交易行政执法和司法实践中，一般认为，由于内幕交易具有违法性，因违法行为而收到的分红、派息及因其他市场因素产生的收益同样具有违法性，该部分收益应当计入违法所得而不应剔除。[2] 在这方面，岳某斌内

---

[1]　万志尧：《内事交易刑事案件"违法所得"的司法认定》，载《政治与法律》2014 年第 2 期，第 39 ~ 49 页。
[2]　北京市高级人民法院行政判决书〔2017〕京行终 2185 号，详见北京法院审判信息网。

幕交易"三爱富"案极具代表性。该案涉案人员买入和卖出涉案内幕信息所涉股票的具体情况如下:"三爱富"于 2008 年 6 月 4 日停牌、当年 7 月 3 日复牌,在停牌前一天,岳某斌操作"凌某"账户分 3 笔合计买入"三爱富"168 839 股,买入金额 1 565 680.85 元;操作"牛某某"账户共分 11 笔合计买入"三爱富"259 600 股,买入金额 2 355 229.03 元。岳某斌并未在信息公开后立即卖出前述股份,而是持股超过 8 个月,且在内幕信息公开后曾再次操作"牛某某"账户于 2008 年 9 月 11 日买入"三爱富"。经计算,"凌某"账户敏感期内买入该股实际获利 – 265 627.44 元,"牛某某"账户敏感期内买入该股实际获利 – 354 703.05 元。[1] 值得注意的是,内幕信息公开后,该股股价曾有较大幅度上涨,若以内幕信息公开后较短时间的市价计算账面盈亏,则涉案人员可能获取较大数额的账面盈利,但等到实际卖出时却发生了亏损。执法过程中,对于究竟该如何认定违法所得,存在两种不同观点,一种认为应当按照实际盈亏计算违法所得,另一种观点则认为,由于岳某斌在"三爱富"复牌后并未立即卖出涉案股票,应当按照复牌当日的价格,以其账户的账面盈亏作为违法所得。[2] 最终,证监会并未认定账面盈利为违法所得,而是决定对岳某斌处以 20 万元的定额罚款。在该案处罚决定书中,证监会提及:"在内幕信息公开后的一定时段内,'三爱富'涨幅明显偏离大盘,涉案人员账面盈利金额较大"。可见,执法机关已经关注到"账面盈利金额较大",但由于相关股票已实际卖出,证监会并未依据账面金额认定违法所得。[3]

近年来,以"实际所得"为违法所得、不剔除非内幕信息因素的影响的做法已经成为执法的通行做法。从此类案件的行政诉讼情况看,执法机关的认定也得到了司法机关认可和支持。例如,在颜某明内幕交易"利欧股份"案行政诉讼中,针对违法所得计算的问题,北京市高级人民法院指出,一般情况下,违法所得指通过实施违法行为直接或者间接产生、获得的任何财产或财产性收益,执法机关以行为人在内幕信息敏感期内实施的交易行为所获

---

① ③ 中国证监会行政处罚决定书〔2011〕57 号,详见证监会网站。

② 中国证券监督管理委员会稽查局:《证券期货稽查典型案例分析(2009 卷)》,科学出版社 2013 年版,第 109 ~ 110 页。

得的实际收益为基础计算其违法所得，并无不当。① 在张某光内幕交易"任子行"案中，张某光主张，计算违法所得需要考虑并剔除股票账户正常状态下的获利而仅保留直接与内幕信息有关的盈亏，证监会和法院均认为其主张缺乏法律依据，未予支持。②

（三）刑事司法领域的分歧及倾向性意见

在内幕交易刑事司法领域，对于前述情况，不同司法机关意见分歧较大。特别有趣的是，在不同法院审判的不同主体交易内幕交易同一股票的案件中，对这一问题的认识和处理截然不同。在"德赛电池"筹划重大资产重组过程中，分别发生了冯某明和谢某内幕交易、徐某全内幕交易的犯罪行为。司法机关对冯某明和谢某采用了"实际交易盈亏"法，对徐某全则适用"直接因果关系盈亏"法。

在冯某明、谢某内幕交易"德赛电池"案中，冯某明时为德赛电池总经理，在德赛电池筹划重大资产重组内幕信息的知情人，2011 年 11～12 月，冯某明伙同谢某利用 4 个证券账户合计买入"德赛电池"股票 200 余万股，买入金额 4 500 余万元。该股于 2012 年 2 月 10 日开始停牌，2012 年 3 月 26 日复牌，复牌当日未出现涨停。冯某明伙同谢某于 2012 年 4～7 月期间陆续卖出相关股票，实际获利 1 837 万余元。公诉机关指控：四个账户最终实际盈利合计为人民币 1 837 万余元，建议将该金额认定为违法所得金额。对此，涉案人员及其辩护人主张，实际获利不等于非法获利，应以复牌当日的收盘价计算内幕交易的盈亏并据以确定违法所得。一审法院认可公诉机关主张，认定实际盈利为违法所得。涉案人员不服并上诉，二审法院裁定驳回上诉、维持原判。③

而在徐某全内幕交易"德赛电池"案中，徐某全于 2012 年 2 月 3 日从知情人处获悉内幕信息，并于该股停牌前连续买入 62 万余股。复牌后，徐某全

---

① 北京市高级人民法院行政判决书〔2017〕京行终 4554 号，详见中国裁判文书网。
② 北京市高级人民法院行政判决书〔2017〕京行终 2185 号，详见北京法院审判信息网。
③ 广东省深圳市中级人民法院刑事判决书〔2013〕深中法刑初字第 174 号，广东省高级人民法院刑事判决书〔2013〕粤高法刑二终字第 274 号，详见广东法院网。

并未立即抛售相应股票，而是继续持股，并于 3 个月后陆续抛售，实际获利
730 万余元。司法机关以该股复牌日即 2012 年 3 月 26 日收盘价计算得出徐某
全账面盈利为 150 万余元。至于究竟应以哪一个金额为行为人的犯罪所得，
司法机关认为：应当将徐某全继续持股并因该股后期上涨而获得的额外利益
归于其对市场的判断和交易决策，只有复牌日的账面获利才与利用内幕交易
存在因果关系，故应当将复牌日的账面获利认定为违法所得，而不能将实际
获利的 730 万余元全部认定为违法所得。徐某全上诉主张应以复牌日最低价
计算账面获利，应为 90 万余元。二审法院认为以复牌当日收盘价计算账面盈
亏更为合理，决定驳回上诉。针对该做法，审判人员指出：若利好型内幕信
息公开当日未出现涨停，则一定程度上表明内幕信息对股价的影响不够重大，
则此后股价变化与内幕信息没有因果关系。因此，对于信息公开后继续持股
的，应将内幕信息公开当日的账面获利认定为违法所得。该案因违法所得计
算方法的参考价值被最高人民法院编撰的《刑事审判参考》丛书选为指导案
例。[①] 由此看，司法机关似乎倾向于将内幕交易犯罪所得的严格限定在具有
直接因果关系的范围。

三、交易税费、融资成本、股息红利等的处理

（一）交易税费可以扣除

一般认为，计算违法所得，要将交易税费作为成本予以扣除。具体操作
中，对于已卖出的股份，交易税费通常以实际发生额为准。在持有余股的情
况下，由于交易手续费并未实际发生但理应扣除，因而需要计算。具体有两
种可供选择的费率，一是以账户对应的费率为准，二是以某种固定通用的费
率为准。实践中以前者居多，例如，在张某光内幕交易"任子行"案中，在

---

① 上海市第一中级人民法院刑事判决书〔2013〕沪一中刑初字第 51 号；上海市高级人民法院
刑事判决书〔2013〕沪高刑终字第 95 号，详见上海法院网。另见罗开卷：《王某芳泄露内幕信息、徐
某全内幕交易案——对利好型内幕信息公开后继续持股未卖的，内幕交易的违法所得如何认定》，载
《刑事审判参考》2013 年第 6 集（总第 95 集），第 920 号案例。

计算余股市值时，证监会以各账户对应费率为准计算余股对应的手续费，即"张某曾"账户手续费率为 0.1%、"周某英"账户手续费率为 0.09%。对于该算法及计算结果，司法机关予以认可。①

（二）融资成本不予扣除

在一些案件中，行为人系以有偿方式融入资金进行内幕交易，在计算违法所得时，行为人常主张应从盈利金额中扣除资金成本。对此，执法和司法机关通常不予支持。例如，在马某峰内幕交易"宝莫股份"案中，马某峰主张应当将其融资买入的资金利息支出从盈利中扣除，证监会认为其主张缺乏法律依据，未予采纳。诉讼中，法院认为，相关利息支出建立在内幕交易行为的基础上，不应从违法所得数额中扣除。②

（三）股息红利及其他孳息的处理

实践中，很多涉案人员认为持股获得的分红派息不应被认定为违法所得。理论研究中也有观点认为，分析一项收益是否属于内幕交易违法所得，归根结底要看该经济利益是否直接源于内幕信息的经济价值。具体而言，内幕交易行为过程中实际获得的股票分红通常只是金融交易行为所获取的资本利得，而非内幕信息所蕴含的经济价值，不能计入内幕交易违法所得，除非有证据表明分红本身就是涉案内幕信息的重要内容。换句话说，只有在行为人实施内幕交易必然指向股票分红的情况下，才应当认定股票分红构成违法所得的组成部分，如利用上市公司分红的内幕信息进行交易的。③

但实践中，执法和司法机关通常认为，因违法行为而收到的分红、派息收益同样具有违法性，应当计入违法所得而不应剔除。④ 例如，在林某森内幕交易"万业企业"案中，林某森认为其在内幕信息敏感期内买入股票的后

---

① 北京市高级人民法院行政判决书〔2017〕京行终 2185 号，详见北京法院审判信息网。
② 北京市高级人民法院行政判决书〔2017〕京行终 4023 号，详见中国裁判文书网。
③ 刘宪权：《内幕交易违法所得司法判断规则研究》，载《中国法学》2015 年第 6 期，第 239 ～ 262 页。
④ 北京市高级人民法院行政判决书〔2017〕京行终 2185 号，详见北京法院审判信息网。

期分红收益不应计入违法所得。证监会认为，"分红属于涉案证券获得的孳息收益，同样具有违法性，应一并纳入违法所得进行计算"。^① 类似地，在"银禧科技"案中，涉案人员认为证监会多计算了违法所得，证监会回应称，涉案人员在计算时未将涉案期间银禧科技公司的派息计算在内，导致其结果低于证监会认定的违法所得，证监会对涉案人员的算法及结果不予采纳。^②同样，在"楚天高速"案中，湖北证监局指出：行为人买入"楚天高速"成交金额共计 1 213 069 元，卖出相应股票成交金额为 1 468 647.2 元。期间，账户所持有的"楚天高速"现金分红 21 211.2 元。扣除相关税费后，违法所得共计274 435.8 元。^③ 不难发现，湖北证监局亦将分红收益作为违法所得处理。

在内幕交易刑事司法领域，司法机关也会将因违法行为获得的孳息予以没收。例如，在段某内幕交易刑事案件中，法院在判决追缴违法所得的同时指出："如有相应孳息，一并予以追缴没收，上缴国库"。^④ 在原副省级干部陈某隆内幕交易、泄露内幕信息、受贿、滥用职权一案中，法院在对其判处自由刑和罚金刑的同时，决定对其受贿所得财物和内幕交易、泄露内幕信息违法所得及其孳息予以追缴，上缴国库。^⑤ 同期，在另一副省级干部王某光内幕交易、受贿、贪污案中，法院决定对其受贿、贪污、内幕交易违法所得及其孳息依法予以追缴，上缴国库。^⑥

四、盈亏是否相抵

（一）不同账户之间盈亏是否相抵

对于行为人同时操作不止一个账户进行内幕交易的情况，理论上说，由于每个账户上的交易都是行为人违法行为的一部分，应将所有账户拟制为一

---

① 中国证监会行政处罚决定书〔2018〕90 号，详见证监会网站。
② 中国证监会行政处罚决定书〔2019〕25 号，详见证监会网站。
③ 湖北证监局行政处罚决定书〔2017〕2 号，详见湖北证监局网站。
④ 北京市第二中级人民法院刑事判决书〔2016〕京 02 刑初 82 号，详见中国裁判文书网。
⑤ 和讯网 2019 年 4 月 3 日消息，详见 http：//news. hexun. com/2019 - 04 - 03/196712604. html。
⑥ 参见中国法院网 2019 年 4 月 24 日消息，详见，https：//www. chinacourt. org/article/detail/2019/04/id/3851308. shtml。

个账户，在计算违法行为产生的不法收益时，应将各账户的盈亏进行加总。对于存在亏损的，也不能直接忽略或视为没有违法所得，而应与其他账户上相应金额的盈利进行抵扣。

实践中，执法和司法机关也采取这种做法。例如，在成某娴、顾某内幕交易"天宸股份"案中，成某娴、顾某控制两个证券账户交易"天宸股份"，其中，一个账户获利 370 497.34 元、另一个账户亏损 340 121.83 元。最终，证监会认定违法所得为 30 375.51 元。① 可见执法机关将不同账户盈亏进行了相抵。

在内幕交易刑事司法中，司法机关亦采取这种做法。例如，在冯某明、谢某共同内幕交易"德赛电池"犯罪案件中，涉案人员操作 4 个账户进行内幕交易，4 个账户最终实际盈利分别为：903 万余元、939 万余元、-7 万余元、3 万余元，公诉机关指控：账户总计获利人民币 1 837 万余元，即所有账户的盈亏直接算术加总后的金额。一审法院认可公诉机关主张，认定盈亏相抵后的金额为违法所得，二审裁定维持原判。②

（二）不同内幕交易行为之间盈亏是否相抵

实践中，一些涉案人员可能多次利用不同内幕信息进行内幕交易，甚至曾内幕交易多只股票，可能在一些股票上盈利、另一些股票上亏损，或者在同一只股票上不同时期有盈有亏。对于不同交易的盈亏，从常理看，若准许相抵，则意味着违法者可能因为一次内幕交易遭受亏损而得以保有另一次内幕交易的盈利，显然不具备合理性和正当性。相反，若不予相抵，则意味着对每一次违法行为都进行了否定性评价，并追究相应的违法责任，更符合"过罚相当"和"罪责刑相适应"的基本原则。

实践中，执法机关通常不予相抵。例如，在罗某阳、罗某颖内幕交易"东方铁塔""黄河旋风"案中，二人分别于 2013 年、2014 年、2015 年三次内幕交易，其中前两次均亏损，最后一次盈利。证监会决定：对二人 2013 年

① 中国证监会行政处罚决定书〔2018〕67 号，详见证监会网站。
② 广东省深圳市中级人民法院刑事判决书〔2013〕深中法刑初字第 174 号，广东省高级人民法院刑事判决书〔2013〕粤高法刑二终字第 274 号，详见广东法院网。

内幕交易"东方铁塔"的行为处以 60 万元罚款，对二人 2014 年内幕交易"黄河旋风"的行为处以 60 万元罚款；同时，对二人 2015 年内幕交易"黄河旋风"的行为，没收违法所得 446 920.26 元，并处以 1 340 760.78 元罚款。以上合计，没收罗某阳、罗某颖违法所得 446 920.26 元，并对罗某阳、罗某颖处以 2 540 760.78 元罚款。[①]

五、泄露和建议者的违法所得

（一）刑事领域的理解与实践

1. 相关理论争议及实践

根据现行《证券法》第二百零二条和《刑法》第一百八十条的规定，理论上讲，对于泄露和建议者，如有违法所得的，应予以没收并处以违法所得一倍以上五倍以下的罚款或罚金；在行政执法中，如没有违法所得或违法所得不足三万元的，可以给予定额罚款。据此，就存在什么是泄露和建议者的"违法所得"、如何计算等问题。具体来说，需要明确此处所谓"违法所得"究竟是指因泄露或建议行为导致他人交易的交易所得，还是指因泄露或建议行为而从他人处获取的报酬。

有观点认为，在内幕人仅泄露内幕信息或建议他人买卖但不参与交易、不构成共同违法情形下，由于并未参与内幕交易，也就未从交易行为中获取所得，故其违法所得只能是因其泄露或建议行为而从他人处获取的报酬。若将此处的"违法所得"理解为交易者的交易所得，违背了法律原意。另外，获取内幕信息者可能自己未从事内幕交易，但将内幕信息再次泄露出去，甚至连锁泄露，若将泄露者的"违法所得"理解为信息接收者交易的违法所得，则势必要根据所有人的内幕交易违法所得对泄露人员进行处罚，有失公平。[②]

---

① 中国证监会行政处罚决定书〔2016〕86 号，详见证监会网站。
② 参见《〈关于办理内幕交易、泄露内幕信息刑事案件具体应用法律若干问题的解释〉的理解与适用》，详见最高人民法院网站。

但最高人民法院研究认为，《刑法》第一百八十条第一款规定的"违法所得"应是指内幕交易者的违法所得，该条之所以未具体明确违法所得是谁的所得，可以理解为立法疏漏，也可以理解为是一种立法技术，将此处的"违法所得"理解为内幕交易者的违法所得，并不违背立法原意。这是因为，泄露或建议行为往往发生在关系较为密切的人员之间，可能根本不存在报酬，若将"违法所得"理解为泄露或建议行为的报酬，与立法原意不符。① 基于这种理解，最高人民法院在《内幕交易司法解释》第十条第二款中规定："内幕信息的泄露人员或者内幕交易的明示、暗示人员未实际从事内幕交易的，其罚金数额按照因泄露而获悉内幕信息人员或者被明示、暗示人员从事内幕交易的违法所得计算"。

实践中，司法机关亦照此执行。例如，在李某红、谭某中等泄露内幕信息、内幕交易"公用科技"案，内幕信息知情人谭某中本人并未参与交易涉案股票，② 而是将内幕信息泄露给李某红及其丈夫林某安，并建议李某红夫妇购买公用科技股票，后李某红夫妇进行交易并获利693万元。最终，法院判决谭某中犯内幕交易、泄露内幕信息罪（其中，"内幕交易"系对建议行为的刑事定性，前文已述），判处有期徒刑5年，并处罚金700万元。③ 不难发现，对于谭某中的罚金数额（700万元）确实是以李某红夫妇内幕交易的违法所得（693万元）为基础的。

笔者认为，对泄露或传递行为而言，其所导致的交易情况往往是衡量泄露或传递行为社会危害性的重要考察因素，而违法所得是交易行为社会危害性的重要衡量指标，因此，信息接收者交易的违法所得不失为衡量泄露或传递行为社会危害性的一个有价值的指标。从这个角度看，《内幕交易司法解释》的规定有其合理性。

---

① 参见《〈关于办理内幕交易、泄露内幕信息刑事案件具体应用法律若干问题的解释〉的理解与适用》，详见最高人民法院网站。

② 参见中央网络电视台2011年4月8日消息：《中山公用内幕交易案利益链：三对夫妻的二人转》。

③ 广东省广州市中级人民法院〔2011〕刑二初字第67号刑事判决；另见天津证监局网站"案例警示"栏。

2. 多次传递的情况下，泄露或建议者"违法所得"的认定

在内幕信息被连续传递多次的情况下，在确定初始泄露者的罚金基数时，究竟应当包括后续所有交易者的交易所得，还是只包括直接从该内幕人处获悉信息或得到交易建议的人的交易所得？对此，主要有两类不同意见：一种认为泄露或建议者仅对其泄露或建议后首次发生的交易负责；另一种观点则认为，内幕信息首次传递人应当对整个链条中所有基于其传递的信息实施的内幕交易违法所得承担责任。①

最高人民法院认为，并非所有存在二传、三传的案件都难以认定泄露内幕信息人员的责任，即便难以认定，在能够认定的限度内也应追究泄露内幕信息人员的责任。如果泄露内幕信息人员知晓有二传、三传乃至之后的人在利用其泄露的内幕信息进行交易而不加制止或未有效制止，则应当对这些交易行为承担责任。②

3. 行政执法能否参照刑事领域做法

结合上文分析不难看出，在内幕交易刑事司法领域，对于泄露或建议行为"违法所得"的计算及罚金的裁量，已形成一套较为完整的认定和处理规则。但笔者认为，在现行法律框架下，这些规则似乎并不能直接适用于行政处罚。这是因为，在刑事领域，虽然罚金需要以"违法所得"为参照，但课处罚金与"追缴"违法所得是相对独立的。特别是根据《内幕交易司法解释》第十条第二款的规定，刑事司法中仅仅是将交易者的违法所得作为裁量泄露或建议者刑事罚金的参照，并不要求对泄露或建议者追缴"违法所得"，因此，依据交易者的"违法所得"确定泄露或建议者罚金的制度设计并不会导致司法上的迷惑。如前述谭某中泄露公用科技内幕信息案中，对于泄露内幕信息并导致他人交易盈利 693 万元的谭某中，法院判决对其处罚金 700 万元，由于其并未实际获得相应盈利，并不存在对其追缴违法所得的问题。③

① 刘宪权：《内幕交易违法所得司法判断规则研究》，载《中国法学》2015 年第 6 期，第 239～262 页。

② 《〈关于办理内幕交易、泄露内幕信息刑事案件具体应用法律若干问题的解释〉的理解与适用》，详见最高人民法院网站。

③ 广东省广州市中级人民法院〔2011〕刑二初字第 67 号刑事判决；另见天津证监局网站"案例警示"栏。

刑事领域的这种制度安排在逻辑上是自洽的。

但在行政执法上则不同：《证券法》第二百零二条规定的是"没收违法所得，并处以违法所得一倍以上五倍以下的罚款"，从字面上看，似乎必须同时没收和罚款，而不能仅罚款不没收。因此，若要对泄露或建议者参照《内幕交易司法解释》第十条第二款的规定进行罚款，理论上说，需要同时没收违法所得，而事实上，泄露或建议者并未取得所谓的"违法所得"。因此，若对泄露或建议者按照信息接收者的交易所得进行没收和罚款，其合理性存疑；若仅罚款而不没收违法所得，又有理解和执行法律不正确、不到位之嫌。此外，若采取这种方式，将与过去多年执法实践中的一贯做法不一致，不符合行政管理的信赖利益保护原则。

（二）行政执法领域的处理

不同于刑事领域的"挂钩"模式，在内幕交易行政执法实践中，通常来说，执法机关并不将信息接收者的盈亏作为对泄露或建议者进行罚没的依据。若有证据证明泄露或建议者确因泄露或建议行为直接获得经济利益，执法机关会认定相应利益为违法所得，并据以罚没。例如，在财富成长建议他人买卖"天音控股"案中，财富成长计提投资顾问管理费 102.89 元，并享有特定信托利益 195 851.75 元，两项合计为 195 954.64 元。最终，证监会认定财富成长违法所得 195 954.64 元，决定予以没收并处以 587 863.92 元罚款。[①]

在其他大量泄露和建议案件中，由于行为人可能事实上并未直接获取经济利益，或缺乏证据予以证明，执法机关通常会给予定额罚款。例如，在"宏达新材"案中，证监会认定朱某洪泄露内幕信息并明示他人从事相关交易，但并未计算朱某洪是否存在违法所得，更未以上海金力方内幕交易获利作为朱某洪的违法所得并据以罚没，而是决定对泄露者朱某洪处以 60 万元罚款。[②] 同样，在米某平泄露内幕信息、冯某利内幕交易"蓝色光标"案中，冯某利内幕交易的违法所得为 46 888.99 元，证监会决定对泄露者米某平处

---

① 中国证监会行政处罚决定书〔2014〕1 号，详见证监会网站。
② 中国证监会行政处罚决定书〔2016〕33 号，详见证监会网站。

以 3 万元罚款。① 在王某林泄露内幕信息、王某夫内幕交易 "ST 甘化" 案中，王某夫内幕交易行为的违法所得 5 852 827.34 元，证监会决定泄露者对王某林处以 10 万元罚款。② 在曹某彬泄露内幕信息、曹某军和栾某内幕交易 "南山铝业" 案中，曹某军、栾某内幕交易违法所得 34 045.41 元，证监会决定对泄露者曹某彬处以 10 万元罚款。③

不仅证监会如此，地方证监局在办理此类案件时亦秉持同样的思路。例如，在张某甲泄露内幕信息、张某乙等内幕交易 " * ST 新材" 案中，张某乙实施内幕交易违法所得 228 489.57 元、闫某与他人共同实施内幕交易违法所得 1 776 991.39 元，北京证监局决定对泄露内幕信息的张某处以 30 万元罚款，并未以张某乙、闫某等人的违法所得金额为依据确定对张某的罚款金额。④ 在蔡某泄露内幕信息、蔡某伟内幕交易 "东华能源" 案中，蔡某伟实施内幕交易获利 48 673 元，广东证监局决定对泄露者蔡某处以 3 万元罚款。⑤ 在杨某桃泄露内幕信息、林某内幕交易 "奋达科技" 案中，林某利用杨某桃散布的内幕信息进行交易并获利 106 715.08 元，海南证监局决定对泄露者杨某桃处以 3 万元罚款。⑥ 宋某农泄露内幕信息、宋某兵、王某彬内幕交易 "ST 珠江" 案中，宋某兵、王某彬分别获利 291 165 元、276 143 元，海南证监局决定对泄露者宋某农处以 5 万元罚款。⑦

第二节 对违法者的行政处罚

针对内幕交易、泄露内幕信息或建议他人买卖股票的行为，根据《证券法》第二百零二条，执法机关应当责令依法处理非法持有的证券，没收违法

---

① 中国证监会行政处罚决定书〔2013〕79 号，详见证监会网站。
② 中国证监会行政处罚决定书〔2014〕57 号，详见证监会网站。
③ 中国证监会行政处罚决定书〔2016〕117 号，详见证监会网站。
④ 北京证监局行政处罚决定书〔2017〕3 号、4 号、5 号，详见北京证监局网站。
⑤ 广东证监局行政处罚决定书〔2016〕14 号，详见广东证监局网站。
⑥ 海南证监局行政处罚决定书〔2018〕1 号，详见海南证监局网站。
⑦ 海南证监局行政处罚决定书〔2015〕1 号，详见海南证监局网站。

所得，并处以违法所得一倍以上五倍以下的罚款；没有违法所得或者违法所得不足三万元的，处以三万元以上六十万元以下的罚款。该条同时规定，单位从事内幕交易的，还应当对直接负责的主管人员和其他直接责任人员给予警告，并处以三万元以上三十万元以下的罚款。证券监督管理机构工作人员进行内幕交易的，从重处罚。

本节将就如何理解和执行前述规定展开讨论。

一、量罚考虑因素

（一）影响量罚的基本因素

1. 影响量罚的个案因素概述

通常来说，对违法行为的量罚，需要以具体违法事实和情节为基础，尽可能使处罚与违法事实、性质、情节以及社会危害程度相当。具体到内幕交易案件的量罚，根据《证券法》第二百零二条的规定并结合违法所得计算情况，内幕交易违法的经济责任上限和下限基本明确，执法机关还需要在法定幅度内进行裁量并决定罚款金额、是否采取市场禁入措施等。

裁量依据和标准方面，根据《行政处罚法》第二十七条的规定，有下列情形之一的，应当依法从轻或减轻行政处罚：一是主动消除或减轻违法行为危害后果的；二是受他人胁迫有违法行为的；三是配合行政机关查处违法行为有立功表现的；四是其他依法从轻或减轻行政处罚的。该条还规定，违法行为轻微并及时纠正，没有造成危害后果的，不予行政处罚。与此相似，《内幕交易认定指引》列举的从轻或者减轻处罚的情形主要有：一是配合调查且有立功表现的；二是他人胁迫从事内幕交易的；三是主动消除或者减轻内幕交易行为危害后果的；四是有其他依法应从轻或者减轻行政处罚的。同时，内幕交易行为轻微并及时纠正或消除影响，主动配合调查，没有造成危害后果的，可不予行政处罚。《内幕交易认定指引》还规定了从重处罚情形：一是涉案金额或违法所得数额较大；二是致使公司证券价格异常波动，社会影响恶劣的；三是以暴力、胁迫手段强迫他人进行内幕交易的；四是上市公司、上市公司实际控制人及相关高管人员操纵公司信息披露，进行内幕交易的；五是拒绝、阻碍证券监管机构及其工作人员依法执行公务或以暴力、威胁及其他手段干扰证券监管机构及其工作人员执行公务的；六是因内幕交易受过行政或刑事处罚，又进行内幕交易的。①

实践中，具体裁量时，对于内幕交易行为，执法机关通常会综合考虑行为人身份和职务、知悉内幕信息的情况、动用资金和账户情况、交易规模及盈亏、交易异常程度、是否同时存在其他违法行为、是否曾经因违反证券法律法规受到处罚、是否主动如实报告违法行为、配合调查的程度等。对确有依法可以从轻或减轻处罚情节的涉案人员，执法机关会酌情从轻或减轻处罚。例如，在董某内幕交易"渤海股份"案中，内幕信息所涉事项为渤海股份筹划收购隆润公司部分股权，董某为隆润公司股东并担任董事，在内幕信息敏感期内，董某与知悉内幕信息的隆润公司董事长联络接触，并控制账户交易"渤海股份"，成交金额 1 194 619 元，亏损 17 438.96 元，由于董某曾对涉案交易情况主动向深圳证券交易所说明情况，并在该股复牌后亏损卖出相关股票并辞去隆润公司董事职务，证监会认可其存在主动消除影响的情节，并决定对其仅罚款 3 万元。②

对于泄露内幕信息或建议他人买卖的行为，执法机关还会考虑行为人实施泄露或建议行为的主观恶性、行为动机、行为方式、危害后果、原因力（即泄露或建议行为对于交易者作出交易决策的影响力）等因素。一般来说，若泄露或建议行为并未导致信息接收者进行内幕交易，或并非信息接收者进行内幕交易的主要原因，则对知情人的处罚相对较轻。③ 反之，若泄露或建议行为导致严重的内幕交易违法后果，则对知情人的处罚往往较重。总之，

①　该指引未正式发布实施，但能够通过互联网等公开渠道查询到，详见如"北大法宝"网：http://shlx.pkulaw.cn/fulltext_form.aspx? Gid = 144622，最后访问日期：2018 年 10 月 12 日。

②　中国证监会行政处罚决定书〔2019〕17 号，详见证监会网站。

③　在内幕交易刑事司法领域，司法机关也会考虑泄露或建议行为的原因力。例如，在顾某泄露内幕信息刑事案件中，上市公司董事会办公室投资部经理顾某在知悉公司正在与英美烟草公司洽谈业务合作并可能获得较大数量业务订单的重大内幕信息后，前后三次泄露给多家基金公司的研究员，其中两家在敏感期内交易并获利。但相关人员表示，获知此消息对其购买股票行为的原因力并非主要。最终，考虑到顾某泄露行为并非相关基金公司买入股票的主要原因，且其主观恶性不大、行为动机并非恶劣，法院综合考虑决定对其适用缓刑。参见广东省深圳市南山区人民法院刑事判决书〔2011〕深南法刑初字第 812 号，详见广东法院网。

客观危害后果是泄露和建议行为量罚的重要考虑因素。例如，在深圳证券交易所中小板公司管理部原工作人员李某叕建议他人买卖证券案中，李某叕彼时负责龙泉股份等29家上市公司的监管工作。2012年10月11日上午，李某叕从龙泉股份董事会秘书处获知龙泉股份中标13亿余元管材采购合同的情况。当天中午12：47，李某叕发微信向他人推荐龙泉股份股票，建议对方"速度关注"该股。证监会认为，作为深圳证券交易所中小板公司管理部监管人员，因其所处职位的要求，李某叕比一般的内幕信息知情人更应审慎作为，其建议他人买卖证券，造成了较为恶劣的影响，理应受到处罚。但考虑到该案中被推荐人在收到李某叕的信息后并未买入其推荐的证券，没有造成投资者的损失，且李某叕配合调查工作，证监会认为其符合从轻、减轻行政处罚的情节。最终，证监会决定对李某叕处以5万元罚款。①

2. 配合调查情况对量罚的影响

《证券法》第一百八十三条的规定，国务院证券监督管理机构依法履行职责，被检查、调查的单位和个人应当配合，如实提供有关文件和资料，不得拒绝、阻碍和隐瞒。该法第二百三十条和第二百三十一条还规定，拒绝、阻碍证券监督管理机构及其工作人员依法行使监督检查、调查职权未使用暴力、威胁方法的，依法给予治安管理处罚；若构成犯罪的，依法追究刑事责任。也就是说，配合执法机关开展调查是相关主体的义务，而不是法定的从轻或减轻处罚的情节。

实践中，为鼓励涉案人员积极配合调查以便节约执法资源、提高执法效率，在执法过程中，对于积极主动配合调查的涉案人员，执法机关在裁量时往往会酌情轻罚。这方面的典型案例如"焦作万方"内幕交易案，该案共有三人构成内幕交易违法，其中两人积极配合调查，河南证监局对该二人没收违法所得并处以一倍的罚款；对于没有积极配合调查情节的另一涉案人员，则没收违法所得并处以三倍的罚款。② 类似地，在徐某波内幕交易"新华锦"案中，证监会在处罚决定书中指出，徐某波违法情节轻微，社会危害性较小，

---

① 中国证监会行政处罚决定书〔2014〕77号，详见证监会网站。
② 河南证监局行政处罚决定书〔2017〕1号、2号、3号，详见河南证监局网站。

主观恶性不大，违法所得数额较小，且积极配合调查，对违法行为的悔过态度较好。综合考虑其违法行为的事实、性质、情节与社会危害程度，证监会决定对徐某波处以 5 万元罚款。[①]

事实上，即便在严监管并频频开出顶格罚单的监管态势下，证监会也本着宽严相济的精神，酌情对确实积极配合调查并主动交代执法机关未掌握的违法事实的涉案人员予以从轻处罚。例如，在林某森内幕交易"万业企业"案中，处罚认定林某森控制两个证券账户从事内幕交易，但最初调查时仅发现一个账户涉案，后林某森主动向调查部门提交了有关另一账户的交易资料，并承认其在内幕信息敏感期内还使用该账户交易了"万业企业"。证监会认为，林某森确实存在积极配合调查及主动交代执法机关未掌握的违法事实的情况，该情节虽不属于法定从轻或减轻处罚的情节，但系主动悔过的表现，为体现处罚与教育相结合的原则，证监会决定采纳对其酌情从轻处理，仅给予"没一罚二"的处罚，较同期其他案件处罚幅度低。[②]

但也要看到，涉案人员消极抵触、规避调查的情况较为常见，找人难、软对抗、不配合甚至暴力对抗与威胁时有发生。[③] 对于拒不配合调查的违法主体，处罚裁量时往往从严从重。例如，在厦门北八道集团操纵股价系列案件调查过程中，北八道集团拒不配合，其财务人员与证监会调查人员发生肢体冲突，甚至为销毁证据抓伤调查人员。[④] 最终，证监会对北八道集团处以违法所得 5 倍的顶格罚款。[⑤]

（二）影响量罚的案外因素

除了案件本身的事实和情节等外，从更广的角度看，一些"案外"因素也会对案件量罚起到重要影响。其中，尤为重要的一是行为人以往违反证券

---

① 中国证监会行政处罚决定书〔2014〕83 号，详见证监会网站。

② 中国证监会行政处罚决定书〔2018〕90 号，详见证监会网站。

③ 周芬棉：《证监会执法面临多重掣肘 取证环节耗去调查时间1/3》，载法制网 2016 年 2 月 15 日。

④ 刘明涛、谢欣：《证监会开出史上最大罚单 北八道集团操纵股价将被罚没 56.7 亿》，载《每日经济新闻》2018 年 3 月 15 日，第 6 版。

⑤ 中国证监会行政处罚决定书〔2018〕27 号、28 号、29 号，详见证监会网站。

法并受到查处的情况，二是整个资本市场监管执法环境和态势。

1. 个人违法历史

在刑事司法领域，对于累犯，依法应当从重处罚。在证券行政处罚领域，虽暂无类似规定，但实践中，证监会认为，曾经受过查处的违法人员，理应认真吸取教训，增强守法意识，严格依法行事，若这些主体再次实施违法违规行为，不仅是对监管权威的挑衅，更是对国家法律的践踏。① 对于这类主体，执法机关往往从严、从重追究法律责任。例如，在熊某波内幕交易"天业通联"案中，证监会在处罚决定书中指出，鉴于熊某波曾因从事非法证券投资咨询活动于 2010 年被证监会给予行政处罚并采取市场禁入措施，对熊某波此次内幕交易违法，证监会决定从重处以罚款 60 万元，并责令其卖出内幕信息敏感期内所买入的天业通联股票，如有违法所得，予以没收。②

近年来，对于"屡查屡犯"的情形，证监会打击力度越来越大。2018年，证监会还部署专项执法行动专门查处"屡查屡犯"情形。③ 同年，证监会少有地在一起内幕交易案件中对曾因违法受到过处罚的涉案人员开出了"没一罚五"的顶格罚单，并对违法主体采取 10 年证券市场禁入措施。④

事实上，不仅在中国，在境外，涉案人员的违法历史通常也是量罚考虑因素之一。例如，在美国，在一起公司董事内幕交易的案件中，SEC 向法院提出的请求额是违法获利的 3 倍，但法院认为，被告人没有违法历史，也没有采用假名或者海外账户等隐蔽手段，且其违法交易只涉及一只股票，最终，法院判决对其课处违法所得额 1 倍的制裁金。⑤

2. 总体监管态势和执法环境

通常来说，在同一时期，执法机关对于同类案件的执法尺度较为一致。

---

① 证监会网站 2016 年 3 月 25 日消息：《证监会部署 2018 年第二批专项执法行动　严厉打击资本市场屡查屡犯违法主体》。

② 中国证监会行政处罚决定书〔2013〕39 号，详见证监会网站。

③ 证监会网站 2016 年 3 月 25 日消息：《证监会部署 2018 年第二批专项执法行动　严厉打击资本市场屡查屡犯违法主体》。

④ 中国证监会行政处罚决定书〔2018〕80 号、中国证监会市场禁入决定书〔2018〕13 号，详见证监会网站。

⑤ 〔日〕佐伯仁志：《制裁论》，丁胜明译，北京大学出版社 2018 年版，第 256 页。

但纵观证监会有史以来的处罚决定书不难发现，在不同历史时期和监管环境下，同类案件的量罚力度有所不同。具体来说，对于有违法所得的内幕交易案件，以往的一般量罚标准为没收违法所得并处以违法所得一倍的罚款，俗称"没一罚一"。但 2015 年股市异常波动以来，内幕交易案件以"没一罚三"居多。同样，对于泄露内幕信息、建议他人交易以及没有违法所得内幕交易行为，以往，执法机关常处以法定幅度内最低或较低额度罚款，如 3 万元、5 万元等，但近年罚款额度总体有所提高。

二、盈利不足三万元是否没收

执法过程中，在内幕交易确有违法所得但不足三万元的情况下，在确定经济责任时，涉及如何理解《证券法》第二百零二条规定的"没有违法所得或者违法所得不足三万元的，处以三万元以上六十万元以下的罚款"的问题，特别是对于三万元以下的违法所得究竟是否应当没收，存在两种不同理解：一种观点认为，从字面看，对于违法所得不足三万元的，只能"处以三万元以上六十万元以下的罚款"，因为条文中"没收违法所得，并处以违法所得一倍以上五倍以下的罚款"与"没有违法所得或者违法所得不足三万元的，处以三万元以上六十万元以下的罚款"之间的标点符号是分号，说明两者是并列关系，进而，违法所得不足三万元的情况下，不存在没收违法所得的问题。另一种观点则认为，应系统理解《证券法》第二百零二条的规定，首先应该没收违法所得，并同时处以三万元以上六十万元以下的罚款。

实践中，不同案件中执法机关的做法也不尽相同，在一些案件中既没收又罚款，另一些案件中则仅处以罚款而不没收违法所得。如证监会查处的"ST 华光"案①、"新华锦"案②、"江苏宏宝"案③、"珠江啤酒"案④、"中

---

① 中国证监会行政处罚决定书〔2012〕47 号，详见证监会网站。
② 中国证监会行政处罚决定书〔2014〕83 号，详见证监会网站。
③ 中国证监会行政处罚决定书〔2014〕102 号，详见证监会网站。
④ 中国证监会行政处罚决定书〔2015〕86 号，详见证监会网站。

电广通"案①，山西证监局查处的"山西焦化"案②、内蒙古证监局查处的"南风股份"和"安源煤业"案③、江苏证监局查处的"天泽信息"案④、浙江证监局查处的"海亮股份"案⑤、福建证监局查处的"高鸿股份"案⑥、广东证监局查处的"东方精工"案⑦、四川证监局查处的"恒康医疗"案⑧、深圳证监局查处的"芭田股份"案⑨等案件中，涉案人员违法所得均不足3万元，执法机关均未对违法所得进行没收，而是直接处以一笔不低于3万元的罚款。

而在"乐山电力"案⑩、"申华控股"案⑪、"大元股份"案⑫等案件中，证监会在处以一笔定额罚款的同时对违法所得进行了没收。同样，黑龙江证监局查处的"恒丰纸业"案⑬、陕西证监局查处的"秦川机床"案⑭、新疆证监局查处的"新赛股份"案⑮等案件中，执法机关亦没收了涉案人员所获得的低于3万元的罚款。

总体来看，在早年查处的案件中，仅罚款不没收者居多，近期查处的案件则以既没收又罚款居多。笔者认为，虽然《证券法》第二百零二条的表述可能导致不同理解，但本着违法所得应予以没收的基本法理，结合《证券法》对违法行为的一般处理思路，应以既没收又罚款为宜。

---

① 中国证监会行政处罚决定书〔2016〕30号，详见证监会网站。
② 山西证监局行政处罚决定书〔2016〕1号，详见山西证监局网站。
③ 内蒙古证监局行政处罚决定书〔2014〕1号、〔2017〕1号，详见内蒙古证监局网站。
④ 江苏证监局行政处罚决定书〔2014〕4号，详见江苏证监局网站。
⑤ 浙江证监局行政处罚决定书〔2017〕7号，详见浙江证监局网站。
⑥ 福建证监局行政处罚决定书〔2015〕3号，详见福建证监局网站。
⑦ 广东证监局行政处罚决定书〔2015〕11号，详见广东证监局网站。
⑧ 四川证监局行政处罚决定书〔2015〕2号、3号，详见四川证监局网站。
⑨ 深圳证监局行政处罚决定书〔2014〕3号，详见深圳证监局网站。
⑩ 中国证监会行政处罚决定书〔2009〕24号，详见证监会网站。
⑪ 中国证监会行政处罚决定书〔2016〕43号，详见证监会网站。
⑫ 中国证监会行政处罚决定书〔2013〕37号，详见证监会网站。
⑬ 黑龙江证监局行政处罚决定书〔2016〕3号，详见黑龙江证监局网站。
⑭ 陕西证监局行政处罚决定书，详见陕西证监局网站。
⑮ 新疆证监局行政处罚决定书〔2017〕5号，详见新疆证监局网站。

三、余股的处理

以往个别案件中，针对涉案账户内的余股，执法机关并未责令涉案人员处理，[①] 但在近年处理的绝大部分此类案件中，执法机关均责令涉案人员依法卖出余股。对此，实践中主要存在以下具体问题，一是责令谁处理，违法行为人、账户名义所人还是操作人？二是责令处理是否应限定时间，抑或由涉案人员自行把握？三是处理结果是否纳入违法所得计算，换句话说，若处理后有盈利，是否没收并据以罚款？特别是在已经计算账面盈亏的情况下，对余股卖出后的实际获利应如何处理？

（一）责令谁处理

通常来说，违法行为的责任主体即为处理余股的责任主体。对此，特别值得关注的有两种情况：

其一，在行为人利用他人账户进行交易的情况下，由于余股存在于他人账户中，究竟应该责令谁负责处理？笔者认为，从明确违法责任的角度看，仍应责令违法行为人而不是账户名义所有人负责处理。实践中，执法机关通常令违法行为人处理。例如，在吴某、倪某明内幕交易"南风股份"案中，吴某、倪某明共同控制并操作"王某珍""孔某潇"等7个他人证券账户利用内幕信息买入"南风股份"，截至调查结束，剩余 64 000 股尚未卖出。证监会决定责令吴某、倪某明依法处理非法持有的证券。[②] 同样，在高某、罗某宇内幕交易"九有股份"案中，涉案账户为"刘某兰"账户，宁夏证监局决定责令高某、罗某宇依法处理非法持有的九有股份股票。[③] 在张某坚利用"张某"账户内幕交易"S*ST 集琦"案中，证监会决定对张某坚处以 60 万元罚款，并责令张某坚依法处理其为张某账户买入的 526 100 股"S*ST

---

① 中国证监会行政处罚决定书〔2013〕2 号、〔2015〕13 号、〔2016〕36 号等，详见证监会网站。
② 中国证监会行政处罚决定书〔2015〕60 号，详见证监会网站。
③ 宁夏证监局行政处罚决定书〔2017〕1 号，详见宁夏证监局网站。

集琦"股票，如有违法所得，予以没收。①

其二，在共同内幕交易主体利用其中部分成员的账户进行交易的情况下，存在究竟应责令全部共同违法主体还是仅责令账户名义所有人负责处理的问题。实践中，责令共同违法主体处理的情况居多，在个别案件中，执法机关仅责令账户名义所有人处理非法持有的账户。例如，在齐某、张某才共同内幕交易"森源电气"案中，涉案账户为齐某的证券账户，证监会决定：对齐某和张某才分别处以30万元罚款，同时责令齐某处理非法持有的股票，如有盈利予以没收。② 同样，在成某娴、顾某佳共同内幕交易"天宸股份"案中，二人使用顾某佳的证券账户进行交易，存在余股且账面亏损。证监会决定：责令顾某佳依法处理其账户下非法持有的证券，并对成某娴、顾某佳处以120 000 元的罚款，其中成某娴与顾某佳各自承担60 000 元。③ 似乎并不要求账户名义所有人之外的其他共同违法主体承担处理余股的责任。笔者认为，结合个案具体情况，不同的案件可能适合于不同的安排，若共同违法主体中仅部分成员负责控制并操作账户，从案件实际出发，也可仅责令相关人员负责处理。反之，则以不作区分为宜。

（二）处理时限

在存有余股须责令处理的情况下，具体操作中还会面临是否明确处理时间或时限的问题。理论上说，若不限定，涉案人员可以无限期地拖延，从而使"责令处理"有名无实，甚至沦为违法行为人规避责任的方式。但若限定时间，又有超过《证券法》规定范畴之嫌。

以往执法实践中，执法机关曾在一些案件的处罚决定书中明确限定处理时限，通常限定于自行为人收到处罚决定书之日起7 个交易日内。例如，在"长方照明"案和"特锐德"案中④，执法机关均责令涉案人员自收到行政处

---

① 中国证监会行政处罚决定书〔2010〕44 号，详见证监会网站。
② 中国证监会行政处罚决定书〔2013〕13 号，详见证监会网站。
③ 中国证监会行政处罚决定书〔2018〕67 号，详见证监会网站。
④ 中国证监会行政处罚决定书〔2014〕29 号、重庆证监局行政处罚决定书〔2014〕1 号，详见证监会和重庆证监局网站。

罚决定书之日起"7 个交易日内"依法处理非法持有的股票。在"万顺股份""中捷股份""天威视讯"等案件中①，证监会责令涉案人员自收到处罚决定书之日起"7 个可交易日内"依法处理非法持有的证券。在个别案件中，执法机关对于 7 个交易日的起算时间表述略有不同，如在"康盛股份"案中，证监会责令涉案人员在收到行政处罚决定书"次日起 7 个交易日内"依法处理非法持有的股票。② 但总体来说，特别是在近几年的案件中，执法机关并不设定处理时限。例如，在"任子行""利欧股份""宝莫股份"等案件中，执法机关在责令涉案人员处理非法持有的股票时均未设定时限，法院亦未对此提出异议。③

笔者认为，虽然《证券法》并未授权执法机关限定处理时限，但参考《行政处罚法》第二十三条关于"行政机关实施行政处罚时，应当责令涉案人员改正或者限期改正违法行为"的规定，要求违法行为人限期处理非法持有的股票有一定法律依据且有利于督促违法主体及时纠正违法行为。

（三）卖出后的实际盈利如何处理

1. 实践中的不同做法

在存有余股须责令处理的情况下，还需要解决处理后若有实际盈利如何处理的问题，而这又涉及对涉案人员的最终罚没款金额何时确定、如何确定。过去 20 年来的执法实践中，执法机关在不同时期曾采取过多种处理方式：一是对余股不计算账面盈亏，责令处理并以已经确定的实际盈亏为基础进行罚没，也不对处理后的实际获利进行没收。④ 二是责令处理的同时不计算账面盈亏，而是直接给予定额罚款，若处理后有违法所得的，没收违法所得。⑤

---

① 中国证监会行政处罚决定书〔2013〕22 号和 62 号、〔2014〕9 号和 10 号，详见证监会网站。
② 中国证监会行政处罚决定书〔2014〕80 号，详见证监会网站。
③ 北京市高级人民法院行政判决书〔2017〕京行终 2185 号、4023 号、4554 号等，详见北京法院审判信息网。
④ 如张某光内幕交易"任子行"案，参见北京市高级人民法院行政判决书〔2017〕京行终 2185 号，详见北京法院审判信息网。
⑤ 如王某英内幕交易"长方照明"案、王某海、张某兰共同内幕交易"得利斯"案，参见中国证监会行政处罚决定书〔2014〕29 号、72 号，详见证监会网站。

三是责令处理的同时并不决定最终罚款金额，而是视处理情况而定：如有违法所得，予以没收并处以一定倍数的罚款；如无违法所得，给予定额罚款。① 四是计算余股账面盈亏并责令处理，同时根据实际盈亏及账面盈亏的总和情况进行确定罚款，处理后若有违法所得的，予以没收。② 五是计算余股账面盈亏并责令处理，同时根据实际盈亏及账面盈亏的总和情况进行没收并据以罚款，对余股处理后的实际获利不做安排，近年来处理的大部分案件均采取这一模式。③

2. 对《证券法》第二百零二条内在逻辑的理解

笔者认为，之所以实践中对余股的处理方式不尽统一，根源在于对《证券法》第二百零二条"责令依法处理非法持有的证券，没收违法所得，并处以违法所得一倍以上五倍以下的罚款；没有违法所得或者违法所得不足三万元的，处以三万元以上六十万元以下的罚款"内在逻辑有不同理解。

有观点认为，对上述规定，应理解为，首先要责令涉案人员处理余股，然后再根据所得收益"没收违法所得"。④ 若照此理解，则所谓"违法所得"应该是所有涉案股票均处理完毕后的最终实际所得，进而，也就不存在计算账面盈亏的问题。但如此一来，一方面，在存在余股的案件中，处罚决定书就无法明确最终责任，只能留待涉案股票处理结束后再行补充认定违法所得并确定处罚金额。抑或在做出处罚前先责令行为人卖出股票，然后再计算违法所得。另一方面，由于法律并未规定处理时限，执法实践中通常也难以科

---

① 如在王某屋内幕交易"万顺股份"中，证监会决定：责令王某屋自收到本处罚决定书之日起7个可交易日内，依法处理非法持有的证券；如有违法所得，没收王某屋违法所得，并处以违法所得一倍罚款；如没有违法所得或者违法所得不足3万元，对王某屋处以20万元罚款。又如赵某仁内幕交易"中捷股份"、牛某瓶等人内幕交易"天威视讯"系列案件等，参见中国证监会行政处罚决定书〔2013〕22号、62号、〔2014〕9号、10号，详见证监会网站。

② 如在沈某玲内幕交易"彩虹精化"案中，涉案交易账面亏损，证监会决定责令沈某玲依法处理非法持有的股票，如有违法所得，予以没收，同时决定对沈某玲处以60万元罚款。参见中国证监会行政处罚决定书〔2012〕23号，详见证监会网站。

③ 如在罡某华内幕交易"海亮股份"案中，涉案股票中已卖出部分实际亏损19 893.97元，余股账面获利6 149.78元，合计亏损13 744.19元。浙江证监局决定：责令罡某华依法处理非法持有的证券，并处3万元罚款。参见浙江证监局行政处罚决定书〔2017〕7号，详见浙江证监局网站。

④ 中国证券监督管理委员会稽查局：《证券期货稽查典型案例分析（2009卷）》，科学出版社2013年版，第110页。

学确定时限，若留待涉案人员自行处理完毕后再确定最终罚没款金额，可能导致处罚久拖不决。

结合执法和司法实践，目前看来，对余股计算账面盈亏不失为一种务实的选择。进而，对于余股处理后的实际获利，由于已经对余股计算账面盈亏并将其纳入违法所得计算，实际处理后无论盈利是否高于原本计算的账面盈利，均不宜再补充罚没。

四、既交易又泄露内幕信息或建议他人买卖的处理

实践中，一些内幕人既自己进行内幕交易，又向他人泄露内幕信息或建议他人买卖相关证券，同时构成内幕交易违法和泄露内幕信息或违法建议他人买卖股票违法。在处罚时，存在究竟是以两个违法行为论处，还是概括认定为一个内幕交易违法的问题，实践中，执法机关通常会对两类行为分别定性量罚并予以加总。例如，在满某平泄露内幕信息并内幕交易"宝莫股份"案中，满某平为内幕信息知情人，其将内幕信息告知其妻弟孙某明并建议其买卖"宝莫股份"。同时，满某平委托孙某明买入"宝莫股份"，相应交易获利 330 869.96 元。证监会决定：没收满某平内幕交易违法所得 330 869.96 元，并处以 992 609.88 元罚款，同时对其泄露内幕信息并建议他人买卖相关证券的行为处以 10 万元罚款，合计处以 1 092 609.88 元罚款。许某霞泄露内幕信息并内幕交易"神州数码"案、于某瑞内幕交易并建议他人买卖"维格娜丝"案的处理亦类似。①

在刑事领域，对于既内幕交易，又泄露内幕信息或建议他人买卖的人员，司法机关在定罪和量刑时也会同时体现出对各违法行为的否定性评价。例如，在原副省级干部陈某隆内幕交易、泄露内幕信息一案中，陈某隆在担任市委书记及副省长期间，利用履行工作职责的便利，在获悉有关上市公司的内幕信息后，于内幕信息敏感期内安排他人买入相关股票，累计成交人民币 1.21 亿余元，非法获利人民币 1.37 亿余元；陈某隆还将掌握的内幕信息故意泄露

---

① 中国证监会行政处罚决定书〔2016〕95 号、〔2018〕68 号、〔2018〕86 号，详见证监会网站。

给他人，导致他人从事与该内幕信息有关的股票交易，累计成交人民币3 205万余元，非法获利人民币3 031万余元。最终，法院对其以内幕交易、泄露内幕信息罪判处有期徒刑7年，并处罚金人民币1.7亿元。由于其同时存在受贿、滥用职权等行为，经数罪并罚，法院决定对其判处无期徒刑，剥夺政治权利终身，并处没收个人全部财产；并对其受贿所得财物和内幕交易、泄露内幕信息违法所得及其孳息予以追缴，上缴国库。①

五、从业人员内幕交易的定性与量罚

（一）从业人员内幕交易的双重违法性及其认定

1. 从业人员内幕交易的双重违法性

根据《证券法》第四十三条规定，证券交易所、证券公司和证券登记结算机构的从业人员、证券监督管理机构的工作人员以及法律、行政法规禁止参与股票交易的其他人员，在任期或者法定限期内，不得直接或者以化名、借他人名义持有、买卖股票，也不得收受他人赠送的股票。任何人在成为从业人员时，必须依法转让原已持有的股票。对于虽非前述几类人员，但从事证券服务工作的，法律也限制其在一定期限内买卖相关股票。具体而言，《证券法》第四十五条规定，为股票发行出具审计报告、资产评估报告或者法律意见书等文件的证券服务机构和人员，在该股票承销期内和期满后六个月内不得买卖该种股票。若证券服务机构和人员为上市公司出具审计、资产评估或者法律意见书等文件的，则自接受上市公司委托之日起至相应文件公开后五日内不得买卖该种股票。不难看出，禁止证券从业人员和服务机构人员交易股票，目的之一在于防范内幕交易。

对于证券从业人员持有或买卖股票、证券服务机构和人员在限制期内买卖股票的，根据《证券法》第一百九十九条和第二百零一条的规定，应责令依法处理非法持有的股票，没收违法所得，并处以买卖股票等值以下的罚款。若证券从业人员属于国家工作人员的，还应当依法给予行政处分。若前述机

---

① 和讯网2019年4月3日消息，详见 http：//news. hexun. com/2019 - 04 - 03/196712604. html.

构和人员在交易股票时利用了内幕信息，还构成内幕交易违法。

2. 从业人员内幕交易的"定罪"

对于从业人员内幕交易，存在究竟认定为一个违法行为还是同时认定构成两个违法行为的问题。实践中，执法机关在部分案件中采取分别定罪、择一量罚的做法，如张某、王某海等内幕交易"方大炭素"案中，张某时为某证券公司投资银行总部股票发行部副经理，在内幕信息敏感期内，张某利用其妻王某某的证券账户买卖股票，获利 117 704.64 元。王某海等 4 人委托具体负责为方大炭素出具评估报告，并在限制期内买卖方大炭素股票，获利均不足 3 万元甚至亏损。证监会认为，除了构成内幕交易违法，作为证券从业人员，张某的行为还构成《证券法》第一百九十九条所述从业人员买卖股票违法；作为证券服务机构从业人员，王某海等人的行为同时构成《证券法》第二百零一条所述限制期内买卖股票违法。最终，证监会决定：根据《证券法》第一百九十九条、第二百零一条、第二百零二条的规定，没收张某违法所得 117 704.64 元，处以 453 113.92 元罚款，并责令张某处理非法持有的股票；对王某海等 4 人分别处以 4 万元罚款。① 从决定书的表述看，应该理解为，证监会对不同性质的行为均予以了定性，但仅择一量罚。

在其他一些案件中，对于从业人员进行内幕交易的，多以内幕交易定性量罚。例如，岳某斌内幕交易"三爱富"案中，岳某斌时为某证券公司保荐代表人，属于《证券法》第四十三条规定禁止参与股票交易的人员。理论上说，其内幕交易行为同时违反了关于禁止从业人员买卖股票的规定，构成《证券法》第一百九十九条所述从业人员买卖股票的违法行为。但在对其作出行政处罚和采取市场禁入措施时，执法机关并未明确适用《证券法》第一百九十九条。② 同样，在罗某阳、罗某颖内幕交易案中，罗某阳和罗某颖系兄弟且皆为证券从业人员，罗某阳时为某证券公司总经理助理，罗某颖时为某证券营业部营销总监。在对二人作出行政处罚和采取市场禁入措施时，执

---

① 中国证监会行政处罚决定书〔2012〕14 号，详见证监会网站。

② 中国证监会行政处罚决定书〔2011〕57 号、市场禁入决定书〔2011〕11 号，详见证监会网站。

法机关也未明确适用《证券法》第一百九十九条。① 对某证券公司投行部门工作人员王某内幕交易"明家科技"案的处理亦类似。② 这种处理与刑事领域相关理论和实践具有一致性。

需要说明的是，在这处理模式下，若行为人在内幕交易之外还有其他股票交易的，执法机关倾向于对构成内幕交易的部分以内幕交易定性量罚，对其余交易以从业人员买卖股票定罪量罚。从业人员潘某伟买卖股票及内幕交易"炬华科技"案即为此类情形。③

（二）对从业人员内幕交易的量罚

有观点认为，由于存在职务、地位等便利条件，证券从业人员，尤其是投行人员，可以比一般投资者更早接触到内幕信息，这些人员从事内幕交易的危害比一般投资者更严重，应当从重打击。④ 实践中，执法机关也倾向于对从业人员内幕案件酌情从重处理。主要表现为：一是课以较重的经济责任；二是采取市场禁入措施。

例如，在前述证券从业人员张某内幕交易"方大炭素"案中，证监会决定：没收张某违法所得 117 704.64 元，处以 453 113.92 元罚款，并责令张某处理非法持有的股票。⑤ 该案处罚决定作出于 2012 年，在当时，三倍罚款无疑是重罚的体现。类似地，在证券从业人员王某内幕交易"明家科技"案中，王某时任某证券公司投行部门工作人员，深度参与明家科技重大资产重组事宜，并操作"杨某"账户买入明家科技股票 75 700 股，成交金额 896 398.97 元，交易亏损 9 168.97 元。最终，2014 年，深圳证监局作出处罚决定，对王某处以 10 万元罚款。⑥在当时的监管执法环境下，地方证监局对亏损者处以 10 万元罚款的情况并不多见。而在其他一些情况下，从业人员买卖股票并进行内

---

① 中国证监会行政处罚决定书〔2016〕86 号、市场禁入决定书〔2016〕6 号，详见证监会网站。

②⑥ 深圳证监局行政处罚决定书〔2014〕7 号，详见深圳证监局网站。

③ 中国证监会行政处罚决定书〔2016〕52 号，详见证监会网站。

④ 中国证券监督管理委员会稽查局：《证券期货稽查典型案例分析（2009 卷）》，科学出版社 2013 年版，第 105 页。

⑤ 中国证监会行政处罚决定书〔2012〕14 号，详见证监会网站。

幕交易且违法事实和情节较为严重的，可能被采取市场禁入措施。待后文详述。

实践中，不仅对于证券从业人员及服务机构，对于基金机构或基金从业人员内幕交易的，执法机关也会从严从重处理。例如，在私募基金从业人员徐某坤内幕交易"中牧股份"案中，证监会指出：作为私募基金从业人员，涉案人员知法犯法，缺乏基本的职业操守和法律敬畏，在知悉内幕信息的情况下，使用本人账户进行内幕交易，虽然交易亏损，但其内幕交易行为损害了证券市场"三公"原则，扰乱了市场秩序。由于交易亏损，最终，证监会决定对徐某坤处以60万元的顶格罚款。①

第三节 对违法者的市场禁入

实践和理论中，对于市场禁入措施是否属于一种行政处罚尚存争议，在些暂不展开讨论。为便于读者了解内幕交易违法主体在何种情况下可能被采取市场禁入措施，特在第二节之外专列一节对市场禁入措施在此类案件中的适用展开讨论。

一、证券市场禁入制度概述

所谓证券市场禁入，是指禁止特定人员在一定期限内从事证券业务或者担任上市公司、非上市公众公司董事、监事、高级管理人员职务。被采取证券市场禁入措施的人员既不得在原从事证券业务或者原任职的上市公司、非上市公众公司担任董事、监事、高级管理人员职务。也不得在其他任何机构中从事证券业务或者担任其他上市公司、非上市公众公司董事、监事、高级管理人员职务。在市场禁入决定作出时存在前述任职情况的，应当在收到证券市场禁入决定后立即停止从事证券业务或者履行上市公司、非上市公众公

---

① 中国证监会行政处罚决定书〔2018〕2号，详见证监会网站。

司董事、监事、高级管理人员职务，并由其所在机构按规定的程序解除其相应的职务。①

我国证券市场禁入制度可以追溯到1997年。当年，证监会根据原《证券法》的规定发布了《证券市场禁入暂行规定》，建立起了我国证券市场禁入具体制度。当时的禁入制度主要适用于单位违法的责任人员，对此，证监会特别指出："任何机构的行为，都不离开个人的责任，因此，在惩罚违法机构的同时，还必须对那些负有直接责任或者直接领导责任的个人予以相应的惩处，尤其是对那些蓄意或严重违法违规的有关个人，还要通过必要手段，将其清除出证券市场，以保证证券市场良好的市场环境和市场秩序"②。

2006年6月，证监会废止《证券市场禁入暂行规定》并发布《证券市场禁入规定》。③ 2015年，证监会对《证券市场禁入规定》进行了修改，对证券市场禁入措施特别是终身市场禁入措施的适用条件和范围等进行了修改、完善。修改后的《证券市场禁入规定》明确规定：对于违反法律、行政法规或者证监会有关规定，从事欺诈发行、内幕交易和操纵市场等违法行为，严重扰乱证券、期货市场秩序并造成严重社会影响，或者获取违法所得等不当利益数额特别巨大，或者致使投资者利益遭受特别严重损害的，可以采取终身市场禁入措施。规定同时指出，违法行为情节严重，应当采取市场禁入措施，又存在阻碍、抗拒监督检查或调查的，可以采取终身市场禁入措施。同时，针对多次违法、屡罚不改的问题，《证券市场禁入规定》规定明确：五年内被中国证监会给予除警告之外的行政处罚三次以上，或者五年内曾经被采取证券市场禁入措施的，可以采取终身市场禁入措施。④

---

① 《证券市场禁入规定》（证监会令第115号，2006年3月7日中国证券监督管理委员会第173次主席办公会议审议通过，根据2015年5月18日中国证券监督管理委员会《关于修改〈证券市场禁入规定〉的决定》修订），详见证监会网站。

② 中国证监会白皮书1997年第3期，详见证监会网站。

③ 中国证监会白皮书2006年第6期，详见证监会网站。

④ 中国证监会网站2015年7月31日消息：《证券市场禁入规定（2015年修订）》。

二、对内幕交易违法人员适用市场禁入措施的原因及实践

实践中，证监会对违法主体采取市场禁入措施的案件以欺诈发行、信息披露违法、从业人员违法、操纵市场等居多，因内幕交易被采取市场禁入措施的情况较为少见。总结发现，执法机关对内幕交易违法人员采取市场禁入措施的常见原因主要有以下几类：

一是涉案主体系证券从业人员且存在其他严重情节。例如，在从业人员岳某斌内幕交易"三爱富"案中，岳某斌时为保荐代表人，在内幕信息敏感期内与内幕信息知情人员马某联络接触，并操作两个账户进行内幕交易。证监会认为：作为从业人员，岳某斌不但具有获取信息上的便利，而且在业务上更有优势，其内幕交易行为更容易对市场"三公"原则造成破坏。其作为证券从业人员，明知《证券法》禁止内幕交易，也清楚内幕交易对证券市场的危害，仍然实施内幕交易行为，其主观过错比一般内幕交易人员更加严重，应从严处理。[①] 最终，证监会决定对岳某斌适度从重处罚，处以 20 万元罚款，并采取 5 年市场禁入措施。[②] 岳某斌认为证监会的观点缺乏依据，并提起行政复议。证监会经复议认为，综合考虑岳某斌作为证券从业人员仍然实施违法行为，且一段时间内账面盈利金额较大等因素，对其适度从重处罚并无不当。[③] 类似地，在罗某阳、罗某颖内幕交易"东方铁塔""黄河旋风"案中，罗某阳时为某证券公司总经理助理，罗某颖时为某证券营业部营销总监，2013～2015 年期间，二人先后三次利用内幕信息共同进行内幕交易。证监会认为，作为证券从业人员，罗某阳、罗某颖利用职务之便获取内幕信息，多次从事内幕交易，严重扰乱证券市场秩序，行为恶劣，决定对二人采取终身证券市场禁入措施。[④] 在李某捷内幕交易"博云新材"案中，李某捷时为某

[①] 中国证券监督管理委员会稽查局：《证券期货稽查典型案例分析（2009 卷）》，科学出版社 2013 年版，第 105 页。

[②] 中国证监会行政处罚决定书〔2011〕57 号、市场禁入决定书〔2011〕11 号，详见证监会网站。

[③] 中国证监会行政复议决定书〔2012〕2 号、3 号，详见证监会网站。

[④] 中国证监会市场禁入决定书〔2016〕6 号，详见证监会网站。

证券营业部总经理，在敏感期内与知情人谢某有较频繁的联系，并使用两个证券账户交易"博云新材"，证监会决定对其采取 7 年证券市场禁入措施。① 原从业人员张某也曾因违法持有和买卖股票并内幕交易"方大炭素"被证监会采取 5 年证券市场禁入措施。② 原某证券公司副总裁张某坚曾因内幕交易"S*ST 集琦"被采取 5 年证券市场禁入措施。③

二是涉案人员具备其他特殊身份和其他严重情节。例如，在潘某内幕交易"天成控股"和"银河生物"案中，潘某时为天成控股、银河生物的第一大股东银河天成集团的股东，其兄长潘某某为银河集团实际控制人。在此次内幕交易涉及关于天成控股的一条利空信息和关于银河生物的一条利好信息，潘某某为内幕信息知情人。内幕信息敏感期内，潘某与潘某某联络接触频繁。潘某于 2017 年 4 月 17～19 日卖出所持"天成控股"，并于 4 月 17 日至 20 日集中买入"银河生物"。证监会认为，作为天成控股、银河生物的第一大股东银河天成集团的股东，潘某属于《证券市场禁入规定》第三条第七项规定的人员，其连续利用两条内幕信息进行内幕交易，严重扰乱证券市场秩序、严重损害投资者利益。证监会决定对潘某采取 10 年证券市场禁入措施。④ 在孙某晓、郑某艳内幕交易"春兴精工"案中，孙某晓时任春兴精工董事长、总经理，郑某艳时任春兴精工董事，二人利用公司相关内幕信息从事交易，证监会认为：孙某晓利用实际控制的上市公司的内幕信息从事内幕交易，"行为恶劣、违法情节严重"，郑某艳利用在上市公司任职的便利，与孙某晓共同从事内幕交易，"行为较为恶劣，违法情节较为严重"，最终，证监会决定对前者采取 10 年证券市场禁入措施，对后者采取五年证券市场禁入措施。⑤ 与此相似，时任北孚集团董事长、总裁兼上市公司 ST 兴业董事长秦某秋作为对北孚集团内幕交易"ST 兴业"直接负责的主管人员，被证监会采取 5 年证券市场禁入措施。⑥ 在韩某林内幕交易"现代制药"案中，韩某林时

---

① 中国证监会市场禁入决定书〔2016〕12 号，详见证监会网站。
② 中国证监会市场禁入决定书〔2012〕4 号，详见证监会网站。
③ 中国证监会市场禁入决定书〔2010〕14 号，详见证监会网站。
④ 中国证监会市场禁入决定书〔2018〕80 号，详见证监会网站。
⑤ 中国证监会市场禁入决定书〔2019〕4 号，详见证监会网站。
⑥ 中国证监会市场禁入决定书〔2010〕13 号，详见证监会网站。

为现代制药董事且为现代制药第一大自然人股东，在现代制药筹划分配 2016 年度利润期间，韩某林获悉相关信息后控制五个证券账户交易"现代制药"，亏损 3.44 万元。执法机关还发现，韩某林存在未按规定报告持有现代制药股权超过 5% 的信息。最终，证监会决定对韩某林采取 5 年证券市场禁入措施。①

三是违法行为性质恶劣、后果严重的。例如，在马某峰内幕交易"宝莫股份"案中，马某峰时为上市公司宝莫股份的控股股东长安集团的监事，在向内幕信息知情人打听、刺探内幕信息后买卖"宝莫股份"，获利达到 15 879 426.86 元。证监会认为其"获利金额巨大，行为特别恶劣，严重扰乱证券市场秩序并造成严重社会影响"，决定对其采取终身证券市场禁入措施。② 在后续诉讼中，法院判决认为：根据《证券法》第二百三十三条第一款规定，违反法律、行政法规或者国务院证券监督管理机构的有关规定，情节严重的，证监会可以对有关责任人员采取证券市场禁入措施。而根据违法行为发生时有效的《证券市场禁入规定》，违反法律、行政法规或者中国证监会有关规定，行为特别恶劣，严重扰乱证券市场秩序并造成严重社会影响，或者致使投资者利益遭受特别严重损害的，可以对有关责任人员采取终身市场禁入措施。本案中，证监会根据马某峰违法行为涉及的案件金额、情节等因素，决定对马某峰采取终身证券市场禁入措施并无不当。③ 类似地，在光大"816"案中，证监会认为，光大证券内幕交易行为性质恶劣，影响重大，对市场造成了严重影响，决定对徐某明、杨某忠、沈某光、杨某波等四名决策和主要执行人员采取终身证券市场和期货市场禁入措施。④

四是涉案主体抗拒调查，甚至作伪证等。例如，在沈某玲内幕交易"彩虹精化"案中，沈某玲时为彩虹精化实际控制人、董事，且存在与他人相互串通掩盖事实真相的重大嫌疑，证监会决定对其采取 10 年证券市场禁入措施。⑤

① 中国证监会市场禁入决定书〔2018〕19 号，详见证监会网站。
② 中国证监会市场禁入决定书〔2016〕11 号，详见证监会网站。
③ 北京市高级人民法院行政判决书〔2017〕京行终 4023 号，详见裁判文书网。
④ 中国证监会市场禁入决定书〔2013〕20 号，详见证监会网站。
⑤ 中国证监会市场禁入决定书〔2012〕6 号，详见证监会网站。

参考文献

罗思、[美] 赛里格曼：《美国证券监管法基础》，张路译，法律出版社 2008 年版。

白建军：《证券欺诈与对策》，中国法制出版社 1996 年版。

曹坚、罗欣：《双层次规范视角中的单位犯罪的共犯问题》，载《华东政法大学学报》
2008 年第 4 期，第 80~85 页。

曹理：《证券内幕交易构成要件比较研究》，法律出版社 2016 年版。

曾洋：《"知悉内幕信息"的证明》，载《证券市场导报》2004 年第 11 期，第 72~78 页。

陈晨：《内幕交易犯罪司法实务演进研究》，载《证券法苑（第十八卷）》，第 416~433 页。

陈莹、赖朝晖、李心丹：《内幕交易违法所得计算中对期初持股的处理——基于境外的典
型案例与统计分析》，载《证券法苑（第十三卷）》，法律出版社 2014 年版，第 264~
275 页。

褚福民：《刑事推定的基本理论——以中国问题为中心的理论阐释》，中国人民大学出版
社 2012 年版。

樊崇义、史立梅：《推定与刑事证明关系之分析》，载《法学》2008 年第 7 期，第 3~
9 页。

樊崇义：《证据法学（第六版）》，法律出版社 2017 年版。

方书：《单位与自然人共同犯罪的主体范围研究》，载《中国检察官》2011 年第 12 期，第
3~5 页。

方永梅：《刘宝春、陈巧玲内幕交易案（定性、共同犯罪）》，载南通法院网"法官说
法"栏。

冯殿美、杜娟：《内幕交易、泄露内幕信息罪若干问题研究》，载《法学论坛》2006 年第
3 期，第 136~141 页。

傅穹、曹理：《内幕交易规制的立法体系进路：域外比较与中国选择》，载《环球法律评

论》2011 年第 5 期，第 125~141 页。

高基生：《证券行政处罚证明标准探讨》，载《证券市场导报》2007 年第 1 期，第 14~22 页。

顾海鸿、刘宪权、金泽刚等：《内幕交易、泄露内幕信息具体行为如何判断》，载《人民
　　检察》2017 年第 8 期，第 41~46 页。

郭华：《金融证券犯罪案例精选（第一辑）》，经济科学出版社 2015 年版。

郝旭光：《证券监管效果论》，对外经贸大学出版社 2017 年版。

郝银钟、王莉君：《证券违法与犯罪研究》，人民法院出版社 2004 年版。

何保儒：《浅议我国〈证券法〉内幕交易中"知情人"之外行为主体的界定》，载《法制
　　与社会》2012 年第 2 期。

何家弘、刘品新：《证据法学（第四版）》，法律出版社 2011 年版。

何家弘：《司法证明方法与推定规则》，法律出版社 2018 年版。

贺绍奇：《"内幕交易"的法律透视：理论研究与案例分析》，人民法院出版社 2000 年版。

贺卫、吴加明：《内幕交易罪中内幕信息的司法认定》，载《上海政法学院学报（法治论
　　丛）》2013 年第 3 期，第 39~45 页。

洪艳蓉：《金融监管治理——关于证券监管独立性的思考》，北京大学出版社 2017 年版。

胡光志：《内幕交易及其法律控制研究》，法律出版社 2002 年版。

胡启忠：《金融刑法适用论》，中国检察出版社 2003 年版。

胡忠惠：《基于实证观察的我国非法证据排除规则研究》，中国政法大学出版社 2018 年版。

黄素心、王春雷：《内幕交易违法所得测度方法述评》，载《商业时代》2009 年第 28 期，
　　第 68~69 页。

黄素心：《中国证券市场内幕交易监管研究》，经济管理出版社 2011 年版。

江必新：《最高人民法院典型行政案件裁判观点与文书指导》，人民法院出版社 2018 年版。

江必新：《最高人民法院行政诉讼法司法解释理解与适用》，人民法院出版社 2018 年版。

姜华东：《证券市场内幕交易监管的经济学分析》，安徽大学出版社 2010 年版。

焦鹏：《诉讼证明中的推定研究》，法律出版社 2012 年版。

井涛：《内幕交易规制论》，北京大学出版社 2007 年版。

柯湘：《中国证券监管权的行使与制约研究》，知识产权出版社 2015 年版。

［美］肯尼斯·卡尔普·戴维斯：《裁量正义——一项初步的研究》，毕洪海译，商务印书
　　馆 2009 年版。

赖朝晖：《透视内幕交易刑事司法的最新动向》，载《中国检察官》2011 年第 8 期，第 68~
　　69 页。

赖英照：《内线交易的所得计算》，载《中原财经法学》2013 年第 31 期，第 1~63 页。

雷丽清：《中美内幕交易罪比较研究》，中国检察出版社 2014 年版。

[美] 雷舍尔：《推定和临时性认知实践》，王进喜译，中国法制出版社 2013 年版。

李建春、许昌清：《论内幕交易"利用"和"知悉"标准的再造——对美国经验的借鉴》，
载《青岛农业大学学报（社会科学版）》2007 年第 2 期，第 62 ~ 64 页、第 69 页。

李金峰、高峰、陈向飞：《上市公司内幕交易的行为识别和监管机制研究》，冶金工业出
版社 2017 年版。

李润珍、晋涛：《单位意志在单位犯罪中核心地位的确立——重新界定单位犯罪》，载
《新疆社科论坛》2006 年第 2 期，第 39 ~ 44 页。

李响：《内幕交易中的因果关系证明探析》，载《现代财经（天津财经大学学报）》2011
年第 12 期，第 117 ~ 125 页。

李勇：《刑事证据审查三步法则》，法律出版社 2017 年版。

[英] 理查德·亚历山大（Richard Alexander）：《内幕交易与洗钱：欧盟的法律与实践》，
范明志等译，法律出版社 2011 年版。

刘成墉：《金融衍生品内幕交易问题研究》，法律出版社 2018 年版。

刘光明：《内幕交易犯罪违法所得应如何认定》，载《中国检察官》2016 年第 22 期，第 76 页。

刘静坤：《证据审查规则与分析方法：原理·规范·实例》，法律出版社 2018 年版。

刘宪权、高扬捷：《金融犯罪证据规格》，上海人民出版社 2018 年版。

刘宪权、卢勤忠：《金融犯罪理论专题研究》，复旦大学出版社 2002 年版。

刘宪权：《内幕交易违法所得司法判断规则研究》，载《中国法学》2015 年第 6 期，第
239 ~ 262 页。

刘宪权：《证券期货犯罪理论与实务》，商务印书馆 2005 年版。

刘易榕：《论证券市场中内幕交易的认定》，载《经济论坛》2005 年第 18 期，第 105 页。

刘玉民、李洋、韩志英：《行政证据收集、举证、审查》，中国民主法制出版社 2014 年版。

吕成龙：《谁在偷偷地看牌？——中国证监会内幕交易执法的窘境与规范检讨》，载《清
华法学》2017 年第 4 期，第 157 ~ 176 页。

马方：《如何认定"知悉内幕信息"》，载《西南政法大学学报》2000 年第 1 期，第 68 ~
69 页。

马其家：《我国证券内幕交易认定标准的构建》，载《吉林大学学报》2010 年第 5 期，第
154 ~ 157 页。

马韫：《中国证券市场内幕交易监管实践研究和案例分析》，中国方正出版社 2014 年版。

毛玲玲：《内幕交易犯罪案件中的行政认定问题——以行刑衔接为视角》，载《上海政法
学院学报（法治论丛）》2019 年第 1 期，第 82 ~ 95 页。

孟祥瑞：《犯罪构成要件理论研究》，哈尔滨地图出版社 2017 年版。

聂立泽、高猛：《单位犯罪意志的形成机制研究》，载《南都学坛（人文社会科学学报）》
　　2015 年第 5 期，第 68 ~ 73 页。

欧阳振远：《行政处罚证明标准研究》，载《证券法苑（第九卷）》，法律出版社 2013 年版，
　　第 94 ~ 112 页。

裴显鼎、黄炜、苗有水：《证券期货违法犯罪案件办理指南》，北京大学出版社 2014 年版。

裴显鼎、逄锦温、刘晓虎：《证券犯罪若干疑难问题之研讨——证券行政执法与刑事审判
　　衔接座谈会综述》，载《人民法院报》2012 年 3 月 28 日，第 6 版。

彭冰：《规训资本市场：证券违法行为处罚研究（2016）》，法律出版社 2018 年版。

彭冰：《内幕交易行政处罚案例初步研究》，载《证券法苑（第三卷）》，法律出版社 2010
　　年版，第 106 ~ 107 页。

彭志、肖土盛、赵园：《中国资本市场 20 年内幕交易行为案例综述》，载《财经研究》
　　2017 年第 12 期，第 100 ~ 120 页、第 152 页。

曲新久：《金融与金融犯罪》，中信出版社 2003 年版。

商浩文：《论内幕交易犯罪中内幕信息的司法认定》，载《河南警察学院学报》2014 年第
　　1 期，第 75 ~ 80 页。

沈冰：《中国股票市场内幕交易的形成与识别研究》，科学出版社 2016 年版。

沈志先：《法官自由裁量精义（第 2 版）》，法律出版社 2014 年版。

盛学军：《欧盟证券法研究》，法律出版社 2005 年版。

石磊：《单位犯罪意志研究》，载《法商研究》2009 年第 2 期，第 67 ~ 74 页。

石磊：《单位犯罪中"以单位名义"和"为了单位利益"探析》，载《人民检察》2005 年
　　第 13 期，第 58 ~ 60 页。

石磊：《单位共同犯罪中的两个关键问题》，载《法学家》2006 年第 3 期，第 69 ~ 76 页。

宋云玲：《证券监管的处罚标准和效果：基于业绩预告的研究》，经济科学出版社 2017 年版。

汤欣、高海涛：《我国内幕交易案件违法所得的算定及判罚——兼论域外法律实践及其启
　　示》，载《证券法律评论（2015 年卷）》，中国法制出版社 2017 年版。

［日］田村悦一：《自由裁量及其界限》，李哲范译，中国政法大学出版社 2016 年版。

田宏杰、许成磊：《简论单位共同犯罪的概念与特征》，载《湖南教育学院学报》2001 年
　　第 3 期，第 154 ~ 155 页。

万志尧：《内幕交易刑事案件"违法所得"的司法认定》，载《政治与法律》2014 年第 2
　　期，第 39 ~ 49 页。

王崇青：《内幕交易罪的因果关系及其证明》，载《江西警察学院学报》2013 年第 2 期，

第 14 ~ 18 页。

王贵松：《行政裁量的构造与审查》，中国人民大学出版社 2016 年版。

王润生、余云华：《内幕交易犯罪中"知情人员"和"内幕信息"的认定探讨》，载《犯罪研究》2012 年第 4 期，第 55 ~ 60 页。

王永明：《规范行使行政裁量权实践与探索》，经济科学出版社 2012 年版。

王玉珏：《内幕交易罪应用法律对策与监管模式研究》，北京大学出版社 2017 年版。

王越、郭献朝：《内幕交易罪违法所得的计算方法》，载《人民司法（应用）》2016 年第 22 期，第 25 ~ 28 页。

［英］威廉·特文宁：《反思证据：开拓性论著（第二版）》，吴洪淇译，中国人民大学出版社 2015 年版。

吴凤玲：《关于"利用"和"知悉"——论内幕交易的认定》，载《岳阳职业技术学院学报》2004 年第 1 期，第 79 ~ 82 页。

吴曼、郑玉：《基金内幕交易案中单位责任的认定》，载《君合法律评论》2018 年 5 月 25 日。

吴美满：《运用大数据分析突破"零口供"内幕交易案》载《人民检察》2018 年第 2 期，第 65 ~ 67 页。

［日］西田典之：《共犯理论的展开》，江溯、李世阳译，中国法制出版社 2014 年版。

席若：《单位犯意的形成形式辩正》，载《中国刑事法杂志》2016 年第 5 期，第 18 ~ 32 页。

夏雅丽、李婧：《论内幕交易主观要件的认定》，载《中共青岛市委党校青岛行政学院学报》2012 年第 6 期，第 16 ~ 20 页。

肖泽晟：《违法所得的构成要件与数额认定——以内幕交易为例》，载《行政法学研究》2013 年第 4 期，第 53 ~ 59 页。

肖中华：《内幕交易、泄露内幕信息罪之规范解释》，载《法治研究》2016 年第 4 期，第 113 ~ 121 页。

谢杰：《内幕信息形成时间司法认定问题研究——以法释〔2012〕6 号司法解释第 5 条为中心的刑法解析》，载《中国刑事法杂志》2013 年第 5 期，第 47 ~ 50 页。

熊樟林：《共同违法行为的认定标准与处断规则——兼论〈治安管理处罚法〉第 17 条之检讨》，载《法律科学（西北政法大学学报）》2015 年第 3 期，第 151 ~ 158 页。

杨峰：《美国、日本内幕交易民事责任因果关系比较研究》，载《环球法律评论》2006 年第 5 期。

杨解君：《秩序、权力与法律控制——行政处罚研究》，四川大学出版社 1999 年版。

杨亮：《内幕交易论》，北京大学出版社 2001 年版。

杨凌珊：《"传递型"内幕交易"知悉"证明研究——以 80 个内幕交易行政处罚案例为研究样本》，载《深化司法改革与行政审判实践研究（下）——全国法院第 28 届学术讨论会获奖论文集（2017）》，人民法院出版社 2017 年版。

杨赞：《内幕交易、泄露内幕信息行为疑难认定》，载《检察日报》2017 年 5 月 4 日。

杨兆全：《证券监管实务：行政执法流程、热点难点问题及典型案例指引》，法律出版社 2017 年版。

杨子良：《如何计算内幕交易案件中的违法所得》，载《法律适用》2017 年第 24 期，第 9 ~ 12 页。

姚建龙、郗培植：《内幕交易、泄露内幕信息罪司法疑难问题研究——基于裁判文书的分析》，载《福建警察学院学报》2017 年第 1 期，第 55 ~ 64 页。

易延友：《证据法学：原则　规则　案例》，法律出版社 2017 年版。

阴建峰、周加海：《共同犯罪适用中疑难问题研究》，吉林人民出版社 2001 年版。

余凌云：《行政法讲义》，清华大学出版社 2014 年版。

俞洪元：《何为检验检疫行政处罚中共同违法行为》，载《中国检验检疫》2014 年第 1 期，第 41 ~ 42 页。

俞伟、夏立泽：《单位犯罪若干问题研究》，载《浙江社会科学》2000 年第 4 期，第 40 ~ 43 页。

岳宝宏：《控制权转移中的内幕交易——基于中国上市公司的经验证据》，社会科学文献出版社 2012 年版。

［美］詹姆斯·B. 斯图尔特：《贼巢：美国金融史上最大内幕交易网的猖狂和覆灭》，张万伟译，北京联合出版公司 2016 年版。

张保生、朱媛媛：《对执法实践中内幕交易违法所得认定方法的反思与修正》，载《证券法律评论（2017 年卷）》，中国法制出版社 2017 年版。

张俊生、曾亚敏：《上市公司内部人亲属股票交易行为研究》，载《金融研究》2011 年第 3 期，第 121 ~ 133 页。

张明楷：《刑法的私塾》，北京大学出版社 2017 年版。

张明楷：《刑法学》，法律出版社 2003 年版。

张先明：《最高人民法院公布两起内幕交易犯罪典型案例》，载《人民法院报》2012 年 5 月 23 日，第 3 版。

张祥宇：《内幕交易罪客观构成要件要素研究》，中国政法大学出版社 2018 年版。

张小波：《中国证券市场内幕交易的分析及其监管研究》，西南财大出版社 2015 年版。

张小宁、解永照：《论内幕人员的认定——古典特殊关系理论对认定中国法内幕人员的借鉴意义》，载《唯实》2011 年第 6 期，第 64 ~ 67 页。

张小宁：《论内幕交易罪中"内幕信息"的界定》，载《昆明理工大学学报（社会科学版）》2009 年第 3 期，第 147 ~ 154 页。

张小宁：《证券内幕交易罪研究》，中国人民公安大学出版社 2011 年版。

张泽想：《行政处罚中的分别处罚方法》，载《法学杂志》1994 年第 6 期，第 44 页。

张子学：《浅析"知悉"内幕信息的证明》，载《证券法苑（第四卷）》，法律出版社 2011 年版，第 139 页。

张子学：《浅析单位内幕交易违法的认定与处罚》，载《证券市场导报》2011 年第 7 期，第 22 ~ 26 页、第 34 页。

张子学：《资管账户因管理人证券违法所获收益的没收问题——兼议引入证券行政处罚第三人制度》，载《证券市场导报》2015 年第 7 期，第 4 ~ 12 页、第 30 页。

赵靓：《内幕交易案件审判实务若干难点探析》，载《上海证券报》2016 年 5 月 18 日。

赵志芳、何媛红：《单位与自然人共同犯罪疑难问题探究》，载《西华大学学报（哲学社会科学版）》2018 年第 4 期，第 98 ~ 101 页。

郑春燕：《现代行政中的裁量及其规制》，法律出版社 2015 年版。

郑顺炎：《证券内幕交易规制的本土化研究》，北京大学出版社 2002 年版。

中国证监会行政处罚委员会：《证券行政处罚案例判解（第 1 辑）》，法律出版社 2009 年版。

中国证监会上海稽查局：《证券违法违规案例评析》，上海人民出版社 2002 年版。

中国证券监督管理委员会：《中国资本市场法制发展报告（2017）》，法律出版社 2018 年版。

中国证券监督管理委员会稽查局：《证券期货稽查典型案例分析（1993 ~ 2000 年卷）》，首都经济贸易大学出版社 2004 年版。

中国证券监督管理委员会稽查局：《证券期货稽查典型案例分析》系列丛书，其中，2002 ~ 2003 年卷及 2004 年卷为首都经济贸易大学出版社 2004 年版；2005 年、2006 年、2007 年卷为科学出版社 2011 年版；2008 年卷为科学出版社 2012 年版；2009 年卷为科学出版社 2013 年版。

中国证券投资者保护基金有限责任公司：《证券违法典型案例报道选编（2010 年编）》，经济管理出版社 2010 年版。

周德清：《基于行为金融理论的内幕交易研究》，经济科学出版社 2015 年版。

周光权：《近年来司法实务中的五个刑法核心问题》，载《师大法学（2017 年第 2 辑）》，法律出版社 2018 年版。

周佑勇：《行政裁量基准研究》，中国人民大学出版社 2016 年版。

［日］佐伯仁志：《制裁论》，丁胜明译，北京大学出版社 2018 年版。